思想与文化 第二十六辑
Thought & Culture No.26

杨国荣　主编

世界视域与中西思想

SHIJIE SHIYU YU ZHONGXI SIXIANG

华东师范大学中国现代思想文化研究所　主办

华东师范大学出版社
上海

图书在版编目(CIP)数据

思想与文化. 第二十六辑,世界视域与中西思想/杨国荣
主编. —上海:华东师范大学出版社,2021
　ISBN 978 - 7 - 5760 - 1537 - 9

　Ⅰ.①思…　Ⅱ.①杨…　Ⅲ.①社会科学—文集
Ⅳ.①C53

　中国版本图书馆 CIP 数据核字(2021)第 052270 号

世界视域与中西思想
思想与文化(第二十六辑)

主　　编　杨国荣
执行主编　刘梁剑　李月华
责任编辑　唐　铭
责任校对　时润民
装帧设计　刘怡霖

出版发行　华东师范大学出版社
社　　址　上海市中山北路 3663 号　邮编 200062
网　　址　www.ecnupress.com.cn
电　　话　021 - 60821666　行政传真 021 - 62572105
客服电话　021 - 62865537　门市(邮购) 电话 021 - 62869887
地　　址　上海市中山北路 3663 号华东师范大学校内先锋路口
网　　店　http://hdsdcbs.tmall.com

印 刷 者　上海昌鑫龙印务有限公司
开　　本　787×1092　16 开
印　　张　23.5
字　　数　344 千字
版　　次　2021 年 1 月第 1 版
印　　次　2021 年 1 月第 1 次
书　　号　ISBN 978 - 7 - 5760 - 1537 - 9
定　　价　88.00 元

出 版 人　王　焰

(如发现本版图书有印订质量问题,请寄回本社客服中心调换或电话 021 - 62865537 联系)

华东师范大学中国现代思想文化研究所　主办

目录

Contents

1
目录

世界视域与中西思想

经典研究

与戴维森一起读《论语》

——早期汉语的语气、语力与交流实践 [*]

[美]萧 阳 著 杨超逸 译 [**]

[摘 要] 我们可以看到,早期汉语的交流实践之本性是无法基于对汉语语法和语义特征的考察而加以断定的,对交流实践之语用特征的考察是必要的。本文引入语气和语力

---

[*] 原文见 Yang XIAO, "Reading the *Analects* with Davidson: Mood, Force, and Communicative Practice in Early China," *Davidson's Philosophy and Chinese Philosophy*, Bo MOU (ed.), Leiden and Boston: Brill, 2006. 本文的较早版本发表于"戴维森哲学与中国哲学:建设性交锋—交融"会议(北京,2004 年 6 月 8—9 日)。马蒂尼奇(A. P. Martinich)、克劳兹(Michael Krausz)、田中耕司(Koji Tanaka)、安靖如 (Stephen Angle)、黄百锐(David Wong)、郑宇健、惠勒(Samuel Wheeler)等与会同行的评论让我受益良多,谨致谢忱。我要特别感谢牟博。他作为会议组织者做了出色的工作,又为编辑本文付出了不懈的努力和耐心。我还要感谢凯特利(David Keightley)、艾文贺(P. J. Ivanhoe)、马蒂尼奇、阿什莫尔(Robert Ashmore)、戴卡琳(Carine Defoort)、普特(Michael Puett)和孙晓东。他们对本文更早的一稿给出了富有洞见的评论。此外,我要将特别的感谢给予我的夫人 Anna。从她那里我学到了,每天生活中平淡无奇的话语里竟然蕴藉着如此浩瀚的意义,而这或是我始料未及的! 也是因为她,我得以结缘戴维森。在 20 世纪 90 年代末,我迁居伯克利与她相伴。那时她是伯克利的一名学生。我由此旁听了戴维森两次研讨班。直到后来我才意识到这两门课改变了我的哲学生命。谨将此文献给唐纳德·戴维森,以致永怀。

[**] 萧阳(1962—),男,哲学博士,美国肯庸学院教授,主要从事伦理学、语言哲学、中国哲学、比较哲学等方面的研究。杨超逸(1999—),男,安徽阜阳人,华东师范大学哲学系博士研究生,主要从事中国哲学研究。

这两个概念,回应"语法学进路"及其经验性假设和语气-语力关联假设,讨论古代汉语表达语气的语言手段(例如句末助词),戴维森对达米特语气-语力关联论的反驳以及他的语力约定论。论文进而通过《论语》中的一章,阐释戴维森反驳达米特约定论的核心论证,即不存在关于诚实的约定。按照戴维森的"语言意义自主性"原则,我们对汉语的考察不应囿于约定,而应直面交流实践。

[**关键词**]　戴维森;《论语》;语气;语力;交流实践

　　本文的着力点,在"戴维森哲学与中国哲学"中的"与"字上。我想中国哲学工作者应当阐发早期中国哲学及其语言中的隐而未发之意,由此参与到当代语言哲学中来;与戴维森一起读《论语》,能够同时对《论语》中的交流实践与戴维森的语言哲学有所阐明。

　　与戴维森一起读中国经典文献也能够帮助我们认识到,为何我们不应通过观察古代汉语的语法和语义特征来判定早期汉语的交流实践的本性。也就是说,不应采取"语法学进路"的语用学。有些学者讨论了中国人通过古代汉语能够做什么,或是不能做什么,但他们立论的基础仅仅是古代汉语的语法和语义特征。在戴维森的指引下,我认为我们的"语用学转向"(pragmatic turn)应当直接聚焦人们的语言实践或交流实践,即,我们如何在某个句子起作用的具体情境中说起这个句子。

　　更具体地说,我不同意语法学进路的两个假设。第一个假设我称之为**经验性假设**:古代汉语是非屈折语言,故而它没有任何可以表达语法语气的语言手段。第二个假设我称之为**语气-语力关联论**(mood-force correlation)。它主张语气和语力密切相关。换言之,语法特征,抑或是任何一般的约定特征,决定了语言表达可以如何在语用层面上被使用。显然,持关联论者能够从对**语法层面**的语气的考察中得出关于**语用层面**的语力的结论。

　　通过这两个假设,我介入达米特和戴维森之间的那场论争,其于当代语言哲学至关重要。论争是关于句子的语法层面的语气和说出句子的语用层面的语力之间的关系。达米特持语气-语力关联论,主张语气与语力严密相关,并且言语行为的语力(illocutionary force)总是约定的。戴维森则反驳这种理论,主张无论语力还是话语的深层意图都不受语言约定的支配。① 1969年,施特劳森预言,以交流意向为基础的语用学和以约定为基础的形式语义学之间的对峙,已经是并将一直是语言哲学核心的"荷马式斗争"。② 达米特与戴维森之间的这场论争可被视为"荷马式斗争"的延续或展开。

本文试图表明,这场论争对于研究中国哲学和汉语具有重要的启发意义。倘若戴维森是对的,那我们将不得不说,基于对汉语语法和语义特征的考察,我们无法断定,说汉语的人能用汉语句子做什么或不能做什么;我们必须将我们的论证直接立足于对交流实践之语用特征的考察之上。

本文第一部分将介绍语气和语力这两个基本概念,以及"语法学进路"及其两个基本假设,亦即经验性假设和语气—语力关联论。第二部分首先回应经验性假设,指出古代汉语具有表达语气的语言手段(例如句末助词);然后讨论这一回应的局限性。第三部分讨论戴维森对达米特语气-语力关联论的反驳以及他的语力约定论。第四部分用《论语》中的一章来阐释戴维森反驳达米特约定论的核心论证,即不存在关于诚实(sincerity)的约定。第五部分简单讨论戴维森所讲的"语言意义的自主性"(autonomy of linguistic meaning)原则的意涵,以此收束全文。

---

① 早在达米特与戴维森的论争之先,奥斯汀与施特劳森就曾争论语力是否总是约定的。参见 P. F. Strawson, "Intention and Convention in Speech Acts," *Logico-Linguistic Papers*, London: Methuen, 1971, pp. 149 - 169。

达米特尝试替奥斯汀反驳施特劳森,参见 Michael Dummett, "Force and Convention," *The Philosophy of P. F. Strawson*, Pranab Kumar Sen and Roop Rehha Verma (eds.), New Delhi: Indian Council of Philosophical Research, 1995, pp. 66 - 93。施特劳森的回应参见该书 pp. 403 - 407。

② P. F. Strawson, "Meaning and Truth," *Logico-Linguistic Papers*, pp. 170 - 189. 马蒂尼奇从这一视角出发写了一篇出色的当代语言哲学简史。参见 A. P. Martinich, "Philosophy of Language," *Routledge History of Philosophy*, *Volume X: Philosophy of Meaning, Knowledge and Value in the Twentieth Century*, John Canfield (ed.), London and New York: Routledge, 1997, pp. 11 - 38。马蒂尼奇很有说服力地告诉我们,这两种语言进路之间的对峙从罗素与施特劳森的论争开始。他说道:"在施特劳森反驳[罗素摹状词理论]的背后,有一套与罗素截然不同的语言观。于罗素而言,词与句是意义的基础;于施特劳森而言,基础却是人们对词与句的运用。于罗素而言,语义学乃是语言学研究的首要对象。于施特劳森而言,首要对象则是语用学,亦即人们如何运用语言。"(A. P. Martinich, "Philosophy of Language," *Routledge History of Philosophy*, *Volume X*, John Canfield (ed.), p. 18.)

在英语中,我们通过动词形态的曲折变化来表达语气。比如说,"to be immediately put into practice"(直接付诸实践)这一动词短语至少有四种曲折变化,分别表达陈述、疑问、祈使和虚拟语气:

(1) . . . is being immediately put into practice . . .

(…正直接付诸实践中…)

(2) . . . is [it] immediately being put into practice . . . ?

(…是否在直接付诸实践…?)

(3) . . . should be immediately put into practice . . .

(…应直接付诸实践…)

(4) . . . were to be (could have been) immediately put into practice . . .

(…本应该[本应该已经]直接付诸实践…)

这些屈折变化的短语被称为**语气标志**(mood-indicators)。它们出现于完整的句子中,便分别标志句子的四种**语法语气:**

(1a) 陈述句:

What has just been learned is being immediately put into practice.

(刚刚所学的正直接付诸实践。)

(2a) 疑问句:

Is what has just been learned being immediately put into practice?

(刚刚所学的是否在直接付诸实践?)

(3a) 祈使句:

What has just been learned should be immediately put into

practice.

（刚刚所学的应直接付诸实践。）

（4a）虚拟（反事实）句：

What has just been learned were to be（could have been）immediately put into practice.

（刚刚所学的本应该［本应该已经］直接付诸实践。）

我们看到,句子的语气是其语法特征,且独立于句子的任何实际使用。纵使句子被运用于不同的场合中去做不同的事情,其语气仍始终如一;这是因为语气乃是一个句子的句法结构之形式特征。

现在,当一个句子在具体场合中被言者说出,那么他正在用它去做特定之事。我们需要用另一术语来指称他正在使用该句所做的事;这个术语就是话语的"言语行为的语力"（illocutionary force）,或者简称为话语的"语力"（force）。比如,为了发布命令而说出一个句子,我们说,这时话语的语力在于发布命令。

某人说出上述(1a)—(4a)四个句子,他至少可以做四件不同的事:

（1b）做论断

（2b）提问或请求

（3b）提供建议（发布指示、要求或命令）

（4b）表达愿望（或悔恨）

我呈现这些例子的方式或许已经给读者留下如下印象:句子的语法语气（疑问、陈述、祈使或虚拟）和言语行为的语力（提出问题、描述事实、提供建议或表达愿望）之间有着严密的关联。毋庸置疑,当我们提出问题时,我们通常用疑问句;当我们描述事实时,我们通常用陈述句;如此等等。然而,是否疑问句**总是**用来提出问题,而祈使句总是用来发布命令? 换言之,是否在语气和语力之间果真有着严密的关联?

戴维森的《语气与施行》（Moods and Performances）一文便尝试回答这些问题,该文最初在 1976 年的一次会议上发表。他认为,我们可以把问题稍微做

点调整,因为语气和语力之间的关系也可被视作两种划分话语的方式之间的关系:

> 语气区分了句子,而用法区分了话语;但是,语气也间接地区分了话语,因为任何区分了句子的东西都可以用来区分它们的话语。这样我们就要问了,这两种划分话语的方式究竟是什么关系?譬如,论断是如何与说出陈述句联系起来的,而命令又是如何与说出祈使句联系起来的?①

戴维森所要反驳的,正是语气-语力关联论:"什么样的语气就关联着什么样的话语:说出祈使句就是命令,说出疑问句就是在提问题,等等。"②倘若戴维森是对的,在语气和语力之间确然没有严密的关联,那么我们便不应当用英语的语法特征来断定人们通过英语句子能做什么或不能做什么。英语之为屈折语,有大量语言手段来表达语气,而这一事实都变得无关紧要了。

现在我们从汉语找一些例子。为了说明我所讲的语法学进路,我们先看《论语》11.22 的一个句子:③

> (C) 闻斯行之。

第一个字"闻"的意思是**听**;第二个字"斯"的意思是**这**;第三个字"行"的意思是**去做**,或是**付诸实践**;第四个字"之"的意思是**它**——指称刚才所听到的。对这句话可能的翻译是:"听到之后,直接付诸实践。"或者是:"刚才所听到的应当直接付诸实践。"不过这里有一个问题:除此之外尚有其他诸多可能的翻译。

---

① Donald Davidson, "Moods and Performances," *Inquiries into Truth and Interpretation*, Oxford: Oxford University Press, 1984, pp. 109 - 110. 译者按:对戴维森此文的翻译参考了江怡的译文,见唐纳德·戴维森:《对真理与解释的探究》(第二版),牟博、江怡译,北京:中国人民出版社,2007 年,第137—149 页。译文略有改动。

② Donald Davidson, "Moods and Performances," *Inquiries into Truth and Interpretation*, p. 110.

③ 本文所引用的《论语》原文及篇章编号,均引自杨伯峻:《论语译注》,北京:中华书局,1980 年。

这个问题部分来源于如下事实：古代汉语和现代汉语都不是屈折语。若有人坚信屈折变化是唯一表达句子语气的方式，那么"闻斯行之"一句将无从表达语气。因此，这一句至少有四种可能的英译：①

（1a）What has just been learned is being immediately put into practice.

（刚刚所学的正直接付诸实践。）

（2a）Is what has just been learned being immediately put into practice?

（刚刚所学的是否在直接付诸实践?）

（3a）What has just been learned should be immediately put into practice.

（刚刚所学的应直接付诸实践。）

（4a）What has just been learned were to be（could have been）immediately put into practice.

（刚刚所学的本应该［本应该已经］直接付诸实践。）

这也就是说，汉语句子"闻斯行之"本身允许译成上述英文句子的任何一种，而每个句子有不同的语气。那么我们该如何理解汉语与英语之间的这些语法差异呢？有论者说，正是由于古代汉语不具备语气指示词，古代中国人必定分不清诸种言语行为的语力。抑或有论者得出结论：某些语言行为(如表达愿望)无从实现，因为相应的语气指示词(如虚拟语气指示词)在古代汉语中付诸阙如。

---

① 如果把时间与单复数考虑在内，那么将会有更多种可能的翻译。英语通过每个动词和名词的屈折变化来表达时间与单复数。葛瑞汉(A. C. Graham)已指出，尽管汉语的动词和名词没有屈折变化，这并不意味着古代汉语没有自己相应的语法手段。实际上，如果时间与单复数的因素很重要，汉语就会用助词把它们表达出来。如葛瑞汉所论："如果我们需要得知某事的发生是在过去、现在还是将来，汉语中的时间助词便会将其表达出来。有人认为，由于缺少时态和单复数，早期中国思想总是混乱无章。在我看来这种观点是完全站不住脚的。中译英时，译者有时候会在时态和单复数的问题上纠结，但这仅仅是译者的问题。"参见 A. C. Graham, *Later Mohist Logic, Ethics, and Science*, Hong Kong: The Chinese University Press，1978，pp. 28 - 29。在我看来，葛瑞汉关于时间与单复数的说法同样适用于古代汉语的语气。

有两位具有代表性的学者持这种推论。布鲁姆(Alfred Bloom)认为,既然汉语不具备表达反事实的语言手段,那么中国人也不具备反事实思维。进言之,既然论证需要反事实句,那么中国人也就没有能力进行论证。[①] 沿着这条思路思考,我们也可以做出一个相似的推论:中国人无法表达愿望,因为表达愿望也需要反事实句。

陈汉生(Chad Hansen)的影响力更大,他提出一个著名的主张:古代中国人没有句子、信念或真理的概念,故而他们从不使用句子去描述事实、表达真理或信仰;他们的语言只能用来指导人们的行为。他的论证基于对英汉句法差异的考察。在他看来,古代汉语的某些语法特征明显不同于英语。这些特征可以概括如下:

（1）古代汉语缺乏句子功能标志:

句子功能标志缺失,……单独谓语句的运用使人们认为所有的语词仅具有命名的功能,也使人们无法将句子作为具有明确功能的复合语言形式。[②]

（2）古代汉语缺乏语法上的屈折变化:

汉语没有语法上的屈折变化。而在西语中,正是屈折变化使人们注意到句子是一个复合单位……汉语的语言理论不关注句子,其原因很简单,那就是在古代汉语中句子就语法而言是无关紧要的。[③]

据陈汉生所论,古代汉语缺乏屈折变化还表现为,"古代汉语没有明晰的描述性或规范性形式",而在英语中,这可以通过动词的屈折变化轻易表达出来。[④] 基于上述考察,陈汉生认为,中国和英语国家的语言实践及其理论截然不同:

---

① Alfred H. Bloom, *The Linguistic Shaping of Thought: A Study in the Impact of Language on Thinking in China and the West*, Hillsdale, New Jersey: L. Erlbaum, 1981.

② Chad Hansen, "Chinese Language, Chinese Philosophy, and 'Truth'," *Journal of Asian Studies*, Vol. **44** No. 3 (1985): 516.

③ Chad Hansen, "Chinese Language, Chinese Philosophy, and 'Truth'," *Journal of Asian Studies*, Vol. **44** No. 3 (1985): 500.

④ Chad Hansen, *A Daoist Theory of Chinese Thought*, Oxford: Oxford University Press, 1992, p. 54.

对于汉语和英语句法差异的考察可以解释,为何(从中国人的视角看)我们对句子如此强调,或者为何(从我们的视角看)中国哲学家不重视句子。[①]

古代汉语没有明晰的描述性或规范性形式。因此,研究翻译比较的学者就会发现,大量的文本被有些英译者译为陈述句,而被另一些英译者译为祈使句。我想在这明显的含混背后,潜藏着中国人对语言功能的预设:所有语言都是用来指导行为。[②]

布鲁姆与陈汉生的论证的最显著特征之一在于,他们都没有直面语言实践与交流实践。相反,他们将着力点放在汉语句子的语法特征上,进而最终得出关于汉语语言实践之本质的结论。[③] 为了说明这一点,且让我们重回"闻斯行之"的例子。

我们已经看到,"闻斯行之"中的汉语动词"行"没有屈折变化,而英语动词短语"to be put into practice"至少有四种屈折变化,与之相应则有四种语气。这也就是说,一个汉语句子"闻斯行之"至少有四种可能的英语翻译,即上文的(1a)(2a)(3a)及(4a)。我们且再看一下(1a)和(3a):

(1a) What has just been learned is being immediately put into practice.

(刚刚所学的正直接付诸实践。)

(3a) What has just been learned should be immediately put into practice.

(刚刚所学的应直接付诸实践。)

---

① Chad Hansen, "Chinese Language, Chinese Philosophy, and 'Truth'," *Journal of Asian Studies*, Vol. 44 No. 3 (1985): 500.

② Chad Hansen, *A Daoist Theory of Chinese Thought*, p. 51;着重号系原作所加。

③ 陈汉生说:"我的预设是:语言中**真正的差异**,可以解释流行的语言理论之间的差异。"见 Chad Hansen, "Chinese Language, Chinese Philosophy, and 'Truth'," *Journal of Asian Studies*, Vol. 44 No. 3 (1985): 25;着重系原作所加。他所意指的乃是**语法差异**。

请注意,(1a)是一个描述性的英语陈述句,而(3a)则是一个规范性的英语祈使句。像陈汉生那样,我们或许不得不得出如下结论:说英语的人能够区分两种不同的语言功能,即陈述事实和指导行为。反之,而在中国人眼里,语言只有一种功能,即指导行为。[①]

一般而言,如果我们采取语法学进路,那么我们或会尝试这么论证:既然汉语是非屈折语言,且汉语动词又不具有诸如陈述、疑问、祈使或虚拟等语气,那么汉语既不能完成论断、提出疑问、发布命令或表达欲望,亦不能将它们区分开来。

这里有两个成问题的假设。其一即我所谓的**经验性假设**,认为古代汉语不具有表达语气的语言手段。其二即我所谓的**语气-语力关联论**,主张语气和语力二者紧密相关;换言之,语言表达的语法特征决定了它们在语用层面能够如何被使用。这种关联论使得我们能够从对语法的考察中推得有关语力的结论。本文接下来依次处理这两个假设。

二

回应经验性假设相对较为容易。布鲁姆和陈汉生似乎都预设了,**唯有**通过屈折变化,一种语言才能具有语气标志。然而,经验证据却表明,古代汉语有着不同的语法手段来表达语气,其中之一就是通过"句末助词"。所谓句末助词,位于句末,本身无实义,其唯一功能便是表达句子的语气。

尽管《论语》的转录者与编纂者不知道"句末助词"或"助词"等术语,他们确实系统运用大量句末助词以表达句子语气。一个例子是助词"乎"。当它出现在句末时,其本身虽无实义,但却有着重要的语法功能,即指示该句是个疑问句。比方说,"君子尚勇"是陈述句,但是如果我们在句末加上"乎",便得到了疑问句"君子尚勇乎"。《论语》17.23中子路便以此提问。又如,"管仲知礼"是陈述句,而"管仲知礼乎"则是疑问句,《论语》3.22以此提问。

---

① 这个论证有其逻辑漏洞。比方说,我们不能从含混性中推论出齐一性,等等。从汉语表达具有含混性或多重解释这一事实中,我们也不能推论出这里仅有唯一解释。更确切来讲,如果"**闻斯行之**"既可以被读作描述性地说,也可被读作规范性地说,那么我们不能得出如下结论:它总是以规范性的方式指导着行为,等等诸如此类。如果有论者硬要坚持语法学进路,那么为了宣称"在一种语言 L 中**所有**句子的作用和功能都是为了指导行为",他势必需要展示"**所有** L 中的句子都毫不含混地是规范性的"。

另一句末疑问助词是"诸"。有着句末助词"诸"的句子也常被用来提问：

> 定公问："一言而可以兴邦，有诸？"孔子对曰：[……]。
> 曰："一言而丧邦，有诸？"孔子对曰：[……]。（《论语》13.15）

我们已经看到，助词"诸"与动词"有"相搭配可以提问某物是否存在：

> （Q）有诸？

要回答这个问题，我们可以给出正面答复：

> （A）有之。

类似的例子见于《论语》其他篇章：

> 子疾病，子路请祷。子曰："有诸？"子路对曰："有之。诔曰：'祷
> 尔于上下神祇。'"子曰："丘之祷久矣。"（《论语》7.35）

这样我们就证明了，古代汉语中存在其他表达语气的语言手段，由此也就在语法层面对经验性假设做出了回应。然而，这种语法层面的回应在很多方面都不尽如人意。在此我仅提出两个问题。首先，某些种类的语气标志词在《论语》中付诸阙如。比如说，尽管我们能够在《论语》中找到疑问或陈述助词，但我们却找不到祈使助词。现在我们再以"闻斯行之"为例。依前论，我们提到该句有四种可能的英语翻译，其中两种是祈使句和陈述句。然而，在原句中并没有能够帮助我们判断它是祈使句还是陈述句的语法或语义特征。因为先秦与汉代并没有表达祈使语气的句末助词。只有在后世(唐宋)，如"著"和"好"等新的句末助词才被创造出来，用以表达祈使语气。[1] 倘若我们在《论语》中找到"闻斯行

---

[1] 有大量关于这种祈使助词的例子，参见罗骥：《北宋语气词及其源流》，成都：巴蜀书社，2003年，第140—176页、第230—238页。将"著"作为祈使助词运用，至今在许多方言中仍然可以找到例子。

之著",我们就可以说这是一个祈使句。

　　第二个问题,就我们在《论语》中确然找到的助词来说,纵使它们能够表达句子的语法语气,它们也不能总是告诉我们言语行为的语力如何。换言之,古代汉语中的语气和语力并无关联。例如,如果考察《论语》中所有以疑问助词"乎"结尾的句子,就会发现这些句子并不总是被用来提出问题或是做出请求。孔子在《论语》第一章中所说出的第一句话,便有着句末助词"乎"。李克曼(Simon Leys)的英译很正确:

　　　　The Master said:"To learn something and then to put it into practice as the right time: is this not a joy?"[①](孔子说:"学习某事,然后在正确的时刻将其付诸实践:这不是件乐事吗?")

尽管从语法来看是疑问句,但它显然是个反问句,我们很容易把它改写成如下陈述句:"学习某事并在正确的时刻将其付诸实践,这是件乐事。"现在来看另一个疑问语气标志词"诸"。在《论语》中,助词"诸"在句末凡 14 见。但是它们并不总是被用来提出问题或做出请求(参见 6.6,7.35,9.13,13.1 和 13.15)。有时,它仅是一个反问句,也便相当于一个论断(参见 6.30,12.11 和 14.42)。

　　我们当如何理解这些例子? 我们能否因为语气-语力关联论无法运用于古代汉语,从而得出结论说:古代汉语与其他所有语言截然不同? 我相信,这便是戴维森的切入点。这些《论语》中的例子正突显了达米特-戴维森论争的核心问题。戴维森反驳了达米特的语气-语力关联论。于戴维森而言,交流之所以可能,全在于句子的语法特征和人们对它的使用之间没有关联。因此,如果戴维森是正确的,那么就算古代汉语缺少这种关联,也就毫无特别之处。

三

　　早期戴维森反驳语气-语力关联论的论证之一,在于存在反例。戴维森引

---

① 李克曼(Simon Leys)的译文忠实反映了中文原句的语气。但是为了强调该句的语力实乃提出反问,以下翻译或许更佳:"To learn something and then to put it into practice as the right time: *isn't* this a joy?"("学习某事,然后在正确的时刻将其付诸实践:难道这不是件乐事吗?")

用达米特的关联论①，进而评论道：

> 困扰我的是其中暗含的主张：论断和陈述语气可以被看作是完全一致的。因为很多时候，说出陈述句并不是做论断，比如在游戏、伪装、玩笑和小说中说出的陈述词；当然，论断句也可以是用其他语气说出的句子。（说出"你注意到琼又戴着她那顶紫帽子了吗?"或"注意，琼又戴着她那顶紫帽子了"在某些场合下可能仅仅就是断定：琼又戴着她那顶紫帽子。）其他语气亦然。我们可以用祈使句或陈述句提出问题（"告诉我第三场比赛谁赢了。""我想知道你的电话号码。"），或者用陈述句发出命令（"进屋前我们脱鞋。"）。②

《论语》中的一章与戴维森最后一个例子很相似：

> 叶公语孔子曰："吾党有直躬者，其父攘羊，而子证之。"孔子曰："吾党之直者异于是。父为子隐，子为父隐，直在其中矣。"（《论语》13.18）

这是另一个语气-语力关联论的反例，因为**陈述**句在这里用以发布**规范性**命令，正如戴维森的例子："进屋前我们脱鞋。"

戴维森意识到，单是给出一系列反例并不足以驳倒达米特的语气-语力关联论。他必须正面回应达米特对关联论的约定论解释，因为达米特认为这种约定论解释足以把反例打发掉。我们且看戴维森如何反驳达米特的语力约定论。

戴维森在《语气与施行》(Moods and Performances)一文中提到，达米特消解诸反例的方式，是将其斥为变体、反常或非严肃案例。达米特主张，当陈述句用以做出论断，祈使句用以发布命令，疑问句用以提出问题时，这都是"正常"、"自然"与"严肃"的。戴维森反驳道，达米特的方案并非有效：

> 我们很容易看出，诉诸所谓"严肃的"或"规范的"东西无非就是诉

---

① 参见 Michael Dummett, *Frege：Philosophy of Language*，London：Duchworth, 1973, pp. 315,316。
② Donald Davidson, "Moods and Performances," *Inquiries into Truth and Interpretation*, p. 110.

诸直觉。一个命令是以祈使句说出而不是以陈述句说出,这里并没有什么严肃性可言;同样,一个严肃的问题完全可以用祈使句的语气提出来,而不是用疑问句的语气。如果"规范"意味着通常或统计学意义上的大多数情况,那么,大多数陈述句被说成是论断,这就的确荒谬了。有太多的故事、没完没了的重复、阐明、假设、拙劣的模仿、可笑的表演、反复的演唱、显然随意的问候。无论如何,对语气的分析完全没有理由依赖于这种统计学研究的结果。①

据戴维森所论,达米特可以补救其理论的方法之一,是放弃正常与严肃案例等概念,并转向该理论的约定论解释。达米特不必说"当陈述句在正常情况下说出时,便是论断",取而代之的,是说"当陈述句在约定所规定的场合下说出时,便是论断"。

关于论断之约定,达米特有着具体的构想:"若人们认为,一个句子就其形式与上下文而言是按照某种一般的约定来使用,那么,(有意)说出这个句子就是做出论断。"②但是,在戴维森看来,这仅是论断的定义,而非论断的约定:

> 在我看来,这[达米特的想法]也是错的,尽管它是以另一种方式犯错。被理解的东西是,如果说话者断定了某个东西,他就表现为使自己相信它——正如说出一个句了,他就相信为真。但这并不是一个约定,它仅仅是对所断定的东西的分析。做出一个断定就是要使自己相信所断定的东西。③

因此戴维森认为,真正的问题在于:可有这样一种约定,它总能告诉我们,言者是否言其所信? 戴维森对此的答复是:没有。其论证展开如下。为便于论证,

① Donald Davidson, "Moods and Performances," *Inquiries into Truth and Interpretation*, p. 111.

② Michael Dummett, *Frege: Philosophy of Language*, p. 311.

③ Donald Davidson, "Communication and Convention," *Inquiries into Truth and Interpretation*, Oxford: Oxford University Press, 1984, p. 270. [译者按:对戴维森此文的翻译参考了江怡的译本,见唐纳德·戴维森:《对真理与解释的探究》(第二版),牟博、江怡译,第318—333 页,译文略有改动。]达米特的反驳,参见 Michael Dummett, "Mood, Force, and Convention," *The Seas of Language*, New York: Oxford University Press, 1993, pp. 203-223。但在此处我无法处理达米特的反驳。

假设我们有论断指示词,就像弗雷格的论断记号。那就是说,我们有了这样一种记号,它不仅在形式上等同于陈述语气,而且也是标志论断之语力的约定记号。再假设,每当我们做出论断时,我们都使用这种加强语气(strengthened mood)。接下来戴维森论证道:

> 我们很容易理解,以加强的语气简单说出一个句子不能算做是做出一个论断;每个说笑话的人、讲故事的人和演员都会直接地用加强语气去模仿论断。因而,在加强语气上并没有什么意义;恰当的陈述句正如语言一样,都可以起到论断的作用。但由于陈述句并没有强大到使其简单的应用也能构成论断,所以,要能产生论断,还必须附加其他的东西,但这不可能是纯粹语言约定的问题。①

在另一篇论文《交流与约定》(Communication and Convention)中,戴维森构建如下论证:

> 很明显,不可能有这样一种约定记号——它可以明示某人所言即所信;否则每一个说谎者都会用它了。约定不能把可能总是秘密的东西(说出真的东西的意向)与必定是公共的东西(做出一个论断)联系起来。不存在关于诚实的约定。如果字面的意义是约定的,那么语法语气上的区别(如陈述、祈使、命令、选择)就是约定的。这些区别是显豁的,希望得到认识的;句法通常正是完成这一工作。这表明,语法语气与语力无论如何密切相关,都无法简单地由约定联系起来。②

① Donald Davidson, "Moods and Performances," *Inquiries into Truth and Interpretation*, p. 113.

② Donald Davidson, "Communication and Convention," *Inquiries into Truth and Interpretation*, p. 270. 这里我们需多加小心,不能把戴维森的意思误读为:语力是一个纯粹私人的、内部的精神活动。在别处他明确澄清这并非其本意:"(对语言意义的自主性)论证有一个简单的形式:语气不是论断或命令的约定性记号,因为没有任何东西是或可以是论断或命令的约定性记号。应当强调的是,对此的理由并非是说,一个言语行为的语力**完全**是这个行为精神的、内在的或意向的方面。"见 Donald Davidson, "Moods and Performances," *Inquiries into Truth and Interpretation*, p. 114;着重系引者所加。然而,戴维森的观点确实和如下事实有关:言语行为具有精神的、内在的或意向的方面。在上述引文之后,戴维森补充(转下页)

请注意,不存在关于论断的约定指示词,戴维森的这一结论适用于一切语言或一切语言实践。没有论断指示词或语力指示词,这绝非汉语独有的特征,因为所有语言都是如此。

四

不存在关于诚实(或虚伪)的语言约定,戴维森的这一观点可用《论语》中一个有趣的例子加以阐释:

> 子之武城①,闻弦歌之声。夫子莞尔而笑,曰:"割鸡焉用牛刀?"子游对曰:"昔者偃也闻诸夫子曰:'君子学道则爱人,小人学道则易使也。'"子曰:"二三子!偃之言是也。前言戏之耳。"(《论语》17.4)

我们把孔子说的两句话,以及他曾做的声明罗列如下:

(1) 割鸡焉用牛刀?
(2) 君子学道则爱人,小人学道则易使也。
(3) 二三子!偃之言是也。

对孔子言语行为的语力可做出多种解释。下面我们从(1)开始。许多读者会认同子游,将(1)视为论断,并且理解为:子游不当费心以礼乐教化小人。"割鸡焉用牛刀"是类比;孔子想说的是,子游只需教化君子即可。但是这与孔子自己所教相违背,亦即子游回应孔子时所引之言。

是否有什么约定,可由之决定(1)必然是论断? 正如我们于文中所见,《论语》的编纂者确实记载了,孔子在说此话时"莞尔而笑"。这是否表明了该句并非论断,而是反讽? 我们是否可以说,有一个"虚伪约定",那就是言者笑着说话

(接上页)道:"当然,论断或命令一定是意向的,正如狭义的意义也一定是意向的。但是,一个言语行为应当被解释为论断的或命令的,这正是意向的一部分,因此,意向中表面上公开的那部分应当得到恰当的解释。"(Donald Davidson, "Moods and Performances," *Inquiries into Truth and Interpretation*, p. 114.)

① 《论语》6.14 中提到了子游于此为官。

便是在反讽而非论断？诚然，有时人们在说笑时莞尔而笑。但是，人们也可以笑着做出论断，或者板着脸讲笑话。或有论者称：虚伪约定应包括更多的因素才能算得上真正的约定；比方说，子游很可能并未察觉(1)的语力，因为他没有注意到孔子说话的**语调**。

戴维森不否认，这些因素(诸如语调和手势)在做出和察觉论断时会起到关键作用。但是他论证道，这些并不会最终决定言者诚实与否：

> 我们还必须承认，一种语言的解释者和说话者通常能够说出一个论断是在什么时候做出的，这种能力是他们语言能力的关键部分。而且，关于语言学和其他约定的知识在做出和识别论断时起到了关键作用。习俗、姿态、语调、地位、角色和手势等都有或可能有约定的方面。所有这些因素都可以对语力产生关键性的作用。我们可以毫不犹豫地承认这些，而不必承认仅仅是通过约定陈述句就变成了论断或祈使句就变成了命令。①

因此我们的结论必然是：没有任何约定告诉我们，孔子说出的(1)一定是论断或是戏言。换言之我们不能说，从子游对(1)的回应来看，他将其理解为论断便一定是会错了意。也不能就其与(2)不融贯，而认为子游搞糊涂了。实际上，我们完全可以设想一个情景，子游准确理解到了(1)的语力。换言之，当孔子说出(1)时，他本就想做出论断。但子游指出(1)与(2)不融贯，即孔子也相信以礼乐教化小人的重要性。唯当此时，孔子才对前言的语力重新斟酌一番，并讲明(1)实际上是反讽，一开始就不应当真。既然戏言不与论断相抵牾，孔子也就能消解(1)与(2)之间表面的张力。

接下来我们考察对孔子说出(3)的解释。这也是对(1)的语力之评价。对(3)的语力，有两种可能的解读。其一是假定它为论断。其二是假定它仍为反讽。

如果我们将(3)"前言戏之耳"视为论断，我们便会同意孔子之前言(1)确然是戏言。这如何理解呢？明代学者李贽(1521—1602)曾认为，孔子对子游所治

---

① Donald Davidson，"Moods and Performances，" *Inquiries into Truth and Interpretation*，pp. 112 - 113.

之武城极为喜悦,这便是为何孔子有意说"反语"。① 换言之,李贽此处暗指一个有趣的现象,即当人们喜极之时,他们总觉得不用反语则不足以达意。但是子游错会了孔子之意,如李贽所言"认真起来"。由于孔子也不得不认真起来,就(1)之语力做出论断,以澄清本怀。②

我们能否由此断定,(3)必然是一论断?若依达米特所论,从说出(3)的方式中,或是从语法指示词等特定语言约定中,我们都能得到些线索。《论语》编纂者记载,孔子笑着说出(1),但并未记载他如何说出(3),仅是简单"子曰"二字。然而如上所论,这种描述并不必然意味着,孔子所做的就是论断。

那么现在我们考察语法指示词。在此处,它们即句末助词。在(3)之原文中,我们找到两个有句末助词的句子:"偃之言是也"之"也",及"前言戏之耳"之"耳"。中国传统学者以为,"也"和"耳"是两种决辞。③ 但这并不意味着,在(3)中说出的这两句话必然是论断。如戴维森所论,我们不能说:在"正常"与"严肃"的场合中,陈述句总是用来做论断。戴维森的观点在此处非常显豁:诉诸"严肃"场合这一概念全然无用——因为此刻我们恰恰需要判断,该场合是否严肃。④

诉诸约定可否有效?达米特认为,所谓论断,即在由语言约定规定的特定情况中说出的陈述句。此处的例子正印证了戴维森——达米特的观点并不起效。倘若有着一种约定,能帮我们判断(3)是论断抑或戏言,那么它一定是非语言约定。就像孔子之约定形象,总是异常严肃的;或是约定认为《论语》所收集的,全然是孔子真确的道德指引或命令。何莫邪(Christopher

① 李贽:《四书评》,上海:上海人民出版社,1975 年,第 146 页。

② 李贽:《四书评》,第 146 页。

③ 比方说,我们从一本元代有关助词的专著之序言处,即可看到:"'乎'、'欤'、'耶'、'哉'、'夫'者,疑辞也;'矣'、'耳'、'焉'、'也',决辞也。"见卢以纬著、王克仲集注:《助语辞集注》,北京:中华书局,1988 年,第 183 页。学界认为,卢以纬是第一位将助词研究编写成书的人。《助语辞》撰于 1324 年之前,除此之外我们对卢以纬一无所知。

④ 在别处我曾论到,中国传统学者也认为句子的语法特征并不决定其语用。兹有一例。清代学者陈雷在对卢书之注中说:"[哉]或叹辞,或疑辞,或为间隔之辞,且或为决辞,或仅为语已辞,皆宜从全文之意内言外观之,不可只泥一'哉'字也。"见卢以纬著、王克仲集注:《助语辞集注》,第 17 页。其他研究助词的清代学者,如袁仁林、王引之、刘淇,也都得出类似的结论。这可证明:中国学者不必然将这些助词直视为语气指示词。实际上,中国学者研究助词,不单讨论其**语法功能**,也讨论(甚至更多的是)它们在作文、风格、劝说、修辞与论证上的功用。

Harbsmeier)令人信服地证明：我们总能在《论语》找到，孔子戏弄学生，与他们开文字玩笑，或是戏说某事来打趣某人。与通常认为的形象相反，孔子实则为"冲动的、情绪化的、率性的人，他幽默风趣，且能将对细微差别之感受寓于精妙的反讽中"①。何莫邪在评论《论语》17.4时认为，孔子说"前言戏之耳"，这时他可能还是在说戏言。换言之，孔子可能通篇都在戏言。②

　　凭借着戴维森的论证，在判断《论语》特定章节说出的是论断还是戏言时，我们可以看到做出这些不同的判断是何以**可能的**。③ 显然，在我们解读文本时，对其说出的是戏言还是论断的判断有着丰富的意涵。威廉斯(Bernard Williams)在讲如何解读柏拉图《泰阿泰德篇》(*Theaetetus*)时所说的话，我相信也同样可以运用在《论语》上："如果想要从读柏拉图对话的过程中获得最大的受益，我们就需要紧密注意它的语调，留心何为戏言、何为假言、何者已然倦怠，或何者跃跃欲试。"④

五

　　让我们总结一下本文的论证。如果从语用学的角度，我们将会意识到，仅仅知道句子的语法语气是远远不够的。因为作为句子的特征，语气总是千篇一律的，无论其在何种场合之下被说出。然而，作为话语之特征的语力总是随场合的变化而变化。概而言之，在句子的语气指示词与其语力之间，并无严密关联，因为言者总能用一个句子，去做不由其语法与约定特征所支配的事。也就是说，我们

---

① Christoph Harbsmeier，"*Confucius Ridens*：Humor in the *Analects*，" *Harvard Journal of Asiatic Studies*，50(1991)：131. 在此感谢大卫·凯特利敦促我读这篇文章。

② 使这种可能性有意义的一种方式，是参照哈罗德·品特(Harold Pinter)的戏剧。除《论语》外，对品特戏剧的解读也可提供大量的例证。其戏剧展示出，我们习以为常说出的句子，如"我不知道"、"对呀"、"好呀"，乃至不说(暂停、沉默)，它们在我们的日常生活中发挥着非常广泛的作用。在优秀的导演和演员眼中，剧本中句子的语力并非由其字面意义或是由其他语言约定所决定。所以，它们可以被不同地解释(或表达)。因此，导演和演员也便可以在演绎过程中不断地为戏剧带来新的解释。

③ 在别处我曾写到过，中国不同时代的注解者，对《论语》的语力有着不同的解释。参见 Yang XIAO，"The Pragmatic Turn：Articulating Communicative Practice in Early China，" *Oriens Extremus*，2006。

④ Bernard Williams，*Plato*，New York：Routledge，1999，p. viii.

必须考虑言者说话时的"完整的言语情境"（total speech situation）。①

换言之，语言表达的语法特征或约定特征并不决定其在语用层面上何以使用。所有语言都是如此。戴维森将这一普遍性观点作为人类语言的基本特性，并将其称为**语言意义的自主性**（autonomy of linguistic meaning）：

> 这个论证所要表明的是语言的一个基本特征，或可将其称为语言意义的自主性。一旦语言的特征赋予了约定表达式，它就可以被用于许多在语言之外的目的。符号性表征必然要打破和语言之外的目的的密切联系。就目前的情况而言，这意味着不可能有这样的语言形式，即完全通过暗示其约定的意义，就可以把它仅仅用于某个给定的目的，譬如做出论断或提出问题。②

戴维森关于语言意义自主性理论的另一种表述："一旦一个句子得到了理解，那么说出这个句子就被可以被运用于几乎所有的在语言之外的目的。只有一种用途的表达工具缺乏意义自主性；这等于说，它不应当被视为一种语言。"③

1986 年，戴维森《墓志铭的完全错乱》一文的结尾处宣称，"不存在语言这种东西"。人们乍听此论，一定倍感震惊。出自该文的句子读来确实令人震惊。不过我们且看上下文：

> 我的结论是，倘若语言如许多哲学家和语言学家所假设的那般，那么便不存在语言这种东西。所以说，也就不存在那种需要学习、掌握或与生俱有的东西。我们必须放弃这样一种看法，即认为存在这样

---

① "完整的言语情境"这一术语来自奥斯汀。见 J. L. Austin, *How to Do Things with Words*, Second Edition, Cambridge: Harvard University Press, 1975, pp. 52,148. 他强调说："重要的是要把言语情境作为一个整体加以考虑。"(J. L. Austin, *How to Do Things with Words*, p. 138.) 译者按：所引奥斯汀部分，皆采用商务印书馆译本，页边码一致。参见 J. L. 奥斯汀：《如何以言行事》，北京：商务印书馆，2003年。

② Donald Davidson, "Moods and Performances," *Inquiries into Truth and Interpretation*, pp. 113 – 114. 亦可参见 Donald Davidson, "Communication and Convention," *Inquiries into Truth and Interpretation*, p. 274。

③ Donald Davidson, "Thought and Talk," *Inquiries into Truth and Interpretation*, p. 164.

一种清晰确定的共享结构：语言使用者可以先获得它，然后再将其应用于语言实践。我们应当试图再次说明，在任何一种重要含义上的约定是如何被卷入语言之中的；或者说，正如我所认为的那样，我们应当放弃这种尝试：通过诉诸约定来阐明我们如何来交流。①

如果我们熟悉戴维森的语言意义自主性理论的话，那我们一点都不会感到震惊。他最早在1976年的论文《语气与施行》中就对该理论加以论述了。我们应该清楚地看到，戴维森在这里只是说，我们不应仅仅泥于字句之间，或囿于那些所谓规则字句的约定；相反，我们应当看看人们的交流实践，看看人们实际上如何用字句做事。我们的交流实践并不能为约定所笼罩。人们很容易看到，在古代汉语那里，并不存在"这样一种清晰确定的共享结构：语言使用者可以先获得它，然后再将其应用于语言实践"。因此之故，与戴维森一起读《论语》当能使（但愿它已然使）我们更容易理解为何"我们应当放弃这种尝试：通过诉诸约定来阐明我们如何来交流"。

Reading the *Analects* with Davidson: Mood, Force, and Communicative Practice in Early China

Xiao Yang

Abstract：By reading *Analects* with Davidson, this paper explains why we should not draw conclusions about the nature of communicative practice simply based on observations about the grammatical and semantic features of classical Chinese; the

---

① Donald Davidson, "A Nice Derangement of Epitaphs," *Philosophical Grounds of Rationality*: *Intentions*, *Categories*, *Ends*, Richard Grandy and Richard Warner (eds.), Oxford: Clarendon, 1986, p. 174. 这篇文章，连同哈金(Ian Hacking)与达米特的，亦收入 *Truth and Interpretation*: *Perspectives on the Philosophy of Donald Davidson*, Ernest LePore (ed.), Oxford: Blackwell, 1986。译者按：译文参考了江怡的中译，见唐纳德·戴维森：《真理、意义与方法》，牟博选编，北京：商务印书馆，2011年，第251—252页。

argument should be based directly on observations about the pragmatic features of their communicative practice. This paper introduces the conceptions of mood and force, and responds to the two basic assumption of the "grammatical approach", namely, the empirical assumption and the mood-force correlation assumption. In responding the empirical assumption, it shows that classical Chinese has its own linguistic devices; and then it discusses Davidson's argument against Dummett's argument against the mood-force correlation assumption and his conventionalist theory of force. Then it uses a passage from the *Analects* to illustrate Davidson's point that there is no convention of sincerity, which is at the heart of his argument against Dummett's conventionalist theory. This demonstrates the principle of "autonomy of linguistic meaning", and the study of Chinese should not be confined to the conventions, but should focus on the communicative practice.

Keywords: Davidson, *Analects*, Mood, Force, Communicative Practice

世界视域与中西思想

从公孙龙"白马非马"辩
看汉语的存在论两可[*]

[德]罗　曼（*Johannes Lohmann*）著　庞　昕译^{**}

［摘　要］　中国文化和欧洲或欧美文化既处于一种完全相反的关系之中，又处于一种完全可比的框架内。在中国人那里，那些类似于西方抽象逻辑、"论辩术"或纯粹"存在论"的东西也是单纯的"游戏"，亦即西方意义上的"诡辩术"。逻辑首先就是关于形式正确性的学说，但它对于中国人而言只能在其具有伦理的、实践的意义时才会被认真对待。由古希腊哲学家从根本上规定了的"存在论"问题尽管也见于中国，但只是作为一种毫无结果和结论的"游戏"。这和中国"拒绝二

* 原文见 J. Lohmann, "Der Sophismus des Kung-Sun Lung '*weiss-Pferd*' nicht '*Pferd*': zur ontologischen Amphibolie des Chinesischen," *Lexis*, Band II, 1, 1949, SS. 3–11。

** 罗曼（Johannes Lohmann，1895—1983），曾任弗莱堡大学教授，著名语言学家，德国传统语言学最后的代表人物，现编有《罗曼文集》。

庞昕（1988—　），男，山东恒台人，弗莱堡大学哲学博士候选人，主要研究领域为德国哲学（海德格尔与谢林）、诠释学与美学。翻译工作得到国家留学基金委员会"建设高水平大学公派研究生"项目（201506140005）、国家社科基金青年项目"当代国外海德格尔式马克思主义的研究"（19CZX004）的资助。

分"的思维方式与真理形态有关。"白马非马"论揭示出了汉语表达的"存在论两可",它又构成了语言的"存在论无差异"的前提。中国思想最为深切关心的事情是"名""物"相符。这一问题与亚里士多德形上学所处理的实体和偶性关系问题有同有异。

[关键词] 公孙龙;亚里士多德;存在论两可;存在论无差异;汉语

这很明显,心灵并不直接认识各种事物,而是必得在其对各种事物的理念的介入下才能认识它们。

——洛克:《人类理解论》第四卷,第四章,第三节

谁终将说出我们西方文化的意义? 可以肯定的是,由于多重原因,这并非我们西方人自己。首先,我们的确会有成见;其次,尽管我们的文化在当今时代具有巨大的优势地位,但我们只是世界民族的少数(欧洲人和美洲人总共约占世界人口的四分之一);第三,我们的文明形态仍有长期存在的预期,但或许要比其他统一民族的文化更为式微。

今天我或许可以比中国人,而且也比欧洲人更为坚信地说:"我们必定不会沉落!"而且,对于我们西方文化的最终判定非常可能会由这样的陪审团做出并宣布,而统一的数以亿计的中国人正坐于其中。

——"中国人作为我们的评判者",引自汤因比(Arnold J. Toynbee)在英国广播公司(BBC)所做的一个关于"月份"的演讲

依照古老的说法,中国人的一切都与欧洲相反:在中国,不仅左边是上位、丧服是白色、理想的形状是方形(而非欧洲自古希腊以来的圆形),而且罗盘的磁针是指向南方,而非北方,行文沿着从上到下的垂直方向,而不是像我们这样沿着水平方向,姓氏是置于各自名字的前面,而不像欧洲(除了匈牙利)那样放在后面。如果这些论断首先具有或可能具有一种奇闻逸事、纯粹稀奇古怪的特征,那么便很容易会有这样的假设,即在其背后隐藏着某种更为深刻的东西。

而且，我们在所有个别的情况中，基于相反的"世界感受"（Weltgefühls）而最终能够看到一种对于我们而言某种别样的事物的反映，反映一种"姿态"（Haltung）、一种本原性的"情绪状态"（Gestimmtheit）。就人性的深度与丰富性而言，这种姿态和"情绪状态"与我们的姿态和"情绪状态"当然是可以比较的，但在其诸种关联的基本指向上，却又必定与我们完全相反。正如我已阐述的那样①，就此而言，一方面，中国文化和欧洲或欧美文化处于一种完全相反的关系之中；另一方面，又处于一种完全可比的框架内——它作为一种"内在紧张"的关系，也就是说，从诸种可能性关联的丰富性与深度来看，意味着相似性（Ähnlichkeit）的最充分形态。

很早就已非常引人注目的是，对西方文化有决定性作用的技术"成就"——稍提造纸术、印刷术、火药、航海的罗盘即可——这些在中国要比欧洲更早地为人所熟知。然而，这些发明在中国并没有产生重要的影响和意义，但却将我们与他们很自然地联系在一起。在中国，所有这些是"游戏的"，显得不严肃，但在我们这里却对人的整个存在样式和一切生活领域的形态造成了划时代的革命。② 难道正像我们所想认为的那样，这真的意味着某种根本性的人性缺失？或者，这恰恰表现出一种在直接的生命确定性（Lebenssicherheit）方面比我们更具优势的天性？或者，至少从中国人的立场来看，这是一种自明的姿态和反应，正如我们的姿态和反应对我们来说是自明的一样？

在中国人那里，那些类似于西方抽象逻辑、"论辩术"或纯粹"存在论"的东西也是单纯的"游戏"，亦即西方意义上的"诡辩术"。逻辑首先就是关于形式正确性的学说，但它对于中国人而言只能在其具有伦理的、实践的意义时才会被认真对待。③ 比如孔子等人的"正名"（Rektifikation der Namen）④，或者《大学》中那种让人想到古希腊"演绎推理"的双向伦理学准则链条⑤，它们分别在"向上"和"向下"的方向序列中展开道德完善的基本准则：

---

① J. Lohmann，"M. Heideggers 'Ontologische Differenz' und die Sprache," *Lexis*，Band I，1948，S. 81.

② 当今，这好像也彻底毁坏了中国的和平。按照汉语本义，"革命"意味着"收回天之所命"，根本不同于盎格鲁撒克逊式的政府更迭。

③ J. Lohmann，"M. Heideggers 'Ontologische Differenz' und die Sprache," *Lexis*，Band I，S. 75.

④ J. Lohmann，"M. Heideggers 'Ontologische Differenz' und die Sprache," *Lexis*，Band I，S. 84.

⑤ Alfred Forke, *Geschichte der alten chinesischen Philosophie*，Cram，De Gruyter & Co. Hamburg，1964，S. 161f.

（向下[όδòς κάτω]：）古之欲明明德于天下者，先治其国；欲先治其国者，先齐其家；欲先齐其家者，先修其身；欲修其身者，先正其心；欲先正其心者，先诚其意；欲先诚其意者，先致其知，致知在格物；（向上[όδòς ἄυω]①：）物格而后知至，知至而后意诚，意诚而后心正，心正而后身修，身修而后家齐，家齐而后国治，国治而后天下平。②

这种"三段论推理"的原则，即"逻辑性"和"伦理实践性"兼于一身，首先是这样表达出来：

知所先后，则近道矣。

在"近道"中我们便碰到了中国那种既是逻辑方法又是实践方法的真理（Wahrheit）形态。（这种形态并不像欧洲的真理形态那样是在一种[从"主体"来看]富有成效的制造或设置中表现出来，而是最终表现在一种与人类共同体相关的秩序-关联[Ordnungs-Zusammenhange]之中。）在柏拉图式的苏格拉底那里，"实践"（Praxis）通过"逻各斯"（Logos）得到规定。但这种真理形态并非如此，而是实践与逻各斯两者会聚于一种无法分解的同一性（Einheit）之中，这种同一性正是在"道"（本义为"道路"，引申为"世界秩序，自然与道德的法则，原则，原理，规程，规则，言说，道说"）这个不可翻译的概念中表现出来。

由古希腊哲学家从根本上规定了的"存在论"问题尽管也见于中国，但只是作为一种毫无结果和结论的"游戏"。倘若如此，这必定和中国这种"拒绝二分"（a-dihäretisch）的思维方式与真理形态有关。③ 探讨论辩—存在论问题的，除名家之外，首先便只有"社会主义者"墨翟的墨家学派。这个学派自孟子（公元前372—前289年）以来便受到更具竞争性的儒家学说的排挤，以至于其学说在后

---

① 在佛尔克（Forke）的翻译中，向上序列中的术语都跟向下序列保持一致。佛尔克这样的译法虽然跟原文有出入，但或许也形象地显示了中国概念[符号]的宽泛性。

② 为了简化翻译，前提链中的【关键】部分都加了着重号。读者不妨在向下序列中找到相对应的部分，并将这两部分——在中国总是相同的概念！——相互对照。

③ 参见 J. Lohmann, "M. Heideggers 'Ontologische Differenz' und die Sprache," *Lexis*, Band I, 第 76 页注释。

来就再也没有进一步的发展。而以"名家"①命名的思潮在中国古代哲学中属于规范和影响都不算大的学派("名家"之称或许也只是后世的一种人为概括)。

墨家和名家都争论过的一个诡辩正是"白马非马"这个命题。该命题(或许是首次)由名家公孙龙②提出,而墨家则予以驳斥。其论曰:③

> 白马非马,可乎?曰:可。曰:何哉?曰:马者,所以命形也,白者,所以命色也。命色者,非命形也。故曰,白马非马。曰:有白马,不可谓无马也,不可谓无马者,非马也。有白马为有马,白之非马,何也?曰:求马,黄、黑马皆可致,求白马,黄、黑马不可致,使白马乃马也,是所求一也,所求一者,白者不异马也。所求不异,如黄、黑马有可有不可,何也?可与不可,其相非明。故,黄黑马一也,而可以应有马,而不可以应有白马,是白马之非马审矣。曰:以马之有色为非马,天下非有无色之马也。天下无马,可乎?曰:马固有色,故有白马。使马无色,有马如已耳,安取白马?故白者非马也。白马者,马与白也,马与白[非]④马也。(《公孙龙子·白马论》)

只有人们考虑到中国的语词本身标明了赤裸的概念(nackter Begriff)⑤,以上阐述才获得一种理性的意义。"白马"标识"白色—存在"的"概念",或者更确切地说,标识"白"(一种颜色)加上"马—存在"或"马性"(作为"形","形态","显现"或"躯体")的"概念"。因此,一种"有色之形"("颜色"和"形态"的组合)不可能仅仅是一种"形"——在此意义上,支持名家的论辩看起来非常有说服力且无懈可击。尽管如此,"白马非马"这个命题不仅在我们的语言中看起来是无意义的,而且对于中国人而言,一匹"白马"也的确是一匹"马",这又当如何理解?而

---

① "名家","论辩"(dialektische)或"诡辩"(sophistische)学派。参见 Alfred Forke, *Geshichte der alten chinesischen Philosophie*,第 417 页及以下。之所以称为"名"家,是因为这个学派处理"名称"或"符号"及其各种关系。

② 生于公元前 300 年之前,卒于公元前 250 年之后。参见 Alfred Forke, *Geshichte der alten chinesischen Philosophie*,第 436 页。

③ 参见 Alfred Forke, *Geshichte der alten chinesischen Philosophie*,第 438 页。

④ 此处的"非"由佛尔克添加。

⑤ 这个词只能在 *Lexis* I, S. 31f. 所讲的意义上来理解。

且，为何墨家也是如此论辩，"白马，马也，乘白马，乘马也；骊马，马也，乘骊马，乘马也；获，人也，爱获，爱人也"①（《墨子·小取》），如此等等？②

虽然（古）汉语的命题（句子）本身由一些明确的赤裸概念（符号）所构成，但它也要通过一种比纯粹"概念"的抽象组合更加有意义的方式表达出来。如果名家只是诉诸纯粹"概念"的抽象组合，那他们一定会把自己弄得非常滑稽。这样一种诡辩式的咬文嚼字之所以可能，其前提是一种模棱两可的东西，是语言表达的"两可"（Amphibolie）。中国的诡辩家揭示出了汉语表达的"存在论两可"，但他们并没有真正认识到事情本身。由此，这种"存在论两可"又构成了语言的"存在论无差异"（ontologische Indifferenz）的前提。这似乎也允诺了下列方式的谬论：

一马　是　马
二马　是　马
———————————
一马　是　二马

（《墨子·小取》反驳了这样的论证："一马，马也；二马，马也。马四足者，一马而四足也，非两马而四足也。"③）

纯粹从逻辑的角度来看，对于中国的诡辩家，拥有"健全的理智常识"的辩护者毫无抵抗能力，因此只好躲入现实或"有"（Existenz）："有白马，不可谓无马也④……有白马为有马⑤，白之非马⑥，何也？……以马之有色⑦为非马，天下非

---

① 这是墨家"共同体思想"[Kommunismus]，即儒家反对的"兼爱"（allgemeine Menschenliebe）思想的例证。

② Alfred Forke，*Me Ti des Sozialethikers und seiner Schueler philosophische Werke*，Beiband zum Jahrgang 23/5，S. 529f.

③ 佛尔克德译参见 Alfred Forke，*Geschichte der alten chinesischen Philosophie*，第 440 页注。

④ "也"是肯定语气的小品词。

⑤ "为"，efficitur，做出，得出。

⑥ 这是说，"albi non-esse equum"，"之"是二格或所有格结构的语助词。

⑦ 这是说，"propter equi habere colorem = propter in-equo existere colorem"。参见 J. Lohmann，"M. Heideggers 'Ontologische Differenz' und die Sprache，" *Lexis*，Band I，第 76、81、85 页。

有无色之马。天下无马,可乎?"①

　　同样的问题也出现在亚里士多德的形而上学中,并表现为"实体"(Substanz)和"偶性"(Akzidens)的关系问题:"是人"(Mensch-sein,作为人的存在)与"是白人"(weisser-Mensche-sein,作为白人的存在)是同一的(即作为"这个白人"),但同时又是不同一的(即就其自身和本质而言),这何以可能? 亚里士多德回答说,仅仅就其"偶性"而非"自身"而言,两者是同一的,**因为这有两义**②,一种是"是什么"(was-sein, quidditas,本质),一种是"是这"(dieses-hier-sein),两者只有作为"本质所是"(wesentliches-was-sein)或作为"实质"(Wesenheit)、"实体"(Subtanz, ousia)才是同一,但作为特定时间中的"偶然"陈述(legomena kata symbebekos)则是不同一的。在此,"陈述"(Aussage)不能等同于"命题"(Satz),而是意味着一种随意的范畴形式。众所周知,这正是"古希腊"思想与开端于笛卡尔并完成于康德的"近代"思想的区分,虽然这种转变在中世纪而且首先在"指代逻辑学"(Suppositions-Logik)中已经做好准备:古希腊哲学围绕"概念",而近代哲学围绕"判断"进行。③ ——但中国思想却通过名(Name)和物(Ding)④的关系保存起来。

　　我想谈及的而且可以直接把握到的是,思想形式的这种关系在此直接表明了,"完全的可比性"——同时也是鉴于完全的区分——在此表现在诸种例证之中:在亚里士多德那里是白人,在中国思想家那里是白马! 亚里士多德操心"存在"(on)的同一性——作为源于"存在论差异"(ontologische Differenz)但又"弥合差异"⑤的"概念",此"存在"依循"一"(hen)而成其本性:存在与一可以互换或"相互转换",不仅彼此之间相互转换,而且与事情本身之间也可以相互转

---

① 译者按:此段引文已见于前文《白马论》。前文的德语翻译更为书面化、学术化,此处作者用日常化的德语将其重译,以凸显其日常性、现实性的意义。对此译者不再转换为口语化的汉语,以便与前面的引文对应。

② Aristotle, *Metaphysics*,1031b23。

③ 因此,"分析"判断与"综合"判断的关系问题在康德那里的位置,相当于这里所触及的"实体"与"偶性"的关系问题在亚里士多德那里的位置。

④ 参见 J. Lohmann, "M. Heideggers 'Ontologische Differenz' und die Sprache," *Lexis*, Band I, 第 83—84、85—86 页。

⑤ 参见 J. Lohmann, "M. Heideggers 'Ontologische Differenz' und die Sprache," *Lexis*, Band I, 第 74、84 页。

换,例如,"一人"(eis anthropos)与"人"(anthropos)是同一物,"存在的人"(on anthropos)与"人"也是同一物。① 对于这种存在之一的破碎与折断,正如其在从一开始就统治着中世纪大学的指代学说②的发展中伴随时间的进程而表现出来的一样③,人们可以将其看作近代欧洲"主观主义"(Subjektivismus)出现时的阵痛,这就像为了让密涅瓦从朱庇特的头颅中出现而做好准备一样。如果说,亚里士多德的学说统治整个"经院"长达百年之久,那么伴随"主观主义"的诞生,笛卡尔也同时将其引向对于亚里士多德的形而上学的胜利。④

中国思想最为深切关心的事情是"名"与"物"相符(Korrespondenz)。这本身便显示出我们诡辩者的咬文嚼字的论证,这些论证也让佛尔克"完全头晕目眩"⑤。当反对者处理"有"(Existenz)与"无"(Nicht-Existenz)的时候⑥,对他们来说重要的是,"名"之所命(且称之为"概念")必须对应所求之物,反之亦然:"求马,黄、黑马皆可致,求白马,黄、黑马不可致。"紧接着,则是一个"归谬推理":"使白马乃马也,是⑦所求一也,所求一者,白者不异马也。所求不异,如黄、黑马有可有不可,何也?⑧ [……]黄黑马一也,而可以应有马,而不可以应有白马[……]"

作为最后的托词,反对者将此把捉为一种"反-诡辩":"以马之有色为非马,天下非有无色之马也。天下无马,可乎?"在亚里士多德那里或许可以听到对此疑问的回答,即尽管有色这一特性的确属于"马"的"本质"和"概念",但任何一种特定的颜色并非如此。也就是说,白色只是在"偶性"的意义上归属于"马",但并不能本质性地从"马"中说出白色。中国人根据实情可能同样也会如是言说,但他们的表达方式完全停留在"有"(existentiell)或"存在者"(ontisch)层

---

① Aristotle, *Metaphysics*, 1003b 25.

② 参见"M. Heideggers 'Ontologische Differenz' und die Sprache," *Lexis*, Band I, 第 56 页及以下。

③ 1948 年,阿诺德(Erwin Arnold)在弗莱堡完成的博士论文《论指代理论的历史》(Zur Geshichte der Suppositionstheorie)对此进行了阐述。

④ M. Wundt, *Die deutsche Schulmetaphysik des 17. Jahrh.*, Tuebingen,1939.

⑤ Alfred Forke, *Gehichte der alten chinesischen Philosophie*, S. 438.

⑥ 参见上文"有白马,不可谓无马也"一段。亦可参见 J. Lohmann, "M. Heideggers 'Ontologische Differenz' und die Sprache," *Lexis*, Band I, 第 75—76、85 页。

⑦ 白马与马等同。

⑧ 不妨进一步往下推,但很明显也会是荒谬的。

面：事实上颜色属于"马"，因此"也会有"白马(诸如此类)，但这并不允许(有所偏爱地)"取白马"——当然，在日常言谈中，只要诡辩者需要骑一匹马，正好又有匹白马在其眼前，并像墨家那样将其作为"一般意义上的马"来使用①，那他就会"取白马"②，而非一般意义上的马。正如在亚里士多德那里，在"偶性"的层面，也就是说在具体情况中，"人"与"白人"可以是同一的，"是人"与"是白人"也可以是同一的。③

Kong Sung-long's Dialectics of "White Horse" not "Horse": On the Ontological Ambiguity in Chinese

Johannes Lohmann

Abstract: Chinese culture and European or Euramerican culture are totally comparable while they are extremely opposite to each other. For Chinese people, Western abstract logic, "dialectics", pure "ontology" and something merely belong to "games", or "sophism" in the West. Primarily as a theory of formal right, logic cannot be seriously treated with in China unless it is of ethical and political significance. Although "ontological" issues, which are fundamentally defined by Greek philosophers, can be found in China, they are fruitless "games". This is closely related to the "a-dihaeretic" way of thinking and truth. The dialectics of "white horse not horse" reveals the "ontological ambiguity" in Chinese expression, which further leads to linguistic "ontological indifference". The deepest concern of Chinese philosophers is the correspondence between name and thing, which is discussed, similarly and differently, in Aristotle's metaphysics in terms of substance and attribute.

Keywords: Kong Sung-long, Aristotle, ontological ambiguity, ontological indifference, Chinese

---

① 参见上文"白马，马也，乘白马，乘马也"。

② 译者按：此处的"取白马"并非概念化的把握，而是实际的使用，故而作者用"Schimmel"而非"wei-es Pferd"来表示"白马"。

③ 见 Aristotle, *Metaphysics*，卷(Z)一，章一。参见 Ross, *Aristotle's Metaphysics*, vol. II, pp. 176 – 177; Broecker, *Aristotles*, S. 211。

从《礼记》看儒家对礼的合理性论证

王 海[*]

[摘 要] 春秋战国之际的礼崩乐坏,让礼的合理性陷入危机。以孔子为代表的儒家学者尝试从多个角度对礼的合理性作出说明。他们既看到天道的"有别"和"有序",以此作为礼的形上依据;也诉诸人的内在情感,从主体中寻找服从礼的内在动力甚至内在的规范性;更从"治事"的效用中寻求礼的普遍之"理"。作为阐述礼义的重要著作,《礼记》中相关内容正全面展现了这一时期"礼"的合理化进程。以此考察儒家对"礼"的合理性论证,无疑有特殊的意义。

[关键词] 礼;规范;制度;合理性

在西周,礼的作用更近于一套"仪式伦理",它借助一系列规定的表情姿态、动作语言对仪式参与者的行为效果进行控制。这些程式化、表演性的活动,不仅传递和交换着参与者的身份地位、态度等信息,将其限制于其应有的行为方式上;而精心设计的场景、程式,也塑造着参与者的规范意识和情感模式,使仪式过程实际参与了群体人格的建构。有学者指出:"事实表明,西周时期'礼'概

---

* 王海(1987—),男,江苏仪征人,华东师范大学哲学系博士研究生,主要研究领域为中国哲学。

念仍然主要是指礼节仪式而很少涉及其他方面。'礼'被赋予社会政治等级和伦理道德的含义并被视为高居于一般道德名目之上的重要范畴,是从春秋时期开始的。"①春秋战国之际,随着王权的衰落以及诸侯经济、军事实力的提高,周礼中实质的规范体系已难以适应现实中新的社会关系,新兴力量开始大肆僭越表征着传统等级秩序的礼仪。在此情形下,礼开始更多被视为、凸显为关乎国家政治伦理秩序的制度规范,礼中内在的规范要求也渐渐脱离仪式系统,不断明确化、普遍化为独立的价值原则和行为准则。同时在儒家的推动下,礼的规范要求也被创造性地转化为个体德性上的自我要求,服从规范被整合融入个体的人格塑造。作为规范,礼实现了由"限制性"向"构成性"的动力转向。

与此同时,面对社会的广泛质疑,拥护周礼的有识之士开始对礼的合理性进行辩护。在他们看来,"亲亲、尊尊、长长,男女有别,人道之大者也"(《礼记·丧服小记》)。相比于不断更迭的制度礼仪,前者则是"不可得与民变革者"(《礼记·大传》),具有超越时代的普遍价值。这一时期,"人们对礼的关注从形式性转到合理性,形式性的仪典体系仍然要保存,但贤大夫们更为关心的是礼作为合理性原则的实践体现"②。他们普遍认为:礼是人道的真理,它不仅有终极的价值依据,更在现实中发挥着不可替代的作用。本文无意为礼作终极的价值论证,而是试图通过《礼记》将儒家所做的各种尝试展现出来。

一、礼顺于天:差序基础上的人道法则

对礼的合理性论证,最初与"天道"联系在一起。《左传·文公十五年》里说:"礼以顺天,天之道也。"《左传·昭公二十五年》:"夫礼,天之经也,地之义也,民之行也。……为君臣上下,以则地义;为夫妇外内,以经二物;为父子、兄弟、姑姊、甥舅、昏媾、姻亚,以象天明;为政事,庸力行务,以从四时。"当时学者普遍认为:人道与天道之间存在密切的关联,从自然界中观察总结出的规律法则,在人类社会中同样存在,二者都是不容置疑的。礼则是人道法则的现实化、具体化。按这里的说法,礼所包含的各种制度规范,正是通过对地义、阴阳、天

---

① 胡新生:《周代的礼制》,北京:商务印书馆,2016年,第2页。
② 陈来:《古代思想文化的世界:春秋时代的宗教、伦理与社会思想》,北京:北京大学出版社,2017年,第20页。

象、四时等广义上"天道"的效法而确定的,故可称作是"天地之经纬"。根据这里的理解,本文中的"天道"也泛指一切自然法则。

将礼上溯至天道,认为人道取法于天道,在春秋时期已是较普遍的观念。在此后的很长时间,这都是各学派进行价值论证的主要路径。在说明礼的合理性时,儒家也将礼与天道联系起来,为其寻求某种终极依据。如《周易·系辞上》里说:"天尊地卑,乾坤定矣;卑高以陈,贵贱位矣。""崇效天,卑法地。"这里虽未直接提到礼,却很容易让人联想到周礼中尊卑贵贱的等级秩序。而在《礼记》中,这些话就明确与礼联系起来:"天高地下,万物散殊,而礼制行矣。……天尊地卑,君臣定矣;卑高已陈,贵贱位矣;动静有常,小大殊矣;方以类聚,物以群分,则性命不同矣。在天成象,在地成形。如此,则礼者天地之别也。"(《礼记·乐记》)在作者看来,"天尊地卑"属自然法则,既然自然界存在"天尊地卑",那么人类社会也相应地会有尊卑贵贱。《庄子·天道》中保存着这样一句话:"夫天地至神,而有尊卑先后之序,而况人道乎!"儒者巧妙地将自然物在空间上的高低属性,与人在社会地位上的贵贱等级联系起来,并指出二者的共同之处就在于都有尊卑先后,即所谓"天先乎地,君先乎臣,其义一也"(《礼记·郊特牲》)。这里提到的"天高地下,万物散殊","方以类聚,物以群分",则刻画出自然世界的真实形态——万物差异的普遍存在,同类事物往往更容易凝聚、结合在一起。这暗示着人类社会也有相同的特征。

这里,儒家对天道的理解显然与道家有很大差异。在道家看来,天道的特征在于"无为而无不为",他们信奉"道法自然",提倡减少对人事的干预、杜绝对人性的扭曲,使社会生活达到一种"我无为而民自化,我好静而民自正,我无事而民自富,我无欲而民自朴"(《老子·五十七章》)的理想之境。按道家的理解,顺从天道就意味着顺应事物的自然本性而不横加干涉;对人类社会而言,就是要顺从人的本性,尊重社会中自生自发的秩序,同时对人为的价值和制度规范保持警惕。与之相比,儒家对天道的看法,则源自他们有见于自然界中差异和秩序普遍存在,认为这才是天道的主要特征;与之相适应的,礼的特征就在于"有别"和"有序"。《乐记》里说,"礼者,天地之别也","礼者,天地之序也","大礼与天地同节",都在强调礼与天道之间的相似性。

具体来说,"有别"的理想状态在于"得其宜",它意味着人为规定的制度和规范,要与存在的本质特征相协调。《乐记》里说:"礼者别宜。"《说文》:"宜,所安也。""宜"观念的出现,很可能与古人在农业生产中对土地特性的认知有关。古文中常将"地"和"宜"(义)搭配使用,如《礼器》:"地理有宜也。"《郊特牲》:"别土地之宜。"前面提到的"天之经,地之义"也是如此。据《月令》记载:每年开春,天子都要命人"善相丘陵、阪险、原隰,土地所宜,五谷所殖",就是为了在农业生产中"因地之性"(《左传·昭公二十五年》),按照土地的干湿、肥脊等不同特性对其加以利用。有学者指出:"物产于土地之间有一种适应关系,古人称之为宜。正是将这种对地物间的相宜推广到其他事物上,以其得宜为适,才有了所谓义的观念。物产合于地之宜,称之为义,人们处理事物合宜,也被称之为义。"①据《乐记》所说,"乐由天作,礼以地制","圣人作乐以应天,制礼以配地"。故在一些儒者看来,"乐"温和的特性更接近于天道,"礼"则与地道的关系更为密切,礼应当是仿照"地理有宜"的法则制定的。

　　具体到制度和规范层面,礼已关注到不同社会角色和关系间的差异,并针对性地加以规范和引导。在调节君臣、父子、夫妇、长幼等关系时,应当考虑到人们在血缘亲疏、身份地位、知识经验、智能体力等方面的差异,有差别地加以处理。在儒家看来,"父慈、子孝、兄良、弟弟、夫义、妇听、长惠、幼顺、君仁、臣忠"(《礼记·礼运》)是不同角色理应遵从的规范原则,因为它符合这些角色自身的特点,也体现礼的"宜"之所在。《韩非子·解老》:"义者,君臣上下之事,父子贵贱之差也,知交朋友之接也,亲疏内外之分也。臣事君宜,下怀上宜,子事父宜,贱敬贵宜,知交友朋之相助也宜,亲者内而疏者外宜。义者,谓其宜也。"现实中,礼已充分考虑到君臣、父子、夫妇、长幼等关系间实然的差异性,并在此基础上提出合理("宜")的规范要求("义")。有学者指出:"父子、母子、兄弟间的关系完全以自然的方式生成……父爱之慈,其性质完全不同于子对其父之爱,后者成孝;兄长对弟之情同样不同于弟对兄之情,兄弟之情又不同于父之慈或子之孝。而礼仪必须细致地顺应这些不同,以便使社会人际关系相应地以自然法则为基础。"②

　　从"有序"的角度看,现实中人与人的差异还直接引向制度上的差序设计和规范上的服从要求。儒家说"亲亲有术,尊贤有等"(《墨子·非儒下》),首先基

---

① 黄开国:《诸子百家兴起的前奏:春秋时期的思想文化》,成都:巴蜀书社,2004 年,第 292 页。
② 汪德迈:《中国思想的两种理性:占卜与表意》,金丝燕译,北京:北京大学出版社,2017 年,第 123—124 页。

于现实中的亲疏尊卑之别。相比来说,亲疏之序基于血缘亲情的差异;尊卑之等则更侧重于现实经验、地位的不同。儒家有将尊卑之序扩展到一切社会关系的倾向,并生成对服从的要求。也就是说,现实中身份地位、知识经验、智能体力等处于劣势的一方,对优势一方往往有服从的义务。儒家在使用尊卑、上下、先后等表述时,并未停留在不同角色的差异上,而是从"有别"指向"有序",强调关系双方的主从秩序。儒家所说的父慈子孝、兄良弟弟、夫义妇听、长惠幼顺、君仁臣忠,其中隐含着子对父、弟对兄、妇对夫、幼对长、臣对君的服从义务,即所谓"君先而臣从,父先而子从,兄先而弟从,长先而少从,男先而女从,夫先而妇从"(《庄子·天道》)。孔子在说"君君,臣臣,父父,子子"时,实际已将父子视为君臣的延续,这里的"父父,子子"显然不限于"父子有亲",而是强调父子也应当像君臣一样,有尊有卑、有主有从,绝不可轻越界线。同时,对父亲的"孝"("孝"本身就含有"敬")也很容易推及对君主的"敬",孔子说"迩之事父,远之事君"(《论语·阳货》),已指出二者本质上的相通性。男女、夫妇之间也存在一种主从关系。《郊特牲》:"男帅女,女从男,夫妇之义,由此始也。妇人,从人者也。幼从父兄,嫁从夫,夫死从子。"蔡尚思说:"不仅父子等于君臣,而且夫妻犹君臣,夫妻同父子。夫犹君父,妻同臣子……用两句话概括起来,便是所有从上到下都是君臣,人间一切关系都是统治和被统治的关系。"[①]这种统治关系,正是儒家眼中"天尊地卑"的自然法则在人道中的广泛延伸。汉人总结出君为臣纲、父为子纲、夫为妻纲的"三纲",也是这一思路的必然结果。

儒家对"礼顺于天"的论证,实际是为礼的合理性作了自然主义的解释,这与西方的自然法理论颇为相似。在西方,自然法相对于人为法而言。自然法理论家认为,自然要高于一切人为的创造,所有人为的创造都是对自然的模仿。他们更倾向于用理性的自然法对抗人为法,确立个体普遍的、不可剥夺的权利,以抵抗世俗权力的侵蚀。儒家却认为人为法("礼")是圣人仿效自然法("天道")而制,二者在本质上是一致的,这容易导致将人为法等同于自然法,将礼视为不可易的"天理"。儒家的相关论证,延续着周代以来"借天道言人道"的特点。这种对自然法的高度重视,也凸显出当时规范领域的重大变革。杨晓东指出:"在社会秩序变动时,自然法观念便应运而生了。换句话说,只有当批判理

---

① 蔡尚思:《中国礼教思想史》,上海:上海古籍出版社,2006年,第4页。

性回顾历史,注意到在规范领域已经发生深刻变化,并意识到在自身历史发展过程中共同体成员曾拥有政治、法律与道德制度的多样性时,自然法才能出现。"①将礼诉诸天道,正是在春秋战国周礼行将崩溃,新旧制度更迭、各种思潮发生激烈碰撞的背景下出现的,这反映出以儒家为代表的周礼拥护者为礼进行辩护、为其寻找终极价值依据的努力。

二、礼作于情:丧、祭中的情感之源

在儒家看来,礼的合理性不仅源于天道之必然,更基于人情之实然。他们提出"礼作于情"(《郭店简·性自命出》),认为礼在人的性情之中存在可靠的心理基础。据现有文献,这种论证方式始于孔子。孔子对周礼形式化、虚伪化的现象深恶痛绝。他有意强调礼在早期巫术民俗中温情的一面,尝试在主体之中发掘行礼的内在动力,减少礼与人的真实情感、意愿的分离。李泽厚指出:"孔子所要'追回'的,是上古巫术礼仪中敬、畏、忠、诚等真诚的情感素质及心理状态。"②这些自发的真情实感可以成为礼的可靠基础。

在与宰我争论"三年之丧"的合理性时,孔子给出的理由之一就是"食旨不甘,闻乐不乐,居处不安"(《论语·阳货》)。孔子认为,正因为自己不能"心安",人们才需要借助礼将这种心情表达出来,为父母守丧三年,是人情之不得已。在孔子这里,遵礼的理由已由服从外在的社会规范,转向个体内在情感的自我要求。对于"三年之丧",孔子后学进一步论证道:"凡生天地之间者,有血气之属必有知,有知之属莫不知爱其类。"(《礼记·三年问》)这里,"爱其类"构成了智慧生物的本质特征,在作者看来,鸟兽之属尚知恋其同类、在失去同伴时会反巡悲鸣;而在有血气、有知之属中,人类又最具智慧和情感能力,更不应磨灭这种本能。这里,儒家将礼的要求诉诸人作为高级动物之本能,为礼在人性中找到了内在依据。

自孔子开始,儒家从情感角度对礼的论证,更多地与丧、祭联系在一起。这在《礼记》中体现得较为明显。丧、祭源于早期巫术,其中夹杂着人类多样的情

---

① 杨晓东:《政治规范论》,北京:社会科学文献出版社,2016年,第157页。

② 李泽厚:《由巫到礼 释礼归仁》,北京:生活·读书·新知三联书店,2015年,第30页。

感需求,这些都在周礼中被沿用下来,并理性化为一种用以表达、调适人情的功能性安排。《礼记》中所记丧、祭之礼包含着浓厚的情感色彩,但二者的情感氛围又有所不同。如《少仪》:"祭祀主敬,丧事主哀。"《祭统》:"丧则观其哀也,祭则观其敬而时也。"随着时间的流转,由丧礼到祭礼体现出死者与原家庭的关系由亲近到疏远、生者对死者的感情由"哀"转向"敬"的自然过程。在儒家看来,丧礼中的"哀"和祭礼中的"敬"都出于人情之本能。

就丧礼而言,"丧礼,哀戚之至也"(《礼记·檀弓上》)。"创钜者其日久,痛甚者其愈迟。"(《礼记·三年问》)"三年之丧如斩,期之丧如剡。"(《礼记·杂记下》)遇到丧事时,当死者与自己关系越亲密,他的去世带给自己的悲痛就越强烈,需从中摆脱的时间也越长。以"三年之丧"来说,"三年者,称情而立文,所以为至痛极也。斩衰苴杖,居倚庐,食粥,寝苦,枕块,所以为至痛饰也"(《礼记·三年问》)。遭遇三年之丧,作为子女必然悲痛至极,常常会用极端的方式来表达、缘饰内心的痛苦:身穿斩衰,手拄竹杖,住着倚墙而搭的草庐,喝稀饭,睡草垫,枕土块,这些举动都是与子女极度悲痛的心情相符的。与死者的血缘关系往往又与恩情紧密相关,故节文上差别的依据,就在于不同关系在"恩情"上的差别。《丧服四制》:"其恩厚者其服重,故为父斩衰三年,以恩制者也。"儒家据此认为,丧礼并非外在地强加于人的要求,而是在现实"恩情"基础上人们真情的自然流露。在丧礼中,礼的外在要求与人的内在情感应当是相符合的,用孙希旦的话说:"先王之制服,以其实不以其文,故有其服必有其情,非虚加之而已。"[①]

在儒家这里,丧礼的节文被视为哀情的自然表达,丧礼中子女对父母之"哀",正基于生前的血缘亲情之"爱"。如果不这么做,子女反而会不能心安。《孟子·滕文公上》记载:"盖上世尝有不葬其亲者,其亲死,则举而委之于壑。他日过之,狐狸食之,蝇蚋姑嘬之。其颡有泚,睨而不视。"这可说是孔子"心安"之说的反面证明。儒家认为父母和子女之间有着牢固的血缘和情感纽带,"父子有亲"这样的规定,应当是每个人由内而发的自我要求。所谓"父孝子爱,非有为也"(《郭店简·语丛三》)),就是说父子间的亲情不掺杂任何功利目的,父爱子、子孝父是人的自然本能,它无待于任何外在的要求。

---

① 孙希旦:《礼记集解》,北京:中华书局,1989 年,第 190 页。

在家族生活中,对父母、长辈仅仅有"爱"还不够,更要有"敬"。儒家言"孝",便兼有"爱"、"敬"之意。在诸多礼仪中,对"敬"的重视莫过于祭礼。周代的祭礼有着悠久的渊源。祭祀的关键,就是要在与神明的沟通中保持内在的恐惧与敬畏,外在严格地遵守程式和规范,确保祭祀目标的顺利实现。祭祀过程中,人在超越性的对象面前更易体会到"敬"的情感之源,并将自身与某种神圣性关联起来。在儒者看来,祭祀时人们对祖先神灵的恐惧、崇敬是自心底油然而生的,迫切需要表达出来:"夫祭者,非物自外至者也,自中出生于心也。心怵而奉之以礼。"(《礼记·祭统》)因此祭祀首先是以个体内在的情绪感受("心怵")为基础的,正因思慕亲人而先有了凄怆、恐惧之情,然后才去祭祀。《礼记·檀弓下》:"唯祭祀之礼,主人自尽焉尔,岂知神之所飨,亦以主人有齐敬之心也。"在他们这里,祭祀很大程度已经"祛魅",它不再是传统意义上用牺牲向神灵献媚、避祸求福,而是将祭祀的目的内在化、情感化,指向人不可避免的精神需要。《祭义》:"孝子将祭祀,必有齐庄之心以虑事,以具服物,以修宫室,以治百事。及祭之日,颜色必温,行必恐,如惧不及爱然。其奠之也,容貌必温,身必诎,如语焉而未之然。宿者皆出,其立卑静以正,如将弗见然。"在儒家看来,心怀敬畏地斋戒、祭祀,已成为个体寻求情感表达、与祖先神明沟通交流的必要途径,整个祭祀活动都是以人为中心、为满足人的情感需求而设置的。所以,祭礼所要求的"敬"也非外在的强迫,而是出于人内心情感的自然流露。

在丧、祭之礼中,典型地体现出礼对人的不同规范要求。相比而言,丧礼更注重人的爱亲之情("爱"),祭礼更强调对先人的思慕和敬畏("敬")。借助丧、祭之礼,儒家试图证明:礼并非外在于人的强制要求,更非空洞、虚假的表演;无论是为父母守丧时的"心安",还是思慕先人时的"心怵",都缘自内心的真情实感,出于人情之不得已。所以儒者说"礼义之经也,非从天降也,非从地出也,人情而已矣"(《礼记·问丧》),说明儒家已确认礼在这方面的情感基础,说"礼作于情"是有一定依据的。当然,扩展开来说"礼作于情"也可视为礼对人的一切本能趋向的认可或顺从。

在此基础上,"爱"和"敬"又可以普遍化为一般的行为规范,即"爱其所亲"、"敬其所尊"(《礼记·中庸》)。这与周礼中"亲亲"、"尊尊"的要求是一致的。孔子早已发现"爱"和"敬"的价值,他说:"君子兴敬为亲,舍敬是遗亲也。弗爱不亲,弗敬不正,爱与敬,其政之本与!"在同一文章中,孔子又说:"为政先礼,礼其政之本与!"(《礼记·哀公问》)这里,孔了将"爱"和"敬"同周礼一样,都视为"政之本",这不仅肯定了周礼之于为政的重要性,更说明"爱"和"敬"正是"亲亲"和"尊尊"的内化形态,是二者的补充品或替代品。从"亲亲"、"尊尊"到"爱"和"敬",孔子将自觉服从规范与个体自我构建的需要联系起来,使礼不断走向"内在化"、化为人的德性。此后,孟子更将"爱"和"敬"视为人的天性,他说:"孩提之童,无不知爱其亲者;及其长也,无不知敬其兄也。亲亲,仁也;敬长,义也。"(《孟子·尽心上》)他认为只有君子存养了这些天性:"君子以仁存心,以礼存心。仁者爱人,有礼者敬人。"(《孟子·离娄下》)在孟子这里,人的本性已内在地具有规范性,礼的外在规范完全与人的天性融为一体、转变为人的自我要求。李泽厚认为,孔子最重要的贡献就是完成了将礼所包含的内在巫术情感理性化的过程。他说:"孔子将上古巫术礼仪中的神圣情感心态,转化性地创造为世俗生存中具有神圣价值和崇高效用的人间情谊,即夫妇、父子、兄弟、朋友、君臣之间的人际关系和人际情感。"[1]这种将巫术情感理性化的过程,在丧祭之礼中体现得尤为明显。

作为最早研究社会控制的学者,罗斯指出:"已被证实是文明摇篮的社会类型,是家长式的家庭单位。在这种家庭中,各种情感自发地开始萌芽。一种是对家长孝敬的情感,这是一种混杂畏惧、尊敬和信任的感情,它是服从和义务的根源。另一种是对家庭其他成员同情的情感,它是伙伴关系和手足之情的根源。这些关系和情感都已成为一种超自然的控制起点。"[2]罗斯一方面指出这些情感萌发所倚赖社会条件("家长制"),另一方面又肯定其在人类情感中的普遍性,指出这些自发的情感常常被作为社会控制的基础。儒家认为"爱"源于对家庭成员的血缘亲情,而"敬"则来自对祖先、尊长自发的敬畏之心,在此基础上周礼"亲亲"、"尊尊"的要求就是合乎人情、易于接受的。这样的视角,与罗斯所论无疑有相通之处。

儒家已认识到,人的性情虽木于自然,但更是在仪式或现实交往中不断生成和强化的。而丧、祭这样的仪式,能够有效地激发人的内在情感、改造性情。《檀弓上》:"墟墓之间,未施哀于民而民哀;社稷宗庙之中,未施敬于民而民敬。"

---

① 李泽厚:《由巫到礼　释礼归仁》,第31页。

② 罗斯:《社会控制》,北京:华夏出版社,1989年,第154页。

个体规范意识的养成、礼乐人格的塑造等,都可以在这样的仪式过程中潜移默化地完成。事实上,儒家更看重"爱"和"敬"的社会价值:"立爱自亲始,教民睦也;立教自长始,教民顺也。教以慈睦,而民贵有亲;教以敬长,而民贵用命。孝以事亲,顺以听命,错诸天下,无所不行。"(《礼记·祭义》)激发人内在的"爱"和"敬",不仅能使人理性化、文明化,也能成为整个社会和谐有序的内在担保。

三、礼本于治:即"事"而见"理"

研究礼的合理性,还有个容易忽视的问题,就是周礼本身是历史的产物。据文献记载,周礼是周人对商取得军事胜利后,由周公制定,并在后世不断补充完善的一套系统的、用以巩固国家政治伦理秩序的制度规范。所谓"制礼作乐",就是将传统巫术仪式进行系统性、功能化的改造,将原本主要用于"事神致福"的仪式转化为一套用于安排人事、确立社会中尊卑长幼、远近亲疏秩序的制度规范。牟宗三说:"周公之制礼是随军事之扩张,政治之运用,而创发形下之形式。此种创造是广度之外被,是现实之组织。而孔子之创造,则是就现实之组织而为深度之上升。此不是周公之'据事制范',而是'摄事归心'。"[1]由"据事制范"到"摄事归心",反映出礼从仪式控制走向德性自主、不断融入个体人格建构的过程。孔子之后,以思孟为代表的儒者从人心出发,对礼在主体层面的可能性进行了深入的探索。然而,这些并不能掩盖周礼本身"据事制范"的性质。简言之,周礼是因现实需要、为解决具体的社会问题而制定的。

在这个问题上,孔子说得很明白:"礼者何也? 即事之治也。君子有其事,必有其治。"(《礼记·仲尼燕居》)这里的礼,既包含国家层面的制度设定,也涉及个体的行为规范。所谓"即事之治",是指国家社会生活中出现的方方面面问题,都要通过相应的制度规范来解决;礼是"因事而制",先有"事"而后有"治",礼的出现首先来自现实的必要性。在孔子看来,没有礼,国家就会陷入全面的无序,用他的话说就是,"长幼失其别,闺门三族失其和,朝廷官爵失其序,田猎戎事失其策,军旅武功失其制,宫室失其度,量鼎失其象,味失其时,乐失其节,车失其式,鬼神失其飨,丧纪失其哀,辩说失其党,官失其体,政事失其施,加于

---

① 牟宗三:《历史哲学》,长春:吉林出版集团有限责任公司,2010年,第93页。

身而错于前,凡众之动失其宜"(《礼记·仲尼燕居》)。

单从礼仪规范来看,也是如此。礼将日常生活仪式化,它用表演性的固定程式引导个体行为、调节社会关系,减少冲突和祸端。不同的礼仪往往有不同的功能。以饮酒礼为例,制定饮酒礼是为了使人在饮酒时有所节制,防止"酒祸"。《乐记》记载:"夫豢豕为酒,非以为祸也,而狱讼益繁,则酒之流生祸也。是故先王因为酒礼。壹献之礼,宾主百拜,终日饮酒而不得醉焉,此先王之所以备酒祸也。"孙希旦指出:"无礼则酒食至于兴讼,有礼则酒食可以合欢,事之不可以无节如此。然礼之节民非一事,独以备酒祸言之者,略举以见其余也。"① 也就是说,礼可以为仪式化的日常生活规定适当的节度,通过不断地演练和适应,解决现实中的种种弊端。没有礼,就会导致人际关系的混乱,带来一系列社会问题:"昏姻之礼废,则夫妇之道苦,而淫辟之罪多矣;乡饮酒之礼废,则长幼之序失,而争斗之狱繁矣;丧祭之礼废,则臣子之恩薄,而倍死忘生者众矣;聘觐之礼废,则君臣之位失、诸侯之行恶,而倍畔侵陵之败起矣。"(《礼记·经解》)作为礼仪规范,礼的"治事"方面就体现在它为人在不同仪式和生活场景中的行动方式设立节度、规定文饰,利用它们调节君臣、父子、长幼、夫妇、朋友等社会关系,实现社会内部的和谐有序。

《礼记》中尤为明显的,就是对礼的效用的反复强调。儒家认为礼的效用是显而易见的,借助礼仪节文,社会能够达到实质上"治"的状态。这意味着礼本身作为手段的有效性。休谟说过,"把我们所赋予社会性的道德的称赞归因于它们的效用,这似乎是如此自然的想法","正义对于维持社会的必需性是正义这一德性的唯一基础"。② 这提醒人们,礼自产生之初就在解决"如何使社会有序化"这一时代课题,礼的效用对任何社会而言都有"必需性",也是礼自身得以维持的根本。因此,无论这种"效用"起初是否包含价值层面的"善",都让礼有了某种现实的合理性。

但到春秋战国之际,礼乐秩序的崩坏让礼的效用逐渐丧失。某种意义上,这也宣告了礼的现实合理性的终结。作为周礼的拥护者,儒家在为礼寻找终极价值依据的同时,并未忘记礼在制定之初即承担的"治事"功能。经过进一步观

---

① 孙希旦:《礼记集解》,第997页。

② 休谟:《道德原则研究》,曾晓平译,北京:商务印书馆,2001年,第63、55页。

察,他们认识到:礼"治事"的实质在于"治情",不知节制的人情才是一切祸端的根源。

《礼运》里说:"何谓人情?喜、怒、哀、惧、爱、恶、欲,七者弗学而能。"人情的重要特征,在于它是以个体先天的、以自身好恶得失(体现需求的满足状况)为尺度的一系列情绪化活动,并延伸为以此为主导的本能的行动趋向。在儒家看来,这种粗陋的人情是与组织化的文明社会相抵触的,他们将矛头直指"人情",认为礼的目标就是"治人之情"。《礼运》里说:"夫礼,先王以承天之道,以治人之情,故失之者死,得之者生。""圣王修义之柄、礼之序,以治人情。"从这里的表述来看,礼的实质并非前文所说的"顺人之情",而在于"治人之情"。正如《王制》所记,"司徒修六礼以节民性",礼的作用就在于"坊民之所不足者"(《礼记·坊记》),即对人情的局限加以矫治。这里,礼与人情的关系已趋于对立,人情已不再如孟子所说内在地具有规范性,恰恰相反,它是礼所要治理改造的对象。儒家认为,礼可以使人情脱离原有的粗鄙状态,由情走向义,成为一种理性而文明的存在。《性自命出》在提出"道始于情"的同时,更指出它"终于义"。合乎情,是人道的起点和基础;合乎义,则是人道的理想和终极目标。无视人情的基本事实,礼就容易引发人们的抵触,难以被普遍接受;而放弃礼的规范目标,则会使人类停留在野蛮状态,难以形成和谐有序的共同生活。

在此之后,儒家对礼的合理性的关注不再停留在它的现实有效性,而是逐渐转向其价值层面的正当性。将"礼"、"义"进一步形上化,就成为"理"。从内容上看,"理"仍然指向"亲亲、尊尊、长长,男女有别"这些"不可与民变革者"。孔子说:"礼也者,理也……君子无理不动。"(《礼记·仲尼燕居》)又《乐记》:"礼也者,理之不可易者也。"这透露出"理"也是礼的合理性之源。《管子·心术上》:"礼者谓有理也,理也者,明分以谕义之意也。故礼出乎义,义出乎理,理因乎宜者也。"这里的理、义、宜是一组内涵相近的概念。《丧服四制》:"理者,义也。"前面提到的"地之义",其实也可写作"地之理",二者均表示大地所蕴含的自然法则。如《月令》里有:"毋变天之道,毋绝地之理。"《礼器》也有:"天时有生也,地理有宜也。"将这些与"礼出乎义,义出乎理,理因乎宜"联系起来,足以说明"理"、"义"之内涵都与"宜"有关,都有"因乎其宜"的意思。前文已说过,礼的合理性之一就在于顺应自然法则、肯定存在的差异性和有序性,在此意义上,"理"也同"义"一样有着形上依据。

此外，"理"、"义"本身还有埋性地筹划社会生活之意，这来自长期社会交往中总结出的理性法则。儒家说"礼"是"理之不可易者"，正是强调这一点。在现实中，礼的最大障碍无疑就是非理性的"人情"、"人欲"。在儒家看来，礼在仪式规范方面的设置，正基于"天理"与"人欲"相对立的事实。孟子说："天理人欲，不容并立。"(《孟子·滕文公上》)《礼记》里说："人生而静，天之性也。感于物而动，性之欲也。物至知知，然后好恶形焉。好恶无节于内，知诱于外，不能反躬，天理灭矣。夫物之感人无穷，而人之好恶无节，则是物至而人化物也。人化物也者，灭天理而穷人欲者也。"(《礼记·乐记》)在作者看来，"好恶无节"是常人难以克服的局限，如不及时加以规范和引导，就会引起冲突和祸端；而礼不仅可以节情、节欲，更能从根本上对人的性情加以改造，使性情得其正。"先王之制礼乐也，非以极口腹耳目之欲也，将以教民平好恶，而反人道之正也。"(《礼记·乐记》)这里的"平好恶"，就是让人在礼乐的操习中不断接受情感、品格上的熏染，明确其中的规范要求，这种针对情感、欲求的节制训练，能让人的性情日趋理性化。儒家已认识到，惟有通过动机层面的改造，让好恶有节于内，使礼的外在规范与人的自我要求实现统一，才能从根本上解决天理与人情的对立。《经解》："礼之教化也微，其止邪也于未形，使人日徙善远罪而不自知也。"儒家认为礼可以对人的性情进行改造，使人在潜移默化中不断向善，成为社会文明有序的基础。这也是礼不同于刑法的特点所在。

值得一提的是，荀子也是从"天理"与"人情"的对立展开思考的，这可视为《礼记》中相关论述的延续或补充。荀子认为不加节制的人欲必然造成社会资源枯竭，引起社会纷争。在仪式规范之外，荀子更强调礼在资源配置中的作用，通过制度上的差异分配来解决问题。他说："夫贵为天子，富有天下，是人情之所同欲也；然则从人之欲，则势不能容，物不能赡也。故先王案为之制礼义以分之，使有贵贱之等，长幼之差，知愚能不能之分，皆使人载其事，而各得其宜。"(《荀子·荣辱》)在荀子看来，只有为每个人的欲求确立度量分界，使其按照自身的能力特点"各得其宜"，才能有效避免争夺。

若以效用为视角，礼的"有理"之处就在于它对社会生活进行长远的统筹规划，这不仅能让不同的社会关系得到协调、权力和社会资源得到有效配置（"治事"），更可以使人的性情得到改造（"治情"）。这些都促成了社会长久的稳定有序。其中，这一切根本上又是以人的理性化、文明化为前提的，惟有人情得其治,礼的理想才能真正实现。徐梦秋指出:"一个规范的合理性不仅在于它是可行、可操作、可达到预期效果的,而且在于这一效果要符合全体至少是多数人的趋利避害、向善去恶的目的,也就是要体现全体人或多数人的共同利益。"①在儒家看来,礼的理想不仅具备手段上的可行性、结果上的有效性,更在实质上符合全社会的共同利益,因而是一种价值上的"善"。用荀子的话说:"凡古今天下之所谓善者,正理平治也;所谓恶者,偏险悖乱也。是善恶之分也矣。"(《荀子·性恶》)礼的目标就在于"为天下生民之属,长虑顾后而保万世也"(《荀子·荣辱》)。总之,礼的合理性来自"治事"之用,礼在治事过程中所体现的"长虑顾后"的特质,说明礼是站在公共理性的立场来思考问题的,这凸显出礼本身的合公益性。这些构成了礼的合理性的现实之源。

四、结语

本文以《礼记》为主要对象,从不同角度考察了儒家对礼的合理性辩护,在他们看来,礼的制作既合乎天道之必然,也顺应人情之实然,更基于事理之当然。儒家首先强调礼符合"天尊地卑"的自然法则,这也在人道层面肯定了现实中人与人的差异以及现有尊卑秩序的正当性。从丧、祭之礼中,则可以看到礼的要求合乎人的情感本能;这不仅暗示礼之于人是易于接受的,更在某种程度上使人情有了内在的规范性。与此同时,儒家还从礼的现实效用(必要性)出发,指出"礼"由"治事"而来。作为礼义的形上化,"理"不仅有天道层面的依据,更扎根于现实的社会理性,礼自身"为天下生民长虑顾后"、合乎公益的特质,使礼的目标在实质层面指向了价值的"善"。

在《礼记》中,不仅可以看到儒家将礼合理化的多种尝试,也可以看到孟、荀不同的思想倾向。这些共同勾勒出礼的合理性的不同面向。但总体而言,《礼记》中对礼的证明有明显的经验主义倾向。若以"治事"之用为视角,以上礼的合理性面向又是相互关联的,也就是说,礼的合理性不仅基于对社会存在中差异性和有序性的体认,也源于对人情本能趋向的顺应和发掘,更在于在前两者基础上、以公共秩序和公共利益为关怀而进行的理性筹划,后者既促成社会的

---

① 徐梦秋:《规范通论》,北京:商务印书馆,2011年,第47页。

和谐有序,也有助于实现人的理性化和文明化。

Confucian Arguments for the Rationality
of the Ritual in the *Book of Rites*

Wang Hai

Abstract: During the Spring and Autumn Period and the Warring States Period, the rites and music collapsed, which led to the crisis of the rationality of rites. Confucian scholars, including Confucius, tried to explain the rationality of the ritual from multiple angles. They not only see the "difference" and "order" of the Dao of Heaven as the metaphysical basis of the ritual, but also resort to the inner emotions of people to find the inner motivation and even the normativity of obedience from the subject, and even seek the universal "reason" of the ritual from the effect of "handling affairs". As an important work on the meaning of the ritual, the related texts in the *Book of Rites* demonstrate well the rationalization of the ritual during this period. It is undoubtedly of special significance to examine the Confucian argument for the rationality of rituals in this way.

Keywords: ritual (*li*), norm, system, rationality

《淮南子》中的老庄德论及其价值观*

尚建飞**

[摘　要]　《淮南子》中的道家以综合老庄作为其理论视域,并对"道"之本性、人之本性以及德性评价尺度展开界说。具体来看,《淮南子》中的道家不仅注重以"一"解释"道",从而彰显出"道"之本性的整体性,而且将人之本性诠释为"心"或精神。在此基础之上,《淮南子》中的道家提出了"得其天性谓之德"的德性理论、"至德则乐"的价值观,但以"自得"为宗旨的"乐"却与老庄价值立场相去甚远。

[关键词]　《淮南子》;一;心;乐;自得

虽然其学派属性存在着道家、杂家的分歧,但《淮南子》的理论基础却无疑是"老庄之术"(《淮南子·要略》)。① 这种理论主张的独特之处就在于,《淮南子》中的道家不仅把《老子》和《庄子》视为自己的思想源泉,而且认为只有综合

* 基金项目:国家社科基金一般项目"老庄德论及其价值观研究"(16BZX039)。

** 尚建飞(1975—),男,陕西延安人,哲学博士,兰州大学哲学社会学院教授,主要研究领域为中国哲学、道家哲学。

① 徐复观强调,《淮南子·要略》为老庄并称之始。参见徐复观:《两汉思想史》(第二卷),上海:华东师范大学出版社,2001年,第114页。

二者才能掌握道家思想的宗旨。① 因此,立足于综合老庄的理论视域,《淮南子》中的道家一方面对"道"之本性和人之本性展开界说,另一方面又构建起了评价德性与"乐"的基本尺度。如果按照老庄的话语模式来说,那么《淮南子》中的道家德论包括"道"之本性、人之本性以及德性②,而依据德论所阐述的"乐"则是一种独特的价值观。

一、"道"之本性被归结为"一"

从形式上来看,《淮南子》只不过是在重复罗列老庄关于"道",或者说,"是以作赋的文学手法"描述"道"的各种功用。③ 然而,《淮南子》中的道家却并不仅仅是在复制老庄的道论,而是试图澄清"道"的功用、属性,最终将"道"之本性归结为"一"。

与老庄相同的是,《淮南子》中的道家也将"道"的原初含义界定为生成天地万物的动力因:"原流泉浡,冲而徐盈,混混滑滑,浊而徐清。"(《淮南子·原道训》)④作为生成天地万物的动力因,"道"就像是泉流的本源那样,从虚无中渐渐充盈以至奔流汹涌或由浊而清。⑤ 而且,天地万物以及人类的存在,无不体现了"道"的创生能力。在此基础之上,《淮南子》中的道家提出,"道"的本性首先是拥有无限的创造性,"包裹天地,禀授无形"(《淮南子·原道训》)。天地间存在的一切事物,甚至是"无形",即那些将要产生出来的事物,无不是由于"道"

50

---

① 经过爬梳《淮南子》的学术背景,徐复观认为《淮南子》没有追随黄老之学,而是延续了老庄的基本立场。参见徐复观:《两汉思想史》(第二卷),第114页。

② 高亨先生曾指出,《老子》全书的"德"即"性","其所谓德,只有二义:即道之本性与人之本性"。参见高亨:《老子正诂·老子通说》,北京:古籍出版社,1956年,第14页。此外,《庄子》中的"德"同时兼有本性与德性双重内涵,并且明确区分了被当作本性的"德"与表示德性的"德"。参见拙文:《性修反德:庄子的德性理论》,《现代哲学》,2015年第4期,第124—125页。

③ 徐复观曾指出:"《原道训》的作者,则只能作罗列式的铺陈,繁缛而重复;多一句少一句,对道的属性无所损益,无关痛痒。在这种地方,他们实际是以作赋的文学手法,代替了哲学的思维;这是老子思想中形而上学的堕退。"参见徐复观:《两汉思想史》(第二卷),第131页。

④ 本文所引《淮南子》原文,皆以何宁先生的《淮南子集释》作为底本。

⑤ 高诱的注解是:"始出虚徐流不止,能渐盈满,以喻于道亦然。"参见何宁:《淮南子集释》(上),北京:中华书局,2014年,第2—3页。

才得以生成。① 更为重要的是,《淮南子》中的道家揭示出"道"之所以能够创生天地万物和人类的原因:"道始于虚廓,虚廓生宇宙,宇宙生气,气有涯垠。"(《淮南子·天文训》)"道"自身会经历"虚廓"、"宇宙"与"气"的形态转化,由此表明它原本就蕴含着"宇宙"与"气",并由于超越了时空的限制而代表着天地万物得以生成的先决条件。

其次,《淮南子》认为,"道"的本性还体现在保持自身的同一性,并对此展开了相应的说明。事实上,老子、庄子同样在讲"道"的"独立不改"、"自本自根",然而却没有直接说明"道"为什么会具有这种属性。相比之下,《淮南子》则是用"道"对待天地万物的方式来回应这一问题:"夫太上之道,生万物而不有,成化像而弗宰。"(《淮南子·原道训》)"道"创生天地万物和人类却不会主宰后者,因为它的本性就仅仅在于无穷的生成功能。换言之,"道"在创生天地万物和人类的过程中,既没有增加也没有减少,所以它始终保持自身的同一性。

再次,根据其创造性、同一性,《淮南子》中的道家随后推论出"道"的整体性。在逻辑论证的层面,"道"既不会主宰天地万物和人类,同时又不去改变后者的运行法则与天性,所以它显然没有自身的偏好,从而可以包容种类繁多的具体事物。如果按照《淮南子》的言说方式来讲,那么"道"的整体性就被表述为"柔弱者道之要"(《淮南子·原道训》)。为了阐明"柔弱"与"道"的整体性之间存在着因果关系,《淮南子》接续了老子以"水"喻"道"的传统。从"水"可以滋养万物、应对各种情景来看,它显然类似于"道"的创造性和同一性。在此基础之上,"水"超越前后、公私之分的德性则源自"柔弱":"夫水所以能成其至德于天下者,以其淖溺润滑也。"(《淮南子·原道训》)换句话来说,"水"包容天地万物的品质取决于"柔弱",即拥有消解自身偏好的功能。而且,通过把"水"与"道"比作祖孙关系,《淮南子》彰显出"道"本身同样既能够"柔弱",同时又将天地万物融合成一个整体。

值得注意的是,《淮南子》中的道家关于"道"之本性的分析并非是随意罗列的拼凑,而是主张以"一"作为探讨这一议题的理论视域。具体地讲,"一"可以显示出"道"有别于具体事物:"所谓一者,无匹合于天下者也。"(《淮南子·原道

---

① 高诱把"无形"解释为:"万物之未形者,皆生于道。"参见何宁:《淮南子集释》(上),第 2 页。但是,张双棣先生认为,高诱对"无形"的解释原本是"万物之未形也",其义是指"未成形之万物也"。参见张双棣:《淮南子校释》(上),北京:北京大学出版社,1997 年,第 4 页。

训》）与具体事物不同的是，"一"意味着"道"不受形体限制，能够包容种类繁多的具体事物、使之形成一个整体。对于《淮南子》中的道家而言，只有奠基在"一"之上，"道"的同一性和创造性才得以可能："怀囊天地，为道关门，穆忞隐闵，纯德独存，布施而不既，用之而不勤。"（《淮南子·原道训》）包容天地所代表的一切事物是理解"道"的关键所在，因为它表明"道"一方面不会像具体事物那样发生改变，另一方面又没有在创生天地万物的过程中趋于枯竭。换句话来说，只有从"一"或整体性才能推论出"道"的同一性和创造性。①

当然，为了进一步说明上述观点，《淮南子》中的道家举了五音、五味和五色的例子来加以阐释。比如说，所有的音乐都是出自宫、商、角、徵、羽，所有的味道都是源于甘、酸、苦、辛、咸，所有的颜色都是基于青、赤、白、黑、黄。并且，正如宫声、甜味和白色是确定五音、五味和五色的前提那样，"一"或整体性在"道"的众多属性当中也显得尤为重要："道者，一立而万物生矣"（《淮南子·原道训》）。"一"或整体性的第一层含义是，"道"蕴含着天地万物得以生成的先决条件，所以必须被视为是天地万物的统一根源。与此同时，"一"或整体性的第二层含义强调，"道"不会滞留于全、散、浊、清、冲、盈等任何一个向度，相反却是融贯了全、散、浊、清、冲、盈，从而展现出自身有别于有形之物、能够生生不息的创造性。

如上所述，《淮南子》中的道家是将"道"之本性区分为三个层次：蕴含着生成天地万物的"宇宙"与"气"可以解释"道"的创造性，顺应天地万物和人类能够推论出"道"的同一性，没有自身偏好的"柔弱"确保"道"具有整体性。与此同时，《淮南子》中的道家虽然彰显"道"的"一"或整体性，也就是依据"一"或整体性来统摄同一性和创造性，但是却弱化老庄之道的平等性。

二、人之本性在于"精神"

在系统论证"道"之本性的过程中，《淮南子》也奠定了其探讨人之本性的理论依据。具体地来讲，"道"的创造性可以解释人与生具有的各种功能源自何处，"道"的同一性和整体性则体现在人的"精神"。因此，《淮南子》认为"道"之

---

① 刘康德先生指出，《淮南子·原道训》是以浑然一体性作为解释"道"之本性的起点，"因为是'浑然一体'，所以它是'布施不既，用之不勤'，为万物之根本、五音五色五味之总门"。参见刘康德：《淮南子直解》，上海：复旦大学出版社，2001年，第28页。

本性既是理解人之本性的起点,同时又可以将精神确定为人之本性。

虽然老庄一致主张人之本性来源于"道",但是二者对"道"是如何赋予人以本性的过程却语焉不详。比如说,《老子·第四十二章》认为,"道"生成万物的前提是产生出了"一"、"二"和"三",即只有具备了元气、天地或阴阳才能生成万物。依据《老子·第四十二章》关于宇宙生成过程的理解,具体事物的形成需要"一"和"二",即原初的基本元素和天、地所代表的三种前提条件。[①] 此外,《老子·第三十九章》提出,人类从"道"那里获得了公正、无私地守护生命的功能,并且应当据此来判定人的本性。与《老子》相比,《庄子》似乎主张"道"是直接生成天地万物。例如,《庄子·天地》将"道"视为无形无象、生成天地万物的动力因,并演变为"德",即成为具体事物得以存在的根本原因。而且,从人类的角度来看,内在于形体之中的"德"又被称为"性"或人的本性,其功能则是"神"或公正、无私地对待天地万物的能力。[②]

显然,在"道"是如何赋予人以本性的问题上,《淮南子》中的道家更多的是秉承了老子的观点。[③] 按照《淮南子·天文训》的描述,无形的"道"所直接产生的是"宇宙"与"气",然后再通过"气"演化出天地。包括人在内的万物则是由天地所塑造,因为后者所提供的阴阳之气促成了四时的聚散和万物的变化。从形式上来看,以"虚廓"、"宇宙"与"气"取代"一"、"二"和"三",《淮南子》中的道家能够明确"道"生成天地万物的基本条件或阶段。毋庸置疑,添加"宇宙"、"气"、"天地"、"阴阳"以及"四时"之后,"道"与人之间的关系就显得有些疏远[④],但是这也有助于凭借天地来澄清人的生命构造:"夫精神者,所受于天也;而形体者,

---

① 关于《老子·第四十二章》中"一"和"二"的含义,本文接受徐复观的观点。参见徐复观:《中国人性论史·先秦篇》,上海:上海三联书店,2002 年,第 294—296 页。

② 徐复观先生指出,庄子所谓的"神"是指人的"心"所固有的功能:"从没有受到外物牵累之心所发出的超分别相的直觉、智慧,亦即是从精所发出的作用,这即是神。这种直觉、智慧,是不受一切形体、价值、知识、好恶的限隔,而与无穷的宇宙,融和在一起。"参见徐复观:《中国人性论史·先秦篇》,第 346 页。

③ 徐复观先生指出,《淮南子》中关于"道的体段、功用及创造历程"的描写是源自《老子》思想,而对"精神、心性等的修养、功效等"的论述则发挥了《庄子》思想。参见徐复观:《两汉思想史》(第二卷),第 119 页。

④ 徐复观先生认为:"老子的道,生天生地,也同时生万物,万物都禀受道之一体以为自己之德。所以老子的道虽然是无,但毕竟予人以亲切的感觉。但《天文训》中隔了五个阶段,此时的道,只是虚廓,说不上'其中有精','其中有信',很难赋予人以德,与人是非常疏远的。"参见徐复观:《两汉思想史》(第二卷),第 134 页。

所禀于地也。"(《淮南子·天文训》)天地分别赋予人以精神、形体,二者是人的生命所不可或缺的因素。而且,正如天地只有相互协作才能产生出阴阳、四时以及万物那样,人的精神、形体之间同样具有相互依存的关系。

对于《淮南子》中的道家而言,精神、形体的相互依存并不意味着二者完全平等,而是精神比形体更为重要、更适合用来界定人之本性。首先,精神拥有与"道"相似的创造性,从而成为人展开生命活动的动力因。在《淮南子》中的道家看来,包括人在内的一切生物都懂得喜利恶害,其原因就在于"以其性之在焉耳不离也"(《淮南子·原道训》)。换句话来讲,生物的喜利恶害以及与之相关的行为,都是由于它们的"性"或本性使然。正如其他生物凭借本性而喜利恶害那样,人的视听活动以及分辨能力无不依赖于本性,并且这种本性就表现为"神为之使"(《淮南子·原道训》),即人的形体接受精神或心的主使。① 从理论上讲,《淮南子》中的道家一方面将其他生物与人的"性"或本性归结为喜利恶害的本能,另一方面又用"神"来指称人的"性"或本性。

其次,精神的"静"与"道"的同一性相类似,因为它可以主宰欲望、情感以保全人的生命。如果仅从喜利恶害的本能来看,那么人之本性与其他生物的"性"或本性完全相同。但是,《淮南子》中的道家却在描述天地生成万物时提出"烦气为虫,精气为人"(《淮南子·天文训》),也就是说人与其他生物之间存在着差异。上述两种观点可以进行调和,而且实际上隐含着一种颇为独特的见解:作为人之本性的精神既有喜利恶害的本能,同时还兼具"静"的功能。毫无疑问,"静"堪称是道家思想的命脉②,然而只有凭借庄子的阐释才澄清了这一术语的基本用法和含义。在《庄子·德充符》中,处于"静"的"心"被比作止水,主要用来表示精神或心不受欲望、情感的干扰,进而能够把握住天地万物的本性。《淮南子》中的道家传承了庄子关于"静"的解释,并将后者转述为"夫唯易且静,形物之性也"(《淮南子·俶真训》),即处于"静"的"心"能像止水、明镜那样映现出事物的本性。不过,与庄子有所不同的是,《淮南子》中的道家不仅把"静"视为"心"的状态,而且直接用"静"来界定人的"性"或本性——"人生而静,天之性

---

① 在《淮南子》的语境当中,"精神"、"神"通常被看成是同义词,甚至可以说"神"是"精神"的简称。参见徐复观:《两汉思想史》(第二卷),第147页。

② 徐复观先生曾指出,道家的"静"是指"心"不为物欲感情所扰动的状态,"虚静"是道家工夫的总持和道家思想的命脉。参见徐复观:《中国人性论史·先秦篇》,第341页。

也"(《淮南子·原道训》)。"静"是人的"心"或精神与生具有的功能,其实质则是始终主宰物欲、情感以保全人的生命。

再次,除了喜利恶害和保全人的生命之外,《淮南子》中的道家还被赋予了精神以"知一"的整体性。从理论上讲,喜利恶害会导致个体间的对立,保全人的生命则产生出好生恶死的立场。但《淮南子》中的道家却相信,精神的神奇之处就在于能够消除物我、生死的对峙,因为它有能力"知一","能知一,则无一之不知也;不能知一,则无一之能知也"(《淮南子·精神训》)。如上所述,"一"是指"道"的整体性,并使天地万物形成一个整体。①就人自身而言,只有精神才有能力"知一",也就是明白"一"或"道"是天地万物的本原和运行法则。因此,精神的"知一"就确保人有可能从"一"或"道"的层面来包容物我、生死:既然每个人皆由"道"所创造,那么就应当将彼此视为是一个相互关联的整体;既然每个人的生命都源自"道",而且必然会回归"道",那么就应当把生与死看成是连贯的过程。与"知一"相反的是,"不能知一"则表现为用是此非彼的方式对待物我、生死,从而无法理解物我、生死之间的统一性。

毫无疑问,《淮南子》中的道家虽然秉承了老庄以"道"探讨人之本性的传统,但是却注重说明"道"赋予人以本性的过程。而且,在确信人的生命具有精神和形体两个向度的基础上,《淮南子》中的道家认为只有精神真正体现了人之本性。其中的道理就在于,精神不仅蕴含着喜利恶害的本能,同时具有主宰物欲、情感以保全人的生命和"知一"的能力。

三、得其天性谓之德:德性的实质

尽管《淮南子》中的道家投入大量笔墨去沉思"道"之本性、人之本性,然而这只能被视为是其德论的逻辑起点,即为界定"德"或德性提供了理论依据。在《淮南子》中的道家看来,"德"或德性应当被定义为"得其天性谓之德"(《淮南子·齐俗训》),或者说,"德"或德性是遵循"道"之本性、人之本性所成就的卓越品质。

对于《淮南子》中的道家而言,作为人之本性的精神一方面承接了"道"之本性,另一方面与形体所代表的情感欲望交织在一起,所以必须排除后者的袭扰

---

① 高诱对此的注释是:"上一,道也。下一,物也。"参见何宁:《淮南子集释》(中),第515页。

才能有效地运用精神。与此相应的是,《淮南子》中的道家将驾驭情感欲望视为"德"或德性的首要特征。在《淮南子》中的道家看来,喜怒、忧悲、好憎以及嗜欲不仅会导致阴阳二气的失衡、精神失常,而且也将使人们罹患疾病、陷入生存困境。相反,如果人们的精神可以驾驭情感欲望,那么必然会保全自己的生命:"通于神明者,得其内者也。是故以中制外,百事不废;中能得之,则外能收之。"(《淮南子·原道训》)在不为情感欲望所困的前提下,人们的精神得以展现其原有的功能,同时也保持自己的内在本性,而这种品质正是"德"或德性的首要特征。换句话来讲,人们的精神或内在本性具有保全生命的能力,它可以引导情感欲望去做有益于保全生命的事情,即保全生命是满足情感欲望的基本原则。①

除了要回应情感欲望之外,《淮南子》中的道家认为,"德"或德性也应当具有理智判断的向度。在《淮南子》中的道家看来,精神驾驭情感欲望既能保全生命,同时又可以依据"道"之本性、人之本性来展开理智判断。例如,圣人的"德"或德性就体现在"欲以返性于初而游心于虚也"(《淮南子·俶真训》)。所谓"返性于初"是指圣人能够回归自己的本性,也就是使其"心"或精神引导情感欲望以保全生命;随之而来的"游心于虚"则表示,"心"或精神可以突破物欲、情感的束缚,从而会把物我、生死看成是一个相互关联的整体。② 综合起来看,"返性于初而游心于虚"意味着,圣人遵循人之本性、"道"之本性,并由此确立起了理解物我、生死的基本视域。

显而易见,将"德"或德性的理智向度归结为遵循人之本性、"道"之本性的产物,是直接延续了庄子"且有真人而后有真知"的思想传统。事实上,《庄子·大宗师》确信,"真人"所展示的是契合"道"的生活方式,其行为恪守物我、梦觉和生死相统一的法则。有别于其他注释者的是,《淮南子》中的道家不是仅仅把"真人"解释为"冥真合道"或"有道者"③,而是用"性合于道"来界定"真人"(《淮

---

① 高诱认为,此处的"中"、"外"和"收"的意思分别是"心"、"情欲"和"养"。参见何宁:《淮南子集释》(上),第63页。

② 高诱用"无欲"来解释"游心于虚",其义应该就是不为物欲、情感所束缚。参见何宁:《淮南子集释》(上),第140页。

③ 在注解"且有真人而后有真知"的过程中,成玄英认为"真人"即"圣人",而且"诚能冥真合道,忘我遗物"。参见郭庆藩:《庄子集释》(上),王孝鱼点校,北京:中华书局,2004年,第226页。林希逸则把"有道者"视为"真人"、"真知"的前提。参见林希逸:《庄子鬳斋口义校注》,周启成校注,北京:中华书局,2009年,第98页。

南子·精神训》)。更为重要的是,这种观点表明"真人"的实质在于,能使其本性与"道"之本性相一致。换句话来讲,"真人"的"心"或精神可以驾驭情感欲望,并从"道"的立场来理解物我、生死,而后者则揭示出了"真知"的理论内涵。因此,通过重新诠释"且有真人而后有真知",《淮南子》中的道家阐发了自己的实践主张:"心"或精神驾驭情感欲望是"德"或德性的起点,但成就"德"或德性却必须运用"心"或精神的理智功能。

从某种意上说,正是由于确信"心"或精神具有理智功能,《淮南子》中的道家才得以揭示出界定"德"或德性的理论依据。或者说,真正意义上的"德"或德性应当运用作为人之本性的"心"或精神,并以认识"道"之本性作为前提条件。首先,《淮南子》中的道家认为,"德"或德性之所以能够遵循"道"之本性的原因在于,人的"心"或精神可以使其把握住"道"的整体性。具体来看,凭借运用"心"或精神的理智功能,有德者明白人的生命与天地万物"皆生一父母而阅一和"(《淮南子·俶真训》)。也就是说,有德者的"心"或精神使其超越有形之物的局限,会将"道"看成是人与天地万物的共同根源①,而且承认人自身与天地万物是一个相互关联的整体。在此基础之上,《淮南子》中的道家对"德"或德性进行明确的界定:"闭九窍,藏心志,弃聪明,反无识,芒然仿佯于尘埃之外,而消摇于无事之业,含阴吐阳,而万物和同者,德也。"(《淮南子·俶真训》)摆脱情感欲望的干扰,突破关于物我的分际,"心"或精神就可以把握住"道"的整体性,也就是清楚人自身与天地万物是一个相互关联的整体。与此同时,这种遵循"道"的整体性、与天地万物一同分享阴阳之气的卓越品质,恰恰是《淮南子》中的道家所谓的"德"或德性。此外,在界定"德"或德性的过程中,《淮南子》中的道家也对"仁义"展开了批判:"仁"注重远近亲疏,"义"则致力于区分尊卑等级,二者背离了"道"的整体性,导致物我的分际。

其次,因为预设了"心"或精神能够把握住"道"之本性,所以《淮南子》中的道家主张,"德"或德性不仅超越了物我的分际,而且又可以化解人们关于生死的焦虑。尽管承认其具有驾驭情感欲望、保全生命的功用,然而《淮南子》中的道家并不追求长生不死,相反以顺从生死变化来解释"德"或德性。就其理论依据而言,这种观点依然是与"道"的整体性有关,"能知一,则无一之不知也;不能

---

① 高诱注释此句时指出:"阅,总也。和气也,道所贯也。"参见何宁:《淮南子集释》(上),第115页。

知一,则无一之能知也"(《淮南子·精神训》)。"能知一"是指,"心"或精神明白,"道"创造了人与天地万物,使之形成一个整体。[1] 与之相对的"不能知一"则表示,"心"或精神无法用"道"的整体性来理解事物的变化。以此类推,假如人们的"心"或精神"能知一",那么将会以"道"的整体性作为理解生死的基本视域,"其生我也不强求已,其杀我也不强求止"(《淮南子·精神训》)。立足于"一"或"道"的整体性之上,人们必然会把生死视为生命的完整过程,同时以顺从生死变化的必然性来成就"德"或德性。

可以肯定的是,《淮南子》中的道家不仅延续了老庄阐释"德"或德性的基本立场,而且开始对后者的德性论展开了系统论证。具体地来讲,《淮南子》中的道家认为,作为人之本性的"心"或精神能够顺应、掌握"道"之本性,因此既有能力驾驭情感欲望以保全生命,同时又可以从"道"的整体性来回应物我、生死等诸多议题。正是立足于这一理论视域,《淮南子》中的道家才得以提出"得其天性谓之德"(《淮南子·齐俗训》)。也就是说,"天性"即是人之本性[2],代表着"德"或德性得以可能的前提,但真正意义上的"德"或德性,则体现在运用"天性"、契合"道"之本性的实践活动中,并且是以整体性作为调节精神与情感欲望、物我以及生死关系的根本原则。

四、"至德则乐"的价值观

依据其对"道"之本性、人之本性以及德性的理解,《淮南子》中的道家明确地阐发了自己的价值观。换言之,《淮南子》中的道家认为,遵循"道"之本性、人之本性既能使人成就"至德",同时也揭示出了人类生活所应当追求的"乐"。如果从价值观的角度来看,那么《淮南子》中的道家是以"至德"作为"与道为一"的标志,而"乐"则表明"与道为一"正是人类生活的终极目的。

实际上,《老子》《庄子》原本就将"道"、"德"当作"乐"理论基础,或者说,是把契合"道"、"德"视为人类生活的终极目的。比如说,《老子》提出:"同于道者,道亦乐得之;同于德者,德亦乐得之;同于失者,失亦乐得之。"(《老子·第二十

---

[1] 高诱对此句话的注释是:"上一,道也;下一,物也。"参见何宁:《淮南子集释》(中),第515页。

[2] 刘康德先生对此处"天性"的注释是:"这里的天性在作者看来是'清静恬愉'。"参见刘康德:《淮南子直解》,第512页。

三章》)契合"道"、"德"的意思是,人们愿意用"道"、"德"来筹划自己的生活方式。相反,背离"道"、"德"则意味着,人们选择了与"道"、"德"相对的生活方式。与《老子》有所不同的是,《庄子》开始将契合"道"、"德"的"乐"称为"至乐","至乐活身,唯无为几存"(《庄子·至乐》)。"至乐"是指,人们在保全本性的同时满足自己的生存需求,其实质则在于合乎无为原则,也就是像"道"那样以平等无私的态度守护生命。① 在理论论证的层面,《老子》、《庄子》首先区分了"乐"的两种形态:一是契合"道"、"德"的"乐";一是满足形体与情欲的"乐"。而且,《老子》、《庄子》确信,满足形体与情欲的"乐"必然会导致生存困境,但契合"道"、"德"的"乐"却能平等无私地守护生命,所以只有后者才是人类生活的终极目的。② 其次,"道"之本性、人之本性是《老子》、《庄子》探讨"乐"的本体论前提。对于《老子》、《庄子》而言,人之所以可能"尊道贵德"、享有"至乐"的原因在于,人之本性具有效法"道"、"德"的功能。

作为西汉道家的集大成者,《淮南子》中的道家一方面深谙《老子》、《庄子》的话语模式,另一方面又力图重新诠释二者的价值主张。在形式上,《淮南子》中的道家澄清了"道"、"德"与"乐"的因果关联,并且将这一思想归结为"至德则乐"(《淮南子·原道训》)。也就是说,秉持"道"会形成"至德",而后者则使人们享有"乐"。而且,这种"乐"在形式上被表述为"人得其得者",即表示"每个人能够获得他所应获得的东西"。③ 然而,如果就其实质而言,那么"至德则乐"的"乐"主要蕴含着三个层面的价值内涵:个体由于运用"心"或精神的特性而具有内在价值;"仁义"所代表的道德规范具有功用价值;遵循"道"的生活方式具有终极价值。④

为了阐释"至德则乐"的价值内涵,《淮南子》中的道家优先考虑"自得",因为这种"乐"首先能够确证个体生命有其内在价值。《淮南子》中的道家认为,

---

① 钟泰先生认为,"'活身',谓全生保身也。"参见钟泰:《庄子发微》,上海:上海古籍出版社,1988 年,第 395 页。

② 《老子》中关于"道"、"德"与人类生活之关系的论述,参见拙作:《〈老子〉中的幸福观》,《道德与文明》,2012 年第 4 期,第 111 页。

③ 刘康德:《淮南子直解》,第 31 页。

④ 本文作者赞同张岱年先生关于内在价值与功用价值的划分:"价值的基本含义是能满足一定的需要,这是功用价值;价值的更深一层的含义是其本身具有优异的特性,这是内在价值。"参见张岱年:《论价值与价值观》,《中国社会科学院研究生院学报》,1992 年第 6 期,第 26 页。

"乐"可以区分为"以内乐外"、"以外乐内"两种类型。"以内乐外"的"内"是指个体生命所本有的各种天性，而确保这些天性得以实现的活动就是所谓的"自得"。[①] 并且，奠基在"自得"的"以内乐外"，不会像"以外乐内"那样完全依赖外界的刺激，而是表现为"心"或精神对于形体、气血的主宰。另一方面，"自得"不仅确保个体的独立自在，同时也能证实个体自身拥有独特的禀赋，"所谓自得者，全其身者也。全其身，则与道为一矣"（《淮南子·原道训》）。具体地来讲，"自得"所产生的直接效果是"全其身"，也就是保全个体生命，其中的奥妙则在于顺应了天地万物和个体天性的整体性存在原理。因此，"自得"与"全其身"之间的因果关联恰恰证明，个体生命中所本有的"心"或精神有能力顺应、掌握"道"之本性。

与推崇"自得"相比，"至德则乐"也显示出批判"仁义"的立场，并由此断定后者仅仅具有功用价值。众所周知，老子、庄子认为，"仁义"是一种有别于"道"、"德"的价值观念，或者说，"仁义"是以亲疏、尊卑来确定个体的存在价值，由此也会阻止个体实现自己的天性。因此，"仁义"无法成为调节社会秩序和成就德性的有效手段。相比之下，《淮南子》中的道家却以人类社会历史作为评判"仁义"的基本视域，从而提出"仁义"是人类在背离天性之后所采取的补救手段。

在《淮南子》中的道家看来，"太清之始"所代表的上古时代，"神明定于天下而心反其初，心反其初而民性善，民性善而天地阴阳从而包之，则财足而人澹矣，贪鄙忿争不得生焉"（《淮南子·本经训》）。也就是说，"太清之始"的圣人不仅能以其"心"或精神契合"道"之本性，而且又依据"道"之"神明"来治理天下。[②] 与之相应的是，民众的"心"或精神将会复归其初始状态，即突破情欲的蒙蔽、顺应天地阴阳整体性存在原理。这种德性能使民众与天地万物和谐共生、获得充足的财物，所以他们的恬静足以消除各种贪欲和争斗。然而，在道德衰败时代的"衰世"，由于君主的贪婪、人口增多与财物的减少，人们为了制止争斗、欺诈、淫乱以及情感失衡才构建了仁义、礼乐。通过对比"太清之始"与"衰世"，《淮南子》中的道家提出："是故仁义礼乐者，可以救败，而非通治之至也。"（《淮南子·

---

① 高诱认为，"自得"表示"自得其天性也"。参见何宁：《淮南子集释》（上），第68页。

② 刘康德先生指出，此处的"神明"即是"道"，但其确切的含义应当是指"道"之本性。参见刘康德：《淮南子直解》，第349页。

本经训》)如此一来,仁义、礼乐虽然不及遵循"道"、"德"的治理模式,但仍然是一种在可以在特定历史阶段发挥其功用的行为规范体系。

除了阐明内在价值与功用价值之外,《淮南子》中的道家向人们承诺,追随"至德则乐"必然会体验到终极价值的圆满自足。换句话来讲,实现作为人之本性的"心"或精神能够确保人们享有幸福或善的生活。① 就个体自身而言,"德"直接体现在"心"或精神对于形体、气血的主宰,从而使得"忧患不能入"、"邪气不能袭"(《淮南子·精神训》)。这意味着个体既拥有旺盛的生命力,同时又有能力抵御感官享乐的危害。在此基础之上,个体的"心"或精神能依据"道"的立场来审视各种现象,所以他可以像圣人、真人那样化解人生中的一切束缚。比如说,由于明白"生尊于天下"的道理,人们就不会热衷于权力,或者用是否占有天下作为评价人生意义的唯一尺度。再比如说,顺因"心"或精神的人懂得"死之与生一体"(《淮南子·精神训》),进而不把死亡视为生命的终结,相反则是将其等同于回归"道"的现象。最终,追随"德"所成就的生活方式类似于神仙方术的理想境界,它不仅能使有德者与天地万物融为一体,而且演变为宇宙的主宰,"骑蜚廉而从敦圄,驰于外方,休乎宇内,烛十日而使风雨,臣雷公,役夸父,妾宓妃,妻织女"(《淮南子·俶真训》)。驾驭神兽、役使神话传说中的人物,显然不是俗世生活的内容,而只能是在神仙出世的语境中才会出现的"乐"或神秘体验。②

尽管被称为西汉道家的集大成者,然而《淮南子》中的道家却并没有接续老庄德论的全部内容,其所侧重的只是"道"之"一",或者说,"道"之本性就在于整体性特征。与此同时,《淮南子》中的道家忽略了老庄之"道"的平等性,即"道"还具有平等无私地守护生命的本性。而且,凭借其对"道"之本性的理解,《淮南子》中的道家沿用庄子的关联来探讨人之本性,也就是将人之本性诠释为"心"或精神,具有主宰物欲、情感以保全人的生命和"知一"的能力。与解释"道"之

---

① 终极价值是指整体性的善,表现为幸福或善的生活。参见威廉·K.弗兰克纳:《伦理学》,关键译,北京:生活·读书·新知三联书店,1987年,第169页。

② 对于《淮南子》中的道家所向往的生活方式,胡适曾经评论道,《淮南子》中的道家受到神仙方术的影响,"而不满意于此种纯用外功的养形方术,故依附老庄的思想,演成一种内功的神仙家言,彼向外而此向内,彼养形而此养神,于是神仙的方术遂一跳而为神仙出世的哲学"。参见胡适:《胡适论哲学》,欧阳哲生选编,合肥:安徽教育出版社,2010年,第221页。

本性、人之本性相一致,《淮南子》中的道家提出了"得其天性谓之德"的德性理论,其宗旨是以整体性作为调节精神与情感欲望、物我以及生死关系的根本原则。更为重要的是,这种德性理论展现了以"至德则乐"为主的价值观。具体地来看,通过实现"心"或精神所蕴含着的功能,一方面个体可以依据"自得"而"全其身",此种"乐"表现为"心"或精神对于形体、气血的主宰来保全个体生命;另一方面,个体将明白"仁义"的局限性并追随合乎"道"的生活方式,此种"乐"是以超越生存情境以及内心的圆满自足作为目的。如果从价值观的角度来看,推崇"自得"虽然可以确证个体生命具有内在价值,但是同时表现出了个体自我中心的显著意向,这与老庄所主张的平等无私观念相去甚远。此外,"至德则乐"改变了老庄质疑"仁义"的传统,承认"仁义"能够在特定历史阶段发挥其功用,同时在神仙出世的语境中畅想幸福或善的生活。

Yi and *Le*: The Impact of Laozi and Zhuangzi's Theory of Morality on the Value System in *Huainanzi*

Shang Jianfei

Abstract: The Daoism in *Huainanzi* incorporates Laozi's and Zhuangzi's theory, and explains the nature of Dao, the nature of human and the scale of ethical evaluation. Specifically, the Daoism in *Huainanzi* not only focuses on interpreting *Yi* (一) as Dao, which demonstrates the integrity of Dao, but also interprets human nature as *Xin* (心) or mind. On this basis, the Daoism in *Huainanzi* proposes its virtue theory of human nature and the value system of *Le* (乐), and argues that *Le* cannot be achieved without *Zide* (自得). This point of view shows the departure of Daoism in *Huainanzi* from the conceptions of Laozi and Zhuangzi.

Keywords: *Huainanzi*, *Yi*, *Le*, *Zide*

王阳明对人性实在性的论证*

苏晓冰**

[摘　要]　基于对宋儒"求理于心之外"这一学术路向的反思,王阳明展开了对"心"与"理"之关系问题的思考。对阳明而言,"求理于心之外"意味着心与理的两分,而其更为实质的理论内涵则是对人性实在性的否定。与此相对,龙场悟道所确立的"圣人之道,吾性自足"正是对人性实在性的直接肯定。进一步而言,在阳明那里,一方面经由"心即理"这一命题及其所关联的命题群组,对人性实在性进行了正面论证;另一方面,经由以"心外无X"为基本结构的相关命题对人性的实在性进行反向的说明。通过人性实在性的论证,阳明既对理学在明代所面临的理论失效问题进行了重新修复,也在实质层面重建了以孟子为代表的儒家性善论。

[关键词]　王阳明;人性论;实在性;心即理

对于生活在朱子学官学化时代的王阳明而言,毋庸置疑,其哲学问题意识

* 基金项目:国家社会科学基金青年项目"道德哲学视域下的王阳明思想及其现代意义研究"(19CZX019)。
** 苏晓冰(1987—　　),河北石家庄人,哲学博士,西安电子科技大学人文学院哲学系讲师,主要研究方向为阳明学、比较哲学。

与朱子学有着密不可分的关联。刘蕺山曾经明确地指出,"盖先生所病于宋人者,以其求理于心之外也"①。按照这一概括,在王阳明那里,对以朱子学为代表的宋代学术的反思,构成了阳明学的核心关注。而这一反思的更为具体的内容则是对宋儒"求理于心之外"的批判。不难理解,这一反思与批判实质上构成了王阳明的核心问题意识。当然,需要追问的是,王阳明的这一问题意识的理论内涵究竟何在? 他又是通过怎样的分析与论证来解决这一问题的呢?

一、"心"与"理"之两分或人性实在性之否定

众所周知,朱熹极其强调"理"的重要性。以"理"为核心概念,朱子学涵盖了远至宇宙生成、万物生化,近及人伦秩序、道德规范等方面。然而,到了明代,理学之"理"开始出现有效性的问题。这一点主要并不体现在宇宙论方面,而在日常生活领域或人伦秩序等方面。② 易言之,作为日常生活之依傍、是非善恶之标准的"理"开始受到质疑。这一质疑一方面呈现为对"理"之有效性的追问,即,"理"是否完全内在于人类本性之内,即"理"是否与"心"相符合;另一方面呈现为对于人性本身的怀疑,即,人性是否本然是善的、在一切情境之下都具有向善的可能,这表述为"心"能否与"理"相符合。两者二而一于"心"与"理"的关系问题之下。③ 其关系之一致将一方面解决"理"的根源或有效性问题("理"来源于人类本性),同时回应人性之实在性问题,即人性为善,人性本身便可以导出

---

① 刘宗周:《重刻王阳明先生传习录序》,载吴光等编校:《王阳明全集(新编本)》卷五十二,杭州:浙江古籍出版社,2010 年,第 2128 页。

② 考虑到宋明理学在儒佛之辩的背景下兴起的实际,可以说,重建儒学对于宇宙万物的生成等方面的解释框架,是宋代理学最为突出的理论贡献。总体看来,明代学术仍旧是在这一基础之上展开的。就王阳明哲学而言,可以看到,阳明较少言及宇宙生成等方面,而是集中于人伦秩序、道德考量等更为"日常"的问题域。在杨国荣教授看来,两代学术的转向可总结为从"外部世界存在与否"向"这一世界对于人而言具有怎样的意义"问题的转变。参见杨国荣:《王阳明心学的多重向度》,《贵州学院学报(社会科学版)》,2017 年第 2 期。

③ 从现有讨论来看,学界常常围于朱子学与阳明学的关系,特别是"性即理"与"心即理"两个命题的形式化比对,且过度聚焦于如何从宋代之"理"过渡到明代之"心"。即便单纯从逻辑上看,这一观点已经暴露出与历史发展进程的偏差。乐爱国曾指出对"性即理"与"心即理"命题作形式化对比的局限性,并探讨理学与陆王心学的可能一致之处。参见乐爱国:《朱熹的"心即理"及其与"性即理"的关系——兼论朱陆之异同》,《徐州工程学院学报(社会科学版)》,2015 年第 2 期。

道德行为,从而是一切价值、意义以及人伦秩序的根基;反之,则将带来双重困难。通盘来看,王阳明哲学所致力的首要目标便是论证这一关系之一致性,从而夯实人性论的基础。①

在后朱子学时代,对于"理"学式微所带来的困境,王阳明曾经有如下表述:

> 人惟不知至善之在吾心,而求之于其外,以为事事物物皆有定理也,而求至善于事事物物之中,是以支离决裂,错杂纷纭,而莫知有一定之向。②

在这段文字中,阳明明确点出"理"与"心"的两分问题。"事事物物"指范围之广泛性,"理"或"至善"可以理解为行为之合理性,"以为事事物物皆有定理"意谓,所有情境下的是非标准皆有其外在于人的规定性,因此,人必须通过后天的学习来间接合乎规范。试以"孝"为例。对于子辈而言,父子关系即可视为一"事物",而此事物之"理"或者说处理这一事物的恰当方式便是,子辈孝顺父辈。在王阳明看来,孝心普遍于一切人,子辈在面对这一父子之关系时具有行孝之先天可能性。就此而言,孝内在于人性之中,此所谓人性之实在性;相反,有观点认为,孝是后天习得,从而是外在于人,如此,人性之核心内涵便不再是行孝之良能,而是后天的智识能力,或者说学习能力;同时,以孝为代表的道德、价值、秩序等皆为后天所建构。对于这种认为人性没有其实在性("不知至善之在吾心")、"理"外在于人("求之于外")的观点,阳明一再表示出批判性的态度,如:

> 良知之学不明于天下,几百年矣。世之学者,蔽于见闻习染,莫知天理之在吾心,而无假于外也。皆舍近求远,舍易求难,纷纭交骛,以私智相高,客气相竞,日陷于禽兽夷狄而不知。③

---

① 向世陵曾指出,宋代学术对"性即理"、"心即理"等相关命题的讨论之实质在于为儒家性善论提供形而上根基。考虑到明代学术与宋代学术的相关性,这一判断亦将有益于明代学术的探讨。参见向世陵:《宋代理学的"性即理"与"心即理"》,《哲学研究》2014年第1期。

② 王阳明:《大学问》,载吴光等编校:《王阳明全集》卷二十六,第1017页。

③ 王阳明:《祭国子助教薛尚哲文》,载吴光等编校:《王阳明全集》卷二十五,第1004页。

"理"之有效性的衰弱直接引发(或者说直接表现为)与"心"之一致性关系的破裂,这又会进一步带来什么问题呢? 从外在表现来看,可能导致人伦秩序的失范、道德风气的败坏等后果,所谓"日陷于禽兽夷狄而不知";从根源上看,更深层的危机将体现为对人性本身的怀疑,文中表述为"天理之在吾心"与"私智相高、客气相竞"的对立,进一步表现为真正的"人"①与"禽兽夷狄"的对立。换言之,在王阳明看来,"理"学之解释力度的下降所带来的问题之本质将可能是人性论的问题:或者是性善论,认为一切实践之标准普遍于人性本身;反之,则是那种抽离了"天理"、"至善"的人性论观点,其中,"智"被看作人性的核心,并认为人之所有者不过是后天的工具理性,这意味着,人性并无其实在性,人类社会的价值、意义以及人伦秩序等内容皆来自于后天赋予。

由此可见,围绕"心"与"理"的关系问题的讨论,最终可以还原为人性实在性的问题,或可概之为以"理"(天理/至善/良知)为核心的人性论,与以"智"(客气/明觉/知识/能力)为核心的人性论。可以看到,王阳明哲学所面临的真正困难,在于荡涤世俗化的人性论误解,重新奠定人性之实在性。而王阳明的这一工作,从哲学史的角度看,也正是对孟子所揭橥的儒学性善论传统的重建。关于此,黄宗羲曾有精辟地总结:

> 先生悯宋儒之后学者,以知识为知,谓"人心之所有者不过明觉,而理为天地万物之所公共,故必穷尽天地万物之理,然后吾心之明觉与之浑合而无间"。说是无内外,其实全靠外来闻见以填补其灵明者也……先生点出心之所以为心,不在明觉而在天理,金镜已坠而复收,遂使儒释疆界渺若山河,此有目者所共睹也。②

黄宗羲分别以"天理"与"明觉"概之,指出,在后朱子学时代,"理"本有的丰富内涵退缩而演变为外在于人的客观标准,所谓"天地万物之所公共";在"理"与"心"之一致性的破裂之下,人性的真正内涵被遮蔽,与此同时,"知觉"、"知能"

---

① 在这一层级中,王阳明也用"圣人"来表述与"禽兽夷狄"相对照的真正的"人"。

② 黄宗羲:《姚江学案》,载沈芝盈点校:《明儒学案》卷十,北京:中华书局,2008年,第181页。

等工具化的能力被误认为人之为人的核心内容①,在黄宗羲看来,这其实是对人自身本有之"灵明"(本性)的认取失败。

这一时代困境直接体现在王阳明前期坎坷多变的为学经历上,而以"格竹"事件所传达出的草木之理("理")与自家意思("心")终难相合的问题为其典型。实际上,心、理终判为二的问题不仅困扰着王阳明,也在实际上构成了明初许多学者的"问题意识",如,陈献章在自述其为学经历时也曾有"吾此心与此理未有凑泊吻合处"的慨叹。②

二、"心即理"或人性之实在性

"心"与"理"之关系所带来的一系列问题既是明代学术的时代性问题,更体现为王阳明个人的哲学问题意识,它构成了王阳明前期思想的最为重要的理论背景。而经过早年的艰难探索后,"龙场悟道"构成了王阳明思想对于这一问题的直接回应。

从现有资料来看,王阳明关于"龙场悟道"的核心内容的自述是:

> 圣人之道,吾性自足,向之求理于事物者,误也。③

学界通常认为,"龙场悟道"这一重大事件宣告了阳明哲学的真正成立。而上述这句自述则构成了阳明哲学的核心论述。这句话虽短小,但涉及"圣人"、"性"、"理"几个重要概念。从理学的背景看,这些都是富有哲学意味以及哲学史积淀的概念。让我们姑且先撇开许多附带质素,而从最为一般性的角度来切入

---

① 围绕"明觉"而来的人性论观点,因与通常以理性能力为人性之核心的观点相近,而更易于为今人所接受。虽然,从王阳明哲学的视角看,这一观点并不符合人类实际,理性并不是人之为人的核心所在,因此是被批判的对象;与此同时,在强调"良知"的核心地位时,王阳明哲学又不简单是反智主义的。从今天来看,王阳明的人性论观点极为独特,在一定程度上可以说,这一人性论思想可能是阳明学所能提供的最为宝贵的理论资源之一。然而,现有的讨论或者过度聚焦于其与"性即理",从而是与朱子学的对比,或者过多道德哲学的注目,从而将阳明学限定在是非善恶等价值问题之内,如此,本该呈现的理论张力打滑过去了。

② 黄宗羲:《白沙学案》,载沈芝盈点校:《明儒学案》卷五,第82页。

③ 正德三年(1508)纪事,载吴光等点校:《王阳明全集》卷三十二,第1234页。

土题。

　　从逻辑上看,这句话分为前后两个部分,一正一反,构成对比。首先值得注意的是文中的否定部分,"向之求理于事物者,误也"。这一论述,既是对其自身早年工作的反思,也是对朱子学学者们关于"心"、"理"关系的批判性总结。而这一总结亦反证了,"心"、"理"关系问题确实构成王阳明思想的核心问题意识;同时,"圣人之道,吾性自足"则建立在对人性本身之实在性的识取与肯认之上,从而与那种认为人性之核心在明觉/知识等工具层面,而一切价值、秩序皆自外出的人性论观点分道扬镳。从表述来看,文中的"圣人之道"与"理"具有一致性,因此,这个肯定也可以理解为对"理"与"心"("吾性")之一致性的重申。换言之,以"龙场悟道"为标志,王阳明思想真正具备了解决"理"与"心"关系问题对儒家人性论所带来的挑战的能力。

　　综合王阳明的相关论述,我们将看到,王阳明对这一理论突破有高度关注,其表现为:对这一命题进行反复申说,不仅表述为上述一段"悟道"文字,甚至体现为命题群组:

> 至善是心之本体。①
> 心即理也。②
> 心之良知是谓圣。③
> 定者,心之本体,天理也。④
> 知是心之本体,心自然会知。⑤

尽管从命名上看,这里涉及"至善"、"理"、"天理"、"知"等许多不同概念,但是,

---

① 吴光等点校:《王阳明全集》卷一,第 2 页。

② 吴光等点校:《王阳明全集》卷一,第 2 页。

③ 吴光等点校:《王阳明全集》卷四十,第 1632—1633 页。

④ 吴光等点校:《王阳明全集》卷一,第 18 页。原文的标点是"定者心之本体,天理也。动静所遇之时也"。《王阳明〈传习录〉详注集评》的标点是"定者心之本体,天理也,动静所遇之时也"。见陈荣捷:《王阳明〈传习录〉详注集评》,上海:华东师范大学出版社,2009 年,第 46 页。《传习录注疏》的标点是"定者,心之本体,天理也。动静,所遇之时也"。见邓艾民:《传习录注疏》,上海:上海古籍出版社,2012 年,第 39 页。从文意来看,《注疏》的句读更为恰当,故从邓书。

⑤ 吴光等点校:《王阳明全集》卷一,第 7 页。

就其表达"心"与"理"之一致性、人性有其实在性这一点而言,这几组命题在实质上具有一致性。① 仔细观察不难发现,上述五个命题都是"X 是 Y"的结构,准确说,是"心(心之本体)是 Y"②,从上述引文中看,"Y"可以是"至善"、"理"、"知"等概念,这一组命题或可概括为"心即理"。

值得注意的是,在"悟道"一段文字中,王阳明的表述经由"成圣"来阐发,换言之,他对"心即理"问题的思考与"成圣"问题具有内在关联。这一逻辑或可表述为:既然"圣"是就"至善"、"理"、"天理"、"良知"(Y)而言的,那么,"心即理"在证明"理"的内在性的同时,也在实质上论证了(常)人与圣人的内在一致性。这也是"成圣"能够成为"第一等事"的理论前提。在一定程度上可以说,阳明对于成圣之可能性的论证正是对人性之确定性内涵的说明,或者说,后者经由前者而得以表述。关于此,阳明曾经指出:

> 夫良知即是道,良知之在人心,不但圣贤,虽常人亦无不如此。③
>
> 惟天下至圣,为能聪明睿智,旧看何等玄妙,今看来原是人人自有的。耳原是聪,目原是明,心思原是睿智,圣人只是一能之尔。能处正是良知,众人不能,只是个不致知,何等明白简易!④
>
> 心之良知是谓圣。圣人之学,惟是致此良知而已……苟能致之,即与圣人无异矣。此良知所以为圣愚之同具,而人皆可以为尧舜者,以此也。⑤

---

① 从形式上看,同一主题表述为很多不同的讲法,这可能是思想开端时期的普遍现象。这种命题**群组式**的阐发表明了这一主题的重要性,与此同时,就王阳明思想的发生历程来看,特别是考虑到后期的"良知"这一核心概念的提出,"群组"的现象也说明,这一时期的理论思考尚待凝练。

② "心之本体"与"心"在此处所要表达的意思并无不同,若套用"X 是 Y"的句式,可以说,都是为了强调 X 与 Y 的内在一致性,比如,强调心与"理"、"天理"、"知"的一致性。此外,"本体"这一概念的基本含义是"本来的样态",多在"本体与发用"这一组范畴下使用。就"向善能力"("良知")来讲,这组范畴其实是区分了"能力"与"能力的发用"两个不同的讨论重点,这一做法的必要性主要体现在:就前者而言,有助于指出这一能力的先天普遍性;就后者而言,有助于探求其发用机制。

③ 王阳明:《答陆原静书》(二),载吴光等点校:《王阳明全集》卷二,第75页。

④ 吴光等点校:《王阳明全集》卷三,第120页。

⑤ 王阳明:《书魏师孟卷》,载吴光等点校:《王阳明全集》卷八,第297—298页。

对应于"心是 Y"的命题,这组文献旨在说明"圣人"与"常人"的内在一致性,对"人能否成圣"的这一肯定回答意味着对人性之实在性的直接确认。理解其前后的思想变化,第二段引文恰好用"旧"与"今"交代了其中的转折。"心即理"与上述"心即 Y"的句式一样,代表"今",是其肯定的一面。"今"是"人人自有(成圣的可能性)","旧"是"何等玄妙","玄妙"言其偶然性,指出圣人之道在此前的阳明看来是特殊的、大部分人所没有的。借用"心即理"的命题,上述两个观点恰恰对应着"心即理"与"心"、"理"之两分(或者说"外心以求理"、"心"不即"理")。紧接着,"耳原是聪,目原是明,心思原是睿智",这正是诠释此"能"的本然性或先天性("原是"),从而与之前的"心不即理"或"人无此成圣之能"作出进一步区分。

按照上述将今、旧分别对比"心即理"与"心不即理"的思路可以看到,阳明将其中的"理"解释为"聪明睿智"或直接总结为"能",这种"能"或"良能"具体表现为,"见父自然知孝,见兄自然知弟,见孺子入井自然知恻隐"[1],从而在具体发用中呈现出"孝"、"弟"、"恻隐"等价值、意义或秩序等方面的内涵。

综上,以"心即理"为代表的"X 是 Y"的这组肯定命题的理论贡献在于,解决了"心"与"理"的关系问题所可能引发的人性之实在性问题,同时,也为"理"的合法性奠定了人性论基础。从哲学史的角度看,王阳明的这一工作也可看作是对"理"学的重新奠基。

三、"心外无 X":对人性实在性的反向论证

王阳明哲学的逻辑起点开始于一组与"心即理"命题具有同构性的肯定句式,旨在重申人性的实在性,同时反对向外探求的做法。与此相关,以下表述为"心外无 X"的句子集合可以视为从否定的角度对这种人性实在性的反向论证:

> 心外无物,心外无事,心外无理,心外无义,心外无善。[2]
> 心外无事,心外无理,故心外无学。[3]

---

① 吴光等点校:《王阳明全集》卷一,第 7 页。
② 王阳明:《与王纯甫》(二),载吴光等点校:《王阳明全集》卷四,第 168 页。
③ 王阳明:《紫阳书院集序》,载吴光等点校:《王阳明全集》卷七,第 255 页。

虚灵不昧，众理具而万事出。心外无理，心外无事。①

与前文"心是 Y"相比，"心外无 X"具有极为明显的否定性特征，暗示着王阳明对某种观点的强烈批判。对"X"的具体代入项(比如物、事、理、义、善、学等)分别加以分析讨论对于我们理解这一命题固然十分必要，然而，从逻辑上看，作为一个命题句式，比起"X"的具体分辨，句式本身的结构——**否定结构**，可能具有更大的说明性。这种权重的差异在句式之确定(皆为"心外无 X")与代入项之不必确定(因此可以用符号 X 代之)面前得到更为显豁的说明。因此，"心外无理"、"心外无物"等命题所贡献的意义，固然可蔓延于主体与外在对象的存在关系(或生存论境遇)、意识与存在的关系等主题，然而，在把握王阳明思想之开端这一正题之下，其作用或别有所在。

如果说前面一组肯定命题旨在说明人性有其实在性、人内在地普遍具有向善之可能的话，那么，此处这组"心外无 X"的命题群组可视为一种反向论证，主要用以批判那种认为人性并无其实在性，所有价值、意义或秩序皆来自后天由外而内的内化的观点。② 在阳明看来，后者无异于将后天工具化的智识能力看作人之本质。试以孝为例。孝是人之天性，而非后天外在规范内化的"成果"，这一观点表述为正题，可以说是"心即孝"；表述为反题则可以说是"心外无孝"。

王阳明批判将心与理割裂的做法为"务外遗内，博而寡要"③，认为其未能抓住问题的核心。在强调两者之内在一致性时，这一理论还表述为"致吾心之良知于事事物物"，所谓"致吾心良知之天理于事事物物，则事事物物皆得其理矣"④。阳明对于这个意思的重视程度体现在，这句话几乎直接用于替换朱子

---

① 吴光等点校：《王阳明全集》卷一，第 16 页。
② 在这种解读视角下，"X"的共同特点便是"(天)理"，或者说秩序、意义。可以进一步追问的是，"理"何以与"事"、"物"内在相关？从根本上看，这与"良知"之运作机制直接相关。限于篇幅，这一主题另作专文处理。与这里的上下文相关的是，作为一个哲学问题，"理何以与事、物相关"从属于良知的运行机制这一问题视域之下，因而并不是一个无所限制的话题，比如笼统的意识与对象的关系、主体与生存境遇的关系等。此外，就当下的主题而言，"心外无 X"的逻辑层级与"圣人之道，吾性自足"或"心即理"或"良知"同一级别，"理何以与事、物相关"问题所衍生出来的心、物、事等关系则属于次级问题。对于当下的诠释工作而言，厘清这些问题的语境及其所从属的层级无疑是极为重要的。
③ 王阳明：《答顾东桥书》，载吴光等点校：《王阳明全集》卷二，第 49 页。
④ 王阳明：《答顾东桥书》，载吴光等点校：《王阳明全集》卷二，第 49 页。

的"格物说",而成为《大学》诠释工作的最为核心的部分。其中较为特别之处有二：一是在"心"前面添加修饰语，成为"**吾心**"，从而更加突出"心即理"的理论内涵；二是"吾心之**良知**"或"吾心**良知之天理**"的讲法；同样的意思还体现为，"夫良知之于节目时变，犹规矩尺度之于方圆长短也"①。

行文至此，我们大约可以较为合理地解释如下一组"反问句式"②：

> 忠与孝之理在君、亲身上，在自己心上？若在自己心上，亦只是穷此心之理矣。③
>
> [……]则孝之理其果在于吾之心邪？抑果在于亲之身邪？假而果在于亲之身，则亲没之后，吾心遂无孝之理欤？见孺子之入井，必有恻隐之理，是恻隐之理果在于孺子之身欤？抑在于吾心之良知欤？其或不可以从之于井欤？其或可以手而援之欤？是皆所谓理也，是果在于孺子之身欤？抑果出于吾心之良知欤？以是例之，万事万物之理，莫不皆然。是可以知析心与理为二之非矣。④
>
> 且如事父不成，去父上求个孝的理；事君不成，去君求个忠的理；交友治民不成，去友上、民上求个信与仁的理？⑤

"去父上求个孝的理"？"忠与孝之理在君、亲身上，在自己心上"？"恻隐之理果在于孺子之身欤"？"亲没之后，吾心遂无孝之理欤"？这样的发问方式乍看之下十分费解。实际上，为了获得对于这组文献的恰当理解，恐怕首先必须认真感受其中的"费解"之处。

且不管理学中"理"这一核心概念的复杂内涵，单就狭义的道德或伦理范畴

世界视域与中西思想

---

① 王阳明：《答顾东桥书》，载吴光等点校：《王阳明全集》卷二，第54页。

② 不同于通常关注行文之内容的做法，"反问句式"特别从表述形式的特殊性来阐发其所试图呈现的表述内容。

③ 吴光等点校：《王阳明全集》卷一，第36页。

④ 王阳明：《答顾东桥书》，载吴光等点校：《王阳明全集》卷二，第49页。

⑤ 吴光等点校：《王阳明全集》卷一，第2—3页。

中的"孝顺"、"忠诚"、"同情心"等品质而言①,行为主体、动机、道德情感、心理异常、意图、责任主体、义务、实践过程、行为后果……这些概念大体上展示出通常的思考方向。由此反观上述文献,可以看到,阳明将话题引入到了一个非常特别的讨论方式上,在那里,动机、情感、实践、后果等等维度几乎都未出现,讨论的方式反而是:一再追问"理"之来源。这里的特别之处还体现在,这个问题设置为选择题,提供 A、B 两个选项,并要求在两者之中做出选择。

A	B	A	B
在君、亲身上	在自己心上	亲之身	吾之心
孺子之身	吾心之良知	心、理为二	心即理

选择题有固定选项,尽管答题者有选择的自由,但同时也受到极大限制,因此,比起较为开放的论述题,选择题的题型本身意味着极强的控制性。从设置为选择题的做法上看,出题者显然试图将答题者的思路驱赶到所设置的特殊路径中去。对于一个以传达哲学思考为首要目的的出题者来说,引入选择题的做法表明:要求思考在特定途径中展开。换言之,这种特殊性对于问题的理解有实质意义。就此处的主题而言,王阳明显然要求大家从心与理的关系,特别是两者的一致性上思考问题。因此,这一组文字虽然特别,但并未留出多少诠释空间,相反,它们携带着极为确定的内容。② 这是就问答的形式而言。

从内容来看,两个选项也有极为明显的特点,一个是"(吾)心",一个是"外在对象"。从正面来看,这个内容便直接对应于"心即理",或以此为代表的一组肯定人的向善之先天可能性的命题;与此同时,这组文献经由反问的特殊句式达成与"心外无理(X)"命题的同类型诠释,构成对"心即理"命题的反向论证。

综上所述,基于对宋儒"求理于心之外"这一学术路向的反思,王阳明展开

---

① 王阳明哲学中的"(天)理"的主要含义是伦理性质的吗? 王阳明一生所渴求的"成圣"是成为一个道德上的"好人"吗?"良知"作为"是非之知"只是判断价值之对错吗……就阳明学而言,这些问题极为重要,不同的回答意味着方向性的诠释差异。

② 细心的读者不难发现,阳明哲学中有不少非常特别的表述方式,如果言论可以算作一种"书面"教法的话,那么,向来重视采用不同的方式(或特别的方式)来点化学生的阳明,是不是也在书面教法中有其不同寻常之处呢? 如果回答是肯定的,那就意味着,我们必须能够看到其中的"特别",并体味这种特别的方式所欲表述的确定内容,而不是相反,对其作表面上的"特殊"处理,或无视其暗示,进行便捷的主观性发挥。

了对"心"与"理"之间关系这一问题的思考。这一点实质上构成了王阳明的核心问题意识,这一问题意识的实质内涵则是人性是否具有实在性。作为阳明哲学的成立标志,"龙场悟道"所确立的"圣人之道,吾性自足"正是对人性实在性的直接肯定。在阳明那里,一方面经由"心即理"这一命题及其所关联的命题群组,对人性实在性进行了正面的论证。另一方面,也经由以"心外无 X"为基本结构的相关命题对人性的实在性进行反向的说明。通过人性实在性论证,阳明既对理学在明代所面临的理论失效问题进行了重新的修复,也在实质层面重建了以孟子为代表的儒家性善论。

世界视域与中西思想

Wang Yangming's Argumentation on the Reality of Human Nature

Su Xiaobing

Abstract: Based on reflection on the approaches of Song Confucianism that seek principle (*Li*) beyond the mind (*Xin*), Wang Yangming started to think about the relationship between *Li* and *Xin*. For Wang Yangming, "seeking principle (*Li*) beyond the mind (*Xin*)" implies a dichotomy of mind and principle, while its more substantial implication is denial of the reality of human nature. In contrast, the belief, built during Longchang enlightenment, that Dao of a sage inherits from his nature, is a direct affirmation of the reality of human nature. Further, for Wang Yangming, the proposition "the mind is principle" and an array of related propositions positively argue for the reality of human nature; on the other hand, a group of propositions which all have the form "there is no X outside the mind" offer a reverse explanation of the reality of human nature. In this way, Wang Yangming not only remedied the theoretical failure of Song Confucianism in Ming dynasty, but also reconstructed the Confucian theory of good human nature represented by Mencius.

Keywords: Wang Yangming, theory of human nature, reality, principle in mind

永嘉学派

叶适对朱子的批评及其意义[*]

吴龙灿^{**}

[摘　要]　叶适早年在政治上维护朱子,但治学"异识超旷,不假梯级"的叶适晚年从学理上批评朱子,确立永嘉学派独树一帜的学术史地位。叶适批评朱子的道统论、义利观、佛教观,是一个互相关联的整体深刻批评,对当代中国文化重建具有重要借鉴价值。在传承自身优秀传统文化的过程中,在如何确立传统文化的主体性和如何吸收外来思想的问题上,叶适认为,包括朱子在内的程朱理学学者对儒家自身"本统"的迷误及其对待佛教的态度和方式是进退失据、大有问题的。今人如何对待包括西方哲学、马克思主义思潮在内的西方外来思想,可以从叶适批评朱子、程朱理学的道统论、佛教观中得到相应的启发。

[关键词]　叶适;朱熹;道统论;义利之辨;佛教观

　　朱子,即朱熹(1130—1200),是宋代程朱理学的集大成者和建构完成者,其

＊ 基金项目:温州市哲学社会科学规划项目"宋元之际永嘉学派发展研究"(20wsk011)。

＊＊ 吴龙灿(1969—),浙江永嘉人,哲学博士,宜宾学院研究员,温州大学人文学院历史系教授、硕士研究生导师,主要研究中国哲学、历史文献学、伦理学、政治哲学、蜀学和永嘉学。

学称闽学或朱子学,在南宋与陆象山心学、永嘉学派鼎足而三。叶适(1150—1223)则为永嘉学派集大成者和建构完成者,早年在政治上维护朱子,但治学"异识超旷,不假梯级"的叶适晚年从学理上批评朱子,确立永嘉学派独树一帜的学术史地位。对此吴光、何俊、李承贵等学者已有一定研究,本文省去繁枝茂叶,提纲挈领论述叶适对朱子的批评及其意义,就教于方家。

一、道统论

所谓道统论,是指儒家之道及其传承谱系。提出类似道统论的,诸子百家、三教九流皆有其说,而佛教判教理论和道教三洞六辅说颇具典型意义。儒家道统论自孔子以来代有建构,到中唐儒学复兴运动领袖韩愈回应佛教、道教的挑战而特意提出道统论,以维护儒学自身的文化正统和政治意识形态的指导思想地位为己任,排斥佛教、道教对中国文化主流地位的僭越。

> 夫所谓先王之教者,何也? 博爱之谓仁,行而宜之之谓义,由是而之焉之谓道,足乎己无待于外之谓德。……曰:"斯道也,何道也?"曰:"斯吾所谓道也,非向所谓老与佛之道也。"尧以是传之舜,舜以是传之禹,禹以是传之汤,汤以是传之文武周公,文武周公传之孔子,孔子传之孟轲。轲之死,不得其传焉。荀与扬也,择焉而不精,语焉而不详。由周公而上,上而为君,故其事行;由周公而下,下而为臣,故其说长。[①]

韩愈的道统论,定义"道"的内容是儒家区别佛老、安身立命的先王之教"仁"、"义"、"道"、"德",传承谱系是"尧以是传之舜,舜以是传之禹,禹以是传之汤,汤以是传之文武周公,文武周公传之孔子,孔子传之孟轲。轲之死,不得其传焉"。作为四书首倡者,韩愈的本意是直接孟子、承接道统,而把之前被儒家认为是圣人的荀子、董仲舒、扬雄、王通等大儒都排除在道统谱系之外,且以周公为分界线,之前道在君,之后道在臣。北宋早期诸子还是把孟子之后包括韩愈在内的诸儒列在道统论谱系之中的,但到了程颐,又用韩愈的道统论模式,直

---

① 韩愈:《韩愈集》,严昌校点,长沙:岳麓书社,2000 年,第 147 页。

接孟子以续道统:"周公没,圣人之道不行;孟轲死,圣人之学不传。道不行,百世无善治;学不传,千载无真儒。……先生生千四百年之后,得不传之学于遗经,志将以斯道觉斯民。"①周公之前所传为圣人之道,周公之后所传为圣人之学,在孟子之后,连圣人之学也中断一千四百年,直到程颢来继承发扬圣人之道、圣人之学之道统、学统。自家体贴出来的"天理",是二程所新赋儒家道统所传之道:"天有是理,圣人循而行之,所谓道也。"②二程又把曾子、子思两人添加:"孔子没,传孔子之道者,曾子而已。曾子传之子思,子思传之孟子。孟子死,不得其传。至孟子而圣人之道益尊。"③而天理的内涵,则与《尚书·大禹谟》"十六字心传"和《中庸》之"中"相通:"'人心惟危',人欲也,'道心惟微',天理也。'惟精惟一',所以至之。'允执厥中',所以行之。"④朱熹首次完整使用"道统"二字,而关于道的内容和传承谱系则忠实沿习二程之说,在《大学章句序》和《中庸章句序》中有详细论述,后者云:

> 其见于经,则"允执厥中"者,尧之所以授舜也;"人心惟危,道心惟微,惟精惟一,允执厥中"者,舜之所以授禹也。……自是以来,圣圣相承,若成汤、文、武之为君,皋陶、伊、傅、周、召之为臣,既皆以此而接夫道统之传,若吾夫子,则虽不得其位,而所以继往圣、开来学,其功反有贤于尧舜者。然当是时,惟颜氏、曾氏之传得其宗。及曾氏之再传,而复得夫子之孙子思,则去圣远而异端起矣。……自是而又再传以得孟氏,为能推明是书,以承先圣之统,及其没而遂失其传焉。……然而尚幸此书之不泯,故程夫子兄弟者出,得有所考,以续夫千载不传之绪;得有所据,以斥夫二家似是之非。(《中庸章句序》)⑤

朱子的道统论在孔子之前追溯至伏羲、神农、黄帝,在孔子之后,列颜回、曾子、子思、孟子,以二程直接孟子道统。明确判定《大学》、《中庸》分别为曾参、子

---

① 程颐:《明道先生墓表》,见程颢、程颐:《二程集》,王孝鱼点校,北京:中华书局,1981年,第640页。

② 程颢、程颐:《二程集》,第274页。

③ 程颢、程颐:《二程集》,第327页。

④ 程颢、程颐:《二程集》,第126页。

⑤ 朱熹:《四书章句集注》,上海:上海古籍出版社;安徽:安徽教育出版社,2001年,第17—18页。

思所著,是与《论语》、《孟子》并列的"四书",又作《近思录》和《伊洛渊源录》,明确宋代"道统"是以二程为核心,上推及其师友周敦颐、邵雍、张载,下接其门人弟子。

朱子的道统论以及所构建的道学体系,曾在当时引起政争和迫害,叶适在政治上旗帜鲜明地站出来维护朱熹及其道学,在淳熙十五年(1188)林栗弹劾朱熹之时,叶适上奏《辩兵部郎官朱元晦状》维护朱熹和道学士大夫,以致在庆元党禁中叶适受牵连与朱熹都入名《伪学逆党籍》。但是在学术上,晚年叶适毫不含糊地批评朱子学说,其中对朱子道统论的批评是一系列批评的重心。

叶适首先重新阐释儒家之道,认为儒家之道乃"古今伦贯"的圣人所传之"学之本统":

> 时诸儒以观心空寂名学,徒默视危拱,不能有论诘猥曰:"道已存矣。"君(宋驹)固未信,质于余。余为言学之本统,古今伦贯,物变终始,所当究极。忽昂然负载,如万斛舟;如食九奏,大牢先设而醢酱不遗;如赐大宅,百室皆备,从门而入也。"(《宋厥父墓志铭》)[1]

叶适在《因范育序〈正蒙〉遂总述讲学大指》[2]一文中,针对北宋五子到朱子"诸儒"的理学与道统论,历数古圣人道德与事功兼备的"本统"。"道始于尧",叶适界定其"本统"内容为"尧敬天至矣,历而象之,使人事与天行不差",其要在制度与人事。次舜,"舜之知天,不过以器求之耳。日月五星齐,则天道合矣",其要在"以器求之",以制度与事功之器达道。次禹,得洪范九畴,其要在明"水有顺逆"、"治有废兴"。次皋陶,"训人德以补天德,观天道以开人治,能教天下之多材",其要在"典礼赏罚"、"治成功立"。次汤、次伊尹,皆以"恒性"、"德"受天命。"尧、舜、禹、皋陶、汤、伊尹,于道德性命天人之交,君臣民庶均有之矣。"这些圣贤,都是制度、人事、事功上体现天人合一、君臣民共治的"本统"。次文王,"固所以成天下之材,而使皆有以充乎性,全于天也"。次周公,"治教并行,礼刑兼举,百官众有司,虽名物卑琐,而道德义理皆具",又"召公与焉,遂成一代

---

① 叶适:《宋厥父墓志铭》,《水心文集》卷二十五,见刘公纯、王孝鱼、李哲夫点校:《叶适集》第 2 册,北京:中华书局,1961 年,第 490 页。

② 叶适:《习学记言序目》卷四十九,北京:中华书局,1977 年,第 735—743 页。

之治"，而周公是道德、制度、事功集大成的制高点。次孔子，"搜补遗文坠典"，"然后唐虞立一代之道赖以有传"，孔子是将承载尧舜以来本统的"遗文坠典"加以整理和传承的关键人物。而程朱道统所传"十六字心传"，"子思赞舜，始有大知、执两端、用中之论；孟子尤多，皆推称所及，非本文也"，是子思、孟子后来的推称，不是传世文献中提及的。叶适釜底抽薪，从文献、史实根据上否定了从二程到朱子建构的道统论谱系内核。

叶适通过对道统传承内容"本统"的重新阐释，否定了朱熹的道统论谱系。从尧、舜、皋陶、禹、汤、伊尹、文王、周公、召公到孔子，传承天道与道德、制度、事功不离，以此"本统"为内容、"历然如贯联算数"的固有道统谱系就这样被叶适重构，而曾子、子思到孟子这一思孟学派只是推扬孔子的一些新说法，所传承的并不是孔子真正从古圣贤传承下来的本统。"古之言道者，以道为止；后之言道者，以道为始。以道为止者，周公孔子也；以道为始者，子思、孟轲也。"[1]曾子的门生都背离了周公孔子"以道为止"的本统。"自尧、舜、禹、汤、文、武、周公、孔子，所传皆一道，孔子以教其徒，而所受各不同。以为虽不同而皆受之于孔子则可，以为尧、舜、禹、汤、文、武、周公、孔子之所以一者，而曾子独受而传之人，大不可也。"[2]曾子只是根据自己的理解得到孔子的一部分传授，并不能独任道统传承人地位。叶适认为理学家极其推崇的孟子"亡其本统"："后世以孟子能传孔子，殆或庶几。然开德广，语治骤，处己过，涉世疏，学者趋新逐奇，忽亡本统，使道不完而有迹。"[3]这就在根本上否定了朱子标榜的思孟学派、《伊洛渊源录》中二程前后诸儒的道统传承人地位，从而否定并解放了朱熹所垄断的曾子以下的道统论及其传承谱系，把传承道统的权利还给孔子之后、程朱理学之外的历代大儒，其中当然包括叶适在内的永嘉学派诸儒。[4]

二、义利之辨

"义利之辨"，在孔子、孟子那里有非常经典的论述，后世诸儒皆有发明，形

---

① 叶适：《习学记言序目》卷四十四，第659页。
② 叶适：《习学记言序目》卷十三，第188页。
③ 叶适：《习学记言序目》卷四十九，第739页。
④ 参阅何俊：《叶适论道学与道统》，《中山大学学报（社会科学版）》，2009年第1期。

成可与现实社会中崇本抑末、重农轻商倾向相互呼应之势。到朱子之时，严辨"义利"早已成为当然的社会刻板观念，而朱熹以义责人尤为突出，天命之性与气禀之性、道心与人心之说已将"子罕言利"、"惟义是从"的"崇义抑利"传统阐述到极致，在《白鹿洞书院揭示》中更将董仲舒语"正其义不谋其利，明其道不计其功"列为"处事之要"。

　　而在叶适批评朱子的义利观之前，朱子曾与陈亮开展一场激烈的王霸之辨，从中可以清晰地看出朱子的义利观。淳熙十一年(1184)，陈亮受诬陷入狱百日，朱熹闻讯在陈亮获释后写信规劝："老兄高明刚决，非吝于改过者，愿以愚言思之，绌去'义利双行，王霸并用'之说，而从事于惩忿窒欲，迁善改过之事，粹然以醇儒之道自律，则岂独免于人道之祸，而其所以培壅本根、澄源正本、为异时发挥事业之地者，益光大而高明矣。"①陈亮随即复信辩驳朱子，如此往复辩论三年，集中在王霸的分界标准、政治品分的依据和对三代和汉唐的评价。朱子推三代是以"天理"治世的"王道"天下，而贬汉唐是摒弃"天理"、"人欲"横流的"霸道"之世，认为陈亮之所以"推尊汉唐"、"贬抑三代"是在宣扬"王霸并用，义利双行"。而陈亮并不讳言这正是他的思想主旨，认为"谓之杂霸者，其道固本于王也"②。永嘉学派代表人物陈傅良曾居间调停："功到成处，便有德，事到济处，便是有理。此老兄之说也。如此，则三代圣贤枉作功夫。功有适成，何必有德；事有偶济，何必有理。此朱丈之说也。如此，则汉祖、唐宗贤于盗贼不远。"③而朱熹则认定包括陈亮和永嘉学派在内的浙学只是功利："江西之学只是禅，浙学却专是功利。禅学，后来学者摸索，一上无可摸索，自会转去。若功利，则学者习之便可见效，此意甚可忧。"④他还明确批评永嘉学派："永嘉学问，专在利害上计较。"又说："正其义不谋其利，明其道不计其功。正其义则利自在，明其道则功自在，专去计较利害，定未必有利，未必有功。"⑤

　　叶适晚年针对居于当时社会观念主导地位的朱子义利观作了系列批评。

① 朱熹：《与陈同甫》，《晦庵先生朱文公文集》卷三十六，见朱杰人、严佐之、刘永翔主编：《朱子全书》第十二册，上海：上海古籍出版社；合肥：安徽教育出版社，2002年，第1581页。

② 陈亮：《又甲辰秋书》，见邓广铭点校：《陈亮集》(增订版)，北京：中华书局，1987年，第340页。

③ 陈傅良：《答陈同父》，见周梦江点校：《陈傅良先生文集》，杭州：浙江大学出版社，1999年，第460页。

④ 朱熹：《朱子语类》卷一二三，《朱子全书》第十八册，第3873页。

⑤ 朱熹：《朱子语类》卷三十七，《朱子全书》第十五册，第1375—1376页。

就朱子一再发挥董仲舒语对事功的批评,叶适斥之为疏阔无用:"'仁人正谊不谋利,明道不计功',此语初看极好,细看全疏阔。后世儒者行仲舒之论,既无功利,则道义者乃无用之虚语尔。"①针对程朱理学空谈性命而不务事功的事实,叶适批评其为华辞空言:"今世议论胜而用力寡,大则制策,小则科举,高出唐虞,下陋秦汉,傅合牵连,皆取则于华辞耳,非当世之要言也。虽有精微深博之论,务使天下之义理不可逾越,然亦空言也。"②

　　引而申之,叶适批评当时与"重义轻利"观念直接相关的重农轻商风气:"按《书》'懋迁有无化居',周讥而不征,春秋通商惠工,皆以国家之力扶持商贾,流通货币。故子产拒韩宣子一环不与,今其词尚存也。汉高祖始行困辱商人之策,至武帝乃有算船告缗之令,盐铁榷酤之入,极于平准,取天下百货自居之。夫四民交致其用而后治化兴,抑末厚本,非正论也。"③由此他提出重视商人和庶族地主的作用,发挥他们提高社会生产力的积极作用:"县官不幸而失养民之权,转归于富人,其积非一世也。小民之无田者,假田于富人;得田而无以为耕,借资于富人;岁时有急,求于富人。……而又上当官输,杂出无数,吏常有非时之责无以应上命,常取具于富人。然则富人者,州县之本,上下之所赖也。"④朱子曾赞林勋的井田制建议:"林勋《本政书》每乡开其若干字号田,田下注人姓名,是以田为母,人为子,说得甚好。"⑤绍熙元年(1190)任福建漳州知州时,曾请准朝廷打算实行"经界"而未能行,对此叶适明确批评朱子和林勋不通世务、不能因时制宜:"封建既绝,井田虽在,亦不得独存矣。故井田、封建相待而行者也。"⑥

　　从叶适对朱子义利观的批评可知,叶适并不是否定朱子义利观对孔、孟、董等先儒思想继承的合理内核,而是对朱子义利观的两方面展开批评。一是朱子强调义的同时却没有给予利应有的恰当的地位;二是朱子对事功的历史认识之偏颇和对现实的社会实践之轻妄。吴光曾专门标举永嘉功利学派:"永嘉'浙

---

① 叶适:《习学记言序目》卷二十三,第324页。

② 叶适:《别集卷十·始议二》,《叶适集》,第758页。

③ 叶适:《习学记言序目》卷十九,第273页。

④ 叶适:《别集卷二·民事下》,《叶适集》,第657页。

⑤ 朱熹:《朱子语类》卷一十一,《朱子全书》第十八册,第3559页。

⑥ 叶适:《别集卷二·民事下》,《叶适集》,第656页。

学'特别是以叶适为代表的水心经制之学,反对离开功利去讲道义,而主张'以利和义,崇义养利',反映了永嘉地区(今温州)重商、重教、重人才的传统。"① 义利之辨的先后轻重,仅仅是逻辑优先意义上才具合理性,本来就不是时间先后或重要性之厚薄。二程、朱子"崇义抑利"之失,叶适"以利和义,崇义养利"适可补正之,与其说矫枉过正,毋宁说是恢复义利关系本来面目,从而把孔子之后偏离正道的儒家之道历史传承复归"本统"。

三、佛教观

宋明儒多有出入释老的经历,朱子自称"出入佛老十余年",而宋明理学的建构,无论是心性论思辨还是哲学概念运用,均有"三教合一"时代文化交融的特点。韩愈到朱子的儒家道统论建构的主要外在刺激因素在于佛教、道教对儒家文化主流地位和政治指导地位的挑战。朱子在《近思录》选编上突出北宋四子排佛语录,并自觉继承和发展他们的思想,在著述讲学中旗帜鲜明地排佛。

> 自是以来,俗儒记诵词章之习,其功倍于小学而无用;异端虚无寂灭之教,其高过于大学而无实。其他权谋术数,一切以就功名之说,与夫百家众技之流,所以惑世诬民、充塞仁义者,又纷然杂出乎其间。使其君子不幸而不得闻大道之要,其小人不幸而不得蒙至治之泽,晦盲否塞,反覆沈痼,以及五季之衰,而坏乱极矣!(《大学章句序》)②
> 自是而又再传以得孟氏,为能推明是书,以承先圣之统,及其没而遂失其传焉。则吾道之所寄不越乎言语文字之间,而异端之说日新月盛,以至于老佛之徒出,则弥近理而大乱真矣。然而尚幸此书之不泯,故程夫子兄弟者出,得有所考,以续夫千载不传之绪;得有所据,以斥夫二家似是之非。盖子思之功于是为大,而微程夫子,则亦莫能因其语而得其心也。惜乎!其所以为说者不传,而凡石氏之所辑录,仅出于其门人之所记,是以大义虽明,而微言未析。至其门人所自为说,则

---

① 吴光:《关于"浙学"研究若干问题的再思考》,《浙江社会科学》,2014 年第 1 期。
② 朱熹:《四书章句集注》,第 2 页。

虽颇详尽而多所发明,然倍其师说而淫于老佛者,亦有之矣。(《中庸章句序》)①

朱子在《大学章句序》和《中庸章句序》中都把道教、佛教作为儒家道统传承的主要异端,佛教"异端虚无寂灭之教,其高过于大学而无实","惑世诬民、充塞仁义",二程的主要功绩是"斥夫二家似是之非",而批评二程门人弟子"倍其师说而淫于老佛者,亦有之矣"。

在《因范育序〈正蒙〉遂总述讲学大指》②中,叶适在否定朱子道统内容和从曾子到孟子的道统谱系之后,在论述朱子所述的二程前后道统传承时,即以程朱理学佛教观作为主要批评工具。叶适在《论学总序》认为,孔子《十翼》中"孔子独为著《彖》、《象》,盖惜其为他异说所乱"。以《易传》为主要建构基础的程朱理学哲学理论,经过佛老的掺杂,而成为"孔老"、"儒释":"故《彖》、《象》掩郁未振,而《十翼》讲诵独多。魏晋而后,遂与老庄并行,号为孔老。佛学后出,其变为禅,喜其说者以为与孔子不异,亦援引《十翼》以自况,故又号为儒释。"③接着叶适直接质疑北宋四子本乎参杂佛老的《易传》诠释之道统的合法性:

> 本朝承平时,禅说尤炽,儒释共驾,异端会同。其间豪杰之士,有欲修明吾说以胜之者,而周张二程出焉,自谓出入于佛老甚久,已而曰"吾道固有之矣",故无极太极、动静男女、太和参两、形气聚散、絪缊感通、有直内、无方外,不足以入尧舜之道,皆本于《十翼》,以为此吾所有之道,非彼之道也。及其启教后学,于子思孟子之新说奇论,皆特发明之,大抵欲抑浮屠之锋锐,而示吾所有之道若此。然不悟《十翼》非孔子作,则道之本统尚晦,不知夷狄之学本与中国异。(《因范育序〈正蒙〉遂总述讲学大指》)④

叶适毫不忌讳地指出,周张二程"入于佛老甚久",所本《易传》大多内容非

① 朱熹:《四书章句集注》,第18页。
② 叶适:《习学记言序目》卷四十九,第735—743页。
③ 叶适:《习学记言序目》卷四十九,第740页。
④ 叶适:《习学记言序目》卷四十九,第740页。

孔子作,所发明的思孟学派"新说奇论"、"欲抑浮屠之锋锐",也就因"道之本统尚晦"和"不知夷狄之学本与中国异"而进退失据了。此段最后叶适按:"佛在西南数万里外,未尝以其学求胜于中国,其俗无君臣父子,安得以人伦义理责之?特中国好异者折而从彼,盖禁令不立而然。圣贤在上犹反手,恶在校是非、角胜负哉!"[1]认为程朱理学排佛是无的放矢,用"圣贤之道"与佛教校是非、角胜负是多此一举。"而徒以新说奇论辟之,则子思、孟子之失遂彰。范青序《正蒙》,谓此书以《六经》所未载,圣人所不言者与浮屠老子辩,岂非以病为药,而与冠盗设郛郭助之捍御乎?呜呼!道果止于孟子而逐绝耶?其果至是而复传耶?孔子曰'学而时习之',然则不习而已矣。"[2]张子《正蒙》"以《六经》所未载,圣人所不言者与浮屠老子辩",叶适认为这是"以病为药,而与冠盗设郛郭助之捍御",有本末倒置、助盗为害之嫌疑。叶适批评程朱理学的佛教观,与批评其道统论的文献依据、排佛立场和致思模式结合起来,从根本上否定了朱子道统论。

除了道统论意义上的批评,叶适还在其他方面多处批评朱子佛教观。[3] 首先,朱子对佛教的态度是"望而非之"。如朱子说:"吾儒广大精微,本末备具,不必它求。"[4]叶适认为这样的态度很难深入理解佛学:"自孟轲拒杨墨,而韩愈辟佛、老,儒者因之。盖杨、墨之道既已息矣,而佛、老之学犹与孔氏并行于天下,是以儒者望而非之,以为非是而无以为儒。夫望而非之,则无以究其学之终始,而其为说也不明。"[5]如此无的放矢的批评只会助长佛教的发展势头:"昔者恶夫攻异端者,夫不修其道,以合天下之异而纷然攻之,则秖以自小而为怨;操自小之心而用不明之说,而其于佛、老也,助之而已矣。"[6]

其次,"尽用其学而不自知"。如朱熹在《朱子语类》中引用唐高僧玄觉的《永嘉证道歌》"一月普现一切水,一切水月一月摄"[7],用来论证他提出的"理一分殊",他说:"本只有一太极,而万物各有秉受,又各自全具一太极尔。如月在

① 叶适:《习学记言序目》卷四十九,第740页。
② 叶适:《习学记言序目》卷四十九,第740—741页。
③ 参阅李承贵:《宋儒处理儒、佛关系的策略———叶适的一个检讨》,《杭州师范大学学报(社会科学版)》,2008年第6期。
④ 朱熹:《朱子语类》卷一百二十六,《朱子全书》第十八册,第3937页。
⑤ 叶适:《叶适集》,第707页。
⑥ 叶适:《叶适集》,第707页。
⑦ 朱熹:《朱子语类》卷十八,《朱子全书》第十四册,第607页。

天,只一而已;及散在江湖,则随处而见,不可谓月已分也。"①又说:"太极只是个极好至善底道理,人人有一太极,物物有一太极。"②对程朱理学的这一点通病,叶适说:"程、张攻斥老佛至深,然尽用其学而不自知者,以《易》《大传》误之,而又自于《易》误解也。"③

叶适还批评程朱学者"畔佛之学而自为学":"佛之果非己乎? 余不得而知也;己之果为佛乎? 余不得而知也。余所知者,中国之人畔佛之学而自为学,倒佛之言而自为言,皆自以为己即佛,而甚者至以为过于佛也。是中国人之罪,非佛之过也。今夫儒者不然,于佛之学不敢言,曰异国之学也;于佛之书不敢观,曰异国之书也。彼夷术狄技,绝之易尔。不幸以吾中国之人为非佛之学,以吾中国文字为非佛之书,行于不可行,立于不可立,草野倨侮,广博茫昧,儒者智不能知,力不能救也。则中国之人,非佛非己,荡逸纵恣,终于不返矣,是不足为大感欤!"④这样宋儒自以为精通佛教,而实际上误解了佛教,因而其理论建构尽用其学,实际上是既背离了佛教之义也背离了儒教之道,这就是叶适批评程朱理学的第三个方面: 以其意立言而自乱其学。叶适因此结合程朱理学学者群体对待自身本统传统的方法和对待佛教的立场,批评宋儒自乱其学:

> 余尝患浮屠氏之学至中国,而中国人皆以其意立言,非其学能与中国相乱,而中国人实自乱之也。今《传》之言如此,则何以责夫异端者乎? 至于"问焉而以言,其受命也如响,无有远近幽深,遂知来物",真卜筮之所为,而圣人之所黜尔,反以为有圣人之道,可乎?⑤

叶适批评朱子道统论、义利观、佛教观,是一个互相关联的整体深刻批评,对当代中国文化重建具有重要借鉴价值。在叶适看来,朱子偏颇的义利观使得其道统论的道之内涵偏离了"功德并行"的儒家本统,也造成朱子道统论谱系的合法性问题。而程朱理学佛教观的迷误,导致程朱理学对儒家本统的失守,而

---

① 朱熹:《朱子语类》卷九十四,《朱子全书》第十七册,第3185—3186页。

② 朱熹:《朱子语类》卷九十四,《朱子全书》第十七册,第3122页。

③ 叶适:《习学记言序目》卷五十,第751页。

④ 叶适:《叶适集》,第223页。

⑤ 叶适:《习学记言序目》卷四,第46页。

进一步削弱了朱子道统论谱系的合法性。在传承自身优秀传统文化的过程中，在如何确立传统文化的主体性和吸收外来文明方面，在叶适看来，包括朱子在内的程朱理学学者对儒家自身"本统"的迷误和对佛教的态度和方式是进退失据、大有问题的。今人如何对待包括西方哲学、马克思主义思潮在内的西方外来文明，可以从叶适批评朱子和程朱理学的道统论、佛教观中得到相应的启发。

Ye Shi's Critique of Zhu Xi and Its Significance

Wu Longcan

世界视域与中西思想

Abstract: Ye Shi safeguarded Zhu Xi politically in his early years, but he criticized Zhu academically in his later years, and created a unique position in the academic history for Yongjia School. Ye criticized Zhu from the perspectives of Confucian orthodoxy theory, righteousness and benefit, and Buddhism, which was viewed as an interrelated holistic and profound criticism. It is significant for the reconstruction of contemporary Chinese culture. How to establish the subjectivity of traditional culture and to absorb foreign thoughts while inheriting our own excellent traditional elements? From Ye Shi's point of view, scholars of Cheng-Zhu school neo-Confucianism were confused about the "unity" of Confucianism its own, and their attitudes and approaches towards Buddhism are highly problematic. How we should treat Western thoughts including western philosophy and Marxism can be inspired by the way Ye Shi criticize Cheng-Zhu school neo-Confucianism.

Keywords: Ye Shi, Zhu Xi, Confucian orthodoxy theory, debate of righteousness and benefit, views on Buddhism

永嘉礼学研究的制度儒学
面向及其现代意义[*]

孙邦金[**]

[摘　要]　时至今日,"永嘉之学"作为极具特色的区域性儒学传统,已因太多的历史与现实因素的遮蔽而失其本来面目。准确地讲,永嘉之学既不单纯是一种"功利之学",更非现代意义上的"功利主义",而是一种"即经以求其制度器数之等"的"制度新学"和"经制之学"。作为一种重视制度规范与对策研究的儒学,从历史经验中研究总结各种礼法制度的演变逻辑与实践策略是永嘉学者自觉选择的一门绝学,亦为历代士林所认可和推重。他们前赴后继,依据"三礼"、《春秋》等经典参与议礼,阐发儒家宗法与社会政治制度之精义,注重实际问题的研究与解决,在制度儒学和政治儒学的道路上做出了诸多可贵的探索。其重视制度、不悖人情、务实变通的区域

* 基金项目:国家社科基金一般项目"儒家仁学与共同体美德振兴研究"(18BZX080);温州市社科规划项目"温州传统道德文化资源及其转化发展研究"(18WSK092)。

** 孙邦金(1978—　),男,安徽定远人,哲学博士,温州大学哲学与文化研究所教授,主要研究领域为明清哲学与区域儒学。

文化性格，是儒学参与当代中国本土政治文明重建的宝贵精神资源。

[**关键词**]　永嘉之学；礼学；功利之学；制度新学；制度儒学

一、"永嘉之学"的现代诠释与误读

晚清温州儒学名宿孙锵鸣在其《瑞安重建先师庙碑记》一文中指出，南宋永嘉之学"讨论古今经制治法，纲领条目，兼综毕贯，务使**坐而言者可以起而行**，与朱子、东莱鼎足为三"①。晚清温州学者对于永嘉之学"坐言起行"的用世精神之总结、绍述和发扬，当是近代温州维新变法思想高涨、社会改革实践先行的重要文化支撑。不过，永嘉之学从其创生至今，来自儒学内部的非议就从来没有停止过。朱熹率先将永嘉之学界定为"功利之学"，与之极力攻辩，认定其"大不成学问"！② 现代新儒家牟宗三先生虽然认为"凡后来之言事功、言实用、言朴学，而斥宋、明儒之谈性命天道为无用者，皆不出叶水心之规模"，可叶适似乎并不懂得"道德的创造性"，"言实用者终无用，重事功者总无功"。③ 在朱熹和牟宗三等道统意识强烈的儒家学者看来，永嘉之学多少是不求诸己、舍本逐末的儒学末流，甚至是逸出了儒家重视天命道德与心性修养的既有轨范而成为一种儒学异端。幸运的是，在近代中国重视商业竞争和经济建设的呼声一浪高过一浪的背景下，永嘉之学被诠释为中国最古典的功利主义与重商主义，这才再次受到了肯定。可不幸的是，这种诠释简单片面地将永嘉之学理解为一种重利、爱财与赚钱的学问，与叶适等人所追求的"道不离器"、既"成己"又"成物"的"内外交相成之道"相去几何，恐怕又非能以道里计也！

时至今日，永嘉学派已经因太多的历史与现实因素的遮蔽而失其本来面目。从贴在永嘉之学身上的"功利之学"、"功利主义"、"重商主义"、"事功之学"、"经制之学"等流行程度不一的标签上，就可以看出人们对永嘉之学的内容

---

① 孙锵鸣：《孙锵鸣集》，上海：上海社会科学院出版社，2006 年，第 110 页。

② 参见黎靖德编：《陈君举》、《吕伯恭》，《朱子语类》卷一百二十二、卷一百二十三，北京：中华书局，1986 年。

③ 参见牟宗三：《心体与性体》，上海：上海古籍出版社，1999 年，第 197—209 页。

与性质诠释存在诸多歧异。这其中,有两点习焉不察的误解需要做出澄清:

第一个误解,是片面地认定永嘉之学是一种舍本逐末的事功之学。永嘉学者不好作浮泛之论,非常关注社会现实问题,并作有针对性的研究,提出自己的解决意见。叶适确曾批评过宋代性理之学,说"专以心性为宗主,虚意多,实力少,测知广,凝聚狭,而尧舜以来内外交相成之道废矣"①。不喜谈论抽象的道德哲学("心性"),注重解决现实问题达到实际效果("事功"),这是永嘉之学的一个重要特点。依此说永嘉之学是一种事功之学还是很有涵盖性的。不过,不能因为永嘉之学讲求经济、富国、强兵、民生、礼法等实际问题,就笼统地认为它就只是一种既无形上学基础又无道德关怀的事功之学而已。叶适很清楚《大学》与《中庸》中"始止于善,终明于德,不待外物而自为正"之存心养性的重要性。他始终强调"于其险也,则果行而育德成己也;于其顺也,则振民而育德成物也"②,认为无论身处顺境还是逆境,"育德"不惟不可缺少,而且是"成己"和"成物"的先决条件。永嘉之学在根本立场上仍旧是道德主义的。只不过叶适的皇极一元论是一种社会历史本体论,试图在社会历史长河中总结出一套历史哲学和政治学说,以民众在历史实践中普遍成就至善为最终目的,表现出了一种与道德理性不尽相同的历史理性或实用理性精神。③ 有了育德、成己之学的内在支撑,永嘉之学便不再只是一种事功之学,而是一种有体有用、义理与事功兼备的系统儒学建构。我们今天诠释永嘉之学,如果丢掉叶适当年"古人未有不内外交相成而至于圣贤"④的体用兼备之学,片面地讲事功,就有如无源之水、无本之木,是不可能有长久生命力的。

第二个误解,是庸俗地将永嘉事功之学理解为一种功利主义理论。在儒家义利之辨传统中,"功利"由于被认为是非道德的甚至是反道德的,多少偏贬义。叶适说"后世儒者行仲舒之论,既无功利则道义者乃无用之虚语耳"⑤,针对儒学极端漠视功利的偏颇针锋相对地提出"以利和义"的思想,强调功利的不可或

---

① 叶适:《习学记言序目》卷十四,北京:中华书局,1977年,第207页。

② 叶适:《习学记言序目》卷一,第10页。

③ 参见景海峰:《叶适的社会历史本体观——以"皇极"概念为中心》,载张义德、李明友、洪振宁编:《叶适与永嘉学派论集》,北京:光明日报出版社,2000年,第253—262页。

④ 叶适:《习学记言序目》卷十四,第207页。

⑤ 叶适:《习学记言序目》卷二三,第324页。

缺性,这恐怕是永嘉之学被称为功利之学的最初起因。自朱子之后,批评永嘉之学为功利之学遂成为此后历代多数学者的定见,牢不可破。近代西学东渐以来,英国功利主义思潮流行于中土,永嘉之学因与之最为接近,公开欣然地接受了"功利主义"这顶时髦的帽子。自晚清维新变法直至当代改革开放,永嘉学派的义利之辨及其工商皆本的思想观念对于国人发展经济、改善民生曾起到过积极正面的启蒙作用。可是,《四库全书总目提要·〈永嘉先生八面锋〉提要》说得好:"永嘉之学,……朱子颇以涉于事功为疑。然事功主于经世,功利主于自私,二者似一而实二,未可尽斥永嘉为霸术。……亦未可尽斥永嘉为俗学也。"①意思就是说,认为永嘉之学仅仅是一种事功之学,与进一步认为永嘉事功之学是一种重利轻义的功利主义,这是两回事情。

叶适在《温州新修学记》这一雄文中,清楚地指出"永嘉之学,必兢省以御物欲者,周(行己)作于前而郑(伯熊)承于后也",复又指出"永嘉之学,必弥纶以通世变者,薛(季宣)经其始而陈(傅良)纬其终也"②。只有将"兢省以御物欲"与"弥纶以通世变"两者结合起来,只有将义与利结合起来讲,才能够鸟瞰永嘉之学的全貌。③ 如果说轻义重利是对永嘉之学的误解,那么舍义逐利就是错得离谱的抹黑了。永嘉之学在义利之辩问题上,要以叶适"古人以利和义,不以义抑利"④一语为标语。这是依据《周易》文言传中"利者,义之和也"与"(君子)利物,足以和义"的经典命题而得出的结论。叶适"以利和义"的解释是特别针对"以义抑利"的道德偏执有感而发的救偏之论,与程颐"不独财利之利,凡有利心便不可"(《二程遗书》卷十六)等将义利严格二分甚至对立起来的认知相比,要更为平实和辩证一些。叶适说"利在仁义则行仁义,利在兵革则用兵革,利在谏诤则听谏诤,惟所利而行之"⑤,这里所谓的"利"主要是指正当合理的经济与政治利益诉求,蕴含着一定的现代人的"权利"意识。"言利则必曰与民"⑥,不妨理解

---

① 参见永瑢等:《四库全书总目提要》卷一三五。

② 叶适:《温州新修学记》,《叶适集》卷十,北京:中华书局,2010 年,第 178 页。

③ 参见龚鹏程:《永嘉学派的真面目》,载吴光、洪振宁主编:《叶适与永嘉学派》,杭州:浙江人民出版社,2012 年,第 15 页。

④ 叶适:《习学记言序目·魏志》。"以利和义"的思想,是永嘉之学的共同基调之一。例如薛季宣《浪语集·大学辨》早有言及:"惟知利者为义之和,而后可与其论生财之道。"

⑤ 叶适:《进卷·群德一》,《水心别集》卷一,《叶适集》,第 633 页。

⑥ 叶适:《进卷·士学上》,《水心别集》卷三,《叶适集》,第 674—675 页。

为应赋予并尊重民众追求正当合理利益的权利,初具一种民本甚至民权意识。而对于统治阶层诸种自私自利、急功近利的言行,叶适毫不留情地批评道:"夫偏说鄙论习熟于天下之耳目,而近功浅利足以动人主之心。于是以智笼愚,以巧使拙,其待天下之薄而疑先王之陋,以为譬若狙猿之牧者,数千百年于此矣,哀哉!"①如果政治失去了正义或至善的追求,治理民众如同驱使牛马狙猿之类,肆意践踏民众追求正当合理利益的权利,徒以智巧、功利而不以道义治国的长期结果只能是民不聊生,国将不国。只有客观全面地认识了叶适等永嘉学者的义利观,也才能够理解全祖望为什么有"永嘉功利之说,至水心始一洗之"②的见地之论。

二、永嘉"制度新学"与礼学研究

如果永嘉之学既不是简单的事功之学,亦不是功利之学,那么它是什么?笔者认为最精准的称谓是"制度新学"或者"经制之学"——一种关心如何治国理政的制度化儒学或政治儒学。"制度新学"的提法源于叶适。他在《陈彦群墓志铭》中指出:"时诸儒方为制度新学,抄记《周官》、《左氏》、汉唐官民兵财所以沿革不同者,筹算手画,旁采众史,转相考摩。其说膏液润美,以为何但捷取科目,实能附之世用,古人之治可复致也。"③这一段话揭示出了永嘉学派治学的兴趣所在及其核心内容,堪为南宋永嘉之学的真实写照。所谓"制度新学",就是主要依据《周官》和《春秋》两部儒家经典,结合汉唐以来历史沿革经验,再参考其他史籍遗事,研求有关官、民、兵、财等既可"捷取科目"又可"附之世用"的制度性资源。现代著名政治学者萧公权曾就叶适的政治思想指出,"水心最大贡献,不在重申民本古义于专制之世,而在对政治机构作精密切实之讨论"。这样处理"虽非孟学正宗,而远较徒断断于天理人欲之辨者为得论政之要领"④。至于为何薛季宣"其学主礼乐制度以求之见事功"(《宋元学案》卷五十二《艮斋

---

① 叶适:《进卷·群德一》,《水心别集》卷一,《叶适集》,第633页。

② 黄宗羲原著、全祖望补修:《宋元学案·水心学案》,北京:中华书局,1986年,第1738页。

③ 叶适:《水心文集》卷十四,《叶适集》,第258页。永嘉制度新学或经制之学梗概,可参见孙衣言:《瓯海轶闻》,上海:上海社会科学院出版社,2005年,第114—386页。

④ 萧公权:《中国政治思想史》,沈阳:辽宁教育出版社,1998年,第438—442页。

学案》),叶适"论治术之专主礼乐",都特别重视礼学等社会政治制度研究对于社会政治的重要性,这是由"三礼"之学的性质决定的。叶适在其《总述讲学大旨》中之所以高度肯定周公制礼作乐的政治意义,"治教并行,礼刑兼举。百官众有司,虽名物卑琐,而道德义理皆具"①,这是因为在传统经学体系之中,礼学不只包括婚丧嫁娶、礼仪节文等日常生活规范,更是一门广泛涉及礼、乐、钱、法、兵、刑等社会基本制度规范的专门之学,奠定了中国古代政治的制度基础。在他看来,"天下之政,其大者为礼、乐、兵、刑,而其小者有期会节目之要,其远而万民而近则群臣侍御仆从之职,其物为子女、玉帛、器用、服食之事"②,礼学关系到治国理政的方方面面,是"君子小人邪正所由之途",不可或缺。

　　"经制之学"与"制度新学"类似,都聚焦于制度,只是更清楚地指出了永嘉学派的经学底蕴及其经世致用的强烈愿望。"经制"就是"即是经以求其制度器数之等"③,亦即依据三礼、春秋等经典阐发制度,并结合历史经验,总结出解决现实问题的对策和办法。在"言性命者必究于史"的浙东史学大传统之中,永嘉学者特别关注《春秋》一经中所包含的政治经验与历史哲学,但与礼学研究一样也都指向于"制度"或"经制"——社会经济政治制度与国家治理策略这一核心内容。相对而言,永嘉学者更为重视《周礼》中更为根本而直接的政治价值。叶适在《习学记言序目》中说:"今且当以《周礼》二言为证,庶学者无畔援之患,而不失古人之统。"全祖望认为此乃"永嘉以经制言学之大旨"④!正如有学者指出的那样,永嘉学者依据经学讲求制度的经制之学"是以《周礼》为中心的道法或道艺(术)兼尽之学,以《周易》为宗极的道器或道物合一之学,兼及《尚书》和《春秋》"⑤。在薛季宣、陈傅良、叶适"内外交相成之道"的思想架构中,礼学研究始终是永嘉学派对"外王"之学——王道政治及其制度建构的一个具体实践。⑥这从孙诒让《温州经籍志》经部礼类、春秋类以及史部地理类、职官类书目尤多

① 叶适:《习学记言序目》卷四十九,第738页。

② 叶适:《进卷·君德二》,《叶适集》,第635页。

③ 叶适:《水心别集·进卷》,《叶适集》,第693页。

④ 黄宗羲原著、全祖望补修:《宋元学案》,第1758页。全祖望在《宋元学案·龙川学案》还说:"永嘉以经制言事功,皆推原以为得统于程氏。"

⑤ 杨太辛:《永嘉学派的学术宗旨——"以经制言事功"的内涵、性质及现代意义》,载张义德、李明友、洪振宁编:《叶适与永嘉学派论集》,第493—513页。

⑥ 参见陈安金、王宇:《永嘉学派与温州区域文化崛起研究》,北京:人民出版社,2008年,第219页。

即可见一斑。① 其实,当时黄震(1213—1280)在阅读《水心文集》的过程中,已经很明显地感受到永嘉之学"尚礼学"、"以礼为治"、"以礼为主"的鲜明特点。叶适在《大学讲义》说,"书有刚柔比偶,乐有声器,礼有威仪,物有规矩,事有度数,而性命道德未有超然遗物而独立者也","人之所以甚患者,以其自为物而远于物"②,强调了性命道德"其聚为仁,其散为礼",在诚意正心的同时还要"验之以物"、"验之以事",不能脱离包括经验认知、客观规律、礼仪制度等事物的外在规定性来空谈。黄震认为其"前后接续,皆讲礼器,公盖欲以礼为治者。……公尚礼学,而尤精究财赋本末,欲起而求之至切也"③。由此可见,礼学研究尤其是周礼研究作为永嘉制度儒学与政治儒学的一个核心内容,不仅为温籍学者自觉选择的一门绝学,亦为当世士林所认可和推重。

三、宋代永嘉礼学研究的制度儒学面向

鉴于礼学研究在永嘉经制之学中的制度性贡献和基础性作用,永嘉学者一直延续了"以礼为主"、"以礼为治"的治学传统。自南宋至晚清,他们前赴后继,不断推陈出新,产生了不少影响广泛甚至重量级的礼学专著。要言之,宋代永嘉礼学与经制研究要以周行己开其端,薛季宣、郑伯谦继其后,继承光大者为陈傅良、王与之、张淳等人,叶适则为集其大成者。④ 下面撮要列举其中几个重要的永嘉礼学研著述文献与议礼论争。

周行己(1067—1125),作为永嘉学派的开山性人物,其所撰《礼记讲义》一书,成为开创永嘉礼学与经制之学的始作俑者。《浮沚集》卷四中尚存《礼记讲义序》一文,主要是依据"缘情制礼"这一传统奠定了永嘉礼学不悖人性、重视人情的传统。序文提出了"礼治则治,礼乱则乱,礼存则存,礼亡则亡"的礼治思想,当是后来永嘉学者光大经制之学之动机的最佳注脚。最后,序文还指出"盖

---

① 参见孙诒让:《温州经籍志》,潘猛补校补,上海:上海社会科学院出版社,2002 年,第 84—167、363—561 页。
② 叶适:《水心别集·进卷·大学》,《叶适集》,第 731 页。
③ 黄震:《读文集十·叶水心文集》,《黄氏日抄》卷六十八,文渊阁四库全书本,卷七〇八,第 637—638 页。
④ 《宋史·陈傅良传》有曰:"永嘉郑伯熊、薛季宣皆以学行闻,而伯熊于古人经制治法讨论尤精,傅良皆师事之。"

其说也,其粗在应对进退之间,而精在道德性命之要"①。这里仍视内在道德性命之精神较外在应对进退之节文更为重要,表明此时正处于结胎期的永嘉学术仍旧未脱二程哲学的底色,尚未创造出永嘉学术独具一格的区域性特色。

南宋永嘉郑伯熊、郑伯英和郑伯谦兄弟对于洛学传入永嘉贡献卓著,有"邹鲁振儒风"(叶适《哭郑丈》)的评价。郑伯熊著有《周礼说》,已佚,而其弟郑伯谦则有《太平经国之书》十一卷传世。郑伯谦此书首列四张古代官制的图表之后,共分三十目,其中《内外》、《会计》又各分为上下篇,共计三十二篇。《宋元学案·景望学案》评价此书"皆以周官制度类聚贯通,证之后代史事,以明古代治学",是一本依托《周礼》的政治著作。此书最可注意的是,自序中畅论了先秦政治由公天下向家天下的重大转变,进而在家天下的政治现实之下,重申了儒家推己及人的民本政治理念。在此基础之上,他还特别指出《周礼》中的制度性资源对于实现"君臣相安而祸患不作",维持皇权政治长期稳定的重要性。郑氏认为"盖自有《周礼》以来,若孔子、文中子、伊洛、横渠诸子,则恨不及用;房玄龄、杜如晦、魏徵,则愧不能用;汉之刘氏、宋朝之王氏,则又悔不善用。自汉唐以至今日,天下之治,所以驳杂而难考、弊坏而不可收者,大抵出于是三者之间也"。郑伯谦精炼地概括了对于周礼"恨不及用"、"愧不能用"和"悔不善用"三种不同态度与运用方式,并指出了各自之得失。正是由于郑氏具有比较强的历史自觉意识和经世精神,其礼学研究方能"求其简练揣摩,坐而言,起而可见之施行者"②,流畅通达,臻于实用。例如,此书在《会计》一节中总结了汉唐以后专门研究财政、经济问题的相关制度设计,进而提出了"出纳移用"与"纠察钩考"分权制约的会计原则。这显然是对《周礼》中简约的财政与会计规定,做了一定变通和引申。

薛季宣(1134—1173),著有《周礼释疑》三卷,已佚。王与之《周礼订议》只保留了一些逸文。《宋元学案》评价其"学主礼乐制度,以求见之事功"③,"学主礼乐制度"这一论断可从其后学陈傅良对其学术的评价中得到印证。陈氏在《薛公行状》中认为,"公自六经之外,历代史、天官、地理、兵、刑、农,末至于隐书小说,靡不搜研采获,不以百代故废。尤邃于古封建、井田、分遂、司马之制,务

---

① 周行己:《浮沚集》卷四,文渊阁四库全书本。

② 徐沂:《太平经国书序》,见孙诒让:《温州经籍志》,第105页。

③ 参见黄宗羲原著、全祖望补修:《艮斋学案·叙录》,《宋元学案》卷五十二。

通于今"①。虽然由于文献散佚无法窥见薛季宣礼学之真面，但诸如封建、井田、乡遂及兵制属于广义的礼学范畴，这一治学取向后来为陈傅良、叶适等人承继下来，方才有"永嘉经制之学"的出现。因此薛季宣在永嘉经制之学的发展史上是具有开创性的一位人物。薛季宣居乡期间，曾创设稚新学塾，陈傅良、王楠、薛叔似、徐元德先后从其问学，永嘉学脉愈加广阔。

　　《宋史·陈傅良传》中记载，"永嘉郑伯熊、薛季宣皆以学行闻，伯熊于古人经制治法，讨论尤精，傅良皆师事之"②。正是在薛季宣、郑伯熊等人的直接影响之下，陈傅良(1137—1203)著有《周礼说》三卷十二篇等论礼文献，可惜此著现亦散佚。不过，除王与之《周礼订义》间有引用之外，现在《止斋先生文集》中尚存《进周礼说序》、《夏休〈井田谱〉序》等礼学文献，可从中管窥其礼学思想之梗概。他认为，"谓《周礼》为非圣人之书者，则以说之者之过，尝试之者不得其传也"③。陈傅良坚信此经是圣人经天纬地的精心之作，这在当时显然属于少数派，是需要学术勇气的。除了坚信《周礼》乃圣人制作之外，陈傅良对于《周礼》的内容及其现实价值更是推崇备至。正所谓"《周礼》一经，尚多三代经理遗迹。世无罩思之学，顾以学者缪，尝试者复大缪，乃欲一切驳尽为慊"④。周官既然是圣人制作，大多是三代治国理政之历史经验的全面总结，奠立了中国王道政治制度的基本模型，当为后世师法。当然也需要随时损益，根据政治实际做出权变调整。此即"数十家各致其说，取其通如此者，去其泥不通如彼者，则周制可得而考，则天下亦几于理矣"⑤。正是有鉴于改革现实政治制度的需要，陈傅良遂精研《周礼》，著《格君心》、《正朝纲》、《均国势》诸篇进诸帝览，以备择用。陈傅良所著《周礼说》"盖尝献之绍熙天子，为科举家宗尚"⑥，一时风靡。对于《周礼说》在当时所产生的广泛影响，朱熹则不无忧虑，两人曾就《周官》一书性

永嘉礼学研究的制度儒学面向及其现代意义

① 陈傅良：《薛公行状》，《止斋文集》卷五一。
② 脱脱等：《宋史》第十九册，北京：中华书局，1977年，第12886页。
③ 陈傅良：《夏休〈井田谱〉序》，《陈傅良先生文集》卷四十，杭州：浙江大学出版社，1999年，第507页。
④ 陈傅良：《夏休〈井田谱〉序》，《陈傅良先生文集》卷四十，第509页。
⑤ 陈傅良：《夏休〈井田谱〉序》，《陈傅良先生文集》卷四十，第509页。
⑥ 叶适：《黄文叔〈周礼〉序》，《水心文集》卷十二，《叶适集》，第220页。黄度，字文叔，新昌人，与陈傅良相过从，著有《周礼》五卷(收入续修四库全书第78册)，以研治《周礼》闻名于当时。叶适有《黄文叔〈周礼〉序》、《故礼部尚书龙图阁学士黄公墓志铭》(《水心文集》卷二十)等文称赞其"志在经世，而以学为本。"

质以及《春秋》"成风以庶乱嫡"公案展开了争论。① 朱熹对于陈傅良《周礼说》的部分批评,在张淳的《周礼订义》中得以保存下来。受陈傅良的直接影响,其从弟陈谦著有《续周礼说》,门人曹叔远著有《周礼讲义》,徐筠著有《周礼微言》,均以礼学闻名于世。

叶适(1150—1223)的三礼之学,在其《水心别集·进卷》和《习学记言序目》中有相对集中的论述。具体而言,《周易》为其"道在器中"的道器关系论提供了理论依据,《尚书》和《春秋》及历代正史为其提供了历史经验,而礼学则为其奠定了"弥纶以通世变"的制度性规范。对于《周礼》的作者是否为周公的问题,叶适表示了怀疑,不过周礼即便不是周公制作,也并不影响此经所具有的政治价值。叶适认为,《周礼》"虽不必周公所自为,而非如周公者亦不能为也"②。它作为周代政治制度与智慧的结晶,"教法齐备,义利均等,固文武周召之实政在是也,奈何使降为度数事物之学哉"③! 作为类似于确立基本政治原则与制度的现代宪法一样的根本大法,对于中国历代政治的模范作用是不可替代的,不能与后世普遍的政治著作相提并论。他在《水心别集·进卷·周礼》中进一步指出:"盖周礼六卿之书,言周公之为周,其于建国、设官、井田、兵法、兴利、防串、器械、工巧之术咸在。凡成、康之盛,所以能补上世之未备而后世之为不可复者,其先后可见,其本末可言也。"④基于《周礼》对于殷周以及后世历代政治的制度性贡献的认识,叶适认为"周之道莫聚于此书,他经其散者也;周之籍莫切于此书,他经其缓者也"⑤,特别看重此经的政治价值。叶适后来的诸多政治主张与制度性建言,与周礼"按六卿分职,各以数字之微使归统叙"这一整体制度架构是分不开的。到了晚清,面对士人不轻言利、疏于政治实务的现状,曾国藩感叹道,"叶水心尝谓,仁人君子不应置理财于不讲,良为通论"⑥,充分表明叶适的制度新学具有跨越时代的价值。

关于礼学在个体道德修身方面的价值,叶适针对程门"居敬穷理"的观点也

① 参见孙邦金:《晚清温州儒家文化与地方社会》,北京:人民出版社,2017 年,第 187—191 页。

② 叶适:《习学记言序目》卷七,第 83 页。

③ 叶适:《黄文叔〈周礼〉序》,《水心文集》卷十二,《叶适集》,第 220 页。

④ 叶适:《水心别集·进卷》,《叶适集》,第 703 页。迟至晚清,孙诒让《〈周礼政要〉序》更进一步指出:"中国开化四千年,而文明之盛莫尚于国,故《周礼》一经,政法之精详与今泰西诸国所以富强者,合若符契。"

⑤ 叶适:《黄文叔〈周礼〉序》,《水心文集》卷十二,《叶适集》,第 219 页。

⑥ 曾国藩:《曾国藩全集》,长沙:岳麓书社,1992 年,第 4272—4273 页。

提出了自己"复礼而敬立"的观点。他在《敬亭后记》一文中说,"学必始于复礼,故治其非礼者而后能复。礼复而后能敬,所敬者寡而悦者众矣,则谓之无事焉可也"①。如果只讲内在的主观之"敬"而不讲外在的规范之"礼",诚敬之心则无所依凭,要么流于愚昧而不自知,要么流于虚伪而自欺欺人。正所谓"未能复礼而遽责以敬,内则不悦于己,外则不悦于人,诚行之则近愚,明行之则近伪。愚与伪杂,则礼散而事益繁,安得谓无!"②叶适"复礼而敬立"的实践工夫论,也同样体现了"以礼为主"③的治学立场。

至于王与之的"于古今诸儒之说莫不深究"的《周礼订义》和张淳(1121—1181)的《仪礼识误》④多偏重文本较释,皆收入了四库全书。值得指出的是,宋代经义著作宏富,可《宋史·艺文志》记载的《周礼》著作者仅见二十二家。而王与之广泛征引古今注疏至少五十一家之众,其中永嘉学者占据十余家,包括薛季宣、陈傅良、郑伯熊、郑伯谦、杨恪、陈汲、曹叔远、陈汪、李嘉会等人,至少五者有其一。⑤ 由此可见永嘉礼学研究风气之盛。另据《嘉靖温州府志》卷七记载,宋代永嘉礼学著作尚有叶味道《仪礼解》、《祭法宗庙郊社外传》,王奕《周礼答问》,谢琛《读礼集》,张逊志《礼记章句》、《大礼要略》、《冠服图说》、《郊祀考议》等,可惜大都未传诸后世。⑥

四、明清永嘉礼学研究的情感主义取向

明清永嘉礼学研究,要以张璁、孙希旦、孙诒让和黄体芳等人为代表。自宋代宗法复兴运动之后,家礼与宗族规范就日益成为礼学研究的重要内容。明代

---

① 叶适:《水心文集》卷十,《叶适集》,第163—164页。

② 叶适:《水心文集》卷十,《叶适集》,第164页。

③ 黄震:《读叶水心文集》,《黄氏日抄》卷六十八,文渊阁四库全书本,卷七〇八,第642页。

④ 彭林:《张淳〈仪礼识误〉校勘成就略论》,《北京图书馆刊》,1996年第3期。

⑤ 孙诒让:《温州经籍志》,第112页。据胡珠生先生统计,该书收录永嘉学者薛季宣《周礼释疑》16条、陈傅良《周礼进说》112条、郑伯熊《周礼说》20条、杨谨仲《周礼辨疑》16条、陈及《周礼辨疑》92条、郑伯谦《太平经国书》25条、叶适《习学记言》8条、曹叔远《周礼纲目》和《周礼讲义》43条、林椅《周礼说》24条、李嘉会《周礼说》295条、陈蕴之《周礼说》16条,以及王与之案语多条。参见胡珠生校注:《弘治温州府志》,上海:上海社会科学院出版社,2006年,第496页。

⑥ 张璁编纂:《温州府志·书目》,天一阁藏地方志选刊,上海古籍书店据明嘉靖本影印,1964年。

放宽了民间祭祀之后,更是形成了一股自明至清持续不断的宗族及其礼法建设运动。[1] 明代温州郡先有何文渊,后有明弘治年间的文林(文徵明之父),对于诗礼传统的耕读文化多所强调。其中,文林制定《族范》在温属各县推行,宗族礼制得以进一步强化。到了嘉靖年间,温州士人登科巨宦渐多,掀起一股建设官绅家庙和宗族祠堂的热潮,兼及设置社学、社仓、义庄,编纂家训、宗谱、族约等。仅温州永嘉场(今龙湾区)一地,当时就有七甲项氏、英桥王氏、普门张氏等名门望族。项乔、王澈、张璁等望族首领,或在隐居、丁忧之际,或在通籍、致仕之后,无一例外且不遗余力地捐资兴建了本氏宗祠。[2] 在此过程中,大都基于文公《家礼》形成了王澈(1473—1551)的《王氏族约》、项乔(1493—1552)的《项氏家训》以及侯一元(1512—1586)的《缑山侯氏谱》等一批论述家礼和宗族礼法制度的重要文献,里面包含有大量的宗族与家庭礼法规范。晚清时期,瑞安《盘谷孙氏族规》等一系列族规民约,基于上都承袭了明制。明清时期官、学两界持续推进的“以礼为学”(礼学)、“以礼为教”(礼教)、“以礼经世”(礼治)三合一的“礼教主义运动”[3]或“以礼代理运动”[4],既促进了礼学研究不断扩展深化,礼教观念不断深入民间,当然也不可避免地导致了儒家礼治实践过程中的严重伦理异化现象。

明代温州学人的礼学著作,要以张璁(1475—1539)最为多产,也最具影响力。他“自少业举子时,即好读礼经”,“平生精力悉在于是”。[5] 先后撰有《礼记章句》八卷、《周礼注疏》十二卷、《仪礼注疏》五卷,于三礼之学无所不通。遗憾的是,这三部著作今皆失传未见。张璁经过长期的礼学训练打下了扎实的学术功底,为他日后参与轰动朝野的大礼议之争,撰写系列《正典礼疏》奠定了思想基础,提供了学术支撑。他在《礼记章句》自序中提出了“礼莫大于父子之伦,而明王之治天下必本于孝”(《张文忠集·文稿》一)的孝治理论,隐含了缘情而制礼、礼法不外乎人情等重情理念。这为其日后参与议礼活动,在处理情-理关系

① 参见井上徹:《中国的宗族与国家礼制》,钱杭译,上海:上海书店出版社,2008 年,第 111—127 页。
② 参见胡珠生:《论张璁的礼学思想》,《温州职业技术学院学报》,2010 年第 3 期。蔡克骄:《明代温州祠堂祭祖述论——以温州市龙湾区项氏、王氏、张氏家族为例》,《温州职业技术学院学报》,2012 年第 3 期。
③ 参见周启荣:《清代儒家礼教主义的兴起——以伦理道德、儒学经典和宗族为切入点的考察》,毛立坤译,天津:天津人民出版社,2017 年。
④ 参见张寿安:《以礼代理——凌廷堪与清中叶儒学思想之转变》,石家庄:河北教育出版社,2001 年。
⑤ 张璁:《张璁集》,上海:上海社会科学院出版社,2003 年,第 382 页。

时偏主亲情埋下了伏笔。对于宋代"为人后者为之子,不得复顾其私亲之说"的"濮议",张璁认为应该同情理解皇帝"孝子之心有不能自已者"[1]。在大礼议事件中,张璁则依据"圣人缘人情以制礼"的典训,认为"非人情则非礼矣",特别强调亲情为上,主张"宜别为兴献王立庙京师"[2]。张璁继而在《正典礼疏》中又提出"孝子之至莫大乎尊亲,尊亲之至莫大乎以天下养"等重视亲情孝道的观点,正中明世宗下怀,被迅速提拔重用,一时风头无两。无独有偶,时隔三百年后,清代又产生了德宗(光绪)继统与继嗣之争,温州人黄体芳(1832—1899)上《遵议已故主事吴可读〈请预立大统之争折〉折》,成为此次议礼事件的参与者之一。[3] 此折虽然明确反对张璁"继统不继嗣"的立场,但与张璁"缘情以制礼"的重情变通观念有暗合之处。温州人在多次朝廷重大礼制争论中,都表现出重视人情、善于变通的共同特点。

　　相对于一直深受泛道德主义束缚的宋明儒学,"清代儒者的努力恰好相反,他们在制度论和礼乐论的架构中探讨道德的根据,并以此作为制度批评的出发点"[4]。在从清初到乾嘉儒家礼教思潮的兴起高涨过程中,以礼代理的伦理学、以礼为治的经世论、以礼为学的三礼经学研究,构成了纵贯清代康、雍、乾三朝的儒家思想文化转型的一个重要维度。在清代中期兴起的礼学研究热潮之中,孙希旦所撰《礼记集解》六十一卷,成为清儒重新注疏经典的典范性著作之一。在清代中期温州文化沉寂无闻之际,孙希旦起自孤寒,名震浙东,一方面承继了永嘉经制之学历来重视治礼的传统,另一方面也激励了孙诒让等温籍士子继续研治三礼之学,因此在永嘉礼学史上具有承前启后的重要地位。[5] 尤其是他对于传统礼制中"叔嫂无服"和"未嫁守贞"问题的讨论[6],情真意切,可谓情理兼尽,出人意表。面对《礼记·檀弓上》"叔嫂之无服也,盖推而远之也"的明文规定,孙希旦特别指出,如果"长之嫂遇孩童之叔,劬劳鞠育,情若所生,又有不可以常礼概者。故韩愈少鞠于嫂,为之服期,此亦礼之以义起者也"[7]。他援引韩

① 参见张寿安:《十八世纪礼学考证的思想活力》,北京:北京大学出版社,2005年,第156—158页。

② 参见顾钟麟、冯坚:《张璁评传》,杭州:浙江人民出版社,2010年,第28—30页。

③ 参见孙邦金:《晚清温州儒家文化与地方社会》,第203—208页。

④ 汪晖:《现代中国思想的兴起》上卷第一部,北京:生活·读书·新知三联书店,2008年,第346—347页。

⑤ 孙延钊:《孙延钊集》,上海:上海社会科学院出版社,2006年,第191页。

⑥ 参见孙邦金:《晚清温州儒家文化与地方社会》,第198—203页。

⑦ 孙希旦:《礼记集解》,北京:中华书局,1989年,第214页。

愈视兄嫂如母为其服丧为例，认为叔嫂之间不应拘执常礼，而应该视实际情况变通处理。如果情同母子，不仅可以吊服加麻甚至可以为之服期的。从中可以看出孙氏研治礼学固然是"粹然程朱之言"，但是较少宋儒那种教条僵化、违拗人情的学究气。在处理"未嫁守贞"的问题上，孙希旦也同样表现出通情达理的一面。他的女儿不幸遭遇未婚夫死亡，之后选择居家守贞，结果十六岁就抑郁去世。其实孙希旦本人并非导致女儿这一举动的诱因，反而曾苦口婆心地劝说女儿可以在未婚夫"既葬服除"之后改嫁，但未果。身为礼学大家的孙希旦的这一主张，虽然与当时严苛的贞节伦理相左，也颇受时人非议，然而他仍旧坚定地认为婿死改嫁"于古礼为当，不为非也"，表现出浓烈的人情味与人道主义关怀。如若从整个时代精神来审视的话，孙希旦依情说礼的经学研究应当是清代"达情遂欲"——情感主义哲学转向的一个具体表现。

在永嘉经制之学重视礼制研究的遗风尤其是孙希旦精研《礼记》的直接影响之下，孙诒让结撰成煌煌巨著《周礼正义》八十六卷，以及《大戴礼记斠补》、《周礼三家佚注》、《九旗古义述》以及《周礼政要》等多种礼学著作，成为永嘉礼学复振的的代表性人物。在孙诒让八岁时，其父孙衣言"方欲以经制之学，融贯汉宋，通其区畛，而以永嘉先儒治《周官经》特为精详，大抵阐明制度，穷极治本，不徒以释名辨物为事，亦非空谈经世者者可比。因于四子书外，先授诒让以此经，藉为研究薛、陈诸家学术之基本"①。在孙诒让之前，清代礼学著作甚多，具有代表性的就有秦蕙田《五礼通考》、江永《礼书纲目》、黄以周《礼书通故》、张尔岐《仪礼郑注句读》、凌廷堪《礼经释例》、邵懿辰《礼经通论》、胡培翚《仪礼正义》等，可谓汗牛充栋，佳作迭出。可是孙诒让偏偏知难而进，自1873年至1899年的二十七年间，数易其稿，历经寒暑，最终著成《周礼正义》八十六卷，逾两百万言，成为《周礼》自问世以后最高水平的研究成果。梁启超认为，《周礼正义》"可算清代经学家最后的一部书，也是最好的一部书"②，为作者在晚清学术界中真正赢得了学术影响力与话语权，奠定了其"三百年绝等双"③的学术高度。不仅如此，《周礼正义》的学术历练还为孙诒让晚年由学术而政治、凭借礼学参政议

---

① 孙延钊：《孙衣言孙诒让父子年谱》，上海：上海社会科学院出版社，2003年，第26页

② 梁启超：《清代学者整理旧学之总成绩》，北京：商务印书馆，1999年，第16页。

③ 章太炎：《孙诒让传》，《太炎文录初编》卷二，《章太炎全集》第4册，上海：上海人民出版社，1985年，第213页。

政提供了思想资源。在维新变法高涨之日，孙诒让一撮而就的《周礼政要》一书，试图结合中西政治智慧为晚清政治改革提供系统的制度性建议，又一次充分彰显出永嘉礼学传统中渊源有自的制度儒学面向。[①]

五、永嘉礼学研究的制度儒学面向及其现代意义

综上所述，自宋代开始，永嘉礼学研究贯注了对现实问题、礼仪规范和制度建设的特别重视，并且在"大礼议"等历次重大议论事件中不乏永嘉学人的身影。从内容上看，永嘉学派的礼学研究不仅涉及嫡庶之别、统嗣之争、丧服之制等中国传统宗法制度的讨论，更涉及井田、封建-郡县、学校、经济、财政、军事、官制、司法等重大政治制度的因革，因此无论永嘉之学的称谓是"事功之学"、"经制之学"还是"制度新学"，其实质皆可谓是一种制度儒学与政治儒学。我们从历史长时段来审视永嘉礼学研究，可以看出其中一以贯之的永嘉之学的精神特质大致有以下三个方面：

首先，以史为鉴，以礼治国，重视制度建设与创新。 三礼之学是一门包罗万象的学问，可以视其为中国古代社会经济、政治和文化等制度文化的总汇，在中国文化中承担着区别社会身份、规范社会关系、维护社会稳定的制度性、规范性作用。如果按照精神/心性儒学（Spiritual Confucianism）、政治儒学（Politicized Confucianism，或称制度化儒学，Institutional Confucianism）以及民间/大众儒学（Popular Confucianism）的三分法[②]，永嘉学者前赴后继地精研礼学，将三礼之学当作永嘉之学的主干或理论基础，充分展现了礼学中的制度性资源，无疑代表了中国儒学传统中不同于心性之学的制度儒学或政治儒学之重要面向。他们的特别之处不仅仅在于不讳言功利，更在于他们依托礼学，在历史经验中展开制度性的思考与建构，积极为政治民生建言献策，体现出儒学内部思想谱系的多样性与可能性。

其次，"缘人情而制礼"，不悖人情，讲求情理平衡。 张璁、孙希旦、孙诒让等人在阐释礼法制度与原则的同时，都不约而同地特别强调了礼法不能违背人之

---

① 参见陈安金、孙邦金：《论孙诒让的礼学研究与中西政治文化观》，《哲学研究》，2012 年第 9 期。

② Shu-Hsien Liu, *Essential of Contemporary Neo-Confucian Philosophy*, Westport：Praeger Publishers，2003，p. 23.

常情,而且偏爱在情—理(礼)冲突的情况下选择从人情这一端来看问题。虽然人们对于张璁议礼至今都颇有非议,不过他遵循"礼缘人情"的精神原则,从亲亲之情的立场上来论证世宗尊崇本生父母的行为在一定程度上是合情合理的,具有较强的说服力。孙希旦在解释"嫂叔无服"和"未嫁守贞"的礼制惯例时,皆尽量从真诚恻怛之人情角度出发,摆脱教条化的解释,做到情理兼尽,使其《礼记集解》与清代诸多不带情感的文字考据区别开来。当然,永嘉之学的礼缘人情说,既可以解释永嘉礼学及其区域文化精神中所具有的浓郁人情味,也可以将其解释为原则性不强、规则或法制意识不够、理性精神不彰的肇因。因此讲求人情是建立在理性精神、规则意识和已有制度规范基础之上的,否则一味地无原则地强调人情,最终会走向制度主义儒学的反面。如何在重视人情的同时又不违背社会法则,做到情与理的平衡,不滑入无原则的机会主义陷阱和泥潭,这是我们今天重建儒学传统时需要切实注意的。

最后,"礼时为大",因时损益,强调务实变通。《礼记·礼器》中有曰:"礼,时为大,顺次之,体次之,宜次之,称次之。"意思是说,先王在制礼的时候,时代环境是首先要考虑的,然后是要合乎社会伦常,其次是要注意因对象不同而有所区别,再其次要合乎人之常情,最后是要与身份相称。所以礼仪规范或制度在不同时空条件下,要因应环境作出变通和调整。否则,只知一味地僵化教条、顽固不化则可能与圣人制礼作乐的初衷背道而驰。叶适等人批评心性儒学"虚意多,实力少",改以主张"道在器中"和"事上理会",主张通过实践不断改进政治绩效,脱虚向实的取向异常鲜明。张璁在大礼议中能够自成一派,与其能够主张礼学"固当随时为之损益,不可胶于一说也"①有很大关系。孙希旦对于嫂叔"吊服加麻"与女子可以更订婚约再嫁的论证,前者的条件是嫂叔之间情同母子,后者则是未嫁而婿死,也多非一般礼法规则,而是在特定条件下的变通处理。从中我们可以看出,永嘉礼学的又一显著特点,即顺应现实环境的变化而加以灵活变通,始终紧密联系当时社会现实的务实性格。

总之,当年朱熹批判地说"永嘉之学,理会制度",道出了永嘉礼学究其实质是一种制度儒学传统,一种谈论治国理政的政治儒学传统。在中国政治文明建设充满想象空间和多种可能性的今天,我们应该正视永嘉之学尤其是其礼学研

---

① 张璁:《家庙议》,《张璁集》,第416—417页。

究中所彰显出来的制度儒学与政治儒学面向,以积极参与中国本土政治哲学建构的历史进程。

The Ritual and Institutional Studies by *Yongjia* School and Their Modern Significance

Sun Bangjin

Abstract: Today, *Yongjia* school is viewed as a distinctive regional Confucian tradition, which unfortunately has lost its original spirit due to many historical and contemporary factors. Precisely speaking, *Yongjia* school's work is not simply a theory of utilitarianism, far away from a type of utilitarianism in modern sense as well; it is a kind of political Confucianism or institutional Confucianism based on three classics, *Zhouli*, *Yili*, *and Liji*. Since the Southern Song Dynasty, scholars of *Yongjia* school have been working hard in studying these classics, with a focus on institutional norms, attaching importance to an understanding of the evolutionary logic and the praxis of various ritual and political systems. Their achievements have been recognized and valued by contemporaries and scholars of later generations. Their explorations are quite different from the moral philosophy in Song and Ming neo-Confucianism, reflecting a shift towards institutional Confucianism and political Confucianism. How present-day Confucianism could participate in the reconstruction of the political civilization in contemporary China can be inspired by *Yongjia* school and its regional characteristics.

Keywords: *Yongjia* School, ritual studies, utilitarianism, new institutional studies, institutional Confucianism

永嘉礼学研究的制度儒学面向及其现代意义

逻辑研究

联导论证的结构图解
——基于过程的视角

谢 婷 *

[摘 要] 联导论证自 1971 年被明确提出以来,在逻辑学界已受到广泛的讨论和研究。但与此同时,围绕其构成要素、结构图解等内容的意见分歧也较大。本文在批判性考察已有研究的基础之上,发现已有的联导论证结构图解均从产品的进路切入,即把论证理解为前提—结论式的命题序列,而并未考察该类论证中结论得出的具体过程。故本文尝试在对话的语境下重构联导论证,并以过程图的方式来刻画其结构,进而将语用因素引入论证研究之中。这种过程的进路不仅能够准确摹写日常生活中联导论证的实践,同时也对论证实践具有一定的规范作用。此外,基于过程进路的联导论证的结构研究方法也可适用于其他类型的论证。

[关键词] 联导论证;过程;结构图解

联导论证的系统性研究可追溯至美国华盛顿大学法律哲学家和伦理学家

---

* 谢婷(1990—),女,安徽芜湖人,华东师范大学哲学系博士研究生,主要研究方向为非形式逻辑与论证理论。

韦尔曼(Carl Wellman)。1971年,他在《挑战与回应:伦理学中的证成》①一书中明确提出"联导论证"这一概念。

> 联导论证(conductive argument)是一种结论关于某个个案的推理,其中,结论以一种非决定性的方式从一个或多个关于同一案例的前提中得出,且不诉诸于其他案例。②

此后,非形式逻辑学家戈维尔(Trudy Govier)③,希契柯克(David Hitchcock)④,弗里曼(J. B. Freeman)⑤,汉森(H. V. Hansen)⑥,晋荣东⑦等国内外学者都曾对联导论证——尤其是其模式3——的结构图解做出了不同的尝试。

本文将从对上述诸位学者不同图解法之间的分析与比较出发,进而尝试从过程的进路来刻画联导论证的结构。当然需要说明的是,有关联导论证的其他议题,诸如评估问题等也广受非形式逻辑学家们的关注,具有重要的学术价值,但由于能力与篇幅有限,本文对此暂不作详细的讨论。

一、联导论证的三种模式

依据理由的数量以及理由与结论之间的相关性(支持结论的理由与结论为正相关关系,反对结论的理由即反面考量与结论为负相关关系)的不同,韦尔曼将联导论证区分为三种不同的模式。从描述性层面来看,三者之间的区别在于

---

① Carl Wellman, *Challenge and Response:Justification in Ethics*, Carbondale, IL: Southern Illinois University Press, 1971.

② Carl Wellman, *Challenge and Response:Justification in Ethics*, p. 52.

③ 戈维尔先后在《论证哲学》(1999)第十章、《论证的实践性研究》(2010年第7版)第12章,以及《联导论证:会议概述》(2011)一文中,提及并讨论了联导论证的结构类型以及图解。

④ 1983年,希契柯克在《批判性思维:评估信息指南》中考察"平衡考虑论证"(balance-of-considerations argument)时候,涉及了联导论证第三类模式的结构图解。

⑤ 参见弗里曼的论文《图尔敏模式之下的联导论证的评估》(2011)。

⑥ 参见汉森的论文《平衡考虑论证评注》(2011)。

⑦ 参见晋荣东的《权衡论证的结构:对现有理论的考察》(2011)、《权衡论证的结构与图解》(2016)。

各自具有不同的结构(formal pattern),而这些结构本身并不涉及联导论证的品质问题。① 因而需要指出的是,本文在引用和分析联导论证的各种实例时,仅仅是从描述性的角度强调这些实例属于联导论证的范畴,并不预设这些实例在规范性层面上都是好的联导论证。

模式 1:单个前提独立地为结论提供支持。

例 1: ①他对你很友好,②你应该帮助他。②

模式 2:多个理由支持同一个结论。在该模式中,各个理由之间相互独立,去除其中某个前提不会影响其他前提与结论之间的相关性。

例 2: ①你应该带你的儿子去看电影,因为②这是一部好电影,③你之前也答应了带他去看,况且④你今天下午也没有其他更好的安排。③

模式 3:结论是在正、反面理由的综合考量下得出的。该类论证中,不仅包含支持结论的理由,还引入了反对结论的考量。这种模式的联导论证也是本文的研究重点。该类论证涉及正反面考量间逻辑力量的权衡问题,但至于如何权衡正反面考量间的逻辑力量则属于论证评估的范围,故本文暂不讨论。

例 3: 即使①你的草坪需要修剪,②你还是应该带你的孩子去看这部电影。因为,③这部电影很适合儿童观看,而且④它明天就要下线了。④

该例中,③和④是支持结论②的理由,而①则是反对结论②的理由。在综合考虑③和④对结论的支持力度大于①对结论的反对力度的基础上,得出②。

联导论证模式 3 作为本文的研究重点,其与联导论证另外两种模式的主要

---

① Carl Wellman, *Challenge and Response: Justification in Ethics*, p. 55.
② Carl Wellman, *Challenge and Response: Justification in Ethics*, p. 56.
③ Carl Wellman, *Challenge and Response: Justification in Ethics*, p. 56.
④ Carl Wellman, *Challenge and Response: Justification in Ethics*, p. 57.

区别即在于论证过程中引入了反面考量。根据"前提"一词在逻辑学界的通行定义来看,"前提"仅指代与结论具有正相关关系的理由,反面考量明显不在前提的范围之列。因为反面考量指的是反对结论、与结论具有负相关关系的理由。那么接下来的问题便是,反面考量在联导论证中究竟处于怎样的地位。

联导论证作为一种独立的论证类型[①],必然会有其自身的特殊性,但也要具备论证之所以为论证的一般性。所以,在遵循论证构成要素通行理解(即论证包含两个基本构成要素,前提和结论)的基础上,反面考量不是联导论证的基本要素,但却是构成联导论证模式 3 的必不可少的因素,是其区别于联导论证模式 1、模式 2 的关键所在。而这也很好地解释了反面考量为何会出现在联导论证模式 3 的结构图解之中。

二、联导论证的结构研究

(一)联导论证的结构类型

从前文对联导论证三种模式的介绍不难看出,无论何种模式的联导论证均强调了各个考量与结论之间的独立相关性。而这就预设了收敛结构(包括收敛支持和收敛反对)是联导论证的基本特征之一。那么,在对联导论证的结构图解中自然也应反映出该特征。

但值得注意的是,模式 3 联导论证的结论是在权衡正反面考量逻辑力量的基础之上得出的。也就是说,这种操作使得在任何一个模式 3 的联导论证中离开正面考量或者反面考量中的任何一者,结论均无法得以证成。这种缺一不可的联系也说明了正面考量集、反面考量集以及结论之间具有一种组合关系。而这种组合关系也必须在联导论证模式 3 的结构图解中体现出来。

综上,笔者赞成晋荣东等学者的观点,主张联导论证模式 3 具有一种混合双层结构——收敛与组合。

---

① 就目前而言,围绕"联导论证作为一种论证类型,是否具有独立性"这一议题,逻辑学界仍有研究与论辩。坡辛(Kevin Possin, 2012)、阿德勒(Jonathan Adler, 2013)、谢耘和熊明辉(2013)等人持否定意见,主张联导论证不具有独立性。而韦尔曼(1971)、戈维尔(2010)、布莱尔(2013;2016)等人则认为联导论证具有独立性。由于本文主旨不在于讨论联导论证的独立性问题,故不就此展开详细论述。本文倾向于支持戈维尔等人观点,认为联导论证是一种独立的论证类型。

（二）现有的对联导论证的结构图解

目前学术界对联导论证的前两种模式的结构类型和图解并无大的意见分歧，即模式 1 和模式 2 的联导论证具有一种单一收敛结构。而对于模式 3 的图解，不同学者之间则意见各异。故本节将着重对联导论证模式 3 结构图解的现有研究进行评判性的考察。自 1980 年以来，戈维尔、希契柯克、汉森、弗里曼、晋荣东就此先后作了尝试。

1983 年希契柯克在《批判性思维：评估信息指南》[①]中，针对联导论证模式 3 的结构给予了如下图解：

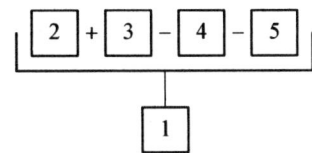

该图解方法中，希契柯克用"＋"表示正面考量，用"－"表示反面考量，用大括号表示正反面考量的综合考虑，结论则是在这种综合考虑下得出的。直观上，这种图示法所显示的联导论证模式 3 具有一种组合结构。但这种方法的问题在于，它并未能给出正反面考量间逻辑力量权衡的最终结果，故无法为联导论证结论的最终证成提供根据。此外，这种图解的另外一个问题在于，它未能揭示各个考量与结论之间的独立相关性，未能显示出收敛结构。

2011 年汉森在《平衡考虑论证评注》[②]一文中也提出了联导论证模式 3 的图解：

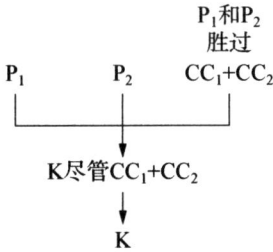

① 参见 D. Hitchcock, *Critical Thinking：A Guide to Evaluate Information*, Agincourt：Methuen Publications，1983。

② H. Hansen, "Notes on Balance-of-Considerations Arguments," *Conductive Argument：An Overlooked Type of Defeasible Reasoning*, J. A. Blair and R. H. Johnson（eds.），London：King's College Publications，2011，p. 40.

汉森的图示法引入平衡考虑的前提(on-balance premises,以下简称 OBP),它指的是"正面考量的支持力度胜过反面考量的反对力度"这一判断。汉森将 OBP 看作前提,与正面理由一起置于一个组合结构之中。OBP 为从正反面考量得出结论的过程提供了担保,组合结构即是通过隐含的 OBP 得以表现出来的。但汉森的图解法将反面考量排除在上述组合结构之外,同时也未能在微观层面上显示出联导论证的收敛特征。

2011 年弗里曼于《图尔敏模式之下的联导论证的评估》[1]一文中,将联导论证模式 3 的结构图解为:

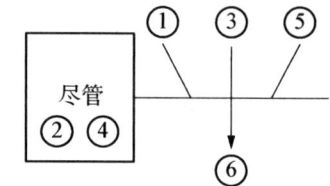

由图可知,该图解法列出了支持和反对结论的理由,但同样并未显示出正反面考量间的权衡结果,故结论最终证成的根据在图中依然无法得到显示。此外,各个考量与结论之间的相关性也未能得以展现。

2011 年晋荣东在《权衡论证的结构:对现有理论的考察》[2]一文中,也提出了自己的图解法:

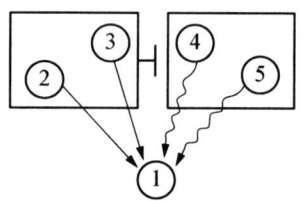

该图解法引入了推导符号"———┃"(shunting aside),用以表示前者的逻辑力量大于后者。该符号的使用,使得正反面考量间的权衡结果得以在图解中显示出来。同时,在该文中晋荣东主张联导论证模式 3 具有半组合结构(a quasi-

① James B. Freeman, "Evaluating Conductive Arguments in Light of the Toulmin Model," *Conductive Argument: An Overlooked Type of Defeasible Reasoning*, J. A. Blair and R. H. Johnson (eds.), p. 140.

② Rongdong Jin, "The Structure of Pro and Con Arguments: A Survey of the Theories," *Conductive Argument: An Overlooked Type of Defeasible Reasoning*, J. A. Blair and R. H. Johnson (eds.), p. 29.

linked structure)。收敛结构体现在各个考量与结论之间的独立相关性,而组合结构则借助于 OBP 即平衡考虑前提得以体现。

基于 2011 年的图解法,晋荣东在 2016 年《权衡论证的结构与图解》[①]一文中对原图作了具体化的处理,使其更加直观地为论证评估服务。

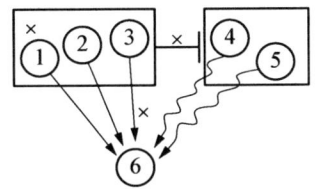

此外,在对于联导论证模式 3 结构类型的总体表述上,晋荣东相较于 2011 年也有所不同——2011 年为半组合结构(a quasi-linked structure),2016 年为混合结构(a hybrid structure),但在本质上均认为联导论证模式 3 具有混合双层结构。

> 权衡论证具有一种混合结构(a hybrid structure),它可以分为两层,分别对应着权衡论证的两个基本事实:其一是所有权衡论证均包含着两组相互冲突的理由,其二是每组理由中都包含一个或多个分别与结论独立相关的理由。[②]

戈维尔也对于联导论证的结构给出了图解。[③]
模式 1:

---

① 晋荣东:《权衡论证的结构与图解》,《逻辑学研究》,2016 年第 9 卷第 3 期,第 20 页。

② 晋荣东:《权衡论证的结构与图解》,《逻辑学研究》,2016 年第 9 卷第 3 期,第 11 页。

③ T. Govier, *A Practical Study of Argument*, 7th edn., Belmont, CA: Wadsworth, Cengage Learning, 2010, pp. 352 - 357.

模式 2：

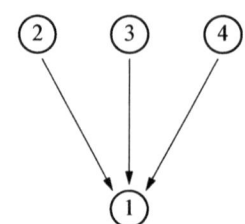

模式 3：

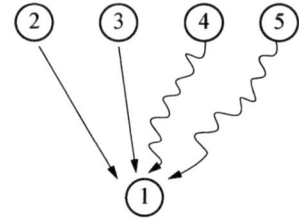

其中，直箭头表示支持结论的理由，波浪箭头表示反对结论的理由。该种图解法能够直观地表达出各个正反面考量与结论之间独立的相关性。但其不足之处在于，模式 3 的图解未能揭示出论证中正反面考量间逻辑力量的权衡，即正面考量的支持力度是否胜过反面考量的反对力度。由上图可以看出，这个时期的戈维尔仍主张联导论证的三种模式均具有单一的收敛结构。

2011 年，戈维尔在批判性考察汉森以及晋荣东对联导论证模式 3 结构研究的基础上，对原有的模式 3 结构的提法进行了修正，提出了一种类似于晋荣东的双层混合的观点：

> 当我们考虑肯定或否定相关的因素如何支持或者反对结论时，该论证存在一个收敛结构（convergence）；当我们把这些因素和理由合计起来，并在推理中利用一些因素战胜其他因素这一判断来证成结论时，该论证存在着一个组合结构（linkage）。[1]

---

① T. Govier, "Conductive Argument：Overview of the Symposium," *Conductive Argument：An Overlooked Type of Defeasible Reasoning*, J. A. Blair and R. H. Johnson（eds.）, p. 273.

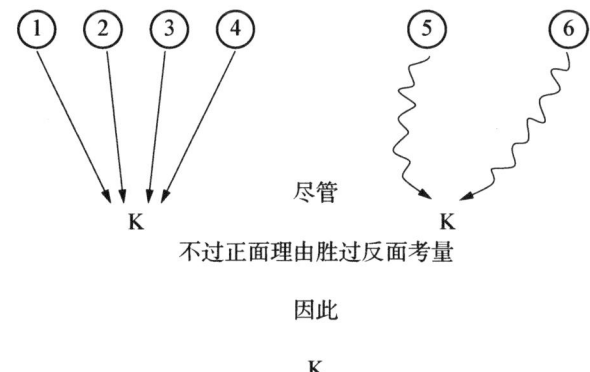

尽管

不过正面理由胜过反面考量

因此

K

新图解法增加了正反面考量间的权衡,为结论的最终证成提供了依据。该图解也显示了联导论证模式3的双层混合结构。微观层面上,各个正反面考量与结论之间具有独立的相关性,呈现一种收敛的结构,包括收敛支持和收敛反对。宏观层面上,综合考虑各个因素的逻辑力量进而得出结论,显示出了一种组合的结构。

三、图解模式 3 的一种新尝试

(一) 理解论证的两种进路:产品 vs 过程

在逻辑学的通行理解中,一个论证是一个文本或语篇,它有特定的结构:用理由支持主张,并以"前提—结论"的形式表现出来。换而言之,这些通行的理解多倾向于从产品的进路(a product view of argument)来对论证的结构进行分析,对论证的好坏进行评估。

柯匹在《逻辑学导论》中即将"论证"定义为"一个命题的集合,其中的一个命题被宣称是得自其他的那些命题,而那些命题则被看作是为该命题的真提供了支持和理由。……一个论证并不仅仅是一个命题的集合,而是有一个结构。通常使用'前提'和'结论'这两个术语来描述这个结构。一个论证的结论,就是以论证中的其他命题为根据得出的那个命题,而这些其他命题,即被肯定(或假定)为接受结论的根据或理由的命题,则是该论证的前提"[1]。这种定义方法将

---

[1] 柯匹:《逻辑学导论》,张建军等译,北京:中国人民大学出版社,2007 年,第 8—9 页。

"论证"理解成静态的前提—结论式的命题序列,就是在产品的视角下来研究论证概念的。

汉密尔顿(A. G. Hamilton)在《数理逻辑》(*Logic for Mathematicians*)一书中则将其定义为"一个论证是陈述形式的有限序列,其最后的陈述被当作结论,其余的被当作前提"①。这也是从论证的前提—结论的结构出发来定义"论证"的。

然而,由于非形式逻辑学家更关注的是自然语言中发生的论证,"论证"的结构性概念无法为分析和评估发生于自然语言中的论证提供充分的工具。故相较于传统形式逻辑从形式结构进路将"论证"理解为"前提—结论"的结构,非形式逻辑更加关注的是论证的语用特征和实践维度。

非形式逻辑学家约翰逊(R. H. Johnson)将"论证"定义为:

> 作为论证实践中的提取物的一种话语或文本,在其中论证者试图通过提供支持某一论题的理由来说服其他人相信该论题的真实性。但除了这个推论性内核之外,论证还有一个论辩性外层,论证者在其中履行各自的论辩性义务。②

在这个定义中,我们可以发现,约翰逊把"论证"视为一种"提取物",也是一种产品角度的定义。但是,不同于该词传统定义的地方在于,约翰逊将这个产品置于论证实践的背景之下来加以理解,而论证实践的特点之一便是其论辩性(argumentation as dialectical):论证实践预设了人们之间存在争议;预设了与他人进行理性交流的可能性,但这种交流不仅仅是个体之间的对话,更重要的是论证者的逻各斯有可能以某种方式被他人的逻各斯所影响;于是,论证者不仅同意认真对待甚至还会主动征求反对意见或者批评,借此来改进自己的论证,以获得一个更好的论证。③ 这就恰恰为论证的研究引入了过程的因素。

---

① A. G. Hamilton, *Logic for Mathematicians*, Cambridge: Cambridge University Press, 1978, p. 22.

② R. H. Johnson, *Manifest Rationality*: *A Pragmatic Theory of Argument*, Mahwah: Lawrence Erlbaum Associates, 2000, p. 168.

③ R. H. Johnson, *Manifest Rationality*: *A Pragmatic Theory of Argument*, p. 168.

沃尔顿(Douglas N. Walton)将"论证"理解为"致力于解决(或至少是应付)双方(或多方)之间观点分歧或冲突的一种社会的和言语的手段和方法"①。

威拉德(Charles A. Willard)则认为,"论证","是互动的一种形式,在其中两人或更多的人各自为她们相冲突的立场作辩护"②。

吉尔伯特(Michael A. Gilbert)则将其定义为"论证是某种意见分歧——从礼貌的讨论到喧嚣的争吵"③。

上述几种对于"论证"的定义方式,均有别于传统的产品进路,而将过程的因素包含其中。相比较而言,在"作为产品的论证"的视角下,论证是单个语言使用者进行推理的产物,其大多体现为某种文本式的成果,反映一个静态的、固定的结果。传统论证理论就是在该视角下来研究论证的,论证的概念呈现为一种前提—结论式的命题序列。而在"作为过程的论证"的视角下,论证研究关注的则是日常生活和实际思维中具体论证的展开行为及其过程,给论证一种动态的、活动性的解读。

本文中,笔者采用的是"作为过程的论证"的视角去研究、重构联导论证的,也就是说,笔者更多关注的是在日常生活和实际思维中联导论证如何得出结论的过程。

(二)从过程角度图解模式 3 的可能性

通过上述介绍,读者可以发现业已存在的诸种对于联导论证的图解方法均以结果为导向,是沿着论证的产品路径对联导论证的结构展开多方式研究的,而并无明确从过程角度对联导论证模式 3 的结构予以刻画的。但是若仔细研究韦尔曼、汉森、戈维尔以及布莱尔等学者关于联导论证的相关论述,从中我们可以发现一些过程的因素。

韦尔曼在《挑战与回应》一书中明确指出,任一论证均包含一个或多个前提、一个结论以及对有效性的隐含诉求,并对"有效性"展开了详细的论述。④当我们说一个论证是有效的,并非指该论证在任何条件下均具有说服力,而是

---

① Douglas N. Walton, "What is Reasoning? What is Argument?," *The Journal of Philosophy*, Vol. 87 No. 8 (1990): 399–419.

② Charles A. Willard, *A Theory of Argumentation*, Tusaloosa: University of Alabama Press, 1989.

③ Michael A. Gilbert, *How to Win an Argument*, 2nd edn., New York: Mcgraw-Hill, 1995.

④ Carl Wellman, *Challenge and Response: Justification in Ethics*, p. 90.

说当该论证面对不限数量的批评时,对于具有正常思维方式的人而言仍是具有说服力的。此处的"批评",韦尔曼指的是,对论证的思考和讨论过程。思考的过程包括尝试去理解论证中所使用表述的含义以及相互之间的关系。讨论的过程则包括陈述、重组、解释论证,质疑论证的有效性,解释论证中所使用的关键表述。批评的过程至少在两个维度上是无限的,即时间以及参与者的数量上。由此可知,在韦尔曼看来,论证者在进行论证时所宣称的前提与结论之间的有效性,是在动态过程中得以实现的,这恰恰也为从过程的视角去解读联导论证提供了一定的可能性。

此外,汉森对联导论证模式 3 的图解法也包含了过程的因素。该图解引入

了一定量的文字表述,如下图所示:

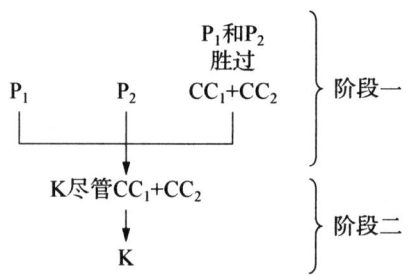

在该图解法中,结论的得出需经过阶段一和阶段二两个步骤,即结论的得出过程是正反面考量逻辑力量的权衡过程,这本身就说明了一种从过程视角去解读联导论证模式 3 的可能性。

戈维尔 2011 年的图解法相较于旧图解具有明显的差异。具体表现在:第一,新图解中,代表同一结论的字母 K 出现了三次,这与作为产品的联导论证只具有一个结论的特点是明显不一致的。第二,新图解中引入文字来表述论证者如何从正反面考量逻辑力量的权衡中得出结论,这也与戈维尔对联导论证模式 1、模式 2 的图解不一致。第三,新图解重新表述了联导论证的结构为混合双层结构,并在具体的理论分析中,更多地使用"阶段"(stage)而非"层面"(level)一词。"层面"到"阶段"的变化也暗示了一种由静态到动态的转变(如下图)。

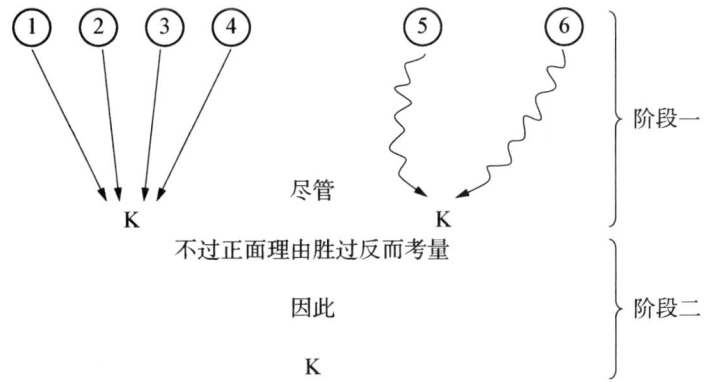

由以上三点,不难发现,戈维尔新图解法更多关注的是结论得以证成的
推理权衡过程,而非作为推理权衡的结果的那个论证;更多是从过程的进路
来表述联导论证的宏观结构,而非仅仅研究作为产品的联导论证的微观
结构。[1]

此外,布莱尔在《韦尔曼的联导论证理论》(Wellman's Theory of
Conductive Argument)一文中也主张联导论证的模式 3 可以借由对话
(dialogue)的方式得到重构[2],并给出了一种可能的对话框。

回合(turn)	支持者	反对者
1	宣称 p	质疑为什么 p
2	q_{1-n} 且 q_{1-n} 支持 p,所以 p	r_{1-n} 且 r_{1-n} 支持~p,所以~p
3	承认 r_{1-n} 以及 r_{1-n} 支持~p,但否认~p	为什么 r_{1-n} 支持~p,但是却 p
4	宣称 q_{1-n} 对 p 的支持力度大于 r_{1-n} 对~p 的支持力度	挑战正面支持的力度

需要注意的是,此表存在一定的问题,即在回合 2 中,支持者与反对者均使
用了具有组合结构的论证,这与联导论证模式 3 在结构上的基本特征——收敛

---

① 戈维尔新旧图解法之间的差异是在晋荣东教授指导的基础上予以重新表述的,相关内容可参见晋荣东
《权衡论证的结构与图解》(2016)。

② J. A. Blair,"A Critical Examination and Development of Wellman's Theory of Conductive Argument,"
OSSA Conference Archive,OSSA,2011.

结构(收敛反对或收敛支持)——是不吻合的。但这并不能否认从过程角度去解读联导论证的可能性。

（三）基于过程角度的新尝试

接下来,笔者将重点放在以过程为导向(a process view of argument)的联导论证的结构图解的研究上。那么在这一部分,笔者需要做的工作有以下两个部分。首先,论证结构包括宏观结构和微观结构,那么在对"作为过程的论证"的结构刻画过程中,我们需要刻画的是宏观结构还是微观结构或者两者皆被刻画呢? 其次,笔者将介绍对联导论证模式 3 结构图解的探索。

在非形式逻辑中讨论论证结构,我们首先需要注意的是论证的宏观结构和微观结构之间的差异。论证的宏观结构(macrostructure)关注的是组成论证的陈述怎样组合起来作为一个整体为某个论点的证成提供根据,如在论证过程中,哪些陈述被提出是用以支持其他陈述,被支持的论点又在何种程度上受到限定等等。而论证的微观结构(microstructure)则指演绎逻辑或者归纳逻辑所研究的论证的逻辑形式。尤其是在形式演绎逻辑中,微观结构分析揭示了组成论证的陈述如何从简单原子部分出发,借助真值联结词、量词、副词修饰词、模态联结词、命题态度联结词等建立起来。[①]

那么,从过程的视角来刻画联导论证的结构,我们刻画的到底是何种结构呢? 笔者认为,该种进路更加侧重的是论证的宏观结构。它关注的是各种陈述之间是如何相互连联结来证成某个论点的,具体到联导论证模式 3,则是关注正反面考量间是如何权衡进而得出结论的过程。故下文中笔者的图示法也更多的是从宏观结构切入来研究联导论证结构的。

笔者将从过程角度来研究联导论证,并进一步细化为在多主体的论辩情景框架下来重构该论证。加拿大著名学者沃尔顿(Douglas N. Walton)的新论辩术的核心就是论证发生于论辩的或对话的框架之中,其中"对话"指的是:

> 一种关于论证交换的规范性框架(normative framework),在其

---

① 詹姆斯·弗里曼:《论证结构:表达和理论》,王建芳译,北京:中国政法大学出版社,2014 年,第 1 页。

中,两个言语伙伴在一个共同目标的指引下依次轮流地进行推理。①

也就是说,从论辩的或者对话的观点来看,论证主要被看成是两方或者多方之间信息的交换,其参与者就某个主张有对立意见,它包括相互的提问,其目在于批判性地检验这个主张。这个批判性检验的过程以一种受规则支配的方式进行,这些规则规定了参与者的角色和批判性过程的标准。此外,需要区别的是,对话具有两种不同的形式。一种为展开于多个真实主体之间的对话,沃尔顿的新论辩术就主要是在这种层面上使用"对话"这一概念的;而另一种则表现为独白,虽说是独白,但论证者可在头脑中与设想出的对话者进行理性的互动,联导论证的模式 3 则与该形式的对话关联密切。

戈维尔曾明确反对将联导论证重构为多主体间的对话的形式。原因在于,她认为对话至少是在两者之间展开的。如果我们在对话的语境下来研究正反面考量的话,很大可能的一种做法是,对话的一方以正面考量为依据,而另一方则坚持反面考量。这实际上或者潜在地就把联导论证置于一种包含支持者与反对者的敌对的语境之中,而这恰恰是原来的联导论证不具备的特点。② 从这种表述可以发现,戈维尔预设了一种所有对话类型双方均是冲突敌对的观点,但事实上是否真的如此呢? 实际上,根据功能的不同,对话一般可区分为以下几种,即说服性对话(persuasive dialogue)、探究对话(inquiry dialogue)、谈判(negotiation dialogue)、信息寻求对话(information-seeking dialogue)、权衡(deliberation dialogue)以及雄辩性对话(eristic dialogue)。每一种都有自己的规范的模式和目标,例如,探究模式的对话更强调双方的合作,其目的是增加知识,并不具有对抗性质。

既然并非所有的对话类型都具有敌对的性质,加之联导论证模式 3 主要与对话的第二种形式即独白相关,那么戈维尔对将联导论证重构成第一种形式的对话的质疑也就不成立了。接下来我们要做的就是设想联导论证可以重构成怎样的论辩情境。为避免正方、反方这样的字眼给读者造成对立攻击的印象,

---

① Douglas N. Walton, *The New Dialectic*: *Conversational Contexts of Argument*, Toronto: University of Toronto Press, 1998, p. 30.

② T. Govier, "Conductive Argument: Overview of the Symposium," *Conductive Argument*: *An Overlooked Type of Defeasible Reasoning*, J. A. Blair and R. H. Johnson (eds.), p. 269.

笔者将对话双方称为甲方、乙方。（注：乙方既可以是实际存在的挑战者,也可以是甲方在自己头脑中设想出来的角色。）

甲：我主张 K。

乙：你有什么理由支持 K 吗?

甲：有。P_1、P_2、……P_n(n 为大于 1 的自然数)[1]分别都支持 K。

乙：难道没有理由反对 K 吗?

甲：有。C_1、C_2、……C_n(n 为大于 1 的自然数)分别都反对 K。

乙：那你为什么还能得出 K 呢?

甲：那是因为反面考量的反对力度不足以胜过正面理由的支持力度(OBP)。

因对 OBP 的质疑属于论证评估的问题,本文暂不讨论,故对联导论证模式 3 结构的重构不包含乙方对 OBP 的质疑。为使上述的论述更加清晰直观,我们不妨使用对话框的形式将其简化。

甲方	乙方
K	有无支持 K 的理由?
P_1, P_2...P_n(n 为大于 1 的自然数)	有无反对 K 的理由?
C_1, C_2...C_n(n 为大于 1 的自然)	如何看待正反面考量间的逻辑力量?
正面理由胜过反面考量(OBP)	

在此基础上,笔者进一步将其转化为过程图。这种方法的优势在于更加形象直观,各种操作一目了然,不会产生歧义。

若想刻画微观层面单个理由与结论之间的收敛关系(包括收敛支持和收敛反对),则可如下操作。

收敛支持结构:

---

[1] 当 n＝1 时,即只包含一个正面理由和一个反面考量,此时,联导论证的模式 3 仅具有组合结构,而不具有收敛结构,无法体现上文所提及的混合双层结构。故出于典型性考虑,此处将 n 设为大于 1 的自然数。

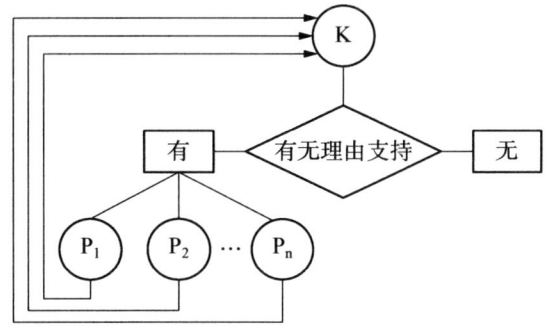

其中菱形框为问题框,矩形框为判断结果框,圆形表前提、反面考量或结论,带线箭头方向为推理进行方向。P_1、P_2……P_n(n 为大于 1 的自然数)分别与结论相关并为其提供支持,需要注意的是去除其中某一个或多个不会影响其他的理由对结论的支持。

收敛反对结构:

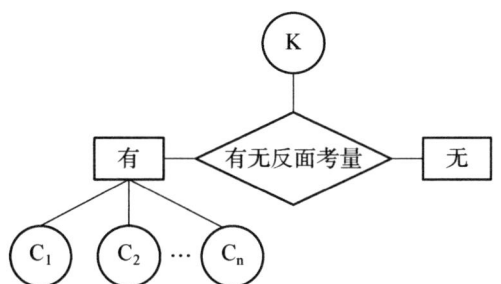

同理,C_1,C_2……C_n(n 为大于 1 的自然数)也分别与结论相关但均不支持结论,即反对结论。

以上是从微观层面①来刻画联导论证的收敛结构。那么,其宏观层面②的组合结构又该如何刻画呢? 笔者在上文所构建的对话框的基础上,作如下尝试。

125

联导论证的结构图解

---

① 需注意的是,此处的"微观层面"不等同于弗里曼所讲的"微观结构"(参见詹姆斯·弗里曼:《论证结构:表达和理论》,第 1 页)。前者指的是论证中单个前提或反面考量与结论之间的关系,而后者指的是组成论证之陈述的内在结构。

② 同理,"宏观层面"也不等同于弗里曼所言的"宏观结构"(参见詹姆斯·弗里曼:《论证结构:表达和理论》,第 1 页)。前者指的是在一个论证中,正面理由集、反面考量集与结论之间的关系,而后者指的则是组成论证的陈述怎样组合起来作为一个整体为某个论点的证成提供根据。

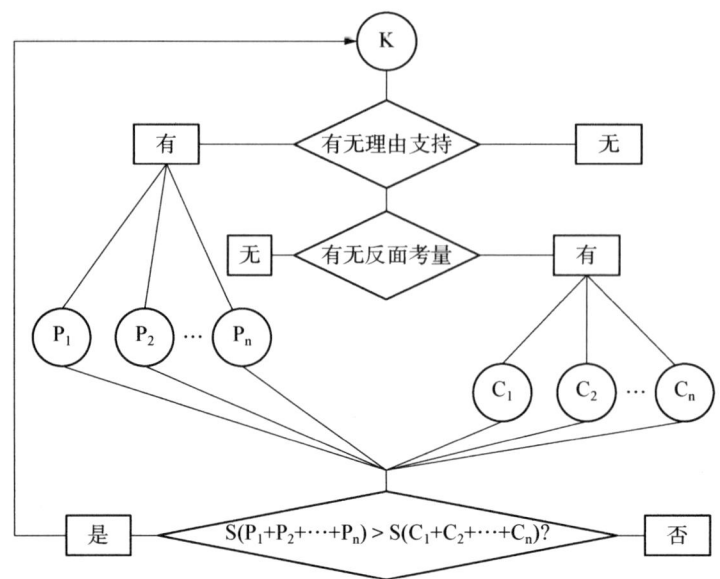

其中 $S(P_1 + P_2 + \cdots + P_n)$ 表示正面理由 P_1、$P_2 \cdots P_n$ 对结论 K 的综合支持力度，而 $S(C1 + C2 + \cdots + Cn)$ 则表示反面考量 C1、C2 $\cdots$ Cn 对结论 K 的综合反对力度。该图解既包含了微观层面的收敛支持和收敛反对结构(体现在 P_n 与 C_n 各自与结论之间的关系)以及宏观层面的组合结构。这种过程图的方法呈现给读者的是一个论点如何得以证成的过程,即,有正面理由支持这个论点吗? 有。存在反面考量反对这个论点吗? 存在。那么,如何在这些反面考量也存在的条件下得出结论呢? 因为正面理由对结论的支持力度超过反面考量对结论的反对力度,所以结论得以证成。

　　基于此方法,笔者对上文中的例 1(联导论证模式 1)、例 2(联导论证模式 2)、例 3(联导论证模式 3)分别予以重新的结构图解。

例 1:

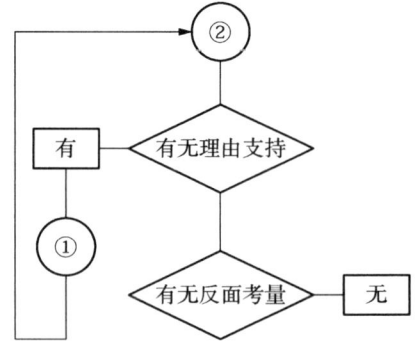

例 2：

例 3：

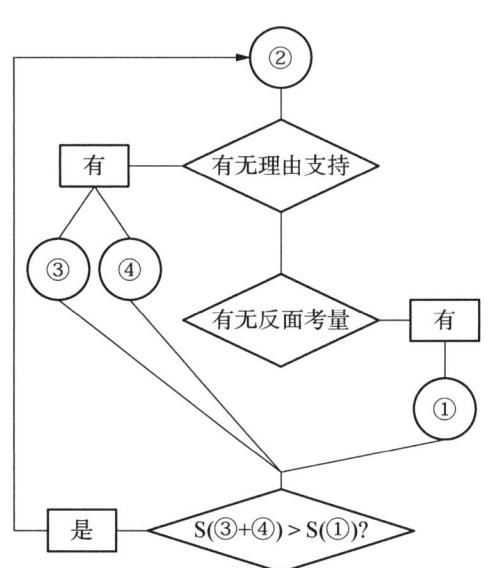

在例 3 中，结论②是在对正面考量③和④以及反面考量①的权衡下得出的。

从上述重构中不难发现，过程图的方法能够很好地揭示出结论是在正反面考量的逻辑权衡下得出的。它既能够表达出微观层面上的收敛结构，也对宏观层面的组合结构予以了较好的刻画。此外，这种方法具有一定的普适性。它不仅仅可用于刻画联导论证的模式 3，模式 1、模式 2 的结构也能借助此方法得到刻画，甚至对其他类型论证结构的图解也具有适用性。

接下来，笔者将结合实例来说明基于过程的图解法是如何刻画自然语言中联导论证模式 3 的结构。

例 4： 自从人类文明形成以来，来自生存能力优势群体的侵略就一直存在，而以人工智能为代表的未来新科技，一旦进一步飞速发展，就可能具备这种生存能力优势。它们可能会通过核战争或生物战争摧毁人类……目前，"人工智能"威胁论还仅仅停留在理论层面，正确与否谁也不能妄下断言，只能等待时间去给出答案。……人工智能发展仍有瓶颈。……就拿"阿尔法狗"来举例，在围棋的世界里，它无疑是成功的，但其具有高度的专业化和单一的目的性，在其他活动中连最基本的水平也没有。"沃森"在医疗诊断等应用中取得的成果众所周知，但它仍然只是一个必须为特定领域专门调制的问答机器。"深蓝"拥有大量关于国际象棋策略的专门知识和百科全书式的开放知识，但其代码中仍然受到许多人工编码的局限。目前人工智能的智能范围还比较狭隘，并不能泛化应用，也就是说，像人类一样聪明的通用性人工智能还未被创造出来。现在的人工智能还远没有方便到可以取代人脑，固有的数据库模式在面对各种不同问题时的死板，会体现得淋漓尽致。人工智能还是有很长的路要走，我也相信，人的理性和逻辑，最终会战胜自己的愚蠢和贪婪，真正发挥人工智能的优势，而避免霍金所担心的人间悲剧。[①]

对论证进行结构图解之前，我们需要识别出自然语言中论证的结论、前提、反面考量等要素。其次，再判别各个理由之间以及理由与结论之间的关系。最后，对论证结构予以图解。具体到对例 4 的图解，则可按如下步骤进行：

第一步，识别结论与理由。

结论：人工智能有很长的路要走，且人的理性和逻辑，最终会战胜自己的愚蠢和贪婪，真正发挥人工智能的优势，而避免霍金所担心的人间悲剧。(记为 **K**)

正面理由 1："人工智能"威胁论还仅仅停留在理论层面，正确与否谁也不能妄下断言，只能等待时间去给出答案。(记为①)

---

① 傅晓晨：《人工智能会与人为敌吗？》，《新民晚报》，2017 年 3 月 22 日。

正面理由 2：人工智能发展仍有瓶颈，现在的人工智能还远没有方便到可以取代人脑。（记为②）

反面考量 1：自从人类文明形成以来，来自生存能力优势群体的侵略就一直存在，而以人工智能为代表的未来新科技，一旦进一步飞速发展，就可能具备这种生存能力优势。它们可能会通过核战争或生物战争摧毁人类。（记为③）

支持②的理由有：

a. 就拿"阿尔法狗"来举例，在围棋的世界里，它无疑是成功的，但其具有高度的专业化和单一的目的性，在其他活动中连最基本的水平也没有。（记为④）

b. "沃森"在医疗诊断等应用中取得的成果众所周知，但它仍然只是一个必须为特定领域专门调制的问答机器。（记为⑤）

c. "深蓝"拥有大量关于国际象棋策略的专门知识和百科全书式的开放知识，但其代码中仍然受到许多人工编码的局限。（记为⑥）

第二步，判别各理由之间以及理由与结论之间的关系。

①②独立支持 K，④⑤⑥各自独立地为②提供支持，③反对 K。

第三步，结构图解：

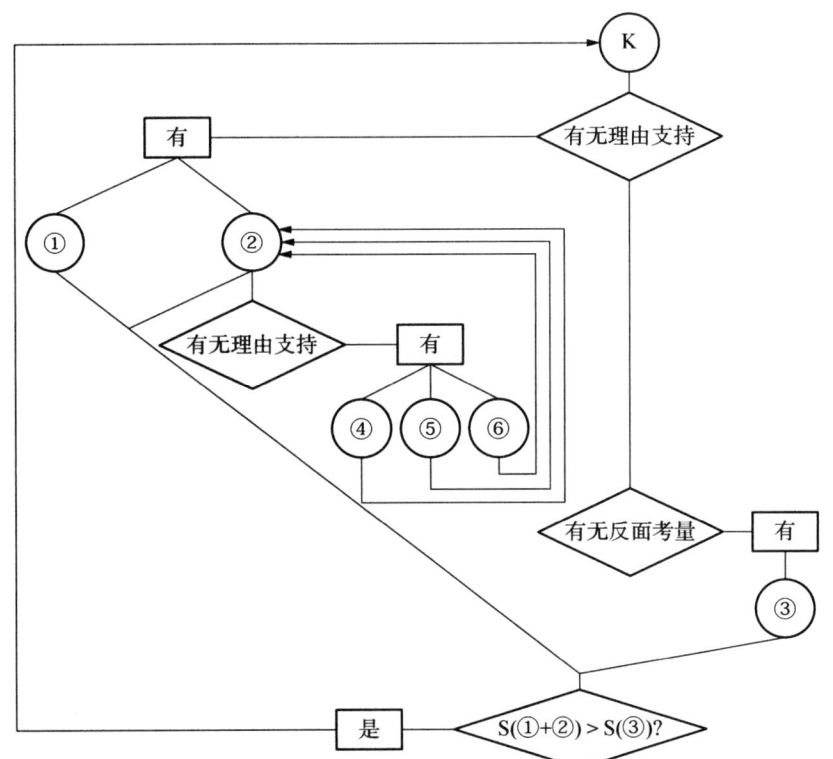

通过例 4 笔者详细介绍了如何运用过程图解法来对发生丁白然语言中的实际论证的结构予以刻画。值得注意的是,过程图虽然能够对简单的论证结构给予较清晰的刻画,但遗憾的是,当涉及具有复杂结构的论证时,这种图解法则显得较为繁琐,操作起来较为困难。

四、结语

本文将研究重点放在了同时包含正反两方面考量的联导论证的模式 3 之上。通过批判性考察韦尔曼、希契柯克、戈维尔、汉森、弗里曼以及晋荣东等学者对联导论证模式 3 的结构图解等方面的研究成果,主张联导论证模式 3 具有混合双层结构,即微观层面的收敛结构与宏观层面的组合结构的混合结构。在此基础上,本文尝试从过程的视角刻画联导论证的结构,将其重构成论辩语境下的过程图。这种以过程为导向来研究联导论证的方法,更能凸显正反考量间的权衡过程,为结论的最终证成提供根据。同时,这种以过程为导向的结构图解方法也具有一定的普遍的适用性。

The Diagram of Conductive Argument:
A Process Approach

Xie Ting

Abstract: Conductive argument, which was first proposed explicitly in 1971, has been widely studied so far. Even though a great deal of research could be found about conductive arguments, views vary in many aspects, such as the way to understand its components, and the methods to diagram its argument structure, and so on. Former research that focuses on structure diagramming has taken a product view of argument, which regards argument as a sequence of premises, and has ignored the actual process of how to get the conclusion. Considering the above situations, this article endeavors to reconstruct conductive arguments into a situational dialogue, and then diagram its structure in a definitely different way called the process-approach, which brings practical factors into the argument research. This process approach not only can describe the practice of conductive argument, but also plays a normative role. Besides, the diagram based on process is applicable to describing the structures of other types of argument.

Keywords: conductive argument, a processive approach, diagram of structure

联导论证的结构图解

论问句逻辑的研究进路[*]

论问句逻辑的研究进路[*]

张保垒^{**}

[摘　要]　本文根据研究视角的不同,将问句逻辑中各
种研究方式整体上归纳为三种进路:符号化进路、推演进路、
互动进路。符号化进路着重从内部揭示问题的逻辑形式,目
的在于给出问题的符号表达式。推演进路认为问题也能扮演
前提及结论的角色,通过推广推演概念以容纳问题,进而研究
问题在推演中的表现。互动进路中问题、问答行为、问答者等
都成为了研究对象,其目的是揭示提问及有关行为背后的逻
辑机制及其对互动的影响。通过比较三种进路,本文得出结
论:互动进路是三者中最具潜力的进路。

[关键词]　问句逻辑;符号化进路;推演进路;互动
进路

* 基金项目:山西省高等学校哲学社会科学研究项目"问句逻辑与语言学的交叉研究"(2019W201)。

** 张保垒(1983—　),男,山东惠民人,华东师范大学哲学系博士研究生,吕梁学院中文系教师,研究方向
为现代逻辑。

一、问句逻辑概述

问句逻辑(the logic of interrogatives)是逻辑学的一个分支,它的研究对象主要有:问句(interrogatives)及问句所表达问题(questions 或 issues)的逻辑结构、问题与解答(answers)的关系、问句的语义解释、适用于问句的衍推关系、互动场景中提问(questioning)或问答行为对信息流的影响、问句的预设和语用及有关的哲学话题等等。① 问句逻辑的研究议程很广,理论、方法、进路的名目很多,没有哪个进路能涵盖上述所有研究对象。本文旨在从整体上区分问句逻辑的不同研究进路,力争在繁杂的问句逻辑研究中整理出一条简单清晰的思路,同时对问句逻辑研究中的重要成果进行评述,并尽可能完整地反映问句逻辑研究的现状。

问句逻辑的渊源可追溯到苏格拉底,一边提出问题、一边借助解答问题进行推理,这种边问边推的做法在苏格拉底谈话中屡见不鲜,这种既有命题、又有问题和解答的推理被欣迪卡(J. Hintikka)称作询问推理(interrogative reasoning),欣迪卡认为询问推理才是推理的本来面目,并声称所有的推理都是询问推理。② 亚里士多德重点关注被已有解答蕴含的解答,这种仅在解答之间进行的演绎推理无需借助提问,这种关注导致逻辑研究走上了传统逻辑的轨道,同时也将逻辑学家的注意力带离了问题,但是亚里士多德清楚地知道这类命题推理只是询问推理中的特殊情形。③ 中世纪对传统逻辑的重视同样伴随着对问题的忽视,问题再度引起逻辑学家的重视,已是二十世纪的事。

从 20 世纪 20 年代末起,现代逻辑在符号化方面取得的成就引起了少数逻

① 问句逻辑又称疑问逻辑(erotetic logic)、询问逻辑(interrogative logic)、问题逻辑(the logic of questions)、问答逻辑(the logic of questions and answers)等。英文中的 question,有时指作为思维形式的问题,有时指作为语言形式的问句;interrogative 有时作名词用,意为"问句",有时作形容词用,意为"询问的"。

② J. Hintikka, *Inquiry as Inquiry*:*A Logic of Scientific Discovery*, Kluwer Academic Publishers, Dordrecht/Boston/London, 1999, p. 47. 按:本文中推理指 reasoning,推演指 inference。

③ 参见 J. Hintikka, "What was Aristotle Doing in His Early Logic, Anyway? A Reply to Woods and Hansen," *Synthese*, Vol. 113 No. 2 (1997):241 - 249。

辑学家对问题的关注[①],催生了问句逻辑研究中的符号化进路,产生了一些符号化方法,其中以贝尔纳普(N. Belnap)和阿奎斯特(L. Åqvist)的工作较为系统,本文将在第二部分介绍贝尔纳普对初等问题的符号刻画。

贝尔纳普在致力于问句符号化的同时,鲜明地反对将问题当作推演的对象:"在演绎系统的基础上理解问句逻辑是绝对错误的,因为这种理解让人误以为能发展出以问题做前提或结论的推演模式,后者是无意义的。"[②]这种观点已经被问句逻辑中的另一条研究进路所推翻:二十世纪末开始,有问句逻辑学家致力于传统的推演以容纳问题作为前提或结论,本文将这种进路称作推演进路,将在第三部分对其做简要介绍。

在苏格拉底对话中,询问推理是在多主体交互中展开的,问答行为是一种获取信息的有力工具,较晚兴起的互动进路正是在这种广阔视角下研究问题的。这种进路下有三种工作方式值得注意:一是欣迪卡的询问探究模型 IMI (the interrogative model of inquiry),二是关于问题和探究的动态认知逻辑 DELQ (dynamic epistemic logic of questions and inquiry),三是探究语义学 (inquisitive semantics),本文在第四部分介绍互动进路。

二、符号化进路

符号化进路中,贝尔纳普的工作是具有原创性和代表性的,以至于有学者认为其中有些概念"同样适用于其他系统而且这些概念值得立为标准"[③]。贝尔纳普研究了初等问题(elementary questions)、类初等(elementary-like)问题、why-问题、组合问题、条件问题等多种问题的逻辑结构,其中以对初等问题的研究最为细致。

贝尔纳普所谓的初等问题分为 whether 问题和 which 问题两种:前者明确

世界视域与中西思想

① 这些逻辑学家包括但不限于:K. Ajdukiewicz、F. Cohen、R. G. Collingwood、M. Prior and A. Prior、C. Hamblin、T. Kubiński、G. Stahl,相关文献可查阅 D. Harrah, "The Logic of Questions," in *Handbook of Philosophical Logic*, Volume 8, D. Gabbay and F. Guenthner (eds.), Kluwer Academic Publishers, Dordrecht/Boston/London, 2002, pp. 1 - 60。

② N. Belnap, and T. Steel, *The Logic of Questions and Answers*, New Haven: Yale University Press, 1976, p. 1.

③ D. Harrah, "The Logic of Questions," in *Handbook of Philosophical Logic*, Volume 8, p. 10.

列出了问题的选项(alternatives),后者通过某些公式描述了各选项的共同形式。贝尔纳普认为任一初等问题都由两部分构成:题材(subject)和请求(request)。表达问题的问句也有相应的题材和请求,贝尔纳普用"抽象的"(abstract)修饰问题的题材和请求,用"字面的"(lexical)修饰问句的题材和请求。问题题材通过某种方式给出选项的范围,告诉回答者"在哪里选";问题的请求规定回答者应当"怎么选",问题请求可在三个方面对怎么选做出规定:选多少选项、是否选出所有正确选项、选出的选项能否指称同一个对象。为精确描述题材和请求,需要一套符号体系,这里略去繁杂的符号,仅举一个例子:"小王是山东人还是江苏人抑或浙江人?"是一个 whether 问题,它的题材是由选项构成的集合{小王是山东人,小王是江苏人,小王是浙江人},其请求可以理解为:只选一个。

在分析了问题的题材和请求之后,就可根据一个命题是否在题材中做出选择及该选择是否满足请求之规定,去从形式上判定该命题是否能作为某问题的解答。由此看出,贝尔纳普分析初等问题的指导思想是在问题与解答之间建立某种关联:通过问句的形式去规定解答的形式,最终在问句与解答的逻辑形式间建立对应关系,通过对应关系,对任一初等问题而言,从它的逻辑形式可以推知其解答应具备什么样的逻辑形式;反过来说,知道了什么形式的命题可以作为某问题的解答,也就知道了该问题的逻辑形式。初等问题与解答间的这种对应关系对其他种类的问题是否成立呢? 通过贝尔纳普对非初等问题所作的分析可以看出,前景显然不是乐观的。

符号化进路重在刻画问句的逻辑形式,与命题在特定形式语言中具备清晰逻辑结构相比,对问句的符号表达很难取得一致意见。从早期的 K. Ajdukiewicz 和 F. Cohen,到后来的贝尔纳普和阿奎斯特,再到最新的动态认知逻辑等,逻辑学家对问句给出了许多种符号化表达,各种表达是否恰当需根据符号化的目的等因素来评判,比如,贝尔纳普和魏斯涅夫斯基(A. Wiśniewski)的符号化方式有助于揭示问题及其解答间的对应关系,阿奎斯特和欣迪卡的符号化有助于揭示问题及解答与认知状态的关联,动态认知逻辑中表达问题及提问行为的算子则是为刻画特定的认知模型而专门设计的。

三、推演进路

魏斯涅夫斯基致力于发展一种能为与问题有关的语言现象及思维模式提供逻辑分析的工具——疑问推演（erotetic inferences），其定义是"一个疑问推演指的是这样一个思维进程，其中在被接受的某些陈述和/或已经提出的某个问题的基础上，我们到达了一个问题"[①]。自然语言中的疑问推演可以定义为一种含有疑问句的句子序列。根据前提的构成情况，魏斯涅夫斯基将自然语言中的疑问推演分为两大类。第一类疑问推演，其前提都是陈述句，结论是一个问题，如从"本次考试小张有门课程得了满分"推出"本次考试小张哪门课得了满分？"；第二类疑问推演，其前提由某些陈述句（可能没有）外加一个问题组成，结论是一个问题，如从"小张逃课去打台球还是去打牌了？如果能打通小张的电话，他就是去打台球了。如果不能打通小张的电话，他就是去打牌了。"推出"能否打通小张的电话？"。

为刻画上述两类疑问推演，魏斯涅夫斯基设计了几类形式语言，它们都是通过对带等词的一阶语言增加疑问常量得到的，对这些形式语言可以定义精确的语义概念：刻画第一类推演的唤起（evocation）和生成（generation），刻画第二类推演的疑问蕴含（erotetic implication）。这些定义的关键工具是多结论衍推（multi-conclusion entailment）：公式集 X 多结论衍推公式集 Y 当且仅当 X 中所有元素为真时 Y 中至少一个元素为真。借助这一概念，再将问题看作其解答集，就可以定义上述三个语义概念了，我们略去技术细节，只给出他们的直观含义：

公式集 X 唤起问题 Q 被定义为 X 多结论衍推 Q 的解答集但不衍推 Q 的任一解答，即 X 能保证 Q 是有真解答的，但从 X 不能推知 Q 的真解答是什么。生成可作为一种特殊的唤起，排除了 Q 必然有真解答的情形。

公式集 X 和问题 Q 疑问蕴含问题 R 意指：X 与 Q 的任一解答一起多结论衍推 R 的解答集，且 X 与 R 的任一解答一起多结论衍推 Q 的解答集的一个真

---

① A. Wiśniewski, *The Posing of Questions: Logical Foundations of Erotetic Inferences*, Kluwer Academic Publishers, Dordrecht/Boston/London, 1995, p. 2.

子集。直观地说：若 X 为真且 Q 有真解答,则 R 一定有真解答,另外,解答了 R 一定有助于解答 Q。

疑问推演为问句逻辑研究提供了有力工具,利用它们可以评估自然语言中的疑问论证(erotetic argument)、分析一个问题在特定条件下的解决方式[1]、解释苏格拉底方法的逻辑内涵等[2]。另外,也可以构建基于疑问推演关系的演算系统:魏斯涅夫斯基建立了一种基于唤起关系的公理系统[3],米尔森(J. Millson)建立了基于可废止疑问推演的贯列演算系统[4]。围绕疑问推演本身的研究和有关交叉研究,共同构成了问句逻辑中的一个富有活力的分支:推演疑问逻辑 IEL (inferential erotetic logic)。

四、互动进路

与符号化进路和推演进路中的静态研究相比,通过动态视角研究问句逻辑正获得越来越多的青睐,在互动进路中我们看到了对苏格拉底传统的尊重:问答被严肃地处理为交换信息的手段,对问题的研究采用了多主体互动的广泛视角等等。欣迪卡是在这种视角下强调问题并研究问题的先驱,他于 20 世纪 70 年代末开始逐步建立起一种动态模型,即询问探究模型 IMI,用以刻画询问推理在探究中的重要作用。[5]

欣迪卡眼中的询问推理,其推理步骤除传统的演绎步骤外,还有一种允许引入问题解答的步骤,称作询问步骤(interrogative steps),询问推理和询问探究模型的得名和精髓就是询问步骤的存在。给定形式语言,就可以精确描述演绎步骤和询问步骤所依赖的逻辑规则,借助不同的语言及不同规则便可以构造不同版本的 IMI。其中最能体现 IMI 特色的就是询问步骤所依赖的规则,多少

① A. Wiśniewski, "Erotetic Search Scenarios," *Synthese*, Vol. 134 No. 3(2003): 389 - 427.

② A. Wiśniewski, "Socratic Proofs," *Journal of Philosophical Logic*, Vol. 33 No. 3(2004): 299 - 326.

③ A. Wiśniewski, "An Axiomatic Account of Question Evocation: The Propositional Case," *Axioms*, Vol. 5 No. 4(2016): 1 - 14.

④ J. Millson, "A Cut-Free Sequent Calculus for Defeasible Erotetic Inferences," *Studia Logica*, Vol. 107 No. 6(2019): 1279 - 1312.

⑤ 欣迪卡对 IMI 的系统讨论,参见: J. Hintikka, *Inquiry as Inquiry: A Logic of Scientific Discovery*, pp. 47 - 90。

有些令人惊讶的是,这种规则仅有一条,即提问规则,它说的是若在推理的某一步得到了某问题的预设,则可以向信息库提出该问题,若信息库给出了回答,就将该回答作为推理下一步的内容。

IMI 的可贵之处在于对推理的询问特征的强调,也许欣迪卡声称所有推理都是询问推理令人难以接受,但提问行为在询问推理中的作用的确值得重视。IMI 的局限之处在于,仅靠提问规则很难充分反映问题的产生过程、处理过程和提问行为,在这一点上疑问推演进路的表现要好得多,所以 IMI 中的询问步骤有待进一步丰富。再者,欣迪卡假定信息库所提供的信息在探究过程中要保持不变,极少数情形确是如此,但更多情况下信息库也是有认知能力的,其中的信息在问答过程中是不断变化的,问答同时改变着提问者和回答者(信息库)的认知状态,要想反映这种复杂的互动情形,IMI 就显得力不从心了,稍后兴起的探究语义学和动态认知进路为我们提供了更有力的工具。

探究语义学旨在建立一种统一处理陈述和问题的语义框架,这种框架从初始概念到处理能力都与真值语义有所不同,前者从信息(状)态(information states)、信息态与命题间的支持(support)关系出发,定义该框架下的核心概念。信息态被定义为可能世界集,命题被定义为非空且下封闭的信息态集合,陈述、问题等均被定义为特殊种类的命题,从而成为同一类语义实体,信息态支持某个命题的含义是根据前者转递的信息可以对该命题在语义上做出认定:针对陈述就是判定它为真,针对问题就是给出了一种解答。这种定义方式为统一处理陈述和问题打下了基础。命题间的衍推关系是借助保支持性来定义的:命题 P 衍推命题 Q 定义为支持 P 的信息态都支持 Q。如此定义的衍推关系,其前提和结论可以是陈述和问题等语义实体的任意组合,这种衍推显然比前述的疑问推演更具普适性。基于这种衍推关系可以定义相应的逻辑系统并将其演算化[1],探究语义学作为动态框架下描述问句意义的一种方式,表现出了强大的处理能力,提供了统一识读陈述和问题的视角,探究语义学本身及其与模态逻辑、推演疑问逻辑的交叉,均是目前富有潜力的研究课题。

研究问题的动态认知进路可追溯到本世纪初[2],迄今为止最为深入的工作

---

[1] 相关演算系统参见 I. J. Ciardelli, *Questions in Logic*, Ph. D. thesis, University of Amsterdam,2016。

[2] Baltag, A., "Logics for Insecure Communication," in J. van Benthem (ed.), Proceedings TARK Siena, 2001,pp. 111 - 122. 该文最早将问题看作一种交际行为。

世界视域与中西思想

是"问题和探究的动态认知逻辑"DELQ。① 该进路下,问题被看作一种能影响信息流动的行为,DELQ 通过建立容纳提问(questioning)行为和问题管理(issue management)行为的动态认知演算系统,在动态认知逻辑的研究框架中对问题及有关行为进行了系统深入研究,这种研究比以往的研究具有更广泛的研究议程,诸如更复杂的提问行为和求解行为、真正的多主体设定、时间因素等,从而有助于更深入揭示问题本身及提问行为的逻辑内涵以及它们背后的推理机制。

五、结语

现代意义上的问句逻辑是一个新兴学科,各种进路层出不穷,对各种进路的归类整理也因人而异。本文用一种全新的方式梳理了问句逻辑研究的三大进路,认为符号化进路、推演进路、互动进路三者更能合理区分并全面反映问句逻辑研究的不同取向,当然,上述三种进路下还能进一步区分出更细致的进路,不同的进路彼此之间还能存在交叉话题。

综观三种进路,符号化进路的视角最为局限,尽管揭示了问题与解答间的某些联系,但这种脱离问答主体及问答行为的研究方式对问题的分析不够全面,得出的成果较为有限。推演进路改变了以往认为问题不能作为前提或结论的观点,导致了疑问推演逻辑的建立,但单主体静态推演无法揭示问答行为对行为主体认知状态的改变以及对整个互动场景的影响。最后,互动进路借助丰富的概念体系和认知逻辑、动态语义中的有关成果,对问题进行了多方位、立体式的研究,拓宽了问句逻辑的研究议程,推进了问句逻辑与其他逻辑分支的交叉研究。通过以上比较,本文认为互动进路是目前最合理、最具潜力的问句逻辑研究方式。

---

① S. A. Minica, *Dynamic Epistemic Logic of Questions and Inquiry*, Ph. D. thesis, University of Amsterdam, 2011.

On Different Approaches to the Logic of Interrogatives

Zhang BaoLei

Abstract: According to the difference in research perspectives, this paper sums up three approaches in the logic of interrogatives: symbolic approach, inferential approach and interactive approach. The symbolic approach focuses on revealing the logical forms of questions from the inside, with the purpose of giving some expressions of questions. The inferential approach believes that questions can also play the role of premises and conclusions, studies the performance of questions in the inferential process by extending the concept of inference. The interactive approach allows more research objects such as questions, Q&A behaviors, questioners and answerers, it's main purpose is revealing the logical mechanism behind questioning-related behaviors and exploring their influences on interaction. After comparing these approaches, this paper concludes that the interactive approach is the most potential one.

Keywords: the logic of interrogatives, the symbolic approach, the inferential approach, the interactive approach

西方哲学

超额义务与美德

[英]克里斯普 著 李娅杰 译*

[摘　要]　一位行动者能否以一种道德上值得称赞的方式来承担"超额"的义务？本文将尝试对这种美德提供一个最佳说明。本文在开篇勾勒了亨利·西季威克的观点：超额义务将牵扯出一个不道德悖论——超额义务似乎允许一个道德上无可挑剔的主体，可以不那么道德地做她可能会做的事。于是，超额工作行为的条件出现了，并且基督教教义中的此类观念萌芽也得到了解释。将义务与适切性相关联的亚里士多德主义的美德观也应运而生，并且它们主张自己的观点能够更好地接纳超额义务的观念。厄姆森在其文章《圣人与英雄》中支持了超额义务理论，本文将在结尾处对厄姆森的论证做出回应。

[关键词]　超额义务；美德；亚里士多德；亚里士多德主义伦理学；义务；厄姆森

* 罗吉尔·克里斯普（Roger Crisp），男，英国人，牛津大学哲学博士，牛津大学圣安妮学院（St. Anne's College, Oxford）教授，主要从事伦理学领域的研究，特别是元伦理学、规范伦理学和应用伦理学等。
　李娅杰（1992—　），女，河南濮阳人，复旦大学历史学系博士研究生，研究方向为明清思想史、社会文化史、书籍史等。

1.1　一个不道德的悖论？

试想厄姆森(J. O. Urmson)在其开创性论文中提及的如下案例：

> 手榴弹。我们想象一队士兵正在练习投掷拉掉保险栓的手榴弹，手榴弹从他们其中一个人的手中突然滑落，掉在了靠近队伍的地方；一个战士扑倒在地上，用身体压住手榴弹，牺牲自己的生命来保护战友们。①

在厄姆森看来，很明显，如果那个战士没有牺牲自己用身体压住手榴弹，他也并没有失职，也没有任何人能对他说："你应该去用身体压住那枚手榴弹。"这就是超额义务的可能性——这种行为虽然在道德上是令人钦佩的，但却超出了义务的范围——既是常识道德的核心组成部分，也是我们大多数人所持有的赖以生存的道德准则。然而，正如亨利·西季威克所说，它的存在似乎对常识造成了一个难题：

> 当然，我们应该同意一个真正有道德的人不能这样对自己说："从整体上来看我这么做是最好的，这虽然是在我的能力范围之内，但却不是我的义务。"这似乎使常识陷入一个不道德的悖论。②

这段话的背景，是关于美德与义务之间关系的讨论，它表明，西季威克所说的"整体上最好的东西"指的是"道德上最好的"或是"有德性的"。

西季威克通过区分义务的概念，以及我们应不应该因什么而受到责备，从而避免了这个悖论。虽然美德的确会涉及做一些通常被认为是超额义务的行为，但是责备所有没有达到这个标准的人是无意义的：

---

① Urmson, "Saints and Heroes," in A. I. Melden (ed.), *Essays in Moral Philosophy*, Seattle, WA, and London: University of Washington Press, 1958, p. 202.

② Sidgwick, *The Methods of Ethics*, 7th edn., London: Macmillan, 1907, p. 220.

> 总的来说,我们认为最好的促进道德提升的方法是,赞扬那些超出日常规范的行为,并限制我们对明显低于这一标准的行为的谴责……

然而,西季威克的解答可能只会说服那些承认常识是"无意识的功利主义"(unconsciously utilitarian)的人。[1] 从表面上看,常识(即使是"无意识的")并不会将超额义务仅仅视为一套允许我们指责其最佳使用的装置。所以,如果西季威克关于"常识会分辨出不道德的悖论"的观点是正确的,那么我们就会在常识道德中面临另一种类似的张力,这一点西季威克已经在别处有力地表达出来了。然而,我怀疑许多人在一开始并没有认识到这个悖论,即他们认为没有义务去成为有美德的人,以及美德是超额的义务。这就引出了此篇文章的核心问题:是否有一种美德理论能够将常识观点整合在一起? 抑或是我们应该采纳西季威克的更为苛刻的理想主张?[2]

1.2 超额义务

我们应该怎样理解超额义务的常识性概念呢?

简约性驱使我们去尽可能简单地解释理论。因此我建议,一个被认为是超额义务的行为,应该符合以下三个条件:

(a) 非义务。这个行为不能是道德上的义务。[3]

(b) 有道德价值。在道德上,履行这个行为必须比不履行更有价值。

(c) 适当的动机。这个行为必须有适当的动机。[4]

首条"非义务"的条件(a)可能看起来与分析密切相关,从超额义务的概念

---

[1] Sidgwick, *The Methods of Ethics*, pp. 424,454.

[2] 这种观点认为美德伦理学可以通过"道德理想观察者"的概念来体现超额义务,参见 Kawall, "Virtue Theory, Ideal Observers, and the Supererogatory," *Philosophical Studies*, 146 (2009): 179 - 196。

[3] 参见 Chisholm and Sosa, "Intrinsic Preferability and the Problem of Supererogation," *Synthese*, 16 (1966): 327。

[4] 从更广泛的意义上讲,如果一个行为可以被适当激励,那么它在道德上是有价值的,或许可以将此行为看作超额义务。但是,我所关心的是那些有适当动机的行为。参见 Montague, "Acts, Agents, and Supererogation," *American Philosophical Quarterly*, 26(1989): 100 - 111。

中提取关于义务的含义。正如我们所见，厄姆森称，假如这个士兵决定不牺牲自己，就没人能告诉他应该这样做。但是，也许会有一种更弱意义上的"应当"或"义务"来允许此类行为。① 我们可以设想，当其他人前赴后继时，一位临阵退缩的士兵在事后会感到羞愧，甚至责备自己["牺牲的本该是我"，"我本该（should）那样做"，"我应该（ought to）那样做"]，虽然他相信其实他并没有违反任何严格的道德义务。如果这种较弱的感觉是存在的并且合乎逻辑，那么就会使我们陷入对行动者完全可以随意选择是否履行超额义务的理论的怀疑，这种感觉与"我是现在吃我的最后一颗糖，还是存起来稍后吃"完全取决于"我"是一样的。② 但是，无论这个意义上的讨论是否在别处仍有争议的余地，我们都可以看到超额义务的常识概念是包括条件(a)的。

世界视域与中西思想

146

我们也不需要说服自己去承认如下观点，即有一个能够用"应该"的③陈述

_____

① 参见，例如，费因伯格 Feinberg, "Supererogation and Rules," *Ethics*, 71(1961): 276 - 277; 福利斯特 Forrester, "Some Remarks on Obligation, Permission, and Supererogation," *Ethics*, 85(1975): 219; 丹西 Dancy, "Supererogation and Moral Realism," in J. Dancy et al. (eds.), *Language, Duty, and Value*, Stanford: Stanford University Press, 1988, pp. 175. 参见特里安奥斯基(Trianosky)的建议，我们需要区分道义和现实的判断，来解释为什么我们感觉有必要为不执行超额义务的行为提供借口。Trianosky, "Supererogation, Wrongdoing, and Vice: On the Autonomy of the Ethics of Virtue," *Journal of Philosophy*, 83(1986): 27 - 30. 参见海尔 Hale, "Against Supererogation," *American Philosophical Quarterly*, 28(1991): 273; 梅勒马(Mellema)的"准超额"行为是非强制性的，但被遗漏应该受到责备，参见 Mellema, *Beyond the Call of Duty: Supererogation, Obligation, and Offence*, Albany, NY: State University of New York Press, 1991, ch. 5; 约翰逊(Johnson)在"权利"的两种意义上提到的区分：权利是足够充足的，权利在道德上是极好的，参见 Johnson, "Virtue and Right," *Ethics*, 113(2003): 825; 马科维茨(Markovits)的建议是"超额的行为"可能是强制性的，但是我们不应该要求别人这样做，参见 Markovits, "Saints, Heroes, Sages, and Villains," *Philosophical Studies*, 158(2012): 289 - 311.

② 参见，例如，Urmson, "Saints and Heroes," p. 203; 麦克纳马拉 McNamara, "Making Room for Going Beyond the Call," *Mind*, 105(1996): 420; 齐默尔曼 Zimmerman, *The Concept of Moral Obligation*, Cambridge: Cambridge University Press, 1996, p. 236.

③ 参见，例如，如拉兹 Raz, "Permissions and Supererogation," *American Philosophical Quarterly*, 12 (1975): 164; 波特莫尔(Portmore)的建议是，超额义务的行为是最具有道德理由让我们去做的，而我们有充分的理由去做其他的行动，Portmore, "Person-Relative Consequentialism, Agent-Centered Options, and Supererogation," *Ethics*, 113(2003): 307; 正如珀斯陶(Postow)所指出的那样，这一观点使超额行为在一个重要的意义上是非理性的，Postow, "Supererogation Again," *Journal of Value Inquiry*, 39 (2005): 246. 而波特莫尔本人后来也因为这一原因改变了立场，Portmore, "Are Moral Reasons Morally Overriding?" *Ethical Theory and Moral Practice*, 11(2008): 382, n, 21.

形式加以表达的决定性理由,去行使超额义务行为。至少在很多情况下,常识只允许有理由去超越义务,而不是说没有做到这一点就是对理性的错误反应。事实上,行动者甚至不需要为没有履行超额义务而寻找任何的理由。以霍根(Horgan)和狄梦思(Timmons)对奥利维亚事件的讨论为例。

> 奥莉维亚的援助。奥莉维亚和她的丈夫斯坦最近搬到了圣路易斯,他们都在当地的一所大学任教。在他们搬入新家的第一个星期,奥莉维亚参加了一个由新邻居组织的街区聚会,在那里她认识了一个叫玛丽的新晋的寡妇,奥莉维亚一家和玛丽住得很近,只隔几户人家。在谈话中,奥莉维亚得知玛丽已经和她丈夫结婚48年了,不幸的是她的丈夫不久前因癌症去世了。奥莉维亚也知道了玛丽是一个狂热的棒球迷,过去玛丽和她的丈夫经常参加红雀队的比赛。如今无人陪她一起,她就不再去了。第二天,奥莉维亚觉得邀请玛丽一起参加红雀队的比赛或许会是一个很好的主意,虽然她自己对这个比赛没有特别的兴趣。但她认为:"有一个能做一些对别人好的事情的机会,而且离秋季学期开始还有好几周,为什么不做呢?"于是她打电话给玛丽,玛丽很高兴受到邀请,最终她们一起去参加了比赛。

正如霍根和狄梦思所指出的[1],如果奥莉维亚决定不发出邀请的话她也不需要任何的借口。邀请玛丽的理由不是任何意义上的"规定"(不论在道德上,理性上,或不管什么上),而是出于善意本身。这种情况意味着,我们包括了更进一步的"牺牲"的常识性的表述是错误的。超额义务,虽然代价通常非常昂贵,但也可以没有代价:奥莉维亚可能知道她会喜欢这个比赛。

我将条件(b)放在道德价值的层面上,去避开那些有关值得赞扬和值得责备的问题,比如西季威克提出的绕过不道德的悖论。"值得赞扬的"一词包含至少两种截然不同的理解:"应得的表扬"和"值得表扬"(即"有理由赞美")。这两

---

① Horgan and Timmons, "Untying a Knot from the Inside Out: Reflections on the 'Paradox' of Supererogation," *Social Philosophy & Policy*, 27(2010): 48.

种理解可以分开。我们可以想象,有人做了应该得到赞扬的事情,但因为一个理由——也许是一个决定性的理由——而不能赞扬他们(因为他们非常害羞,或是因为他们会受到一些嫉妒他们备受关注的人的伤害),也有一些案例,有时候会有理由去赞美一些完全不值得称赞的东西(比如对劫持你的人的陈词滥调)。理解超额义务的重要意义是属于第一种的,并且这是与道德价值相对合理联系的。在一个关于超额义务的标准案例中,严格地说,我们所赞扬的既不是超额义务的行为本身,因为它被认为是独立于行动者的,也不赞扬行动者的动因,而是赞扬行动者所做的事情。在手榴弹的例子里,正如厄姆森所说,牺牲自己的士兵证明了自己在"某种程度上优于"他的战友们。也就是说,在他选择这么做的时候,他在道德上是出众的;尽管或许在其他方面,他是个彻头彻尾的无赖,总体上都比他的战友们逊色。另一个避免谈论责备和可责备性的好处在于,根据常识,我们无须再纠结于如下问题,即责备是否仅仅适用于没能履行自己责任的失败者,而非无法践履超额义务的人。

至于最后一个条件,关于适当的动机。我们再次考虑手榴弹案例。厄姆森含蓄地建议我们假设一切都像看上去的那样。如果我们知道那个士兵相信,在所有的他的战友中,只有他知道手榴弹是假的,并且通过他明显的自我牺牲的意愿来寻求别人对他的赞赏,我们可能会改变我们以前的看法。

1.3 超额义务简史

厄姆森的文章试图推翻他之前所认为的,关于行为标准的三重哲学分类,即分为:义务、被允许的行为,以及错误的行为,这些都被他视为"不充分的道德事实"[①]。虽然还不清楚,我猜想厄姆森认为,因为关于相信"超额义务"的理由是如此强烈,任何忽视它的道德理论本身都是不完善、不充足的。

从表面上看,厄姆森的立场可能有些狭隘。想象一下,一些道德理论停留在"活烧孩子不会使他们感到痛苦"这样的观点上。这一观点是那么地与事实不相符,并将永远如此,因此这个观点肯定会被拒绝。但超额义务不是这样的,直到最近,它才通过基督教成为我们概念框架的一部分。简而言之,这个故事

---

① Urmson, J, "Saints and Heroes," pp. 199.

大致如下。① 在《马太福音》中,我们读到如下关于一个富有的年轻人与耶稣见面的描述:

> [16] 有一个人来见耶稣,说:"夫子(有古卷:良善的夫子),我该做什么善事才能得到永生?"
>
> [17] 耶稣对他说:"你为什么以善事问我呢? 只有一位是善的(有古卷:你为什么称我是良善的? 除了神以外,没有一个良善的)。你若要进入永生,就当遵守诫命。"
>
> [18] 他说:"什么诫命?"耶稣说:"就是不可杀人;不可奸淫;不可盗窃;不可作假见证。"
>
> [19] "当孝敬父母;又当爱人如己。"
>
> [20] 那少年人说:"这一切我都遵守了,还缺少什么呢?"
>
> [21] 耶稣说:"你若愿意作完全人,可去变卖你所有的,分给穷人,就必有财宝在天上;你还要来跟从我。"
>
> (《马太福音》19:16—21,詹姆斯国王版(钦定本))

在第三和第四世纪,教会的教父们用这段经文来证明,贫穷和顺从是修道生活所必需的条件。② 然后,在圣·安布罗斯(St. Ambrose)和圣·奥古斯丁(St. Augustine)的作品中,我们第一次发现了"戒律"(命令)和"忠告"(建议)之间的区别。超额义务学说可以进一步发展的一个重要动机,是其可在"赎罪券"制度中扮演的角色,这其中包含了耶稣和圣徒的功绩会被储存在被称为"教会的精神宝库"③中这样一个观点。这个功绩可以从教皇那里获得,作为参加十字军东征的补偿,或者把购买赎罪券作为一种赦免罪恶的方法(至少最初有罪者是真诚地去忏悔的)。这个教条在阿奎那(Aquinas)那里得到了最仔细和有

---

① 参见海德 Heyd, *Supererogation: Its Status in Ethical Theory*, Cambridge: Cambridge University Press, 1982, pp. 13 - 29;丹忒奥拉斯 Denteoras, "The Birth of Supererogation," 2011, unpublished, TS.

② 在同一章节中的稍前面的段落中,贞洁是合理的:[10]门徒对耶稣说,人和妻子既然是如此,倒不如不娶。[11]但是,耶稣说,这话不是人都能领受的,唯独赐给谁,谁才能领受。[12]因为有些人生来就是阉人,也有被阉割的,并有为天国的缘故而自阉的。这话谁能领受,就可以领受。

③ 参见贾丁 Jardine, *Worldly Goods: A New History of the Renaissance*, London: Macmillan, 1996, pp. 335 - 336。按:感谢茱莉亚·安娜丝(Julia Annas)提供了我这个参考。

影响力的发展,他把基于十诫的"旧法"与关于自由的"新法"做了对比。① 新法不仅规定了获得拯救的必要条件,而且还提供了一些有效、快速实现目标的方法——即贞洁,贫穷和服从。②

"超额义务"的教义和"赎罪券制度"是宗教改革过程中最主要的批评对象。③ 据路德(Luther)所述,即使是圣人,在他们大部分完美的工作中,也不需要超过本身的要求,因此他们没有多余的价值去帮助那些"懒惰"的人④,然而加尔文(Calvin)则认为正义是被恩典的,而不是工作,而且因为我们所拥有的一切都是上帝赋予的,因此我们是谁,或者我们做了什么事,对我们来说都没有任何功绩可言。⑤

赎罪券不再在天主教会内出售,但"超额义务"仍是天主教教义和常识性的道德的一部分。有一种假说称,宗教改革及其之后的神学家主要是为了废除"赎罪券"的制度,如果他们获得成功,那么就仅剩下超额义务了。或者,当然,这很可能是伦理思想史上有趣的扭转,很大程度上源于对《圣经》中一两个段落的解读,使得我们第一次可以去理解那些关于道德的最重要的方面,而那些方面一直被苏格拉底、柏拉图、亚里士多德以及所有的前基督教的希腊化时期的哲学家们所隐藏起来。但是,关于我之反对厄姆森的观点并不依赖于任何这样的假设。我想强调的是,表面上显而易见的"道德事实"已经随着时间的推移发生了变化,因而,不管某些道德理论对超额义务赞成与否,我们都不能煞有其事地地支持或者反对它。这个学说必须基于它自身的优点进行辩护。当然,厄姆森以及其他人提供了一些的辩护的理由,我将会在下文进行陈述。但我首先想要解释的是亚里士多德关于美德的思想,他与西季威克的观点一样,都是与我上文所概述的超额义务不一致的。接着,我们可以设想:那些倾心于亚里士多

---

① 参见阿奎那 Aquinas, *Summa Theologica*, Fathers of the Dominican Province (trans.), 3 vols., New York: Benziger Bros, 1947, pp. I-II, Q. 107, Art, 1; Q. 108, Art, 4。

② 参见欧文 Irwin, *The Development of Ethics*, vol. 1, Oxford: Oxford University Press, 2007, sect. 340。

③ 大部分的批评都是针对特尔图里(Tertulian)而非阿奎那的。参见 Trianosky, "Supererogation," in E. Craig (ed.), *Routledge Encyclopedia of Philosophy*, vol. 9, London: Routledge, 1998, sect. 1, 232。

④ Luther, "Explanations of the Ninety-Five Theses," in *Works*, vol. 31, H. Grimm (ed.), Philadelphia: Muhlenberg Press, 1957, pp. 213, 215.

⑤ Calvin, *Institutes of the Christian Religion*, J. McNeill (ed.), F. Battles (trans.), Philadelphia, PA: Westminster Press, 1960, sect. 3. 14. 3, 15.

德主义美德观的人,在回应支持超额义务的后亚里士多德主义时,是否会倾向于对其自身理论做出修正。

1.4 亚里士多德主义的美德观

亚里士多德注意到,人的生命可以被看作是由几个不同的"圈层"组成的,每层都包含着某些特有的感受或行为。一个圈层中涉及感觉,大致可解释为包括情感以及快乐和疼痛。所有在出生后长大成人的人们,都将经历例如恐惧、信任、欲望、愤怒、怜悯、快乐和痛苦等情感。而美德在于"在正确的时间,以正确的方式,针对正确的人做正确的事情,得到正确的结果",拥有这些感觉——这便是"中庸,即最好"(亚里士多德 1894:1106 b21 - 2)。① 中庸,位于两个极端之间,即在两种错误之间。请试想下"愤怒"(1894:4. 5)。性情平和的优点在于,可以在正确的时间对正确的事感到愤怒等等。有一系列非常常见的过度的恶习:在错误的时间,因为错误的事情而感到生气,或者是长期愤怒、脾气来得太快等等。但是也有一系列有缺陷的缺点,导致人们无法在正确的时间,对正确的事感到愤怒等等。正如亚里士多德运用弓箭手来类比有德之人的标准时所说的:"有很多方法会导致失败,但成功的方法只有一个。"(1894:1106 b28 - 31)。

同样的分析也适用于分析行为。就钱来说,几乎所有人都会在他们人生的某些特定阶段关心关于钱的管理问题。在这里美德就是慷慨,以及是在合适的时间,给对的人适量的钱等等(1894:4. 1)。② 过度的缺点就是浪费和吝啬。此外,正如亚里士多德所指出的(1894:1121 a30 - 32),过度和不足的缺点通常一起出现。如果你浪费了你的钱,那么你将无法在你应该给予的时候给予,因此最终会变得吝啬。

亚里士多德的叙述并没有要求有道德人的完全成功。在某些场合,慷慨的人的付出可能与正确或高尚的标准基本持平(因此,他会为他所做的事情承受适度的痛苦)(1894:1121a1 - 2)。但是,这种解释是无法越过义务的。中庸之

---

① 此译文出自笔者。

② 亚里士多德把金钱也归入慷慨的范围内,建立一个独立的美德来管理这个活动也许是更明智的,尽管这两者当然是密切相关的。

道本身就是一种表达义务的语言。当出于义务去做一件事的时候,有道德的人会变得愤怒。① 如果我们采纳《新律》的三个建议,那么亚里士多德学派的观点便是属于新教而非天主教。如果贫穷、服从和贞洁是道德层面的理想生活的一部分,那么它们便是你的义务。这同样也适用于其他方面的牺牲,包括生命本身,正如我们在亚里士多德的《伦理学》第九卷第八章中所看到的:

> 对一个善良的人也是如此,他可以为朋友和祖国做非常多的事,如果必须,他甚至可以为他们而死;他会牺牲金钱、荣誉和一般人们所竞相争取的东西,来获得他所认为的高尚。(1894:1169a18 - 20)

在亚里士多德的描述中,有道德的人不可能完全自我牺牲,也就是说,不可能为了别人的利益而放弃自己最好的东西。但这里重要的是义务和美德之间的联系。虽然亚里士多德对此说得并不清楚,但很显然,有道德的人为他人而死并不是超额义务,而是美德,美德之所以是美德,在于一个人履行了自己的义务。这就是他对于"手榴弹故事"的理解。牺牲自己扑在手榴弹上是每个士兵的义务,而等到其他士兵这样做的时候,就已经太迟了。慷慨也是一样,举个例子,如果一个有道德的人向乐施会进行大笔捐款,而不是把钱花在为自己买奢侈品上,我们可以断定这是他的义务。美德本身就是一种超越:你不能再超越它(1894:1107a7 - 8)。

当一个自称有道德的人认可某些行为是最好的——"道德上"是最好

---

① 里德尔(Liddell)和斯科特(Scott)使用"必须"和"应该"这样的概念,但我认为在这种情况下,这意味着什么是"义务"。参见 Liddell, and Scott, *Greek-English Lexicon*, 9th edn., Oxford: Clarendon Press, 1940, s. v.。比如,伍德豪斯 Woodhouse, *English-Greek Dictionary*, London: George Routledge and Sons, 1910, p. s. v.。有人可能会说,亚里士多德区分了强的和弱的责任感(参见 1.2 节)。例如,他接受了一种目的论的义务概念,根据这一概念,某些基本职责(或"必需品")的履行需要道德上的尊重(或"诚实")——正如阿奎那所言,参见 Aquinas, *Summa Theologica*, 3 vols., Fathers of the Dominican Province (trans.), pp. II-II Q. 80, Art. 1;感谢特里·欧文(Terry Irwin)提供的参考资料——还有其他不那么基本的义务,以获得更大的尊重(*maiorem honestatem*)。但是,在亚里士多德的著作中,没有任何关于这种区别的文本证据。在关于亚里士多德的最常见的解读中,美德在于履行那些绝对的和非目的论的义务,请参阅下文中关于适切性的讨论。

的——但却否认这是她/他自己应当承担的义务时,西季威克的不道德悖论便出现了。这代表了在文本中众所周知的被称为"善与应当的绑定"的失败。[①]然而,从表面上看,这一所谓的捆绑对于一位"反超额义务者"来说似乎是一个颇不牢靠的基础。比如,试想那些"允许最佳事态发生,却否认我们应当主动促进它们形成"的许多义务论的观点,也许是因为它可能会涉及不公正或违反其他的一些边际约束(side-constraint)。亚里士多德的立场是相当不同的,在《伦理学》一书的最后,亚里士多德将实践美德的生活与沉思的生活进行了比较,称前者:

> 我们要做的就是行动,勇敢的行动,以及依照美德的其他行动,在个体之间,在合同、服务和各种行动中,以及在感觉上也同样如此,保持那些对每个人都是合适的东西。(1894:1178. a10-13)

我们尚不清楚该如何准确地理解"对每个人都是合适的"。通常情况下,这句话可被用于指回到最初的"彼此"之意,但在我看来这是不太可能的,因为在希腊语中,这两个短语之间是有差距的。现在,我们必须在两者中做出一个选择:亚里士多德要么建议我们去维护适合于我们自身的行动与感受,要么是让我们在行动与感觉的关系之中维护我们每一个人。无论亚里士多德的意思是什么,其思想都是相似的,并且可以通过引用中庸的原则来阐明。在我们生活的每一个圈层中,都会有与行动和感受相匹配或相适应的发现自我的情境。这种"适切性(fittingness)"在某种意义上是基础性的,但是,这并不是说该概念不可以通过指涉殊相来加以澄清(1894:1109 b22-3 and passim)。"你为什么要给那个人那么多钱?""她正在推进一个有价值的事业,这将有助于预防发展中国家人们的失明现象。这个月我已经用我大部分的收入为一个朋友提供了一笔买房子的过渡性贷款,所以我实在拿不出更多的钱了。"在这一点上,一个拥有任何程度的道德洞察力或者实践智慧的人,都可能会是满意的。另一个可以称道的地方是:我们不再需要大费周章地对那些无视他人需要的利己主义者来解

---

① 丹西:"超额义务的问题是,道德思想如何在不具有规定性的情况下进行评估的问题。"Dancy, "Supererogation and Moral Realism," p. 180;Heyd, *Supererogation：Its Status in Ethical Theory*, p. 4.

释道德伦理了。[①]

　　亚里士多德的适切性和义务的概念是密切相关的。我们应该关注的中道，要么可以被描述为"何谓适切"，要么可以用"义务"加以解释。换句话说，我们在亚里士多德那里找到的与其说是"善与应当的绑定"（good-ought tie-up），不如说是"适切性与义务的绑定"（fittingness-duty tie-up）。适切性不是善，而是介于情境、行动和感受之间的一种关系。从概念上说，美德是适切性和义务的结果，其特征就倾向而言表现为履行义务去行动和去感受。所以，这给了我们一种义务——美德的绑定（good-ought tie-up）。最后，道德价值（to kalon）依附于美德的实践，某人之所以会行动与感受，就在于其义务促使其去行动和感受，并且这些行动和感受将会有益于他所处的情境。所以我们得到一种四重绑定关系：道德价值—美德—义务—适切性。我把这称作"伦理的适切性理论"。在这里我们可能会想起布罗德（C. D. Broad）的关于正当性的观点。

　　在我看来，当我说什么是"正确"的时候，我总是把它当作在更广泛的总体情况中的一个因素，我的意思是，它是"适切地"或"恰当地"与该情况下的其他因素相关。当我说到"错误"的时候，我是认为这是"不恰当地"或"不合适地"与其他的情况相关……我刚才所断言的不是，也不假装是，对"正确"和"错误"的分析定义。它的确揭示了它们的关系特征，并将它们与某些其他的观念联系起来。但是，这种暗含在"正确"和"错误"概念中的适切性和不适切性，就我所知，是具体且不可分析的。[②]

　　上述的亚里士多德式观点的各个组成部分——即我所提及的绑定关系——在我看来似乎是独立的，而且它们的连贯性又增加了整体的可信度。你的义务就是做适合你所处情境的事；不按照你的义务行事便是不适切且不恰当的。美德不可能存在于不合适的行为或感觉之中，很难看到恰当的行为或感觉

154
世界视域与中西思想

────────────

[①] 参见麦克道威尔 McDowell, "The Role of Eudaimonia in Aristotle's Ethics," in A. Rorty (ed.), *Essays on Aristotle's Ethics*, Berkeley and Los Angeles, CA: University of California Press, 1980, pp. 369–372。

[②] 罗斯（Ross）赞许地引用了布罗德（Broad）的观点，并且还提及了克拉克（Clarke）。参见 Ross, *Foundations of Ethics*, Oxford: Clarendon Press, 1939, pp. 51–55；Broad, *Five Types of Ethical Theory*, London: Kegan Paul, Trench, Trubner & Co., 1930, pp. 164–165。菲利普·斯特拉顿-莱克（Philip Stratton-Lake）准确地指出，从各种原因来看，对于适切性的解释与义务的解释是多么相近。Stratton-Lake, "Introduction," in W. D. Ross, *The Right and the Good*, Oxford: Clarendon Press, 2002, p. xxxv.

中没有道德上的价值;同时,如果不行道德之事,抑或是没能适恰地行动或感受,那么剩下的恐怕只有邪恶和道德上的无价值。

在某些特定案例中,亚里士多德会认为"帮助他人做事"与"为自己做事"在大体上是同等适切的。但在这些情况下,他人之事和自我之事中的任何一件事,都将成为你的义务;质言之,帮助他人将不会"超越"你的义务。那么关于"手榴弹"案例呢?在这里,我认为,亚里士多德会否认,当别人为你牺牲自己的生命时,你袖手旁边是恰当的。如果一个人不确定什么是恰当的,那他可以检视其道德价值的选择,因为道德价值和恰当性(通过美德和义务)之间有(间接的)绑定关系。所以,在这种情况下不牺牲自己是邪恶的(这是懦弱的表现,而且很可能违背了战友情谊的义务)。①

然而,关于超额义务的论据可能会强烈反对亚里士多德的观点。现在让我们来讨论一下厄姆森在论文中所提及的这些问题。

1.5 超额义务的论据

厄姆森提出了五个理由②,来帮助"超额义务"在一种伦理理论中腾出一席之地。③ 其中一些理由已经在被他的文章所启发的著作中被批评或进一步发展。④ 让我们来依次处理这些文本。

1. 在所有人都必须遵守道德要求的问题上,必须给予特别的紧迫地位,并施加特别的压力。

厄姆森观点中的一个问题是,在他的论文中,他已经从讨论什么是正确的道德理论转移到了研究"什么道德准则最能满足人的需要"⑤的问题上。这就解释

---

① 在附录中,我提供了对海德对于亚里士多德道德规范中所提出的超额义务,或超额义务的基础的建议的回应。

② J. Urmson, "Saints and Heroes," pp. 211 – 214.

③ 虽然这篇文章并不提倡"美德伦理学",但我认为任何关于伦理的或道德美德的叙述,都会在某种程度上将德性与我们应该做的道德行为联系在一起,并因此与伦理理论联系起来。

④ 本节中所有其他未说明的引用均自 J. Urmson, "Saints and Heroes," pp. 198 – 216。

⑤ J. Urmson, "Saints and Heroes," p. 211.

了,一方面,他能够(正确地)指出传统的功利主义与"超额义务"观点①的不一致之处,而另一方面,又能很好地主张功利主义最好能够"适应超额义务的事实"②。根据功利主义,如果我们做一些简单的假设,如假设手榴弹案例中牺牲的士兵只是在尽他的义务;但是,如果使用功利主义的术语,使用道德制裁去强制执行这样的义务只会适得其反。③

它(强制执行这样的义务)是否会产生反作用,在很大程度上是一个经验主义的问题,那些从事应用伦理学的人,而不是理论伦理学的人对此问题更感兴趣。④ 当然,在涉及帮助别人时,我似乎很难相信我们目前松懈的道德准则是最有效的。在我看来,试图向士兵们反复灌输一种常识性的道德原则(如杜尔斯等礼仪)以促进自我牺牲,似乎也不会弄巧成拙。实际上,这可能更符合士兵们的利益。⑤

然而,如果我们把厄姆森的建议从功利主义的语境中分离出来,那么我们就可以问,道德本身是否应该被看作是将超额义务的行为作为一种对某些义务的紧迫性的反映。如果我们把义务放在一个紧迫性从多至少的比例上,我们尚不清楚为什么需要在"超额义务"的学说中隐含某种阈值。⑥ 这可能是因为,为战友而牺牲的义务要比不去谋杀他们的义务弱得多,因此紧迫性也不高。但是,似乎没有什么直接的理由来解释,为什么我们认为这是完全没有义务的。

2. 如果我们要履行诸如债务、谴责失败之类的基本义务,在一般情况下,这些义务就必须要在普通人的能力范围之内。

在这里,厄姆森的观点是,要考虑将亚里士多德的义务观应用在诸如手榴弹案

---

① J. Urmson, "Saints and Heroes," pp. 206 - 207.

② J. Urmson, "Saints and Heroes," pp. 208,214 - 215.

③ 正如我们所看到的,这与西季威克的观点很接近。

④ 参见 Clark, "The Meritorious and the Mandatory," *Proceedings of the Aristotelian Society*,79(1978 - 1979):27。

⑤ 请注意,厄姆森最初的例子涉及手榴弹。托尼·柯迪(Tony Coady)提示我,这可能是厄姆森认为在场的每位士兵都有义务去牺牲自己。

⑥ 参见纽 New, "Saints, Heroes, and Utilitarians," *Philosophy*,49(1974):180 - 181;阿特菲尔德 Attfield, "Supererogation and Double Standards," *Mind*,99(1979):482。

例这种情况下的影响。他认为,如果某些高要求的行动中只有一小部分人能够胜任,并且称之为义务,那么义务似乎则是一件高不可攀的事情,而不适用于"我们这样的人"(即"普通人")。

重申一下,这种观点关心的不是伦理理论,而是什么是最好的道德准则。因此,接受厄姆森的观点对亚里士多德学派来说是没有问题的,并且,再一次效仿西季威克的做法,去反对那些"仅仅适用于极端案例的严苛义务的主张"。但是,同样不清楚的是,关于这些义务的讨论,特别是如果他们是罕见的,将"不可避免"地把重要的义务的概念变得声名狼藉。厄姆森对于禁令的对比表明,任何道德义务都必须适用于所有人。但是,亚里士多德主义明确地指出,有些义务只能由特殊的人执行,所以,那些在心理上没有能力履行义务的人,不必觉得他们自己没有尽到义务。虽然,这些义务并不适用于"我们这样的人",但还有很多其他的义务是适用的。

3. 一个道德准则,如果它的确是一个准则的话,则必须是可公式化的,而且如果它作为一个要求遵守的准则的话,那么它必须在一种可操控的复杂规则的范围之内被公式化。

在这里,厄姆森认为,某些道德规则——比如"不杀人"或"不失信"——很容易被公式化和应用。然而,尝试制定一些复杂的规则来确定一个人何时抑或是否有义务动身去护理麻风病人则是荒谬的。厄姆森还提到了另外两个关于"超额义务"的例子:免除债务和照顾生病的邻居。

亚里士多德本人无疑会有些怀疑,关于谋杀和承诺的规则的运用,是否和厄姆森所主张的一样清楚。在一场正义战争中,非战斗人员由于一些被预见的进攻性行动而被杀,这是否属于谋杀? 如果履行承诺会伤害承诺人,我应该遵守诺言吗? 甚至在这里,也需要某种程度的实践智慧。我们也不应该期待一个道德理论能够提供不同的原则,来涵盖人类可以互相受益的所有不同的方式。似乎没有理由认为,当一个简单的原则,如"力所能及地帮助他人",被理解为义务原则时,不能被大多数人有效地应用。[1] 的确,常识性道德本身似乎包含了

---

[1] 参见 New, "Saints, Heroes, and Utilitarians," p. 182; Attfield, "Supererogation and Double Standards," p. 483; Heyd, *Supererogation: Its Status in Ethical Theory*, p. 167。

这样一个原则,这就引起了一种特殊的困难,即区别于原则适用的案例和适用"超额义务"的案例。该困难将会反映在所有的道德理论之中(并且这些道德理论将包括任何一条伴随着超额义务的慈善原则)。此外,当我们用理论去重新解释那些看起来像超额义务(但是实际上却是被不完备的义务所左右的判断)的案例时,该困难将会持续向我们施压。

> 4. 当我们是利害相关方时,我们有权要求他人服从我们——这就是义务概念的一部分。当然,我们也要明确"何为对他人的所想所求"以及"何为对他人的所望,并且在获得时应怀有感激之心"之间的区别。义务在这条线的一边,其他有道德价值的行为在另一边,这才是正确的做法。

厄姆森把守信作为一个我们可以向别人要求的一个例子,他主张,我们不能要求陌生人在我们生病的时候照顾我们,或当我们疲惫的时候给我们一支烟,尽管任何形式的援助都属于超额义务,但却都有道德价值。请注意,厄姆森此处并不旨在分析"要求"(demand)概念本身。这对他来说,只不过是重申了一下常识的观点而已。相反的,他认为这是一个观念上的事实,我们有权要求他人遵守他们的义务。

首先,在我看来,这显然不是一个概念层面的真理(所以它不是"义务的概念的一部分")。第二,似乎很清楚,常识并没有考虑到这种义务的观点。例如,有时候要求一个受益者表示感谢是很不礼貌的。正如,原则上应受的谴责可以和实践中应受的谴责区分开来。所以,同样的道理也适用于一个人是否有权去要求他人服从。可能有些情况,比如涉及香烟,也许,因为你潜在的捐益者有义务帮助你,你有理由要求他服从。但是,总体上有更重要的原因不这样做(比如基于现实生活中道德系统的可操作性,或者是没有任何办法成功的情形,又或者是存在显著的导致他人伤害的可能性)。此外,"未完成的义务"(imperfect duty)这一特定概念依赖于普遍意义上的义务概念。打个比方,仁慈(benevolence)这一普遍的义务概念意味着必须摒弃任意一个处于某一具体位置的个体所具有的任何利益诉求。所以,缺乏要求他人实施行动的权利[这些行动构成了(也许仅是部分构成)某些义务的践履],并不是超额义务的证据来源。

海德(Heyd)为厄姆森的第四个主张提供了一个更进一步的论证。[1] 这个论点是基于这样一种观点,即个人有自主权,去自主地追求他们自己选择的目标,去满足自己的欲望,追求个人的理想。海德认为这"类似于人们所广泛接受的观念,即个人不应该因为促进整体的幸福而被牺牲"。

尽管亚里士多德本人没有把任何非工具的价值置于海德所宣称的自主承担权利的基础上,也没有什么能阻止亚里士多德学派允许这样的权利。的确,这一权利本身可能在设定道德要求的限制方面发挥作用。让我们说,慷慨要求有道德的行动者将她收入的大约5％捐给慈善事业。内含自主权利的亚里士多德主义的观点,可能会允许行动者自行决定如何使用剩余的工资。当然,她可能选择捐献超过5％,尽管这是允许的,但它并没有特别的道德价值。如果明确地说具有这样的价值,那么亚里士多德学派就会宣称,要求作出牺牲的水平被定得太低了。然而在某些时候,它将会失去作用,此时任何超出这一范围的牺牲,似乎都将被视为诸如鲁莽或"浪费"等恶习的后果。那么,主体的判断或许就需要一种与超额义务提供纲领无涉的自主权利。

> 5. 在基本道德义务的情况下,我们的行动在某种程度上会受到约束……但是自由选择更好的行动方针,总是比压力下的行动更可取,即使压力是道德的……给某人施加压力,以促成英雄主义行为的想法是令人恐惧的。

厄姆森这里的第一个观点可能会关注到动机。如果是这样的话,亚里士多德学派将不会有困难了。亚里士多德本人并不认为有道德的人按照道德行事时,会感到被义务约束;相反,真正驱动道德之人的是随附于道德义务行为的道德价值。如果厄姆森只是从道德理论的角度来说,这似乎只不过是重申了超额义务学说的理论,根据其义理,只有在超越义务之时方可具有特殊的道德价值。所以用亚里士多德主义来解释义务的实施,可以说明相同的道德价值是可以获得的。

---

[1] Heyd, *Supererogation：Its Status in Ethical Theory*, pp. 167,172 - 175.

厄姆森的第二观点关注的是,向他人施压以促成其英勇行为的道德问题。在这里,我们可能会诉诸一项原则,即在某些场合下,对个人施加道德压力的做法是错误的。事实上,这是宽容美德的核心,并且,没有什么可以阻止把这一原则纳入道德理论中。因此,尽管每个士兵在手榴弹案例中都有牺牲自己的义务,但对他们施加道德上的压力,并要求他们履行这个义务是错误的。

海德提供了一个论据,他认为这是发展厄姆森第五个观点的主题。[①] 根据这一论点,与义务道德不同的是,超额义务允许自由表达个人选择的价值(而不是权利),包括行动者自己所选择的对他人的偏袒。然而,海德再一次对义务的道德性做出了过分的假设。一种对行动者要求的道德限制,可以为自主权的价值腾出空间。事实上,我们可以认为,它比允许一个"超额义务"完全自主的道德更有空间。因为在有限的道德义务中,行动者需要不受任何思想的束缚,不被任何选择特定行为会导致道德价值损失的想法所约束。在这件事上,真的取决于她如何采取行动,道德是无法左右的。

1.6　伦理理论的简约性

我认为,就超额义务而言,关于美德与义务之间关系的经典概念,尤其是基于适切性概念的亚里士多德主义的描述,要优越于天主教传统中对此类关系的构想,因为此时超额义务概念已经在常识道德的领域里找到了路径。

我们也可以从中吸取更广泛的教训。超额义务的理论是一个非常显著的例子,它说明了不同文化的变化会如何深刻地影响我们的道德直觉,使我们看到那些原先未得到承认,但是却显而易见的"道德事实",这强化了规范性理论中的简约性的情况。由于项目已经保证了我们对规范性领域的理解,所以我们应该从假设一个空的世界开始,然后只在必要的时候填充它,从基本和精心构造的问题开始,而不是以表面的价值来看待道德观念。考虑这样一个例子,你自己可以付出一些很小的代价,来结束一些非常年幼的孩子所遭受的严重痛苦。你可能会问这样一个问题,在这种情况下你应该做些什么。对于这一问题

---

① 参见 Clark，"The Meritorious and the Mandatory," pp. 29 - 30；内格尔 Nagel，*The View from Nowhere*，New York，NY：Oxford University Press，1986，pp. 202 - 204；舍弗勒 Scheffler，*Human Morality*，New York，NY：Oxford University Press，1992，p. 128.

的回答,可以不涉及义务、美德、道德价值、错误、责备或其他道德观念。也许是因为,在仔细考虑了我们正在使用的概念、我们搁置在一边的概念之后①,所有实际的规范性问题都能够在相同的备用概念框架上得到回答。当然,也可能不会。但是,在洪水冲毁那些由承载着历史和文化的概念(比如可能会使我们陷入幻觉和迷茫的超额义务理论)所构建起来的规范世界之前,我们至少应该去努力尝试一下。

附录:海德论亚里士多德

大卫·海德(David Heyd)在他的重要著作《超额义务》中称,古典伦理学(包括亚里士多德的伦理学),都可以像超额义务一样被描述为"次要的",因为"它不是基于义务"的(38)。② 我希望我上面的论述已经足够证明海德的说法多少是带有误导性的。义务的概念,接近于亚里士多德对美德和道德价值概念解释的基础。③

海德首先关注的是亚里士多德主义的"特殊"正义(43)的概念,认为亚里士多德允许一个人可以获得比应得的更少的份额,或者做出比要求更大的补偿,而且这显然是超额义务的。正如海德所承认的,亚里士多德实际上并没有明确地提出这个主张;但是海德仍然认为亚里士多德的理论是能与其观点相兼容

---

① 那些边缘人不应该被遗忘,他们应该时不时地被检查,以寻找生命的迹象,即使在很明显已经不存在的情况下(如负操),作为我们生活观念的方案的历史的一部分被记住。

② 本附录中所有引用均来自 Heyd, *Supererogation*:*Its Status in Ethical Theory*, Cambridge:Cambridge University Press, 1982。在 41 - 2 中,海德引用了塞内加(Seneca)关于感恩的一些段落,这些段落被认为是"塞内加对不受严格义务约束的行为的内在价值的认识"。在我看来,这些段落是关于动机的,而不是根植于义务的原则。有价值的是,受益人愿意在不被任何责任驱使的情况下回报这个恩惠。这并不是说她没有义务。(海德没有清楚地说明,他对塞内加的看法是否可以与他在第一章中所主张的一致,即认为超额义务是基督教的教义。)

③ 人们有时会说,亚里士多德关于"超出常人的美德,高尚的美德"的概念(参见 Aristotle, *Ethica Nicomachea*, I. Bywater (ed.), Oxford:Clarendon Press, 1894, pp. 1144a19 - 20),在他的理论中为"超级"概念提供了概念空间。但是,英雄和神的美德超越了普通人类的美德,这并不表明人类自身可以超越人类的美德。对于康德关于可以将不完美美德考虑为超额义务以外的最高级的美德的观点,参见谢尔曼 Sherman, *Making a Necessity of Virtue*:*Aristotle and Kant on Virtue*, Cambridge:Cambridge University Press, 1997, pp. 350 - 361。

的。正义如何适用于中庸之道是一个难题,而亚里士多德却用一种相当不令人满意的方式与之争斗。但是他在《尼各马可伦理学》(以下简称 EN)中关于"中庸之道"的论述,强烈地表明他会认为这两种行为都是罪恶的。"一个人应得的"是一个人应该承担的义务;正义命令人们去补偿等级责任本身所要求的,而非更多的。

后来(46),海德回到"拿取少于自己应得"的主张,他认为:亚里士多德在《EN》5.11 节中所强调的"没有人会自愿接受不公正的待遇"证明了如此行事将不会带来不正义,而是超越正义。但是在 5.11 节中,亚里士多德谨慎地将自愿地用不正义的方式对待自己,和以一种自我忍受的方式自愿地行不公正之事区分开来。自杀是不正义的行为,但是这是对于城市而言的,而不是他自己。同样的道理也适用于那些付出多而得到少的人。

海德提到了亚里士多德在《欧台谟伦理学》(以下简称 EE)1235a 中关于"私人正义"(private justice)与"对他人的正义"(justice towards others)的区分。"私人正义"是"对朋友实行的","只能依赖于我们自己",而且"在最大意义上允许(甚至是建议)超越于正义所要求的。但是,这种生命领域涉及一个比其他领域要求更高的特殊形式的正义,这并不是分外的"。海德还援引了《EN》1155a,亚里士多德在此处声称,立法者更关心的是促进友谊而非正义,"这意味着分配和矫正的正义原则体系,只不过是一种必要的邪恶","在理想的情况下,如果每个人都表现得过分……那么将不再需要分配和矫正的原则"(44)。但在这里,我们只看到了美德的另一个优先情况:最好是有一个由友谊的美德统治,而非由正义的美德统治的共同体。这并不是说友谊本身就不能以一个人的义务的方式来理解。"道德"友谊的概念也同样如此,在《EE》1242bff 中,亚里士多德对于道德友谊与"市民"友谊做了区分。市民友谊的确是契约性的,所以在道德友谊中不能提出契约性的要求。但这并不表示其他的、非契约性的义务不起作用。

接着,海德开始讨论"仁慈"。他给出的唯一文本参考是《EN》1167b - 1168a,表明他不是在考虑善的美德,而是在友谊的范围内进行有益的活动。海德称,在这种活动中,接受者所感受到的感激之情"是对仁慈行为的额外性、无偿性的承认"(45)。但是,我在海德所提及的文章并未找到此观点。唯一论及感激之情的地方,是亚里士多德在探讨"感激之情被捐助者所期待,却为受益人所拒斥"时提到的。

海德认为,仁慈是超额义务的,因为它需要的不仅仅是个别的正义。但我们已经看到,一个生活领域的美德,可以比另一个对超额义务没有任何依赖的生活领域的美德要求更苛刻。正如海德所承认的那样,如果我们以"一般"的意义来理解正义,那么正义就等同于"完全的美德",而慈善行为就是"单薄的公正"(或者,如我们所说,只是一个义务问题)(46)。他总结了对亚里士多德学派仁慈论的讨论并建议,尽管根据亚里士多德的观点,仁慈是有限制的,但这些限制"并不意味着仁慈行为不是分外的"。这是对的,但这也并不表明它们事实上就是如此。它也不遵循(47-48)这些,因为"美德的特征是行更多的善,而不是对一个人行善……以及是去做一些高尚的事,而不是不去做一些基础的小事"(EN 1119b-1120a),我们应该把亚里士多德学派的胸怀宽阔或是慷慨,理解为超额义务的问题。

在《EN》5.10节中,亚里士多德区分了"公平"和"正义"。公平是使法官能在某些法律不明朗的具体案件中作出裁决的美德。从某种意义上来说,公平是"高级"的正义,因为它完成了正义的使命。海德首先提出(47),根据"'超额义务'应该被描述为实现更多附加着义务行为的相同的价值类型"(5),平等的概念与海德自己的超额义务概念是类似的,因为两者都承认海德的"连续性条件"。但是,正如海德自己所承认的那样(47-48),这个类比没有为把平等当作额外义务这个问题提供任何理由。这是另一个关于两个独立的美德的例子,二者都有义务的特征,但其中一个在道德价值方面更胜一筹。

最后,值得明确指出的是,海德在他古典伦理学章节的末尾明显地退却了:

> 应该指出的是,不同于我们将超额义务视为"对超越义务的重要行为所附加的特殊道德价值",古典道德并不将美德行为视作理性的功绩……虽然仁慈、公平以及正直的行为总体上符合连续性的条件,但是它们在严格语义上并不能被视作额外的行为,因为它们没有满足相关性的条件。(48)

这种情况下,海德做了如下勾画:"相关性"意味着超额义务的行为从它们的"多于自身的义务要求"中衍生出特殊的价值(比如,它们有着"仅仅与义务行为相关"的意义)(5)。

　　"连续性条件"相当于该条件"存在着单一的道德价值种类"。由于这一条件能够很好地满足那些"被接受超额义务所否认的理论",所以这一条件也会遇到某些"无论怎样都无法为超额义务理论提供证据的理论"。并且,由于"相关性条件"必须满足任何"能够兼容真正的超额义务的理论",因此正如海德所承认的,亚里士多德理论及其后继的其他前基督教理论,都未能找到不兼容超额义务的决定性证据。①

世界视域与中西思想

Supererogation and Virtue

Roger Crisp

Abstract: This chapter concerns whether the best account of virtue will involve the idea that an agent can "go beyond" duty in a morally praiseworthy way. The chapter begins by outlining Henry Sidgwick's view that supererogation involves an immoral paradox, since it seems to allow a morally blameless agent to do less morally than she might. The conditions of supererogatory action are set out, and the origins of the idea in Christian doctrine are explained. An Aristotelian account of virtue, relating duty to "fittingness," is set out, and claimed to be preferable to an account allowing for supererogation. The chapter closes with responses to Urmson's arguments in favor of supererogation in his famous paper "Saints and Heroes."
Keywords: supererogation, virtue, Aristotle, Aristotelian ethics, duty, Urmson, J. O.

---

① 对于先前的草稿的帮助,我要感谢茱莉亚·安纳斯(Julia Annas)、保罗·布隆菲尔德(Paul Bloomfield)、特里·欧文(Terry Irwin)、艾米丽·罗蒂(Amelie Rorty)、丹尼尔·施瓦茨(Daniel Schwartz)、德鲁·施罗德(Drew Schroeder)、丹尼尔·斯塔斯(Daniel Star)、约翰·塔西奥拉斯(John Tasioulas)、大卫·威金斯(David Wiggins)以及一位匿名评审。我还要感谢亚利桑那大学的规范伦理学研讨会上的听众,牛津大学贝列尔学院的塞伯鲁斯社团(Balliol Cerberus),以及伦敦大学学院(UCL)有关法律体系的法律和社会哲学的讨论会。本文的初稿是我在波士顿大学哲学系任芬德雷(Findlay)访问教授期间完成的。波士顿大学哲学系为哲学界同仁提供了良好的共同体氛围,这为我的工作提供了智识上的以及其他实际的支持,为此我深表感谢。

论戴维森两种意义理论之间的关系[*]

戴益斌[**]

[摘 要] 学界习惯于将戴维森的意义理论称之为真之条件意义理论,但是在 1986 年的论文《墓志铭的完全错乱》中,戴维森思考意义的方式发生了变化。在该篇论文中,戴维森通过分析交流的一般过程,强调了说话者的意图在说话者与解释者相互交流中的作用。笔者称其为"交流—意图理论"。从内容上说,交流—意图理论与真之条件意义理论不一样,但它们可以共存。相比较真之条件意义理论而言,交流—意图理论在戴维森的思想结构中具有优先地位。

[关键词] 戴维森;真;意义;意图

　　一谈到戴维森的意义理论,我们总会想到他的真之条件意义理论。该理论主张通过给出句子的真之条件来给出句子的意义。在戴维森 1967 年的论文《真与意义》中,这一思想得到了明确阐述。但是在戴维森 1982 年的论文《交流

＊ 基金项目:上海市哲学社会科学规划青年项目"当代分析哲学中意义理论的研究进路"(2018EZX003),国家社会科学基金项目"21 世纪意义理论的最新发展研究"(20CZX046)。

＊＊ 戴益斌(1988—　　),男,湖北武穴人,哲学博士,上海大学哲学系讲师,主要研究领域为分析哲学、认识论、科技哲学。

与约定》以及 1986 年的论文《墓志铭的完全错乱》中,情况有所不同。在这些论文中,虽然戴维森仍然认为递归式的真之理论在意义理论中起重要作用,但是在更多的时候,他强调的是说话者的意图在语言交流中的作用,并主张通过识别说话者的意图来理解说话者所说句子的意义。为了方便起见,我称其为"交流—意图理论"。真之条件意义理论和交流—意图理论所阐述的内容完全不同,如何理解这两种意义理论之间的关系是本文讨论的重点,它决定了我们能否合理地理解和思考戴维森的意义理论。

一、戴维森的真之条件意义理论

真之条件意义理论的核心观点是,主张利用句子的真之条件解释句子的意义。这个理论最早可以追溯到弗雷格和早期的维特根斯坦,但真正使其闻名于世的是戴维森。在评论柯克·路德维希(Kirk Ludwig)的论文《意义理论、真和解释》时,戴维森概括了他的真之条件意义理论的核心思想:通过将塔尔斯基的真之定义——将真之定义公理化过程的最后一步去掉,使得"真"作为一个未被定义的初始概念——应用到说话者身上,就可以为解释者提供他理解说话者所需要的东西。[①] 虽然戴维森的真之条件意义理论面临着很多质疑,比如利用句子的真之条件能否充分地解释句子的意义,它是否是必要的,真之条件意义理论能否解释自然语言中的所有句子等等,但这些问题不是我在此篇论文中想要讨论的主题。我们唯一需要清楚的是,在戴维森那里,利用塔尔斯基的真之定义给出句子的意义是他的一贯主张。由于戴维森的真之条件意义理论已经为学界所熟知,因此,我不打算在这里讨论这个理论的具体构造过程及其应用。

二、戴维森的交流—意图理论

戴维森的交流—意图理论是其通过分析说话者与解释者之间的交流过程提出来的。在这一过程中,戴维森区分了两种不同的理论,分别是先在理论

---

① 参见 Donald Davidson, "Reply to Kirk Ludwig," *Donald Davidson: Truth, Meaning and Knowledge*, Urszula Zeglen (ed.), London and New York: Routledge, 1999, p. 43。

(prior theory)和当下理论(passing theory)。他说道:

> 　　对听者而言,先在理论表达了他如何事先做好准备去解释说话者的话语,而当下理论则是关于他**实际上**如何解释这个话语的。对说话者而言,先在理论是他所**相信**的解释者的先在理论,而他的当下理论则是他**意图**解释者去使用的理论。①

　　戴维森的这种表述有些模糊,为准确理解什么是先在理论、什么是当下理论以及如何理解二者之间的关系问题带来了不少困难,但理解这两种理论是理解交流—意图理论的关键。伊恩·哈金(Ian Hacking)认为,戴维森这里想表达的是,解释者以先在理论为起点,然后从先在理论转向当下理论。② 达米特不同意哈金的这种看法。在他看来,戴维森的意思不是说解释者从先在理论转向当下理论,而应该是解释者在整个解释过程中都拥有先在理论和当下理论,因为先在理论自身也是在不断地发生变化;并且他认为,哈金之所以误解了戴维森,其中的主要原因是因为戴维森使用了一个容易令人产生误解的语词,即"先在",正是这个语词导致哈金没能理解先在理论和当下理论之间的区分。③ 哈金是否真的是因为"先在"这个语词而误解了戴维森,这个问题很难回答;但应该需要承认的是,达米特对哈金的批评是有道理的。因为戴维森的确曾说过,先在理论可以进行修改,说话者可以因为某种目的而故意修改他的先在理论。达米特自己对戴维森的先在理论和当下理论的解释是这样的:以解释者为例,解释者的先在理论是关于如何一般地理解说话者的理论,而他的当下理论是在对话中如何理解说话者特定话语的理论。④ 如果达米特的这种解释是合理的,那么先在理论与当下理论之间的区分相当于一般与具体之间的区分。

---

① Donald Davidson, "A Nice Derangement of Epitaphs," *Truth*, *Language and History*, Oxford: Clarendon Press, 2005, p. 101.

② 参见 Ian Hacking, "The Parody of Conversation," *Truth and Interpretation*: *Perspectives on the Philosophy of Donald Davidson*, Ernest Lepore (ed.), Oxford: Basil Blackwell, 1986, p. 452。

③ 参见 Michael Dummett, "A Nice Derangement of Epitaphs: Some Comments on Davidson and Hacking," *Truth and Interpretation*, Ernest Lepore (ed.), p. 459。

④ Michael Dummett, "A Nice Derangement of Epitaphs: Some Comments on Davidson and Hacking," *Truth and Interpretation*, Ernest Lepore (ed.), p. 460.

也就是说,先在理论是解释者在试图解释说话者话语之前所拥有的一般理论,而当下理论则是解释者具体解释说话者话语时所拥有的理论。有些学者如凯伦·格林(Karen Green)曾质疑过达米特是否正确地刻画了戴维森的意思[1],虽然他并没有给出具体原因,但我认为,这种质疑是有道理的。因为在戴维森那里,先在理论和当下理论中的"理论"一词只是对解释者或说话者的解释或说话能力的一种描述,受说话者或解释者的个人特征以及他们所处的具体环境的影响,总是在不断变化之中的。这种变化的先在理论很难被称为某种一般理论。因此,先在理论与当下理论之间的区分也难以表现为一般的理论和具体的理论之间的区分。

我认为,理解先在理论和当下理论的关键在于坚持从说话者与解释者之间的交流过程出发。从说话者这一侧出发,戴维森说道:

> 说话者希望自己被理解,因此他倾向于用那种他将被某种方式解释的方式说话。为了判断他如何被解释,他形成或使用解释者预备沿着某种路径解释的图像。这个图像的核心是说话者相信解释者为解释他而拥有的解释的最初理论。说话者并不必然采用这种方式说话,以提示解释者采用这个先在理论,他可能故意让解释者改变他的先在理论。[2]

这段话表明,说话者的先在理论实际上与他对解释者的认识直接相关,他所相信的解释者将采用的解释方式构成了他所拥有的先在理论的核心因素,而解释者预备采用的解释方式则构成了解释者的先在理论。也就是说,首先解释者存在一种先在理论,而说话者关于解释者所拥有的先在理论的理解构成了他自身的先在理论。因此,理解先在理论的关键在于理解解释者的先在理论。在我看来,戴维森的彻底解释理论为这个问题给出了答案。戴维森认为,彻底解释不仅存在于不同语言的对话之中,也存在于同一种语言的对话之中,它要求解释者除了具备形成塔尔斯基式的 T-语句的能力之外,还必须满足三种约束条件:整体论、形式化的约束条件以及经验性的约束条件。也就是说,解释者

---

① 参见 Karen Green,"Davidson's Derangement: Of the Conceptual Priority of Language," *Dialectica*, Vol. 55 No. 3(2001): 249。

② Donald Davidson,"A Nice Derangement of Epitaphs," *Truth, Language and History*, p. 101.

只有拥有彻底解释理论预设的这些知识[①]，才有可能解释说话者所说句子的意义。而这恰恰就是解释者解释的起点，即他的先在理论。由于彻底解释所要求的与经验性的约束条件相关的经验因素因具体解释环境以及被解释主体的不同而不同，因此，解释者的先在理论不断地发生变化，说话者的先在理论也因此而不断变化。至于当下理论，我认为，这比较容易解释。对于说话者而言，它是说话者为了完成自己的某种目的试图让解释者使用的理论；而对于解释者而言，它是解释者通过识别说话者意图并结合具体的经验证据来解释说话者所说句子的意义时实际上所采用的理论。

通过分析先在理论和当下理论，我们可以将交流—意图理论的核心思想概括如下：理解句子的意义是在说话者与解释者的交流过程中完成的；在交流中，说话者意图以某种可以得到理解的方式说话，解释者通过识别说话者的意图，并根据说话者给出的经验证据调整自己的理论，改进解释的方法，解释说话者所说句子的意义。需要承认的是，有些学者对戴维森的交流—意图理论提出过质疑，但这些质疑不是本文讨论的主题。和他的真之条件意义理论一样，我们需要确定的是，戴维森支持这种交流—意图理论。

三、真之条件意义理论与交流—意图理论之间的关系

从内容上看，戴维森的真之条件意义理论和他的交流—意图理论不同。真之条件意义理论阐述的是：当我们给出一个句子的真之条件，那么我们就给出了该句子的意义。而在交流—意图理论中，戴维森明确告诉我们，要想解释说话者所说句子的意义，解释者必须考察说话者的意图。从研究视角上看，这两种理论也有所不同。真之条件意义理论试图通过分析语言的结构，给出一门语言中所有句子的意义，塔尔斯基的真之理论是它的核心。而交流—意图理论试图从说话者与解释者之间的交流出发，考察交流如何能够顺利进行，先在理论和当下理论是该理论的核心。同时，这两种理论与彻底解释之间的关系也不同。根据欧尼·勒普尔（Ernie Lepore）和路德维希的解读，戴维森有两种不同

[①] 注：我在非常宽泛的意义上使用"知识"这个概念。严格来说，这些内容称不上知识，它们是解释之所以可能的必要条件。

的研究计划,一种是真之条件意义理论,一种是彻底解释。[①] 前者注重意义理论的形式化工作;后者试图说明解释者在没有任何关于说话者相关知识的前提下如何解释说话者的话语。虽然戴维森本人很可能不同意在这两者之间作严格区分,但严格说来,这两种研究计划的确不同。[②] 交流—意图理论明显延续了彻底解释方案,而非真之条件意义理论。如果以上分析是合理的,那么在戴维森的理论体系之中,我们应该承认,交流—意图理论的确与真之条件意义理论有所不同。二者不可化归为一种意义理论。在这种情况下,我们需要追问的是:这两种意义理论之间存在何种关系,它们之间是否相互冲突?

由于戴维森的交流—意图理论发生在后,一种可能的解释是,戴维森对意义理论的思考发生了改变,在提出交流—意图理论之后,他不再坚持使用句子的真之条件来解释句子的意义,而是主张联系说话者的意图,通过结合说话者给出的证据解释他说出的话语。但这种解释明显与戴维森自己的主张不符,因为在发表《墓志铭的完全错乱》这篇论文之后,戴维森仍然在很多地方强调通过利用塔尔斯基的真之理论来解释句子的意义。换句话说,在戴维森本人看来,他的真之条件意义理论与他的交流—意图理论应该是相融贯的。但是戴维森本人并没有详细讨论这个问题,与之相关的论述很多时候都是一笔带过。就目前本人所掌握的材料而言,一个稍微详细一些的论述出现在他回复詹姆斯·希金博特姆(James Higginbotham)的论文《论真与意义的一个视角》中。他说道:

> 我有时简单地谈到第一意义:它对应于与任何种类的意义都相关的第一意图。正是在这个层次上,一个系统的具有递归特征的真之条件能够希望刻画语言理解的一个方面。[③]

在这段话中,戴维森所说的"第一意义"指的是在解释过程中处于解释序列

---

① 参见 Ernie Lepore and Kirk Ludwig, *Donald Davidson*: *Meaning*, *Truth*, *Language*, *and Reality*, Oxford: Oxford University Press, 2005。

② 注:戴维森之所以不同意在真之条件意义理论和彻底解释之间作严格区分,主要是因为他坚持整体论。他试图以"真"为基础,将真、意义、信念、态度、行为等纳入一个整体框架中去思考。所以,我们可以在戴维森的文本中发现,他时常称自己的理论为"统一理论"。但从内容上说,这两种理论的确有所不同。

③ Donald Davidson, "Reply to James Higginbotham," *The Philosophy of Donald Davidson*, Lewis E. Hahn (ed.), Illinois: Open Court Publishing Company, 1999, p. 687.

首位的意义,一般学者认为它具有三个方面的特征,分别是系统性、共享性与约定性;而"系统的具有递归特征的真之条件"很明显指的是真之条件意义理论所阐述的内容。因此,这段引文的第二句实际上表明了真之条件意义理论是在解释句子的第一意义时起作用的。由于戴维森明确表明第一意义与第一意图相对应,而意图又是交流—意图理论中利用的核心概念,因此句子或语词的第一意义必然与交流—意图理论联系起来。如果我的分析是合理的,那么这表明戴维森似乎认为真之条件意义理论和交流—意图理论是解释句子第一意义的两种不同进路,它们应该具有同等的解释效果。

但这种理解思路似乎与戴维森对用词错误(malaprop)现象的分析相悖。用词错误现象指的是这样的一种现象,说话者试图用某种表述表达他的意图,但是他选择的语词是错误的。戴维森经常举的一个例子是这样的:假设某人说出了这样的一句话,"这是墓志铭(epitaphs)上一个完美的精神错乱(derangement)",但是我们都能理解说话者想要表达的其实是"这是绰号(epithets)的一个完美排列(arrangement)"。在这个例子中,说话者选用的语词是错误的。根据说话者的意图,说话者应该选择的语词是"绰号"与"排列",而不是"墓志铭"与"精神错乱"。交流—意图理论可以很好地解释这一点。但是如果我们使用真之条件意义理论解释句子"这是墓志铭上一个完美的精神错乱",那么它给出的意义应该就是,这是墓志铭上一个完美的精神错乱;而不应该是,这是绰号的一个完美排列。这也就是说,真之条件意义理论和交流—意图理论之间的关系应该不是对等的。但可惜的是,戴维森自己对这个问题并没有给出进一步的解释。

不少学者在讨论这个问题时,主张将这两种意义理论的适用范围进行限制,以确定它们的合法地位。比如哈金认为,戴维森在谈到真之条件意义理论时,是站在解释者这一侧讨论问题的;而在讨论用词错误问题时,是立足于说话者与听者两者之间的交流讨论问题的。[①] 为了进一步阐述二者之间的关系,哈金说道:

> 我们可以期望戴维森喜欢下面这个故事。当 J 和 K 用通用的英语相互交谈时,他们共享关于该语言的一个塔尔斯基式的真之理论

---

① 参见 Ian Hacking, "The Parody of Conversation," *Truth and Interpretation*, Ernest Lepore (ed.), p. 448。

（或者被刻画为分享有这样的理论）。J 通过那种方式用它去解释 K，并且 K 以那种方式解释 J。[①]

虽然我们不清楚戴维森是否真的喜欢哈金的这种解释，但毫无疑问，这种解释符合戴维森的真之条件意义理论。问题在于，哈金的解释并没有阐明 J 和 K 所共享的真之理论在戴维森的交流—意图理论中到底是哪种理论，处于何种地位。仅仅认为 J 和 K 共享相同的真之理论，相对于解释真之条件意义理论和交流—意图理论之间的关系而言，是远远不够的。

比约恩·兰伯格(Bjorn T. Ramberg)采用的解释方法与哈金类似，只不过他们分析的视角不同。兰伯格认为，戴维森的真之条件意义理论是一种共时的、静态的理论，而当戴维森谈到说话者的意图时，阐述的是一种历时的、动态的理论。[②] 也就是说，在不考虑时间变化因素的情况下，解释者可以利用句子的真之条件给出句子的意义；但是在考察说话者与解释者之间的交流时，我们必须考虑说话者的意图。需要注意的是，兰伯格的这种解释并没有否认解释者在解释说话者的话语时，仍然需要利用塔尔斯基式的真之理论，只不过这个理论在说话者与解释者的交流过程中，并不是一直保持不变，而是在不断发生着变化。正是因为这个原因，我们才很容易发现，在兰伯格的解释中，他总是在强调构造真之理论的过程在戴维森的意义理论中并不是一个完全的过程。公允地说，在阐述真之理论并不是完全的以及说话者与解释者之间的交流是一个动态过程这两点上，兰伯格的解释比哈金的解释更具有说服力。但同样的问题是，兰伯格并没有阐明真之理论在交流的动态过程中起怎样的作用，与说话者的意图之间存在何种关系。而如果这些问题不解释清楚，我们也很难得出戴维森的真之条件意义理论与他的交流—意图理论相融贯这样的结论。

四、一种可行的解释方案

在我看来，就戴维森的真之条件意义理论和他的交流—意图理论之间的关

---

① 参见 Ian Hacking, "The Parody of Conversation," *Truth and Interpretation*, Ernest Lepore (ed.), p. 448。

② 参见 Bjorn T. Ramberg, *Donald Davidson's Philosophy of Language: An Introduction*, Oxford: Blackwell, 1989, pp. 111 - 112。

系而言,只存在两种可能的解释方案。而且,这两种可能的解释方案是相互排斥的。第一种方案同时承认两种意义理论的合理性,就像哈金和兰伯格所做的那样,这需要我们给出一个合理的解释。第二种方案则试图通过否定其中一种意义理论的合理性,从而保证另一种意义理论的有效性。

由于戴维森同时支持真之条件意义理论和交流—意图理论,我们首先来讨论第一种解释方案。假如真之条件意义理论和交流—意图理论都是合理的,那么这意味着对于句子的意义而言,我们至少有两种不同的解释策略。大卫·刘易斯(David Lewis)对意义理论的说明似乎可以为之佐证。他说道:

> 我区分两个主题:首先,将可能的语言或语法描述成抽象的语义系统,其中符号与世界的一侧相联;并且第二,凭借对心理和社会事实的描述,这些抽象的语义系统中的某一个正是某个人或某个群体使用的语义系统。[①]

彼得·斯特劳森(Peter. F. Strawson)也持有类似的观点:

> 我称之为交流—意图理论家和形式语义学理论家之间的冲突。根据前者,不通过指称说话者所拥有的指向听众的某种复杂类型的意图,给予意义概念一个充分的解释是不可能的……相对立的观点,至少在它的否定方面,认为这种教条只是走错了方向……语言的知识在于掌握语义和语法规则系统,这些规则决定了句子的意义,它们并不是为了交流而形成的一个规则系统。[②]

从刘易斯和斯特劳森的论述中,我们可以发现,对意义的解释可以形成两种不同的理论,一种是刘易斯所说的语义系统或斯特劳森所说的形式语义学;另一种则是基于交流对心理和社会事实的描述,斯特劳森称其为交流—意图理论。按照这种区分,戴维森的真之条件意义理论属于前者,而他的交流—意图

[①] David Lewis, "General Semantics," *Synthese*, Vol. 22 No. 1 - 2 (1970): 19.

[②] Peter F. Strawson, "Meaning and Truth," *Logico-linguistic Papers*, London: Methuen, 1971, pp. 171 - 172.

理论属于后者。在我看来,刘易斯和斯特劳森的区分是合理的。因为对于一个句子的意义而言,我们可以提出不同的问题:比如"什么是句子的意义?";同样地,我们也可以追问"为什么这个句子具有这样的意义?"。对应于这两个问题,我们可以形成不同的意义理论。第一种意义理论试图确定句子或语词的意义是什么,体现为一种形式语义学,它回答第一个问题;第二种意义理论试图解释句子或语词为什么具有这样的意义,它回答第二个问题。交流—意图理论是其中的一种。当然,这种区分并没有抹杀这两个理论之间的联系。它并不否认其中的一种意义理论对另一种意义理论的影响。如果我的分析是有效的,那么我们就应该首先放弃第二种解释方案,因为的确可以存在两种不同的意义理论。

　　在确定存在两种不同的意义理论的基础之上,斯特劳森进一步论证了这两种意义理论之间的关系。斯特劳森的论证思路是从形式语义学出发的。在他看来,形式语义学是讨论句子意义的一种很好的方法,其中的典型代表是真之条件意义理论。他说道:

　　　　在我们所认为的构成句子的所有事物中,存在关于意义的一个实质性的核心概念,它或者是根据真之条件得到解释,或者是根据从真之条件简单派生出来的概念得到解释。①

　　也就是说,关于某种语言的意义理论应该与"真"相关联。因为意义概念与真之概念之间存在天然的关联关系,从句子的真之条件出发来解释句子的意义是一个自然的选择。斯特劳森的质疑在于,"除非我们满足于对真之概念有一个充分的一般的理解,否则我们难以满足于对意义概念拥有一个充分的一般的解释"②。也就是说,我们在利用真之条件意义理论解释句子的意义之前,需要首先理解什么是真。但戴维森的真之条件意义理论并没有解释真之概念,而是将"真"作为一个未定义的初始概念,预设了解释者对真之概念的理解。这不符合斯特劳森对真之条件意义理论的要求。当然,这并不是说斯特劳森否认真之条件意义理论。在他看来,真之条件意义理论需要补充的是追问真之概念的一

①　Peter F. Strawson,"Meaning and Truth,"*Logico-linguistic Papers*,p. 178.

②　Peter F. Strawson,"Meaning and Truth,"*Logico-linguistic Papers*,p. 180.

般理解,而最好的解释方式是承认以下论断,即"做出一个陈述或断定的人做了一个真的陈述,当且仅当,在做出这个陈述时,事情如他陈述它们的那样如此这般"①。斯特劳森的这种理解方式与亚里士多德对真之概念的说明类似。将这个结论与真之条件意义理论结合在一起,我们很容易从句子的真之条件过渡到说话者的陈述或断定的内容之上。斯特劳森认为,正是在这里,交流—意图理论可以起作用。他说道:

> 在不关注这些言语行为自身的概念时,阐明这些言语行为自身内容的概念是没有希望的……而且这些理论家宣称,除非根据指向听众的意图,否则我们无法解释陈述或断定的概念。因为陈述或断定的基本案例——根据它们,所有其他的变体都必须被理解——是在某种意图下陈述一个句子。②

斯特劳森的这段话表明:通过真之条件意义理论解释句子的意义需要首先追问真之概念的一般理解;然后通过对真之概念的理解过渡到对句子内容的考察;而在追问句子的内容时,我们必须借用交流—意图理论。这也就是说,我们应该首先利用交流—意图理论确定说话者所说句子的真实内容,然后才可以借助于真之条件意义理论解释句子的意义。因此,交流—意图理论在斯特劳森那里具有优先地位。

在我看来,斯特劳森的论证思路可以完美地解释戴维森的真之条件意义理论和他的交流—意图理论之间的关系。唯一需要注意的是,在戴维森的思想体系中,真是一个无法被定义的初始概念,我们不需要追问真之概念的一般理解。也就是说,斯特劳森论证思路中的第一步可以省略,我们可以直接从追问句子内容的角度思考戴维森的真之条件意义理论和他的交流—意图理论之间的关系。

在戴维森那里,主张利用句子的真之条件解释句子的意义首先是一个理论假设,它需要将塔尔斯基式的真之定义转变为一个经验理论才可能得到证实,

---

① Peter F. Strawson，"Meaning and Truth，"*Logico-linguistic Papers*，p. 180.

② Peter F. Strawson，"Meaning and Truth，"*Logico-linguistic Papers*，p. 181.

而其中的关键步骤就是利用彻底解释方案解释说话者所说句子的意义,观察在这种情况下对句子意义的解释最终能否与真之条件意义理论对句子意义的解释相一致。由于在彻底解释过程中,解释者没有任何与说话者有关的知识,因此他必须通过观察说话者给出的经验线索以及说话者与解释者的周围环境,才能识别说话者的意图,确定说话者所说句子的内容。正是在这里,戴维森的交流—意图理论起重要作用。具体来说,根据戴维森对交流过程的分析,当说话者与解释者交流,说话者意图以某种被理解的方式说话,并因此为解释者提供了经验性的线索。当解释者试图阐明说话者所说句子的意义时,他利用说话者所提供的经验性的线索识别说话者的意图,并确定说话者所说句子的具体内容。如果根据经验性的证据可以判断出说话者所说出的句子真实地反映了说话者的意图,那么解释者便可利用说话者所说句子的真之条件解释所说句子的意义。如果根据经验性的证据判断出说话者所说出的句子没能反映出说话者的意图,而是发生了用词错误现象,那么解释者需要首先根据说话者的意图替换说话者所说句子的部分内容,然后根据新句子的真之条件解释它的意义。在我看来,这种解释与戴维森在《真之结构与内容》这篇论文中的论断相符,即“只有当说话者意图他所说的话语被解释成拥有这些真之条件,这个话语才拥有此真之条件”[①]。

五、交流—意图理论优先地位的合理性

如果我在前一节中的论证是有效的,那么这将意味着,在戴维森的意义理论体系中,交流—意图理论具有优先地位,而他的真之条件意义理论则位居次席。这与我们通常的理解完全不一样,因为戴维森的意义理论是以其真之条件意义理论被人所熟知的。在我看来,将交流—意图理论置于优先地位才真正符合戴维森的思想结构。由于篇幅有限,我们仅以戴维森对语言问题的思考为例来讨论这个问题。而之所以选择以语言问题为例来讨论这个问题,因为语言与意义理论关系最为紧密。

① 参见 Donald Davidson,"The Structure and Content of Truth," *The Journal of Philosophy*, Vol. 87 No. 6(1990): 210。

什么是语言？一般学者都认为语言是一个符号系统,它受一系列语法和语义等约定规则的限制。塔尔斯基的真之定义即是相对于某一门语言给出的定义。或者说,他所定义的是关于某一门语言的真之概念。戴维森利用塔尔斯基的真之定义来解释句子的意义,因此,他的真之条件意义理论相对应的也应该是某一门语言。这门语言受约定规则的约束,可以被视为意义理论的载体。这是我们基于真之条件意义理论对语言的通常理解。问题在于,戴维森认为,并不存在这样一门受语法和语义规则约束的语言。如果从真之条件意义理论出发,我们无论如何也得不出这样的结论。甚至从直觉上看,这样的结论与真之条件意义理论相悖。在我看来,只有从交流—意图理论出发,我们才能理解这个问题。

从交流—意图理论出发意味着交流过程是分析的重点,而语言则被视为交流的媒介。如果能够证明约定在交流过程中不起作用,那么这将证明语言不受约定的限制。根据第二节的分析,戴维森的交流—意图理论将说话者与解释者交流的过程分析为先在理论和当下理论。我将要论证,无论是先在理论还是当下理论,实际上都无法保证约定在交流中的作用。

根据戴维森的论述,先在理论与说话者的个人言语方式相关,解释者在说话者说出句子之前就必须考虑到说话者的这些特征。这样,先在理论不可能受约定的限制,因为它带有个人的特质,不为他人所共享。更重要的是,即使说话者与解释者分享同一个先在理论,也不能保证交流的成功。因为交流的成功在于说话者与解释者分享同一个当下理论,而不是先在理论。也就是说,即使先在理论受约定的约束,它也无法帮助我们通过约定理解句子的意义。

关于当下理论,戴维森提到了它的一个作用,他说道:

> 当一个词或短语暂时地或局部地替换了其他某个词或短语的作用……那么这种作用的整个负担及其与其他的词、短语和句子的逻辑关系所具有的全部含义一定是由当下理论所完成的。[①]

---

① Donald Davidson, "A Nice Derangement of Epitaphs," *Truth and Interpretation*, Ernest Lepore (ed.),
　　p. 103.

戴维森的这句话虽然没有正面回应理解句子的意义与约定之间的关系,但它提到了语词的替换与当下理论相关,如果联系我们之前所举的例子"墓志铭上的精神错乱",那么我们就可以发现,约定在当下理论中也不起作用。因为解释者用"绰号"替换"墓志铭"时,并没有受约定的影响,他是考察说话者的意图后才做出这样决定的。如果坚持约定规则,那么解释者只能认为说话者想要表达的是"墓志铭上的精神错乱",而不是我们的通常理解,即"绰号的完美排列"。因为在约定起作用的情况下,"墓志铭"只能被理解为墓志铭,"精神错乱"只能被理解为精神错乱,因此,说话者所表达的内容也只能是墓志铭上的精神错乱。因此,从当下理论出发,我们也可以发现,约定在解释者理解语词或句子的意义时,没有任何作用。这样,交流中的语言不会受约定的影响。因此,在理论上不存在那种受语法和语义等约束规则限制的语言。①

可能有人会进一步提出这样的质疑:如果语言不受语法和语义规则的限制,我们如何能构造出一个真之条件意义理论呢? 在我看来,只要坚持交流—意图理论的优先地位,这个问题实际上很好回答。从交流—意图理论出发,语言不受约定规则的限制。但是从从属的意义理论即真之条件意义理论出发,语言必然会受一系列约定规则的限制。只不过我们需要清楚的是,这种受约定规则限制的语言是由不受约定规则限制的语言派生而来的;在原初的意义上,它不是必要的。②

On the Relation Between Davidson's Two Theories of Meaning

Dai Yibin

Abstract: We are used to think that Davidson's theory of meaning is a truth-conditional theory of meaning. But in his paper "A Nice Derangement of Epitaphs" which was published in 1986, Davidson's way of thinking has changed. He emphasizes the role of

---

① 参见戴益斌:《无约定的语言——为戴维森辩护》,《世界哲学》,2018 年第 6 期。
② 此篇论文得到了匿名评审专家的很多宝贵意见,在此表示感谢。

speaker's intention in the communication between a speaker and an interpreter by analyzing the general way of communication. I call this theory "communication-intention theory". Although the communication-intention theory is different from the truth-conditional theory of meaning, they can coexist. And, the communication-intention theory has precedence over the truth-conditional theory of meaning.

Keywords: Davidson, truth, meaning, intention

论"主体性分裂":拉康、儒学与福柯[*]

吴冠军[**]

[摘　要]　精神分析的一个核心洞见,就是"主体性分裂":"理智"底下,总有一个无法被缩减殆尽的"残余"。而精神分析上的"症状",就是来自于该残余刺入日常生活。拉康借助索绪尔的结构语言学,将这个主体性状况阐述为幼儿学习语言(亦即,接受符号化)的结果。拉康主义精神分析关于"主体性分裂"的本体论分析,有助于我们在哲学层面重新厘清先秦儒学一个最核心的公案——孟荀之争。进而,本文从古典儒学转入现代主体哲学,重新勾勒现代性"牢笼"的本体论状况。最后,本文将现代性批判者代表人物福柯放入同拉康与儒学的并置中,通过三种进路的比较性分析来进一步揭示"主体性分裂"框架所带来的批判潜能。

[关键词]　主体性分裂;拉康;福柯;《孟子》;《荀子》;陆象山

* 基金项目:国家社科基金重大项目"后现代主义哲学发展路径与新进展研究"(18ZDA017);中央高校基本科研业务费项目华东师范大学人文社会科学青年跨学科创新团队项目(2018ECNU-QKT012)。

** 吴冠军(1976—　),男,江苏吴县人,哲学博士,华东师范大学政治学系暨中国现代思想文化研究所教授,主要研究领域为政治哲学、欧陆思想研究、中国思想研究。

一、拉康主义精神分析中的"心"

自西格蒙·弗洛伊德和雅克·拉康以降,精神分析的基源性论点便是:一个人不可能完整地认识他/她自己。根据拉康的著名见解,人们自己所熟悉的那个"自我",实则彻底只是"误认"(misrecognition)。[1] 故此,精神分析实是古希腊箴言"认识你自己"(know thyself)的纯然反面。精神分析坚持:人永远不可能是一个"和谐的整体",永远不可能是镜中所表现出的具有统一协调性的那个"格式塔"影像(即,被视作一个"整体"的"镜中我")——有一些东西,对于人的理智,是彻底不透明的。帕斯卡有句名言:"心有其理,理性对其一无所知。"(The heart has its reasons of which reason knows nothing.)[2]此处所指的"心",自然不是生物学-解剖学意义上的心脏,而是一种精神层面的**溢出性的残余**。正如我们经常会说这样的话:"这个人的心被狗吃了。"这并不是指他/她的心脏被狗吃了,而是指丧失了一种精神层面的东西,一种在理智之外的残余物。[3] 人的这种精神层面的残余物,精神分析中便叫做"驱力"(drive)。

精神分析为反对者所诟病的一个聚焦,就是它总是回溯幼年状态。吉尔·德勒兹和菲利克斯·伽塔利甚至在《反俄狄浦斯》中批评精神分析将所有问题都简化成"爸爸-妈妈-我"(daddy-mommy-me)。[4] 然而拉康提出:精神分析对幼年性(infancy)的回溯,实则旨在指出人的最根本的存在性状况。该状况可以阐述如下:

> (1) 人的原初位置,是现实世界里的一个**深渊**(abyss)。前语言的幼儿,纯然是一团**生命性**的浑沌质料,然而那却恰恰是成年后的自己所陌生的深渊性存在。

---

① Jacques Lacan,*The Ego in Freud's Theory and in the Technique of Psychoanalysis*,Sylvana Tomaselli (trans.),Now York:Norton,1991,pp. 49,52.

② Blaise Pascal,*Pensées and Other Writings*,Honor Levi (trans.),Oxford:Oxford University Press,1995,p. 158.

③ 是以,我们可以没有矛盾地作这样的表述:"这个人很有脑子,但没有心。"

④ Gilles Deleuze and Felix Guattari,*Anti-Oedipus:Capitalism and Schizophrenia*,Robert Hurley,Mark Seem,and Helen Lana (trans.),Minneapolis:University of Minnesota Press,1983,p. 23.

（2）当幼儿习得语言、从而进入到语言的**符号性**世界中后，便逐渐发展出了能够在语言中进行思考的能力——即，形成了"理智"。

（3）然则，"理智"的光芒恰恰无法完全"照亮"所有的生命性的原始领域，精神分析的"症状"（symptoms），便标识了"理智"的界限。

于是，精神分析所面对的"人的境况"（the human condition）便是：在语言的总体性"符号化"（symbolization）工程之下，永远有无穷无尽的无法用语言进行表达、形容、阐述的**前语言残余**。拉康用**"真实"**一词来指未被"符号化"的一切。这意味着，支配幼儿各种只能"附会"而无法确切"理解"的行动的深渊性力量（驱力），在其进入符号性秩序后，仍然隐秘地继续对主体进行着某种程度上的指挥。换言之，尽管"理智"是**显**，居于支配性的地位，但"驱力"仍**隐在**地对主体发生着作用、施加着影响。

在这个意义上，帕斯卡笔下的"心"，实际上是**身体里面的一个异己的器官**（alien organ）。作为异己器官的"心"，在银幕上已有其最经典的展示——1979年电影《异形》（雷德利·斯科特执导）里那种从人身体内刺出来的"异形"。在电影里，这种寄宿在身体里的"异形"，代替人的头脑接管着身体；一旦它离开身体之后，身体便彻底瘫倒，之后"宿主"即使还没有完全死掉，但其"生命"却是已然终结了。[①] 影片中"异形"每每走近时，观众便能从"画外音"处听见很清晰的"心跳声"；这便意味着，"异形"本身就是"心"——一个"没有身体的器官"（organ without a body）。电影明确强调了它的"纯粹"（purity）：作为"异形"的"心"不受理性、道德等等"人性"力量的控制与约束。依据史蒂芬·穆尔哈尔对该电影的分析，这种"异形"，实质上便是**生命**本身。[②] 这就是说：尽管"心"是生命的根本性维系，但对于人的理智而言，它却是一个"异形"般的异己器官、寄生性器官。在"心"与"理智"之间，并非是一个透明通畅的和谐关系，而恰恰却是一个**对抗性的分裂**。[③]

[①] 关于电影《异形》的这一论点受到了齐泽克的启发，请参见 Slavoj Žižek, *How to Read Lacan*, London：Granta, 2007, p. 63。

[②] Stephen Mullhall, *On Film*, second edition, New York：Routledge, 2008, p. 20。

[③] 进一步分析请参见吴冠军：《作为死亡驱力的爱：精神分析与电影艺术之亲缘性》，《文艺研究》，2017年第5期。

拉康的精神分析让我们直面主体性的分裂状况：生活在符号性秩序中、永远在语言之媒介下来进行思考与交流的我们，无可避免是"能指的主体"（subject of the signifier）；然而，由于始终存在着语言所未能穿透的那块混沌（驱力、"心"），我们便不能仅仅被简化为"能指的主体"。"理智"与"心"的这一主体性分裂，便使得我们可以把那著名的后结构主义命题——他者是不可穿透的（impenetrable）——作进一步的推展：**不仅他者是不可穿透的，自己本身对于主体也永远是不可穿透的、不透明的**（无论怎样压制，理智之外总会有残余物）。按照斯拉沃热·齐泽克的看法，对比主体自身内部的分裂，主体与他者之间的紧张是第二位的。①

当人成为"能指的主体"后，驱力（"心"）仍然隐秘地继续对主体进行着某种程度上的指挥："心"与"理智"之间，便构成了一个争夺身体"指挥权"的激烈的、永不停息的隐秘对抗。拉康尝言："若不是在某处存在着主体的机能丧失，主体就不存在。正是在这个异化中、在这个根本性的分隔之中，主体的辩证法得到了建立。"②在这里，拉康将"理智"对那些原初的生命性力量的压制称为主体的"机能丧失"（aphanisis）。问题在于，尽管"理智"总是设法将来自"心"的深渊性力量压制到最小、尽力取得身体的全部主宰权（即，达致一个统一的"自我"），但当某些脆弱的、猝不及防的时刻——精神分析上"症状性"时刻——那些深渊性的力量会猛然冲破"理智"的压制与框束，而指挥身体作出"理智"无法解释、不会批准的"疯狂"事情。这种体验，用当代拉康主义精神分析师布鲁斯·芬克的表述来说，就是"从某人自身的一个弹出"（an ejection from oneself），这个弹出，不仅是对于"自我"（ego）的弹出，而且是对于"现实"的弹出。这种"从某人自身的一个弹出"，就会导致这样一种"错乱"的精神状况——"另一个人或力量正在极力篡夺某人自己的位置"③。这种主体内部两种力量的"篡夺"，便是精神分析意义上的"（精神）分裂"。拉康主义精神分析旨在提出：每个人都结构性地是"分裂的"；出现明显"症状"者，只是因为其"理智"被（暂时）弹开，在"篡夺某

① Slavoj Žižek, *The Parallax View*, Cambridge, Mass.：The MIT Press，2006，p. 36.

② Jacques Lacan, *The Four Fundamental Concepts of Psychoanalysis*, Alan Sheridan（trans.），London：Hogarth Press and Institute of Psycho-Analysis，1977，p. 221.

③ Bruce Fink, *A Clinical Introduction to Lacanian Psychoanalysis：Theory and Technique*，Cambridge，Mass.：Harvard University Press，1997，pp. 76，90.

人自己的位置"的斗争中(暂时)落于下风。

进而,作为"理智"所未能覆盖的一块原始性的生命质料,"心"(驱力),既处在主体的核心,又好似在主体之外("异己的器官");对于这种状态,拉康用"extimate"(既是外在的、又是最私密性的)这个自创术语来形容。人的思考——笛卡尔所说的"我思"(cogito)——总是在语言中展开;然而,既外又内的"心"不"思考",它直接"知道",尽管它"知道"的知识完全在人的理智光芒之外。换言之,心所"知"的,不是关于现实世界——或康德所说的"现象界"——的"经验性知识",而是那前语言的"先天性知识"。在这里,可以作为参照的是:人之外的绝大多数动物并不能够在符号性的语言中进行"思考",它们的行动根植于它们直接"知道"的、前意识形态的"先天性知识"。

诚然,作为"说话的存在"(speaking being),人主要依据"理智"(而非那凝聚其原始生命力的"心")行动。但"理智"所带来的这份思考与认知的能力,却因为语言本身的限制,而永远被限制在符号性秩序之内展开。关于思考总是以语言为媒介并根本性地受限于它这一点,芬克曾精到地写道:

> **思考**,总是在我们在符号性秩序内的位置开始,我们只能够从我们所处身的符号性秩序内部、使用它所提供的诸种范畴与过滤装置,来思考那假定的"语词之前的时间"。……只要我们在思考,语言就是最基本的要素。①

因此,我们的这个能够思考、认知的"理智",实际上是一个符号性构建起来的主体,因为它只在以语言为媒介而构建起来的符号性秩序中展开,尽管这个符号性秩序,就是我们所认为的全部"世界",构成了我们日常现实之边界。举例而言,对于生活在唐朝的长安人来说,他们的"世界"里没有"太阳系",尽管那个我们现在用"太阳系"这个符号所指向的对象,在唐朝也存在着。并且,在那前语言的状态中,所有的存在是一整块的,并没有语言所带来的符号性的区划(如"太阳系"属于"银河系"等等)——它浑然一体,并没有被符号性地割裂。拉康

---

① Bruce Fink, *The Lacanian Subject*: *Between Language and Jouissance*, Princeton, N. J.: Princeton University Press, 1995, p. 24, emphasis in original.

正是在这个意义上写道："**真实**是绝无裂缝的。"①

　　另一个例子更具分析价值。在日常生活中,倘若要对自己心仪的对象表达好感与爱慕,现下的英语——由一串符号链条(signifying chain)组成——实际上只给了我们两个选择,要么用"love",要么用"like"(汉语中同样如此,要么说"我爱你",要么说"我喜欢你")。假如你觉得"love"这个词太强烈,而"like"这个词又太弱,那么,在现有符号链条中你没有别的选择,而是只能在两个词中择一而用,并承受相应的符号性效应。那么,我们可以做一个思想实验:英语中如果存在一个符号(让我们启用"loke"这个眼下没有意义的符号),被用以表述"love"与"like"之间的一种感受,那么,对于以后在这个符号性秩序中长大的人来说,很"自然"地便拥有三种感受("love","like"和"loke")。换句话说,因为一个符号的存在,生活在那个符号性秩序里的人的感受就"多"出来了一种。这个思想实验,有效地阐明了语言对现实世界的建构性操作。也正是这种建构性操作,使生活在语言中的人产生出了主体性分裂:(a)没有裂缝的前语言状态,(b)符号化后的"我思"。

二、主体性分裂与孟荀之争

　　晚年拉康用数十年之功旨在阐明的因**真实**(the Real)与**符号**(the Symbolic)之结构性对立所产生的主体性分裂问题,在先秦儒学中,《荀子》对此实际上已有了深入论述。《荀子·正名》篇中写道:

> 名无固宜,约之以命。约定俗成谓之宜,异于约则谓之不宜。名无固实,约之以命实。约定俗成,谓之实名。

很清晰的是,根据《荀子》,所有的符号,都只是约定俗成、"命"名出来,它本身不对应某种"实"。"名"与"实"的对应(用索绪尔的术语,能指与所指的对应),本身是强行"命"出来的;换言之,符号指向(signifying)的操作,并没有**本体论的支撑**。在长期的约定俗成之后,我们才可以说,某个人是否用错了词,说错了

---

① Jacques Lacan, *The Ego in Freud's Theory and in the Technique of Psychoanalysis*, p. 97.

诂。符号性秩序中的一切(文化、道德、礼义、制度,等等),《荀子》都称作为"伪"(而用马克思主义术语来说便是"意识形态",用拉康主义术语来说便是"符号/象征")。

人的主体性,对于《荀子》来说,存在着"性"和"伪"两种("性、伪之分"):"不可学、不可事而在人者,谓之性;可学而能、可事而成之在人者,谓之伪,是性、伪之分也。"(《荀子·性恶》)"伪"的主体性,并非原初就有,而是在符号性秩序的意识形态中"起伪"、"习伪"形成的。"性"与"伪"这两种主体性之间的对抗,实是先秦儒学的一个重要理论洞见,并不仅仅为《荀子》所有。《孟子》和《荀子》尽管在"性"的"善""恶"问题上产生激烈分歧,但双方实则共享"主体性分裂"框架——双方都认肯,除了"圣人"之外,现实世界中绝大多数的人身上都存在着两种主体性之间的对抗。《孟子》云:"人之所不学而能者,其良能也;所不虑而知者,其良知也。"(《孟子·尽心上》)这就把人的"原初主体"(即"赤子"),同那通过"所学而能"、"所虑而知"的"起伪主体",区别了开来。如果不结合《孟子》对"主体性分裂"框架的认肯,就无法真正理解"由仁义行,非行仁义也"(《孟子·离娄下》)这个至关重要的论断。此句中的前后两个"仁义",恰恰是代表两种对立的主体性:前者是按照本心的"良知"、"良能"行动,而后者则是在作为"名"的"仁义"下而行动;前者的行动主体是"原初主体",而后者的行动主体则是"起伪主体"。

《孟子》又说:"君子所以异于人者,以其存心也。"(《孟子·离娄下》)这句直接用"君子"与"人"来标识两种不同的主体性,并且指出,只要后者能够坚持"存心"的实践,就能成为前者。"存心"就是持存本心,就是以"不虑而知"的"良知"与"不学而能"的"良能"来行动。对于《孟子》,"学问之道无他,求其放心而已矣"(《孟子·告子上》)。学问就是把放失的心(良知良能)求取回来,亦即,把原初主体(赤子)求取回来。对《孟子》所说的"良知"、"良能",赵岐注释道:"良,甚也。"[1]换言之,"良知"就是最所知,就是心的直接"知道";而"良能"即最所能,就是心的直接驱动。在这个意义上,良知良能并非道德术语(指向"善"),而是本体论术语,指向内外的贯通(亦即,心与**道/真实**的贯通)。在《孟子》看来,"赤子

---

[1] 赵岐云:"不学而能,性所自能。良,甚也,是人之所能甚也。"(赵岐:《孟子章句》,见焦循:《孟子正义》,沈文倬点校,北京:中华书局,1987年,第897—898页。)

之心"（良知良能）在现实生活中实是处于被放失的状态，但却仍然留有**残余**，并未完全湮灭，故此可以通过实践求取回来。以前中国人除了用"吾"、"我"之外，还经常用"余"来指称自己——惟有这个"余"，才代表着自己的心。真正的我（原初主体），不是意识形态所赋予的诸种"身份"，而是在各种符号性的"身份"之外的、意识形态所无法彻底"覆盖"的那个精神层面的"残余"。

正是这份残余，人才会结构性地处于两种主体性的对抗中，而这种对抗格局，则使人的伦理-政治实践成为可能。也正是在相同的意义上，拉康在其《精神分析的伦理学》一书的开篇处便写道："有效的道德行动，乃是根植于**真实**之上。"① 这个时候，伦理-道德意义上的"善"，实则本身并没有实定性内容（positive content），它指向的是本体论层面上的抗争——被现实世界（符号性秩序）遮蔽与压制的生命性质料（幼儿/赤子的心）的抗争。换言之，本体论与伦理学呈现为一个发生学序列上的先后关系：先有本体论结构（主体性分裂），再有伦理-道德行动，后者是本体-发生学（onto-genesis）的产物。如果从这个角度看待孟荀之争：（a）两者都为"善"填入了实定性内容，从而使得伦理学独立于本体论；（b）双方所填入的实定性内容恰好相反。

《孟子》的伦理学，实则分为两层，第一层和拉康的伦理学很大程度上相合，而第二层则彻底越出拉康。让我们来详细分析之。首先，《孟子》把伦理-道德意义上的"善"，设定为纯粹由原初的"赤子之心"而行动（而不是在现实世界中根据功利计算而"理性地"行动）——这一层和拉康主义精神分析相契合。《孟子》并没有仅止于此，而是进而给"赤子之心"注入了实定性内容，亦即，"四端"。换句话说，"不学而能"、"不虑而知"的本心，被《孟子》实定性地定义为"恻隐"、"羞恶"、"辞让"、"是非"的四端之心。而拉康主义精神分析，则彻底不支持《孟子》的这一进阶论述，对于拉康而言，任何实定性内容，都是语言的符号化产物，而前语言的主体在经由语言构建起的符号性秩序中只能是一个深渊性存在。

《孟子》的这一步进阶性发展，实际上使其在以下两个进路中陷入一种含混状态：

（1）拉康主义的进路：根植于**真实**上的生命性行动，本身就是"善"

---

① Jacques Lacan, *The Ethics of Psychoanalysis*, Dennis Porter (trans.), New York: Norton, 1992, p. 21.

的;换言之,"善"这个符号性概念的内容,由人的本心的行动来赋予。

(2)《荀子》所采取的进路:先确立"善"的实定性内容,然后用这个内容规范性地来判定人的本心是否为"善";换言之,若说人的本心是"善"的,那就意味着,人的"本心"乃符合既有的("约定俗成"的)那一套关于"善"的观念。

在这两个进路之间,《孟子》便处于一个相当尴尬的位置:从文本层面而言,《孟子》的叙说多有含混,但究其大者,《孟子》更为接近第一种路径,从《孟子》言"一本"(《滕文公上》)上就能看出。但在拉康主义进路上基础上,《孟子》加入了自己对人的"本心"所理解的"私货"("四端"),并以此为规范性尺度来展开两种主体性的对抗。

对于《孟子》而言,儒家君子"见孺子将入于井",完全是因本心而发的怵惕恻隐前去救助,这就是"由仁义行"。而若是先有了"仁义"的规范性理念,为了这个理念尤其是该理念所带来的道德"美名"而去"行仁义",则已经是"伪"("伪君子")了,至于为了"纳交于孺子之父母",为了"要誉于乡党朋友",乃至为了"恶其声而然"(《孟子·公孙丑上》),则简直是衣冠禽兽,在《孟子》这里就根本不是个人。"纳交于孺子之父母"、"要誉于乡党朋友"这种功利性的计量,在《荀子》这里,则恰恰标识了人的"性恶"。

在《荀子》这里,十分清晰的是:伦理学独立于并且高于本体论。"善"的实定性内容并非来自本体论结构,而是"约定俗成谓之宜",更进一步说,是由以前的"圣人"习伪而制定,"圣人积思虑,习伪故,以生礼义而起法度"(《荀子·性恶》)。而两种主体性之间的对抗,便产生自以"善"的内容("礼义")作为规范性尺度所做出的判断——从该尺度出发,人原初"性恶":

> 凡人有所一同。饥而欲食,寒而欲暖,劳而欲息,好利而恶害。(《荀子·荣辱》)
> 若夫目好色,耳好听,口好味,心好利,骨体肤理好愉佚,是皆生于人之情性者也。(《荀子·性恶》)

可见,在《荀子》这里,伦理学不但独立于本体论,并且高于本体论:人的本心

(性)是"恶"的,正是从"礼义"出发而判定,并且经由礼义教化("习伪")后的主体,能够以其伦理-道德实践同原初主体(性恶的主体)做抗争。对于《荀子》而言,此前由"圣人"制定的"礼义"先于主体而存在:"礼义法度者,是生于圣人之伪,非故生于人之性也。"(《荀子·性恶》)换言之,"善"的内容来自"伪"而非来自"性",故此"起伪主体"(礼义教化后的主体)对"原初主体"(好利而恶害的主体)的抗争,便是伦理-道德行动。

有意思的是,《荀子》所谓的"性恶"(好利而恶害),实际上在霍布斯、洛克、斯密所奠定的现代文明框架中,恰恰被完全视作"理性的"(rational)。譬如,人们一般都会选择相貌俊美的伴侣("目好色"),假使某个自身"条件"很好的人选择相貌丑陋的残疾人为伴,那么,这就是"不理性"的。但是倘若该残疾人具有优越的经济-社会地位,这个行为马上就又成为"理性的"了,世人的"理智"马上就可以"理解"。这个古今变化状况实则表明了,关于"善/恶"的实定性内容,是历史性的、不断变化的,换言之,本身亦是"起伪"而得的、符号化生成的。《荀子》和《孟子》一样,都是旨在驱除"好利"的"理性",区别在于,后者以原初主体来对抗,而前者认为原初主体恰恰就是问题的根源,故而提出以一种具有特定"起伪"内容(礼义)的"起伪主体"来对抗。《孟子》认定"理性"肇因自原初主体(赤子之心)的丧失,所以克服它就需要存心、求取放失之心;而《荀子》认定这种"理性"就是人的原初之"性",所以要抗拒它,就只能采取后天的"教化",用"习伪"的方式来克制人的"理性"动机这个"大恶",因此《荀子》重视外部的礼义制度。

经由上述分析我们看到:《荀子》对《孟子》的发难,实际上就是习伪后的主体(君子)对"心"的原初行动进行发难。在这个意义上,孟荀之争,问题的实质并非"善"与"恶"的对立,而是"起伪主体"与"原初主体"的对立。而从拉康主义视角出发,由于双方都对"原初主体"填入了实定性内容,故此实则皆指向两种"起伪主体"之间的抗争——具身化(embody)"恻隐"、"羞恶"、"辞让"、"是非"以及"礼义"所涵盖的诸内容的君子,对抗这些内容相反方向上的行动。换言之,两者所认肯与反对的实定价值,实际上相当一致,并且皆没能真正触及前语言的原初主体。于是,《孟子》与《荀子》尽管皆假托了主体性分裂的框架,实则均**指向符号性秩序内两种价值立场的抗争**,并且两者实际上认肯的是同一场抗争。

然而,符号性秩序中的价值光谱,始终处于流变中。我们看到,先秦时代被认为是"恶"的内容,在今天恰恰被看作很"理性"。这意味着,"善"与"恶"是在一个约定俗成之意识形态系统中的道德判断,并没有**本体论的根基**。米歇尔·福柯所说的"考古学",便旨在把当下那些被普遍认为最自然不过、最不可动摇的观念,放置回历史中,同诸多古典文本并置,从而揭示出那些今天不证自明的观念,本身只是一组历史性的话语构型,属于当下时代之"知识型"的派生物。而支配晚近几个世纪的"现代知识型",正是以人的"理性"为核心。正是从考古学视角出发,福柯断言:"理性"的人("理智"、现代"主体性")终会"死"去,就像海边沙滩上的一张脸,在时间转逝中被抹去。①

　　因此,"善"与"恶"这对符号,只是一个历史性的意识形态话语构建物。《荀子》指出"名"乃约定俗成而产生,此论本可以导出如下论题:"善"与"恶"本身也是符号性秩序中约定俗成而形成的"观念"。换言之,"善"与"恶"本身乃是"制名"制定出来的。而在"起伪"之前的人的先天性的本心,则本身并无所谓"善"或者"恶"。后来的王阳明就把这个问题给点了出来:"无善无恶是心之体,有善有恶是意之动。"②"心"是原初的主体,因此是"无善无恶";而"意"则是"起伪"后了的主体,因此才有"善"与"恶"可言。而儒家实践工夫所要针对的,就是这个"意"。③ 这使得经王阳明发展后的孟子学(阳明学),离拉康主义精神分析更近了一步。"有善有恶",总是在历史性既定的意识形态秩序中形成,故此对抗"恶"就有两种进路:一种是从具有历史性背景下特殊实定性内容的"善"来进行对抗(一种"意"对抗另一种"意");另一种是从以"空无"为内核的前语言"无善无恶"的原初主体(心之体)出发进行对抗("心"批判各种"意")。《荀子》和《孟子》实则皆采取前一种对抗进路,而拉康(以及在一定程度上的王阳明)则采取了后一种对抗进路。并且从拉康主义精神分析出发,我们可以重新挖掘出先秦儒学的一个激进遗产。

---

① Michel Foucault, *The Order of Things: An Archaeology of the Human Sciences*, London: Routledge, 2002, p. 422.

② 王阳明:《王阳明全集》,吴光、钱明、董平等编校,上海:上海古籍出版社,2011 年,第 155 页。

③ 在现实生活中,我们的"理智"所能分辨清楚的那些"love"、"like"(或者"loke")的感受,实际上恰恰标识了自身之被符号化(拉康称为"符号性阉割"):当你开始"思考"自己的感受是"爱"还是"喜欢","心"的原初活动(拉康所说的**真实**),转变成了"起伪"的"意"(拉康所说的**符号**)。通过分辨不同的"意","理智"便可以去"估算"对方可能对自己"表白"的种种反应……最原初的心动、心悸,就变成一场经过精心策划、投入无数思虑的"博弈"。

《中庸》云"率性之谓道":"道者,率性而已,固众人之所能知能行者也,故常不远于人。"(第一章;第十三章)针对"理智"的思量,儒家(《中庸》)之"道"就是"率性",就是使"意"诚。众人都"能知能行",正是因为,"道"本就是"不虑而知"、"不学而能"。那完全没有遭受意识形态污染、尚未"起伪"的**心,直接先天性地"知道"("知"-"道"),并据此而行动**。这个"知",便是《易传》中"乾知大始"(《系辞上》)的"知"("乾"就是"大始")。这里的"知",便是直通、直贯,而非经验层面的"知"("知道"诸种符号性的"知识")。以前中国人所说的"知一道",并非现代人所理解的"懂得"、"了解"、"认识"意义上的"知道",而恰恰正是——直贯"道"。① 前语言的原初主体(心、驱力)并不"思考",因为"思考"总是在语言中展开;它的原初感受,也并非"理智"运用当下符号链条中各种现成符号所可以"理解"、"定位"的。是以,心的"知觉",彻底越出了语言的符号链条之外,而与"先天性知识"直接贯通。这样的"先天性知识"(前语言的知识),拉康主义精神分析给它的名称便是——**真实**,而儒家给它的名称便是——**道**。也只有在驱力直接贯通**真实**(心直接知道)的这个前语言的本体论层面上,主体才是真正剥除了一切意识形态附着与"改写"的**原初主体**。②

三、主体性分裂与现代性"牢笼"

上文对拉康主义精神分析与先秦儒学的分析,使我们遭遇到了两类完全不同的"主体"概念: (1)符号性的起伪主体("能指的主体"、"说话的存在"、认识论意义上的主体);(2)前语言的原初主体(作为驱力的主体、本体论层面上的主体)。前者以理智、"我思"为核心,笛卡尔所开创的"主体哲学"(意识哲学)中的主体,便正是这第一类主体;后者以心(驱力)为核心,拉康主义精神分析中的主体,则是第二种主体。这两种"主体"概念不仅全然不同,并且彼此严重冲突。

笛卡尔以"我思故我在"作为确定"主体"之存在的最后根据——即,以正在思考着的我,来确定"我"并不是虚幻的、分崩离析的。这种由当下的我思之活

---

① 《管子·戒》正是在这个意义上说:"闻一言以贯万物,谓之知道。"

② 请进一步参见吴冠军:《现代性的"真诚性危机"——当代马克思主义的一个被忽视的理论贡献》,《江苏行政学院学报》,2018年第5期;吴冠军:《重思"结构性不诚":从当代欧陆思想到先秦中国思想》,《江苏行政学院学报》,2019年第5期。

动来肯定"我"的存在,并不需要先作出一个关于"我"的形而上学的论述。即使经验主义的实证研究只能认知"我"的"形体"而无法认知"我"的思想,但"我"当下正在思想本身,已经确立起了"主体性",并反过来给认知活动本身提供根据。在这个意义上,笛氏将主体从经验主义、实证主义的扫荡中抢救出来,并因此开创出现代性的"主体哲学"。① 然而,笛卡尔主义的"我思",却因语言这层"媒介"的建构性操作("我思"总是在语言中展开,包括思考当下在"思考"的"我"),已经同前语言的生命产生根本性的"隔裂"。故此,"我思"并不是本体论层面上的原初的主体。

拉康是故提出了这样一个概念——"撕裂的主体"(the split subject)。语言把人撕裂成彼此不通的两块:(1)在语言中进行思考、推理、计算等等的理智("我思");(2)语言所无法抵达、所形容不出的纯生命性的驱力。我们在这里可以清晰地看到,拉康主义的主体理论,乃建立在二十世纪"语言的转向"——尤其是索绪尔的结构语言学——之上。这一冲破"主体哲学"的全新主体理论,并不旨在回归形而上学式的对主体的确定,而是在本体论的层面上展开:如果说形而上学的"独断论"路径旨在回答主体本质上"是"什么,那么拉康主义的主体论则旨在回答主体"不是"什么(不是"格式塔"式的"镜中我"、不是任何一种符号性的"身份")。

福柯(早年的福柯)、德勒兹、德里达等"(后)结构主义者"皆绝口不谈"主体",而是以不同方式宣布"主体的终结":"主体"仅仅是一个话语的虚构;仅仅是"逻各斯中心主义"的一个表现;仅仅是西方思想史上的一个晚近的"知识型",是以必将退隐和被取代……对于这些思想家,更值得谈的是多重的"主体-位置"(subject-positions)、多种"主体化"(subjectivizations)。在这个思想史的大背景下,同样被归入"结构主义"乃至"后结构主义"的拉康对主体的重新阐述之工作,实是一个彻底特立独行的举动。晚近代表性的拉康主义学者,如芬克、齐泽克等,都不约而同地选择深层次地梳理拉康的主体理论。② 福柯晚年重新

① 黑格尔曾在《哲学史讲演录》中说道:"从笛卡尔起,哲学一下转入了一个完全不同的范围,一个完全不同的观点,也就是转入了主体性的领域,转入了确定的东西。"(黑格尔:《哲学史讲演录》第四卷,贺麟、王太庆译,北京:商务印书馆,1978 年,第 63 页。)诚然,如果没有笛卡尔,就没有现代性的"主体哲学"。

② See Fink, *The Lacanian Subject:Between Language and Jouissance*;Slavoj Žižek, *The Ticklish Subject:The Absent Centre of Political Ontology*,London;New York:Verso,1999.

转向"主体",也正是在一定程度上受到了拉康的影响。

　　拉康本人宣称：主体的真正核心乃是"空无"(void)。这并非一个正面论题，而是一个针对"主体哲学"所提出的反面论题。① 同"主体哲学"将"我思"、"理性"作为主体的核心相反，拉康强调，主体的真正核心恰恰落在"理性的光芒"之外，因此在那"理性之光"所照耀的范围内呈现为一团空无，或者说一个深渊。我们可以进一步把拉康的论述同洛克与休谟的主体论做一个并置。在洛克看来，"人心如白纸似的，没有一切标记，没有一切观念"，"人心中没有天赋的原则"。② 乍看上去，拉康的"空无论"同洛克著名的"白板论"颇有相通之处。③然而，两者论述主体的进路完全不同。洛克并没有在本体论层面立论，其"白板论"主要是从经验主义角度出发设立人的"认知"之"起点状态"。换言之，"白板论"实则是在经验主义边界处的一个理论性假设；洛克本人的旨归，是对填入"白板"的内容进行经验主义-实证主义确认。而之后的休谟则拒绝对"主体"作任何形而上学式确定(包括"白板论")：休谟将经验主义推进到底，对他而言，"主体"是否存在根本不再重要(它只不过是各种不连贯的个人经验所构成的松散联结)，重要的是各种感觉之间的因果关系、串连以及彼此之间的类似。休谟在其《人性论》中写到，"在同一时间内，理智没有单纯性，而在不同时间内，它也没有同一性"，我们"不能发现任何不变的、不间断的东西作为我们的同一性概念的根据"。④ 可见，同样没有涉及本体论，而只是采用经验主义进路的休谟，抵达了纯然怀疑主义的"人性论"。以"体验与观察"为依据、以经验主义为进路的休谟认为，("理智"意义上具有"同一性"的)主体并不存在。在拒绝所有以实定性内容为内核构建同一性"自我"这个面向上，休谟和拉康也有相通之处。

---

① 理解《老子》的"无"也必须如此，它是针对当时"礼仪三百，威仪三千"(《中庸》第二十七章)的那套浮华的周礼制度而提出的反面论题。

② 洛克：《人类理解论》，关文运译，北京：商务印书馆，1959 年，第 68、6 页。

③ 也正因为洛克同拉康的这种接近，其"白板论"在"主体哲学"中一直不受待见。例如，可以被视作"主体哲学"之殿军的埃德蒙·胡塞尔就曾写道："在他[洛克]的素朴的自然主义中，心灵被当作像一个被隔离起来的空间一样的东西……心灵像一块白板，心理材料在它上面来来去去。"其实，这一批评对洛克略有"苛责"，而对于后来的拉康的主体理论，倒是更适合些。参见胡塞尔：《欧洲科学危机和超验现象学》，张庆熊译，上海：上海译文出版社，1988 年，第 102 页。

④ 休谟：《人性论》，关文运译，北京：商务印书馆，1980 年，第 282—283、285 页，译文略有改动。See also David Hume, *A Treatise of Human Nature*, New York：Dover, 2003, p. xi.

拉康与洛克、休谟的关键不同就在于,他彻底拒绝经验主义-实证主义的进路:拉康一方面在本体论的层面上重新挺立"主体",但另一方面则激进否定所有关于"主体"的实定性内容。具体而言,拉康不再是以经验主义方式对各种意义上的符号性"自我"进行确认,而是从精神分析"症状"入手来否定性地定位符号性"自我"底下的原初主体(残余/深渊)——前者使他和洛克相区别,后者则使他同休谟相歧途。在本体论的层面上,拉康将前语言的原初主体与生活在符号性秩序(经过"符号性阉割")的主体截然分立,并强调两者之间的对抗性关系。因此,如果说洛克的"白板论"是一个关于主体的"发展论",那么拉康的"空无论"则是一个"否定论",以激进抗拒一切被符号化了的"起伪主体"为其旨归。拉康将符号性秩序,称作为"巨大的他者"(the big Other,后文简称为"大他者")。"理智",正是"大他者"的产物。故此,在那前语言的原初主体(幼儿/赤子)与"大他者"规训下的起伪主体的对立中,"理智"无法扮演仲裁者:前语言的原初主体,在"理智"眼里彻底是"异己"的。[①] 正是为了对抗这样的"理智",马丁·海德格尔提出了"语言说人"(language speaks men)这个颠覆性的命题:人是"被抛入世界"的,在那里预先存在着语言。"人这样行事,仿似他是语言的塑造者和主宰,而实际上语言一直是人的主宰。"[②]语言对人的主宰,正是通过"理智"这个"代理"(agent)而进行,使得主体的一切言行,都在语言所框定的那套符号性坐标之内"正常地"、"理性地"展开。而彻底超出那套坐标之外的东西(即,拉康笔下的**真实**),则是"不可思议"(unthinkable)、"不可理喻"(unreasonable)的。

　　正是通过"理智"这个"代理",人形成了那种齐一的"理性"(即,懂得趋利避害、追逐自己的利益与福祉、在最根本的层面上是自我中心主义的,等等),而这正是现代性大厦的真正的建制性地基。换言之,如果人不是"理性的"、"正常的",那么所谓的现代性"工程"将岌岌可危。马克斯·韦伯认为,"现代化"实质上就是"理性化"(rationalization)。资本主义兴起的标志,就是人的经济行动的

---

① 请进一步参见吴冠军:《有人说过"大他者"吗?——论精神分析化的政治哲学》,《同济大学学报(社会科学版)》,2015 年第 5 期;吴冠军:《"大他者"的喉中之刺:精神分析视野下的欧洲激进政治哲学》,《人民论坛·学术前沿》,2016 年第 6 期。

② Martin Heidegger, *Poetry, Language and Thought*, A. Hofstadter (trans.), London: Harper & Row, 1971, p. 215.

理性化(可计算性,即合理薄记、资本核算),"在作出任何决定之前,要有一番计算,以弄清是否有利可图"①。正是在这"资本主义获利方式的理性"(目的-工具理性)基础上,"科层制"(以管理人员的专业化、等级制的分工、档案管理、规章制度与监督机制等为特征的官僚体制)便发展了出来,形成组织行政管理的"理性化"。"理性"(理智)吞没整个生命,致使韦伯当年感慨生活在"铁的牢笼"下:"专家没有灵魂,纵欲者没有心;这一无效(nullity)竟然想像它已达致一个此前从未到达过的人性高度。"②作为现代性的核心批判者,福柯则进一步提出:"理性化与政治权力的过度之间的联系是显而易见的。我们不需要等待官僚体制或集中营来承认这种关系的存在。"在今天,批判的靶子必须是现代性内在那道危险的"理性旋转门"(revolving door of rationality)。③

四、福柯、拉康、陆象山

然而,晚年的福柯提出"关护自我"的论题,这使得福柯遭受了不少批评,被认为重返(笛卡尔式)"主体性"。④ 实则,"关护自我"并非对"主体哲学"进行妥协乃至肯定,而恰恰指向一种激进的斗争——即,福柯晚年所提出的"生命斗争"(bio-struggle)。对自我的关护,实则就相当于儒家所说的"存心":它们之所以是一种激进的实践,便正是因为它们对意识形态的蒙蔽、规训等符号化操

---

① Max Weber, *The Protestant Ethic and the Spirit of Capitalism*, Talcott Parsons (trans.), London: Routledge, 1992, pp. xxxii-xxxiii.

② Ibid., p. 182.

③ Michel Foucault, "Space, Knowledge, and Power," Christian Hubert (trans.), in Paul Rabinow (ed.), *The Foucault Reader*, London: Penguin, 1991, p. 249. 同时参见福柯:《主体与权力》,载德雷福斯、拉比诺:《超越结构主义与解释学》,张建超、张静译,北京:光明日报出版社,1992年,第273页,译文略有改动;福柯、乔姆斯基:《论人性:正义与权力的对抗》,丛莉译,载杜小真编:《福柯集》,上海:上海远东出版社,1998年,第238页。

④ 譬如,福柯研究专家若泽·麦魁尔在读完《性态史》第二、第三卷后写道:"现在提出的问题是一个完全不同的命题:不把主体性视为从属性的变量(权力的历史性产物),而是把主体视为独立变量,即一种塑造行为的力量。而福柯不仅开始把主体当作主题,也当作真正的要素了吗? ……在福柯1980年代的工作中,主体以及与之联系在一起的人类朴素的意志力,实际上已经获得了辩护(即使是不动声色的),或者暗中重新进入了他的视野——这是可能的吗? 福柯与主体秘密地和平共处了吗?"参见麦魁尔:《福柯》,韩阳红译,北京:昆仑出版社,1999年,第171页。

论「主体性分裂」:拉康、儒学与福柯

作,作出针锋相对的反抗。

　　陆象山(陆九渊)将儒家的成德实践直接阐述为"发明本心",即,使自己的本心挺立起来。"发明本心"的途径便是对心的"存养",将受外物影响而产生的"意见"和"物欲"均"剥落净尽",从而解除"心蔽",使"心为之灵"。[①] 而这一挺立本心、剥落意见、净尽物欲的行动,按照陆象山的描述,乃是"继而不绝,日日新又日新"[②],"激厉奋迅,决破罗网,焚烧荆棘,荡夷污泽"[③]。而福柯的"生命斗争"、"关护自我"的实践,也正是承担着发明自我的任务——"现代人不是开始发现他自己、他的秘密和他的隐蔽真理的人,他是一个尝试发明他自己的人。这种现代性并不是'将人从其自身之是(being)中解放出来',而是迫使他面对生产他自己的任务"[④]。换言之,主体并不是通过经验性的"认知"去"发现"的对象,主体是一个可以进行永无止境的全新创造的空间:通过"自我技术"(techniques of the self)、通过"生命斗争",任何人都可以自由地发明她/他自己。同"知识-权力"网络的一整套强大的意识形态"统治技术"(techniques of domination)相对,晚年福柯所说的作为"生存艺术"的"自我技术",便正是个人运用自己的坚决意志与生存艺术对自己的躯体、思想、灵魂、行为、存在方式施加某种影响,改变"我"当下之所"是",以达到某种愉悦、纯洁、智慧或永恒状态的自由实践。自由,就正是意味着一个人"能够建立对自己的一个完全的至高权威",意味着"一个人能够自我控制,并且最终抵达关于其自身的一种纯粹快感"。[⑤]

　　晚年的福柯将他的批判实践置于康德所开创的激进的启蒙的批判传统中。[⑥] 之所以转向康德,乃因为康德在经验性的认知领域之外,挺立起了纯粹

---

① 陆象山尝言:"愚不肖者之蔽在于物欲,贤者智者之蔽在于意见,高下污洁虽不同,其为蔽理溺心而不得其正,则一也。"(陆九渊:《与邓文范》,《陆九渊集》卷一,钟哲点校,北京:中华书局,1980年,第11页。)

② 陆九渊:《与杨敬仲》,《陆九渊集》卷五,第66页。

③ 陆九渊:《语录下》,《陆九渊集》卷三十五,第452页。

④ Michel Foucault, "What Is Enlightenment?" Catherine Porter (trans.), in Paul Rabinow (ed.), *The Foucault Reader*, p. 42.

⑤ Michel Foucault, *The Care of the Self*: *Volume 3 of The History of Sexuality*, Robert Hurley (trans.), New York: Pantheon, 1986, pp. 238 - 239.

⑥ 在福柯看来,康德的启蒙提供了一个"出口"、"出路",以冲出那套终古长存、无所不在的监护状态。参见 Michel Foucault, "What Is Enlightenment?" op. cit., p. 34 - 35。

实践理性自我立法的实践领域。"自主"(autonomy),就是激进地摆脱既有的意识形态网络的一切矫正、改写、规训(依从意识形态的规范便是"他律"),而只服从意志(will)给自己的立法。康德主义的自主,被晚年的福柯转换为"自我统治"、"自我控制";而这在福柯眼里,便正是对自我的关护,便正是"生命斗争"。正是因为把这场激进斗争放置在"主体性分裂"框架下,福柯的政治学便成为一种"微观的政治学":它拒绝大规模的集体性-社会性反抗,而只肯定个体意义上的单独的、"英雄化"的抵抗,"每一种抵抗都是一个特例"①。故此对于福柯而言,抵抗就是关护自我,就是生命斗争:

> 抗争并不意味着一种一般化的否定,而是意味着一种对无进行肯定的肯定(an affirmation that affirms nothing),……去抗争就是一直向前,直到我们抵达空的核心,在那里,是(being)获得了其界限,并且在那里,界限定义了是。②

这种"对无进行肯定"、朝向"空的核心"迈进的抗争,让晚年福柯相当接近拉康:主体的核心是空无。然而,恰恰在和拉康的并置中,我们遭遇晚年福柯主体理论的一个根本性弱点。那就是,福柯未能在符号性秩序与前语言的**真实**的永恒对抗之结构中,对原初主体作出一个本体论层面上的确认。换言之,福柯所论述的"空的核心",实则并不具有本体论地位。与此同时,福柯又不愿意像当年的康德那样,提出一个作为理论性"设准"(postulate)的"自由意志"。是以,福柯只谈"当下的本体论"、"批判的本体论",只谈主体在当下的"英雄化"、"风格化"的抗争与自我创造,而对生命斗争、自我创造等等这些主体性实践的本体论根据闭口不谈。换言之,福柯是从当下的批判实践出发去肯定主体的瞬间性存在(颇类似于笛卡尔从当下的思考出发来肯定自我的存在);而不是以本体论层面上的前语言的主体,来肯定当下的主体性抗争实践与创造实践的激进

---

① Michel Foucault，"What Is Enlightenment?" op. cit.，，p. 47.

② Michel Foucault，*Language，Counter-memory，Practice：Selected Essays and Interviews*，Donald F. Bouchard（ed. & trans.），New York，Ithaca：Cornell University，1977，p. 36. 关于晚年福柯主体论,请进一步参见吴冠军:《绝望之后走向哪里? ——体验"绝境"中的现代性态度》,《开放时代》,2001 年第 9 期。

可能性。在这个意义上,尽管福柯并没有正面回到笛卡尔"主体哲学",但其对主体存在性状态的论述进路,却是笛卡尔式的。

正由于在本体论层面上福柯同拉康分道扬镳,当悬置主体性实践的本体论根源后,福柯就面对这样一个理论困境:既然人们被那无所不在的"知识-权力"网络所笼罩与支配,那么这些主体性的生命斗争、自我创造又是如何可能,它们是以什么为根本力量? 福柯未能像拉康那样,沿着精神分析传统而挺立起"驱力"——语言"符号化工程"的**溢出性残余**,亦即,未被意识形态完全覆盖的原始的**生命性质料**——来作为激进抗争与自我创造的根基性力量。"驱力"(儒家则名之为"心"),借用牟宗三的一个术语,是"即存有即活动"的:

> (1)"驱力"作为原初主体的残余,并不存在于作为符号性秩序的现实世界之内,它的存在——用海德格尔的术语来说——乃是"存于-外在"(ex-sistence)。
>
> (2)"驱力"并非是静态的存在,它始终处于活动状态,那些贯通**真实**的活动以"无法思议"、"不可理喻"的方式刺入现实世界后,便在既有的意识形态秩序中开创出彻底越出当下其符号性坐标的**全新的开端**(Beginning)。

由于未在本体论的层面上挺立起这样一个"即存有即活动"的前语言的原初主体,福柯的自我创造的自主实践,便在"能动性"(agency)上需要做出相应论证——用当下的主体性实践(活动)来肯定主体的存在,那么仍必然要回追出一个活动着的能动者,否则这些实践本身是从哪里来的? 换言之,福柯必须面对主体的"能动性"问题。① 正是由于未能对原初主体作本体论的确认,福柯最后仍是从普遍-总体性的本体论反抗而退回到了局部-境遇性的历史性反抗(即,以谱系学、考古学来瓦解当下霸权性的意识形态话语),也就是说,用一种"起伪主体"来反抗另一种"起伪主体"。

---

① 对于德勒兹来说,主体只是一个"能动的聚合体"(agentic assemblage),是"形成"(becoming)的一个产物。故此,德勒兹构成了拉康之外的另一种关于主体的本体论论述。详细分析请参见吴冠军:《德勒兹,抑或拉康——身份政治的僵局与性差异的两条进路》,《中国图书评论》,2019 年第 8 期。但对于福柯而言,他就必须面对主体的"能动性"问题。

相对于福柯，重振孟子学的陆象山，则在一定程度上脱离了符号性秩序内两种"起伪主体"之对抗的轨道——象山在主体的能动性问题上，比福柯多出一种本体论的论述。象山的"发明本心"的实践，并非是从当下的实践工夫来对"本心"之存在作一种瞬时性的肯定，而是自那"非由外铄我也，我固有之也"（《孟子·告子上》）的本心出发，肯定从愚夫愚妇到仁人君子激进地发明本心、创造自我的先天的可能性。"发明本心"，就是去挺立自己所固有的、然而在现实世界中遭受种种意识形态的"意见"、"物欲"之蔽的本心，去存养、保护住自己生命最初的纯净本心。能真正做到"存心"而勿丧（转换成福柯的术语，即真正做到"关护自我"），便抵达了儒家之成德实践的终极之境——"圣人"（"大人"），"大人者，不失其赤子之心"（《孟子·尽心上》）。换言之，儒家的君子实践，正是致力于返回幼儿的原初状态，去保有、存养那未受语言之"异化"、意识形态"规训"的那颗"赤子之心"。《孟子》说"人皆可以为尧舜"（《孟子·告子下》）。此论之所以成立，正是因为《孟子》直接在本体论的层面上，对原初主体作出认肯（"赤子之心"），从而撑开了"发明本心"的先天的可能性。象山尝言："收拾精神，自作主宰。万物皆备于我，有何欠阙。当恻隐时自然恻隐，当羞恶时自然羞恶，当宽裕温柔时自然宽裕温柔，当发强刚毅时自然发强刚毅。"[1]这段话既继承《孟子》的四端论，又越出了该论在实定性内容上的限制，从而接近福柯的"态度之风格化"[2]、自我创造的自主实践。但另一方面，尽管象山此言同福柯颇相契合，然而福柯的"自主"并没有本体论的根基，象山的"自作主宰"却是建立在"即存有即活动"的本心之上，建立在那"不虑而知"的"良知"、"不学而能"的"良能"之上。

康德的"自主"根本性地建立在"自由意志"这一理论性"设准"之上，福柯的"自主"则因避免作出这类"设准"而在主体能动性问题上彻底陷入困境。康德与福柯皆未能达到儒家君子"天命之谓性，率性之谓道"的那种本体论层面上直贯内外的"自作主宰"——"道者，率性而已，固众人之所能知能行者也，故常不远于人"（《中庸》第一章；第十三章）。而正是在这以赤子之心"自作主宰"的意义上，我们才能真正理解《论语》中那简简单单的一句话，"君子坦荡荡"（《论

---

① 陆九渊：《语录下》，《陆九渊集》卷三十五，第456页。

② Michel Foucault, *The Use of Pleasure：Volume 2 of The History of Sexuality*，Robert Hurley（trans.），New York：Vintage，1990，p. 92.

语·述而》)。陆象山将儒家的成德实践形容为"易简"工夫,这正是因为,本心(赤子之心)固在于我,而君子实践正是将它在当下呈现出来,将它从**隐**变成**显**。正因此,儒家的实践工夫丝毫不拖泥带水、支离破碎,而是"继而不绝"、"激厉奋迅,决破罗网,焚烧荆棘,荡夷污泽",来冲破意识形态之"蒙蔽"而激进地发明本心、挺立本心(儒家的"启-蒙")。《孟子》早已说过:"富贵不能淫,贫贱不能移,威武不能屈。此之谓大丈夫。"(《孟子·滕文公下》)真正的君子绝不枉道而从势,"君子忧道不忧贫"(《论语·卫灵公》),"守死善道"(《论语·泰伯》),"尽其道而死者,正命也"(《孟子·尽心上》)。这是何等的气概!儒家的君子实践,又是何等的激进、决绝!之所以"守死善道"、"尽道而死"是"正命",《中庸》一上来便已论述得很清楚:"天命之谓性,率性之谓道。"以赤子之心而率性,自作主宰,便是儒家君子的本体论行动(ontological act),是以才能"继而不绝",才能"激厉奋迅",才能直面死的威胁而毫不变色(是谓"威武不能屈")。当被问及何为"君子"时,孔子答道:"君子不忧不惧。"当被继续追问君子为什么可以不忧不惧,孔子进而说道:"内省不疚,夫何忧何惧?"(《论语·颜渊》)我们看到,正是"易简"的"内省不疚",使得儒家君子能够面对最极端的外部威胁也不忧不惧。

儒家思想早已意识到,以赤子之心"自作主宰"的君子实践,从内部而言是极其"易简"的,然而从外部(现实社会)而言则恰恰是最艰巨、最困难的,不但实践者(儒家君子)会遭受铺天盖地袭卷而来的重重阻扰,并且往往会面临死亡的威胁。是以曾子概言:"士不可以不弘毅,任重而道远。仁以为己任,不亦重乎?死而后已,不亦远乎?"(《论语·泰伯》)是以象山才会说出"激厉奋迅,决破罗网,焚烧荆棘,荡夷污泽"。而齐泽克这位当代马克思主义者,则是从拉康主义精神分析的"驱力"("死亡驱力")上发展出伦理—政治层面上自杀性的**行动**(the Act),以此作为今天的意识形态批判实践。相对儒学与拉康这两条斗争进路而言,福柯那作为"生命斗争"的"关护自我",并未能真正触及原初主体,故此尽管其批判性实践同样激进,但在能动性上则较前两家更为薄弱——福柯的斗争,实则只是符号性秩序内两种"起伪主体"的斗争。于尔根·哈贝马斯批评福柯采取的是"隐蔽规范主义"(cryptonormativism)[1],实则并没有冤枉福

---

[1] Jürgen Habermas, *The Philosophical Discourse of Modernity: Twelve Lectures*, Frederick Lawrence (trans.), Cambridge: Polity, 1990, p. 282ff.

柯——尽管福柯拒绝基于某种规范性内容来做批判性实践,然而,当他拒绝把"空的核心"扎在本体论层面后,他的一切批判(对理性和现代性的诸种批判),都只能是**隐蔽的规范主义批判**了,亦即,以一种实定性内容为规范性尺度批判另一种实定性内容。

On the Subjective Split:
Lacan, Confucianism, and Foucault

Wu Guanjun

Abstract: One of the key insights of psychoanalysis is the subjective split: there is an irreducible "residue" beneath the mind. "Symptoms" in psychoanalytic sense is precisely this residue intruding people's daily lives. Based on Saussure's structural linguistics, Lacan views such condition of the subject as the result of language learning (i. e. infant accepting symbolization). The ontological analysis of subjective split offered by Lacanian psychanalysis helps to illuminate one of the key debates in pre-Qin Confucianism, which is, the debate between Mencius and Xuni. This study further moves from classical Confucianism to modern philosophy of the subject, re-delineating the ontological condition of the "iron cage" of modernity. In the last section, by juxtapositing Foucault (the critical analyst of modernity) alongside Lacan and Confucianism, this study compares these three theoretical trajectories to illustrate the critical potentials of the frame of subjective split.

Keywords: subjective split, Lacan, Foucault, Mencius, Xunzi, Lu Xiangshan

历史与文化

清末的科举之变与现代国家观念普及

瞿　骏[*]

[摘　要]　中国的现代国家观念之普及与清末的科举之变关联甚深。在清末的科举之变中，八股改策论使得原本稳定的考试基础文本发生了重大改变，遂引致考官进退失据，考生彷徨无定。科举之变又造就了考试市场不断出现新的商机，商机牵引书商闻风而动，循利而起，在相当程度上变换了读书风气和人心所向。这些变化一方面在 1905 年使延续千年的科举立停，另一方面则在根本建制和社会基础层面促进了现代国家观念的传播，但这种传播并非简单的线性之变，而是多歧纷呈，诡论迭出。

[关键词]　清末；科举；现代国家观念；普及

　　传统中国的国家观念从宋代开始出现了一些新的特点。但在国家观念的传承中，以本王朝为效忠对象，以文化至上论为核心特征的基本形态却没有太大改变。[①]

＊　瞿骏(1978—　)，男，安徽桐城人，历史学博士，华东师范大学历史系教授，主要研究领域为中国近代历史。

① 参见葛兆光：《宅兹中国》，北京：中华书局，2011 年；姚大力：《变化中的国家认同——读中国寻求民族国家的认同札记》，载复旦大学历史系、复旦大学中外现代化研究中心编：《近代中国的国家形象与国家认同》，上海：上海古籍出版社，2003 年，第 147 页。

这一基本形态真正受到挑战要等到清末,这样的大变化与当时的科举之变息息相关。

余英时曾指出:科举以原始"圣典"(四书五经)为基础文本,建立了一个共同的客观标准,作为"造士"和"取士"的依据。但对于"圣典"的解释又是多元的,随时变动的,不可能统一于任何"一家之言",因此科举制度在实际运作中往往生出一种自我调适的机能,使钦定的"正学"不至于与科场以外的学术与思想的动态完全限于互相隔绝的状态。[①]

从余英时的洞见出发,我们会看到传统时代科举制具有一定的制度"弹性",而这些"弹性"很大程度上来源于各级考官,当然也有一部分考生。但清末科举的大变化是本来塑造制度"弹性"的变量相对单一,此时一转而成为多个变量:基础文本在变化,考官进退失据,考生彷徨无定,考试市场浑水摸鱼。这些特点都让清末科举之变的进程特别多歧纷呈,亦让其与现代国家观念普及的互动增添了不少既促进其传播,又令其旁逸斜出的诡论性意味。[②]

一、基础文本

作为一个运作了千余年的制度,科举制度到了清代自然不乏弊病丛生的一面。就基础文本而言,八股文题目取自四书,其中《论语》10000 余字,《大学》近 2000 字,《中庸》3000 余字,《孟子》30000 余字,总共 50000 多有限文字。这些文字经明清数百年不断地被引之以考察士子,对于应考的士子来说,早已成了熟悉的东西和惯见的东西。因此,到清后期科考出题,特别是县试、府试、院试,就经常无奈要走截断经文和排比经文一路,让题目僻而且怪成为了当时考试的一

---

① 余英时:《试说科举在中国史上的功能与意义》,载《中国文化史通释》,北京:生活·读书·新知三联书店,2012 年,第 233—234 页。

② 关于清末的科举改章和试策论之影响已有相当多的成果,择其要者:关晓红:《科举停废与近代中国社会》,北京:社会科学文献出版社,2013 年;章清:《"策问"与科举体制下对"西学"的接引——以〈中外策问大观〉为中心》,刘龙心:《从科举到学堂——策论与晚清的知识转型(1901—1905)》,以上两篇均载台湾"中研院"《近代史研究所集刊》,2007 年第 58 期;孙青:《引渡"新知"的特殊津梁——清末射策新学选本初探》,《近代史研究》,2013 年第 5 期;曹南屏:《清末科举改制后的科举考试与新学传播》,《学术月刊》,2013 年第 7 期;潘光哲:《科举体制下的"新学"传播空间——以沅湘通艺录为例》,未刊稿;袁一丹:《"实学"与"虚文"之间:晚清改试策略的多重困境(1898—1905)》,《文艺争鸣》,2016 年第 7 期。

个显著现象。生于嘉庆而历经道咸同光四朝的陈澧后来总括说：

> 文章之弊，至时文而极；时文之弊，至今日而极。士之应试者，又或不自为文，而劲袭旧文。试官患之，乃割裂经书以出题，于是题不成题，文不成文。故朱子谓时文为经学之贼，文字之妖。其割裂出题，则经学贼中之贼，文字妖中之妖也。①

但值得注意的是陈澧并不主张立废这"贼中之贼，妖中之妖"的"时文"，因为：

> 大凡变法者，渐则行，骤则不行。今之士人，不习为经说史论，一旦用以考试，束手不能下笔，必哗然以为奇异，而俗士之居大官者，出而阻挠之，是故时文不可骤废，经说史论不可骤行也。②

这种观念在之后的数十年依然延续。虽然各种对于时文的抨击比比皆是，但很长一段时间里科举的变化是在时文内部发生的。像张之洞任湖北学政时编有《江汉炳灵集》，"为一时士人仿效，持为科举利器"③。这部"利器"表面上看仍是时文，但其特点是"专尚才气，明用后世史事"④。进士徐兆玮就曾说："予少时读《江汉炳灵集》，爱其才调纵横"！⑤

不过尽管不少士人内心对《江汉炳灵集》之类的新型时文颇为欣赏，但仍"不敢轻于效颦"。要迨甲午以后，"合省渐效其体，獭祭书名篇目，捋扯子书僻文，于所谓代圣贤立言之旨，渺不相涉。士习诡遇，谬种流传。外患既乘，论者遂归咎制科之无用"⑥。

这说明甲午战争的失败对基础文本的地位形成了根本性冲击。对于这种

---

① 陈澧：《科场议》，载璩鑫圭主编：《中国近代教育史资料汇编——鸦片战争时期教育》，上海：上海教育出版社，1990年，第96页。

② 陈澧：《科场议》，载璩鑫圭主编：《中国近代教育史资料汇编——鸦片战争时期教育》，第96页。

③ 夏敬观：《忍古楼诗话》，载张寅彭主编：《民国诗话丛编》第三册，上海：上海书店出版社，2002年，第28页。

④ 湖南省图书馆编：《湖南近现代藏书家题跋选》第一册，长沙：岳麓书社，2011年，第753页。

⑤ 徐兆玮：《徐兆玮日记》，合肥：黄山书社，2013年，第4006页，1936年11月11日条。

⑥ 湖南省图书馆编：《湖南近现代藏书家题跋选》第一册，第753页。

时势的刺激,有无数人人小小读书人的回忆可资佐证,蒋百里的说法就非常典型。他说1894年他在浙江硖石镇上读书,背的是四书五经,读的是《小学正鹄》《诗韵》等等。堂兄要参加乡试,担心第三场策论里有"关系时局的文章",就让蒋百里用细字抄夹带。于是蒋氏就去镇上钱庄借了张《申报》,既抄报上的时事消息,也抄报馆文人的论说。蒋百里清晰记得《申报》中有一篇大骂李鸿章的文章。自此以后蒋氏学会了看报,"平壤、牙山、大东沟、九连城、威海卫、刘公岛"等地理名词也很熟地开始挂在嘴边。到壬午年(1895),蒋百里的伯父赴京补朝考,又为他带回了《公车上书记》和《普天忠愤集》等"时务书",在蒋百里看来这些书"看起来同小说那样的有趣,也有同小说那样的容易懂"①。

这种"趋新"的思想气候一旦形成,形成时风,要其扭转绝不容易。有学者曾指出:戊戌政变之后,科举规复旧制,士人多讳言新学。② 这一判断从表面上看大致不错,政变后一两年间原先蓬勃旺盛的新学风气确实受到一定影响。但就长程趋势而言,恐怕并不能简单用士人"讳言新学"来概括。这种复杂性可从两方面观察之:

一方面政变后戊戌新党除惨死菜市口诸人外,流亡海外者、被迫出京者恐怕会更义无反顾地"趋新"。1899年蔡元培重读日人冈千仞的《观光纪游》就感慨,"十年前见此书,曾痛诋之,其时正入考据障中",现在则坚信"八股之毒,殆逾鸦片"。③ 这群年轻翰林像蔡元培、张元济等被迫离京,却直接促成了江苏、浙江等不少地方上的新学堂出现。④ 连王先谦这样公认的"旧派"也在政变后仍与新学有扯不断的关系。比如他虽然将康梁的学说看作野狐禅,反对激烈的政制改革,但对废制艺、试策论却无太多异议,反而觉得因"乱党"倡言,未能实行,殊为可惜。⑤

另一方面由变法开启的科举改革,引发了大量普通士子尤其是幼龄童生不得不对此做出回应。这种群体性回应并不是复旧诏书一下就能轻易转辙的。夏曾佑曾追述戊戌时人心理说:"有诏复行八股,而其时之人心又一变,以为八

① 蒋百里:《蒋百里自传遗稿》,载《蒋百里抗战论集》,新阵地图书社,1939年,附录第1—3页。
② 田涛:《清季科举变动的知识效应》,《晋阳学刊》,2008年第4期。
③ 蔡元培:《蔡元培日记》,载中国蔡元培研究会编:《蔡元培全集》第十五卷,杭州:浙江教育出版社,1998年,第226页,1899年三月十九日条。
④ 参见高平叔:《蔡元培年谱长编》,北京:人民教育出版社,1996年,第133—172页;张树年主编:《张元济年谱》,北京:商务印书馆,1991年,第30—40页。
⑤ 王先谦:《科举论下》,载《葵园四种》,长沙:岳麓书社,1986年,第7—8页。

股即复,恐终不久。"①像李鸿章就曾让家中子弟多备书籍如《校邠庐抗议》,并要"专攻五经"②。陈布雷的父亲和大哥就都认为八股仍将废除,所以先不让他读四书,而以五经立识字为文之根基。③李济的父亲在读完四书后让他直接读《周礼》,俞大维则被家人规定直接读《公羊》。④甚至"政变"本身除了"复旧"外,亦有"趋新"的影响。沈曾植在"政变"后就建议两湖书院增加外国史课,以对"变法"的"效"与"乱"有所资观。这虽然是对变法的一种反拨,却在不经意间也推进了现代国家观念的普及。⑤

庚子辛丑之变后,1901年8月29日,清廷正式颁行上谕宣布科举改章。称:

> 着自明年为始,嗣后乡、会试,头场试中国政治史事论五篇,二场试各国政治艺学策五道,三场试四书二篇、五经义一篇。考官评卷,合校三场以定去取,不得全重一场。生童岁科两考,仍先试经古一场,专试中国政治、史事及各国政治、艺学策论;正场试四书义、五经义各一篇。考试试差、庶吉士散馆,均用论一篇、策一道。进士朝考论疏,殿试策问,均以中国政治、史事及各国政治、艺学命题。以上一切考试均不准用八股文程式,策论均应切实敷陈,不得仍前空衍剽窃。自此次降旨之后,皆当争自濯磨,务以四书五经为根本……⑥

此上谕颁布后产生的影响当然是无比巨大,其对于新观念尤其是现代国家观念引入的效果我们将于后文讨论。这里先讨论上谕中所谓"务以四书五经为

---

① 夏曾佑:《论政府把持科举之故》(1903年9月16日),载《夏曾佑集》上册,上海:上海古籍出版社,2011年,第79页。

② 李鸿章:《李鸿章致李经方》(光绪二十四年六月初七日),载《李鸿章全集》第36册,合肥:安徽教育出版社,2007年,第186页。

③ 陈布雷:《陈布雷回忆录》,台北:传记文学出版社,1967年,第4页。

④ 李济:《我的初学时代——留学前所受的教育》,《传记文学》,1967年第3期。

⑤ 陈庆年:《横山乡人日记》,参见中国社会科学院近代史研究所近代史资料编辑部:《近代史资料》总81号,北京:中国社会科学出版社,1992年,第135页,己亥十月初四日条。

⑥《光绪二十七年七月十六日上谕》,载朱有瓛主编:《中国近代学制史料》第一辑下册,上海:华东师范大学出版社,1986年,第129页。

根本"是如何难以做到的,而这种"经典的隐退"正是使得中国人旧的"国家"观念消逝,现代国家观念得以普及的一大重要条件。

"务以四书五经为根本"的难以做到首先即在主变革者一面要科举改章,但一面仍要维持"圣教",因此竭力将八股时文与四书五经相区分,但经过种种区分后,何为"圣教"反而模糊不清,遂导致经典文本的地位变得极其尴尬。

1901 年上谕大致是以张之洞、陈宝箴等人在 1898 年时提出的方案为蓝本,但也有重大区别。1898 年 7 月张之洞等指出,"今废时文也,恶八股之纤巧,苛琐浮滥,不能阐发圣贤之义理也,非废四书五经也",随即说,"恐策论发题,或杂采群经字句,或兼采经史他书,界限过宽,则为文者必至漫无遵守,徒骋词华,行之日久,必至不读四书五经原文,背道忘本,此则声教兴废,中华安危之关,非细故也"。[①] 所以在他们看来科考改章的一个重要内容是要用考四书义和五经义(即经义)来代替考八股文。

而且戊戌时所拟新章虽然是第一场考中国史事、国朝政治,第二场考时务策,第三场才考经义,但所定规则为分场发榜,"随场取去",对考经义的第三场"尤须从严",如有"理解妄谬,离经叛道者,士子考官均行黜革"。[②]

这些安排大多落实到了 1901 年的科举改章上谕中,但有一个大区别,即改原来的"随场取去"为"三场合校以定去取"。这个区别造成了若只从新章字面看,改变只是废除了八股,经典文本在科考中有其位置,但从新章的实际运作过程看,经典文本的出题、答题和备考都陷入了两难境地。主要表现在以下两点:

第一,张之洞等虽然强调"专用四书、五经原文命题,以免废弃经书",但经义文章为何种形态,张之洞等自己恐怕也未有一个确定的概念。张之洞说,"经义文体略如讲义,经论经说,一切拘挛俗格,苛琐禁忌,悉与删除",又说,"其文体大略即如讲义、经论、经说,准引史事群书"。[③] 这其实是一个留有太大阐释空间的定义,皮锡瑞就指出,"香帅、右帅所奏岁、科正途用四书义,经义不知是

---

① 《张之洞、陈宝箴妥议科举新章折》(1898 年 7 月 4 日),载朱有瓛主编:《中国近代学制史料》第一辑下册,第 87—88 页。

② 《张之洞、陈宝箴妥议科举新章折》(1898 年 7 月 4 日),载朱有瓛主编:《中国近代学制史料》第一辑下册,第 89 页。另可参看安东强:《晚清科举的场次与选才》,《中山大学学报(社会科学版)》,2013 年第 5 期。

③ 张之洞:《致长沙陈抚台》(光绪二十四年五月初十日、五月十八日),载赵德馨主编:《张之洞全集》第九册,武汉:武汉出版社,2008 年,第 326、329 页。

文是论,颇涉含糊,恐又将藉此以燃灰矣";又说,"四书义须由朝廷颁一格式,如荆公墨义之法,方免人误会,以为制义仍用八股文也"。①

显然作为趋新人士的皮锡瑞很担心在普通士子那里八股与经义难以区分。从 1901 年后各种经义的考卷看,八股文与经义文相似处不少,区别大致有四:一为不再以"圣人口气"立言;二为文章总字数多出百余字;三为行文不拘泥体格,更为自由;四为允许征引历朝相关史事。② 有人即指出"制义禁用后世姓名,事实又须裁对工整,故运典不免模糊,作义则畅所欲言矣"③。这些突破均在一定程度上成为现代国家观念普及的隐秘渠道。比如有一篇题为《在新民》的四书义就谈到千古兴亡与现代国家观念普及之基础——"开民智"之间的关系,其云:

> 试由《春秋》以前言之,若尧、若舜、若禹;曰于变、曰重华、曰慇时。三代相嬗,皆有递新之意,与民更始,迨至桀昏德,民坠涂炭,旧矣。汤起而一新之,又至纣秽德,民如沸羹,旧矣。文武起而一新之,由是以降,或三四百年,或一二百年,必有圣君轸念于上,贤臣布化于下,荡涤瑕垢,激发智虑,焕然煟然,以成一代更新之象者。纵论古今,旷观大局,能新民者罔不强,其兴也勃焉。否则罔不弱,其亡也忽焉。天事使然、人事使然,岂圣人之于民,必欲舍旧图新,好矜变易哉? 夫亦日有不得已之势,即有不可遏之机,穷通变化之故,固如是也。若其惮于更新,天阏耳目,□塞性灵,喁喁蚩蚩,自仍陋俗,窃恐民智不开,民卒不保。斯时之民,将有奴隶之者,将有黥髡之者,将有兽畜而鲸吞之者。欲保民者,岂不知《大学》之开宗明义,固以新民为本哉。④

又有一篇《有人此有土》云:

> 今天下自号为秦皇汉武之主者,其土地之广,已占天下之二。而

① 皮锡瑞:《师伏堂日记》,载吴仰湘编:《皮锡瑞全集》第 10 册,北京:中华书局,2015 年,第 930、932 页,戊戌六月十八日、廿一日条。
② 可参看安东强:《清末废八股后的四书义与五经义》,《文学遗产》,2015 年第 5 期。
③ 韩韦等辑:《四书五经义策论初编》第 4 册,文汇书局,光绪二十七年(1901 年)版,第 41A 页。
④ 韩韦等辑:《四书五经义策论初编》第 4 册,第 1B 页。

今日辟一地,明日踞一城,雄心未已,其视眈眈,其欲逐逐,暖暖乎有囊括六合,席卷五洲之想,而不知土可得,人不可得也。人既不可得,即欲黥髡之、畜牧之、重税而束缚之、作法而箝制之。而斯时之人,逃者半,散者半,念念不忘故主,思举大事以求逞者又半。有土如彼,而人之不附如此,又何乐乎有土为哉。

此篇在阅卷者看来"为土耳其、波兰诸国作一车戒,痛快罕伦"![1]

但另一方面提倡"畅所欲言"的经义对考官和士子的知识储备提出了高难度要求。1898 年有人告诉备考士子经义不过是"无定格,当略仿先儒讲义。考据说理,引证后世史事皆可,忌怪诞,忌八比熟调,不可用语录语"而已。[2] 但 1901 年左右,庄纶裔在给士子的告示中对经义文的要求已明显提升:

> 经义与八股,似同而实异,俗儒徒知窃取八股文字,不入口气,即以为可充作经义。不知八股中恶劣字眼,断断不可入文。至高头讲章,既无当于圣言,更有戾于经恉。经义必须涵今茹古,抉经之心,执圣之权,而又剀切详明,无幽不烛,必胸有宋五子,而后可以抒写四书之菁华;必阅遍廿四史,而后可以发摅五经之大义。为文首戒敷衍,次忌冗长,出语贵于浑含,摛词要在无懦。往日所读墨卷、考卷,以及经文种种,譬如忽经秦火,一扫而空。[3]

这段史料再次说明普通士子经常以为八股与经义无太大区别。另一方面也证明引经义入科考虽然摆脱了八股格式的僵化要求,但要写好经义绝非简单之事,要"胸有宋五子",又要"阅遍廿四史",还要"往日所读"一扫而空。这种种大大超出一般士子的能力,基本就意味着他们只能对经典文本渐渐疏离、日益放弃,这正是张之洞等所提倡的"正学"之不兴的一大原因。

第二,张之洞就其自身学问来说本就不拘泥于"圣经",种种实学如史学、舆

---

① 韩韦等辑:《四书五经义策论初编》第 4 册,第 9A 页。

② 贺葆真:《贺葆真日记》,南京:凤凰出版社,2014 年,第 48 页,1898 年 9 月 18 日条。

③ 庄纶裔:《卢乡公牍》,载官箴书集成编纂委员会编:《官箴书集成》第 9 册,合肥:黄山书社,1997 年,第 579 页。

地之学均为他所好,《江汉炳灵集》的编选口味也是一证。[1] 若仍在"中体西用"的局面之中,且清廷能施行1898年提出的"随场取去"之制,那么这种"盛经史之学,昌文章之道"的改革思路对科举而言大概意味着一些生机,尽管也困难重重。[2] 但1901年后中国读书人已进入了"视西籍如神圣"的年代,清廷又是"三场合校以定去取",这样的风气和制度所造成的结果是,科场早已不再是中国传统内部的八股制义与经史之学的争夺所在,而是要应对西学大量涌入、中学聊以自存的严峻形势。此正如刘大鹏所言:"国家取士以通洋务、西学者为超特之科,而孔孟之学不闻郑重焉。凡有通洋务、晓西学之人,即破格用,天下之士莫不舍孔孟,而向洋学。"[3]这种"舍孔孟,向洋学"的状况充分体现在科考新章的运作上:第一,科考场次的具体安排;第二,考策论与考经义并存,二者却格格不入。

就考试场次的具体安排来说,张之洞等本欲纠"重头场"之偏,因为在清代科场风气中首场最为重要。文廷式就认为"二、三场系断断不看"[4]。张之洞、陈宝箴自己亦指出:"虽设有二场经文,三场策问,而主司简率自便,惟重头场时文。"[5]本来1898年的方案欲大幅度提升第三场的地位。但1901年改成"三场合校","经义"放置在第三场,这意味着经典文本之地位在科考中的极度下降。对于这一点有人看得很清楚,遂在上谕颁布前力争。于荫霖在面圣奏对时就指出:"如科举一事,谕旨令以四书五经为本,诚得其要。但在三场,恐久,而如今日三场对策,必至废弛。"[6]又上折曰:"头场宜仍旧,而二三场加之变通,试以时事及以上数端,令主司择其头场雅驯并二三场取之。"[7]

---

① 张佩纶曾记与张之洞论学语云:"今欲超乎诸家之外,别立一帜,断断不能,在乎博览而已……若夫宜古宜今,有体有用,末如读史,史以前四史为要。蔚宗《后汉书》,四六骈语,自然流出,乃文体之变,亦不可不知也。《通鉴》宜读,不能读则读《辑览》;《明史》宜读,但知其方舆、政制、人名,无须全记,为其与时事相近也。若能读过《通鉴》、四史、《明史》,则亦斐然博雅之人矣。"转引自严修:《严修年谱》,济南:齐鲁书社,1990年,第25—26页。
② 语出陈澧:《科场议》,载璩鑫主编:《中国近代教育史资料汇编——鸦片战争时期教育》,第96页。
③ 刘大鹏:《退想斋日记》,太原:山西人民出版社,1990年,第102页,1901年10月16日条。
④ 《文廷式致于式枚》,载汪叔子编:《文廷式集》下册,北京:中华书局,1993年,第1204页。
⑤ 《张之洞、陈宝箴妥议科举新章折》(1898年7月4日),载朱有瓛主编:《中国近代学制史料》第一辑下册,第87页。
⑥ 于荫霖:《悚斋日记》,见于翰笃编:《于中丞奏议》,载沈云龙主编:《近代中国史料丛刊》第23辑,台北:文海出版公司,1966年,第1260页,辛丑九月十七日条。
⑦ 《于荫霖遵旨敬抒管见折》(1901年),载朱有瓛主编:《中国近代学制史料》第一辑下册,第128—129页。

从日后的考试状况看于荫霖的忧虑颇有预见,恽毓鼎就发现:

> 近来新学盛行,四书五经几至束之高阁。此次各卷往往前二场精力弥漫,至末场则草草了事,多不过三百余字,且多为随手掇拾,绝无紧靠义理发挥者,大有如不欲战,不屑用心之势。阅卷者以头二场既荐,于末场亦不能不稍予宽容,久而久之,圣贤义理不难弃若弁髦矣。学术人心,可忧方大。①

就策论与经义的格格不入来说。对经义文章不能写什么,张之洞等有严格的标准,所谓"周秦诸子之谬论,释老二氏之妄谈,异域之方言,报馆之琐语,凡一切离经畔道之言,严加屏黜,不准阑入"。但策论的写作恰恰和这些"谬论"、"妄谈"、"方言"与"琐语"脱不开关系,甚至可以说没有这些"谬论"、"妄谈"、"方言"与"琐语"基本就写不了策论。1903 年皮锡瑞即指出各省考题有"团体"字样,亦有"意大利三杰论"之类的题目,皆"报章文字也"!②

进一步说,即使经义本身也与前述的种种所谓"谬论"有联系。朱峙三说,"作四书义,非子书笔路不俏也",又说,"余极喜子书,故应试时多引用"。③ 恽毓鼎则发现经义考卷中"不通可笑者极多",四书义"多有驳斥注中伊川、龟山之说者,甚至诋及朱子"!④

① 恽毓鼎:《恽毓鼎澄斋日记》,杭州:浙江古籍出版社,2004 年,第 221 页,癸卯四月初一日条。

② 皮锡瑞:《师伏堂日记》,载吴仰湘编:《皮锡瑞全集》第 11 册,第 1630 页,癸卯三月廿五日条。

③ 朱峙三:《朱峙三日记》,武汉:华中师范大学出版社,2011 年,第 117 页,光绪二十九年闰五月二十日条。

④ 恽毓鼎:《恽毓鼎澄斋日记》,第 220 页,癸卯三月二十九日条。按恽氏所言确实非虚,笔者曾见一篇诋及朱注的四书义文云:"圣人之言,本无深文曲义也。而后儒之解者,必欲深求之,必欲曲说之。何哉?《论语·公冶篇》由也好勇过我,无所取材,《集注》以无所取材,谓子路不能裁度事理,此深文也。《疏》云:材哉古字通,无所取材,作无所取哉。谓我将入海,不复取余人哉,此曲说也。夫以子路好勇,为无所取材,则子路实圣道之干城。有勇非圣门所讳言,上言从行,方深许其勇。此言无所取,竟深斥其勇。圣人虽设言,断不宜反复若是,矛盾若是,至以取材为取哉。则又坚僻其辞,晦涩其理,圣人之言,几至于不可解矣。安有圣人之言,令人不可解者。《正义》曰:无所取材,谓无所取为桴之材。则不必假借,不必迁就,而其理确不可易也。上文乘桴浮海,戏言也。子路不知为戏,故仍以戏言应之。揆诸当日情事,故应尔尔,亦曰乘桴浮海,由无难色,由之好勇,诚许我矣。但乘海必有桴,桴必有其材,今我无所取其材,则问诸水浒,姑俟异日也。试征以孔子之言,赐也贤乎哉。我则不暇,亦此意也。富不可求,从吾所好,亦此意也。是章以戏言始,以戏言终,圣人不愿浮海之意,已在言外。如《注疏》言,忽谐忽庄,忽嘉许之,忽痛绝之,忽又支离迁就之,试揆于圣人立言本意,果有当否?"韩韦等辑:《四书五经义策论初编》第 4 册,第 29A、29B 页。

其次，"务以四书五经为根本"之难以做到不仅源于科场内部，同时也在于科场之外的压力。与科考改章并行的是清廷兴新式学堂。在不少趋新人物看来学堂与科举为扞格之物，不能共存。再进一步说科举废除了，学堂内也不能继续读经。海上名士如张元济、黄炎培、庄俞、沈颐、蒋维乔等人纷纷借报馆、书局发声，先攻科举，再攻读经。1902年张元济在《教育世界》上已撰文提出要"勿滥读四书五经"，因为"往圣大义微言，髫龀之子，讵能解悟？强令诵习，徒耗丧脑力而已。天下事惟求其是，断非可以意气争。四书五经虽先圣遗训，而不宜于蒙养。至于今日，要已大明，则又何必故为祖护乎？愚意《论》、《孟》二书只宜中学。其他诸经必列专门，非普通毕业者，不令讲授"。①

到1903年张元济在为商务印书馆出版的《高等小学中国历史教科书》所作序言中又说，他在童稚之年读了"十三经"，练习"八股试贴"，因此到十三四岁时"心界、眼界无一非三代以上景象，视世间事相去不知几千万里"。后来偶得《纲鉴易知录》方略知朝代更替，又读御批《通鉴辑览》、《资治通鉴》、二十四史，"顾皆卷帙繁重，不能卒读"，其缘故虽然可能是自己"姿禀浅薄"，但更重要的大概是"其书之宜于浏览而不宜于教科"。现在《钦定学堂章程》出台，更清楚显现"以上诸书之不宜于教科矣"。因此商务编撰的新式教科书令张氏感到"吾方恨少时无书可读"，生于今日者"宜自幸而发愤致力于是书"。可见学堂用的教科书与经书教授在海上文人那里从一开始就已呈现出互不相容的态势。②

1904年《时报》上有人评论《奏定小学堂章程》，提出"非毅然删去讲经读经一科，将经籍要义归并诸修身科中，复撰读本，以授普通知识与普通文字，则诸科之分配，必不能完备"③。此文未明确撰者，但从《时报》的编辑、作者群推演，文章背后清晰可见的是当时已出现了一个以上海为中心，以江浙为基地的趋新人物所联结而成的权力网络。这一权力网络以报纸、出版机构、社团、学会等作为运作空间，势力日趋膨胀，非但对科举之废除有莫大影响，更对日后中国读书人对经典文本的态度有颠覆性作用。

---

① 张元济：《答友人问学堂事书》，《教育世界》壬寅二期（光绪壬寅年正月下），载《张元济全集》第5卷，北京：商务印书馆，2008年，第24页。此文转载于《南浔通俗报》，1905年第16、17期合刊。

② 张元济：《中国历史教科书序》（1903年6月），载《张元济全集》第5卷，第341页。

③《奏定小学堂章程评议》（续），《时报》甲辰五月二十三日（1904年），第1张第2页。

二、考官与考生

对于科举之变中的考官,自洋务运动开始,那些口岸读书人已纷纷有基于自身位置的想象,并且他们会将这些想象付诸文字。如郑观应就指出朝廷"屡诏中外大臣,保举人才","然所谓大臣者,分高位崇,与下民隔绝,虽有奇杰异能之士,安得而知,何从而友"。所以郑氏认为要"复古制,选才于学校",所任考官"须素精其艺,系大书院出身,有执照为凭者,方准奏派"。而且主试者须"论其艺而不论其文,量其才而不拘资格,精其选而不必定额数"。另外"令内外臣工,博访周咨,下僚中如有异才大器,堪任将相者,立行表荐"。[①]

很明显在郑观应的观念里,庙堂中的"大臣"、"臣工"之类难为国家得人才,这种"难得人才"的根本原因不在于他说的高高在上之大臣与散处在野之人才的隔绝,而在于口岸读书人心目中关于何谓人才已经发生了大变化。以郑观应的文章来说,要懂得"格致"、"化学"、"电学"、"重学"、"矿学"、"天文精蕴"、"五洲地舆"、"算学"、"内外医科配药"、"农家植物新法"的人方是"人才"[②],因此作为这些"人才"的考官也要能"素精其艺"。这其实提示了在科举变革的过程中考官将扮演极其重要的角色,同时也将一直是一个棘手的问题。

从考官是科举变革的重要角色来说,戊戌之前,零星省份如贵州、湖南等地科考的大变化都与当地的督抚、学政如陈宝箴、江标、严修等人的支持与推动有莫大关系。这里以严修为个案做一讨论。

严修对新学的兴趣由来已久,光绪六年(1880年)他已经开始接触并学习天文、算学,并受到张佩纶、张之洞等清流的影响而看重博览与实用,对经、史、诗、古文辞、音律、礼制等均有涉猎。[③] 1894年严修奉视学贵州之命,到省后即"锐意革新",发出的"观风告示"就很大程度上与以往陈词不同:"帖括之文,或为志士所厌恶苦欤?今者展约限期,更定题式,凡限策论题四,杂著题二,以课诸生。"果然四道策论题都问的是生员"愿治何书"?宗汉儒还是仰宋贤?文章流派能否分别评判?能否"匡时",即"读书将以致用也,方今时事,急须才矣,诸

---

① 郑观应:《考试》(1884年),载朱有瓛主编:《中国近代学制史料》第一辑下册,第9、10页。

② 郑观应:《考试》(1884年),载朱有瓛主编:《中国近代学制史料》第一辑下册,第10页。

③ 严修:《严修年谱》,第23、25、26页。

生有熟于经世之学者,军国富强之策,民物利病之源,各举所知,以相讨论"①。

此后严修在贵州各地主持岁试与科试,所出的不少题目都可能直接松动了当地读书人固有的国家观念。

在镇远考优生时题目有《论西学之用与用之用法》。

在思南考试举、优各生,试题有《魏默深经世文编书后》。

在铜仁试题有《论洋务》和《广轩语戒吸食洋药说》。

在都匀,考优题有《论东西各国强弱》和《都匀竹枝词》。

贵阳经古题有《大变则大益,小变则小益论》,文生题有《中国外如赤县神州者九》,还有一道直指科举之变的策论题为:"宋神宗时,诏议贡举,咸谓宜变法便。苏轼曰:自文章言之,则策论为有用,诗赋为无益。自政事言之,则策论诗赋均为无用。然自祖宗以来,莫之废者,以为设科取士,不过如此。自唐至今,以诗赋为名臣者,不可胜数,何负于天下,而必欲废之? 王安石曰,诗赋亦多得人,自缘仕进别无他路,其间不容无贤。若谓科法已善,则未也。今以少壮之士,正宜讲求天下正理,乃闭门学作诗赋;及其入官,世事皆所未习。此科法败坏人才,致不如古。二说孰长?"

在遵义生童经古题有《中国之人以亿计赋》、《自强策》和《赋得农不如工》。②

上述题目能进入科考自然与严修本人对新学的态度密切相关。这种对新学的态度深刻烙印在严修的日常言论之中。严氏给友人的信中就认为近日"习科举"有三要:"多读宋儒书,多读时务书,多读古文","应试之妙诀,即致用之根底。凡埋头于八股试贴、律赋、小楷中者,皆庄子所谓大惑者也"。③ 在他给儿子的"读书规划"中也说:"总而计之,有当熟读者,有当常看者,有当备检者,有当精习者。《九经》、《语》、《孟》、《近思录》、《史》、《汉》、《韩文选读》,当熟读者也。《通鉴》、《明史》、《十朝圣训》、《经世文编》、西洋格致诸书及近事汇编、岁计政要之类,当常看者也。《通礼》、《皇朝三通》、《五礼通考》,西洋各式之图、各类之表,当备检者也。古文、算学、化学、洋文,当精习者也。准此为之,十年之后,规模亦略具矣。训诂之学,金石之学,校勘之学,虽不学可也。骈文、古近体诗,不学可也,极而言之,时文、试贴、律赋、不学亦可也。字则小楷最切用,求速求匀,

---

① 严修:《严修年谱》,第 47 页。

② 严修:《严修年谱》,第 64、72、78、81、87 页。

③ 严修:《严修年谱》,第 90 页。

而能事毕矣。篆隶不学亦可也。"①

不过对大多数求功名的普通士子而言,严修所开列的书单和他所说的各种学问都离他们相对遥远,他们很多不过是时代的随波逐流者,因此严氏才会特别写《示应乡试士子文》说:"新章策问兼及时务,平日留心,临场自足制胜。然须自摅真见,不得肆口讥评,尤不可直录《盛世危言》《普天忠愤集》及《时务报》等书,拾人唾余,雷同可厌。"②

上面的批评之辞从另一个角度看正反映了高端士人的思想是如何向普通士人普及的。场中的被"直录"之书正是当地士子们揣摩考官可能重视的新书,亦是他们以为目前科场中可利用的新书。他们为了迎合考官的口味,适应变化的考题,囫囵吞枣,将这些书匆忙读过。在文字"雷同可厌"的背后恰说明一些考官学问的取向正通过科举塑造着地方上普通士子们的思想气候。

但是,正因为考官极有可能塑造士子的思想气候,所以在那些趋新读书人看来,棘手问题乃是大部分考官实难以胜任推动读书人趋新的角色。1897 年徐勤在《中国除害议》中特别指出,"不去大卷白折之楷,八股之体,试贴之诗,定额之限,场期之促,试官之少,累试之繁,而求变法自强,犹却行而求及前也"③。那么这里的"试官之少"指什么? 并不是说考官的人数少,而是指能胜任新学考试的考官数量太少:

> 若夫考官阅卷,以贞观为西京年号,佛寺为西土经文,甚至有一代名臣,而不知范仲淹为何人,曾入翰林,而问司马迁为何科前辈者。盖未闻汉书,可证经义,先儒之中,未闻王灿,其风古矣。自童年受四书、诗、书、易半部,礼记、左传外,读烂腐之八股,纤巧之试贴,写方黑之大卷,轻润之折子,送诗片,递条子,遍拜座主为师,即以乳臭之童,没字之碑,掇高科,抢鼎元,回翔木天,衡文天下。然且小之考军机御史,大之考试差大考,权要富贵,皆赖于是。进之为公卿督抚之尊,退之亦不失主学道府之荣,无日不待楷法文赋之用,即终身不离楷法诗赋之业,

---

① 严修:《严修年谱》,第 89 页。

② 严修:《严修年谱》,第 93 页。

③ 徐勤:《中国除害议》,载朱有瓛主编:《中国近代学制史料》第一辑下册,第 51 页。

浸淫秽郁，习臭而忘，故天下移风，想望沈醉。①

对于这种意见，张之洞在《劝学篇》中给出的回应是：

> 难者曰：主司不能尽通新学，将如之何？曰：应试难，试官易。近年来上海编纂中外政学艺学之书，不下二十种，闱中例准调书，据书考校，何难之有？且房官中通晓时务者尚多，总裁主考惟司复阅，何难之有？至外省主考学政，年力多强，诏旨既下，以三年之功讲求时务，自足以衡文量才而有余。乡、会试之外，惟殿试临轩发策，典礼至重，自不可废。然可即据以为授职之等差，朝考似可为省。及通籍以后，无论翰范部曹一应职官，皆以讲求政治为主。凡考试文艺小楷之事，断断必宜停免，惟当考其职业以为进退，则已仕之人才不致以雕虫小技困之于老死矣。②

《劝学篇》中对考官转辙新学的想象若征诸实际情形，恐怕并不那么乐观。因为戊戌时，各级考试的变化已迫在眉睫，哪里容得考官用三年时间预备。1898 年皮锡瑞感叹无人能阅批书院里的新学课卷，遂想要在《南学会章程》中加上一条"愿阅课卷"。③

政变后虽然新学风气仍在延续，但考试规章毕竟有所反复。到 1901 年所订新章又是"立即执行"，各方都无充裕准备的时间。在如此急迫的形势下，考官只有纷纷派人前往沪上调书。这是因为上海有"有力书贾"和"好事文人"④，像旅居上海的江宁读书人何荫柟就碰到朋友"奉差往沪，为选购新刊时务、政治各种书籍，供主试分校之翻阅"。这是因为"本科改章，废时文而尚策论、经义，

---

① 徐勤：《中国除害议》，载朱有瓛主编：《中国近代学制史料》第一辑下册，第 46 页。梁启超更感叹："自非皇上天亶圣明，不能不假于师学，近支王公，皆学于上书房之师傅，师傅皆出自楷法八股之学，不通古今中外之故，政治专门之业，近支王公，又何从而开其学识，以为议政之地乎？"《梁启超等公车上书请变通科举折》，载朱有瓛主编：《中国近代学制史料》第一辑下册，第 81 页。

② 张之洞：《劝学篇》，上海：上海书店出版社，2002 年，第 54 页。

③ 皮锡瑞：《师伏堂日记》，载吴仰湘主编：《皮锡瑞全集》第 11 册，第 852、853 页，戊戌闰三月初四日、六日条。

④ 张之洞：《劝学篇》，第 46 页。

姑无论多士之泛而无归,即主司之看朱成碧,五色俱迷,亦在所不免焉"①。《选报》上也有消息称原本乡会试禁带书籍,但科举改章遂有弛禁之说,而且礼部拟派委员赴上海购买"时务书籍"以便命题时采用。②

但沪上调书这类"临时抱佛脚"的措施实在后患无穷。于荫霖即说:"刘坤一、张之洞所议普通学,合今日臣工、士子恐无一能交卷者。合三年而论,秀才数万、举人将数千,使之尽通乌乎能? 势必如圣谕所云抄写洋报而已。"③

于荫霖所谓"洋报"何出? 各大口岸特别是上海洋场的报馆而已。谁读"洋报"? 年轻士子多读也。科举改章导致原本被认为是饱学之士的诸"臣工"也不能交卷,考官们就不得不努力调整知识结构,以求适应新的考试环境,而现代国家观念正是考试新学的重要内容。可是这种调整往往让考官进退两难。

从考官向新学靠拢这一面看,此种靠拢势必拉考官与士子渐处同一水平线,特别是身处口岸或与上海有因缘的士子不仅相较内地士子占有优势,对考官大概都能有所"俯视"。有人即问道:"(《劝学篇》云:)近年来上海编纂中外政学、艺学之书,不下二十种,闱中例准调书,据书考校,何难之有云云。果尔,则考其藏书可矣,何必特科试士,即用主司足矣,何必另取人才"。④

这段话虽刻薄,却道出了当时科考的一大困境即考官凭借何种学问来考校士子,正所谓"不习天文、地舆、兵法、算学之主司,而使之主天文、地舆、兵法、算学之文"。若不懂还要强行考校,则考官"势必以绚烂奇异者为工,而所取非浮夸诞妄之人,必剿袭剽窃之辈"⑤。同时不少考官虽然对新学只是一知半解,但居此位置,总不免强装解人,并且还要"难人",遂让考试题目特别是策论题之范围泛滥无归。

孙宝瑄即发现:"今日考官之发策题,几于无所不问,更有喜出冷僻之题以难人,而欲人之一一尽对,且入场时不许有所怀挟。噫! 似此凡应试者,非读破四库五洲之书,而逐字逐句一一尽记者不可,岂非强人所难耶? 且即能逐字逐

① 何荫柟:《钮月馆日记》,载上海人民出版社编:《清代日记汇抄》,上海:上海人民出版社,1982年,第358页,光绪二十八年五月十三日条。

② 《汴闱须知》,《选报》第17期,所闻录。

③ 于荫麟:《悚斋日记》,见于翰笃编:《于中丞奏议》,载沈云龙主编:《近代中国史料丛刊》第23辑,第1260页,辛丑九月十七日条。

④ 朱有瓛主编:《中国近代学制史料》第一辑下册,第60页。

⑤ 朱有瓛主编:《中国近代学制史料》第一辑下册,第128页。

句记之,亦有何益?"①上海杂志则嘲笑过山东所出策论题目"所出典僻,士子不知出处,杜撰作文"②。皮锡瑞也曾面对一道《明郑三俊议国学积分咨送太滥论》的题目。他翻遍《明史选举志》、《郑三俊传》皆找不到此题出处,后有友人借《九通》给皮氏,方才搜到,但在皮氏看来"事未行而明亡,无甚可说"!但又揣摩试官对答卷字数"尚多","勉强作千余言,付之"③。

以坚持正学立场来看,在新学冲击下,考官的这种坚持经常不能表现为恒守,而表现为错乱,这种错乱表现以沈钧儒和徐锡麟的故事为典型。1903年沈钧儒应顺天乡试,二场题有"学堂宜设国文专科策"。沈钧儒的文章误解"国文"之义,将"国文"当"满文"处理,大大偏题。但其卷之考官评语是:"首以国文为满洲文,解虽误会,而能源源本本,藉抒忠君爱国之忱。末举俄人设立满洲学堂为砭,犹足发人深省。五艺谓开民智乃所以尊君权,持论尤高既足。间执旧新两党之口,即为优劣毕梅二相之衡。"④可见在该考官坚持"忠君爱国"的标准下,审题大偏都能侥幸高中。徐锡麟的情况则正好相反,其参加癸卯浙江乡试时,第二场策论有题涉及枪炮者即"今之策富强者言练兵则侈谈英水军、德陆军之制,言理财则首举斯密原富之篇,然习洋操,制洋炮,兵威其果振欤?讲商务,勤工艺,兴矿政,修铁路,财源其果溶欤?试探厥本原,应如何实事求是,始收成效以挽贫弱策"。徐氏答此题时用三角法绘图列式,这本是深通新学的表现,却被考官认为违例,不入正榜。⑤

当然并不是所有考官都如此,像当过癸卯恩科会试房官的恽毓鼎,其读书范围就绝不限于八股时文,"癸未至戊子六年之中,粗看廿四史、《资治通鉴》一过,及《诗经》、《公羊》、《穀梁》、《尔雅注疏》、《段注说文解字》"等,到庚子后,藏书"及逾三万卷"⑥。同时他也读新书、新报,所以不乏对现代民族国家争竞的认识。

但问题在恽毓鼎对所谓"东南新学"是"深恶而痛斥之"。因为在他看来"维

① 孙宝瑄:《忘山庐日记》(上),上海:上海古籍出版社,1983年,第752页,癸卯九月十一日条。
② 朱峙三:《朱峙三日记》,第111页,光绪二十九年四月十八日条。
③ 皮锡瑞:《师伏堂日记》,载吴仰湘编:《皮锡瑞全集》第11册,第1717页,癸卯八月二十七日条。
④ 转引自周天度、孙彩霞:《沈钧儒传》,北京:人民出版社,2006年,第15页。
⑤ 钟毓龙:《科场回忆录》,杭州:浙江古籍出版社,1987年,第74页。
⑥ 恽毓鼎:《恽毓鼎澄斋日记》,第258页,甲辰九月初二日条。

新之书层见叠出,稗贩杜撰,几于千手雷同,略看　二编,即可意其大概(近人译者尤劣)。余积习未化,实不耐向此等用心。独于理学、史学、古文、诗各书,一见若旧交,深嗜笃好,不忍释手,非此竟无以遣日"。他又说:"吕誉千之子新著《女诫驳议》一书,专驳曹大家之说,谓女不当受制于舅姑及夫,一切出入举止皆当自由,方是女中豪杰云云。余阅之发指眦裂,恨不焚其书,诛其人,以惩败类。风俗人心,江河日下,世道如斯,正不知作何变幻也。吾恐中国之祸不远矣。(此种混账少年,即义和团之变相也)。"①

这些话一方面说明考官所理解的"新学"实有不同种类和层次,在当时属于极度激进的"东南新学"经常挑战的是他们的学问趣味和伦常底线,故不大"错乱"之考官或也难以接受。但另一方面年轻考生因其年纪、程度和趣味,却可能因科考改章而一步步被"东南新学"吸引,下面就以朱峙三和贺葆真为例来简单讨论一下考生的状况。

在湖北的朱峙三和其塾师知道科举改章消息后,立即作出了呼应。塾师要求学生"俱做义论,不做八股文,讲求时务,须知吾国大势也。所作俱为整篇,非如八股分半篇、中股、完篇"。于是朱氏和其一同读书之人开始每晚点读《古文观止》,读时务书。从此朱氏学塾中练习的是:"中国易于富强论"、"练兵论"、"开矿论"、"中西互市、利源外溢,将何法整顿商务,挽回利权议"、"铁路一举,于中国大局有何关碍,试确切论之"、"论内江通商之害"、"论各省传教之害"、"神宗变法而国乱,日本变法以自强合论"、"中国筹偿洋款,日今通盘整顿,必待四十余年方能偿清,然民贫国弱,重敛久则民必困,悉索久则国必危,宜如何设法早脱债累,以益民生而培国脉,试各抒己见以对"、"泰西何为君主之国、何为民主之国、何为君民共主之国,试举各国之所在"等题目。②

朱氏到别处书院抄写的是"英、法、德、奥,世为仇雠,结会联盟,近数年相安无事。中国自通商以后屡持衅端,欲弥外患而固邦交,究以何者为善策"③。

① 恽毓鼎:《恽毓鼎澄斋日记》,第205—206页,癸卯正月初八日条。

② 朱峙三:《朱峙三日记》,光绪二十七年八月二十二、八月二十三日、八月二十八日、九月初八、九月二十三日、九月二十八日、冬月十八日,光绪二十八年六月十三日、八月二十八日、九月二十八日条,第90、91、92、94、99、100、101页。

③ 朱峙三:《朱峙三日记》,第127页,光绪二十九年十月初二日条。

进入考场前朱氏读的是《时务通考》，"阅竣三分之一，略知外国情况"①。进入考场后他则要面对"政治之源本乎地理，地方合并愈多则政治权力愈大，近如德之联邦，美之合众，皆本此意。迩者出洋学生，好创为地方自治之说，充其所言势必将完全之中国，令之破碎支离而后快。是外人虽不瓜分中国，而中国实自瓜分也。夫以中国今日时局，开办铁路、电线、邮政、航海诸务，合全力以为之，犹恐不逮，岂划地自限反足有为乎？然则其说之谬妄，盖已明矣。试任划中国一省自治，与合中国全境为治，其规模孰大孰小，绘一图以明之"、"秦始皇、拿破仑合论"、"欧洲行义务教育，人皆向学，国日以强。今中国之人，不知应尽之义务为何事，将用何法以兴此教育策"、"现在世界大势，日俄战争已起，中国宜守中立说"、"元代疆域雄跨亚、欧两洲，其在欧洲者是何国何地考略"、"德人理斯特论理财诫洲中勿战论"这样的题目。②

不过在考场中偶然也有兴奋的时候，一次朱氏看到一题为"俄罗斯欲固吾圉将用何策"感到"甚得意"，因为他曾做过《强蒙故以备俄策》数篇，"有底稿也"。③

另一位河北士子贺葆真，尽管1898年10月他知道"恢复制义"，但当年参加县考时他的"制艺文已属人代作，自作论题"④。之后两年间他陆续读的是《格致艺文汇报》、《泰西新史揽要》、《中西教会报》、《通鉴地理今释》、《劝学篇》、《瀛寰志略》、《地理全志》、《万国公法》、《国闻报》、《中东战纪》、《交涉公法论》、《公法总论》、《中外交涉类核表》、《中国古世公法》、《陆地战例新选》、《天演论》、《欧洲百年以来大事记》等新书报。⑤ 因此其看世界大势已和当时一般比附中国历史的读书人不同：

论国势者，辄引宋金故事为殷鉴，为宋之视金，如中国之于欧美列

① 朱峙三：《朱峙三日记》，第117页，光绪二十九年闰五月二十九日条。

② 朱峙三：《朱峙三日记》，光绪二十九年五月十九日，光绪三十年二月初六日、五月初六日、五月初九日、六月初二日条，第114、138、142、146页。

③ 朱峙三：《朱峙三日记》，第119页，光绪二十九年六月初十日条。

④ 贺葆真：《贺葆真日记》，第49页，1898年11月3日条。

⑤ 贺葆真：《贺葆真日记》，1898年12月21日、12月22日、12月31日、1899年1月19日、3月12日、4月27日、5月22日、6月8日、6月28日、9月22日、12月9日，1900年7月29日、11月17日、11月24日、11月25日、12月6日，1901年1月29日、1月31日、2月1日、2月21日条，第50、51、52、53、58、59、60、64页。

强也，主战必败。吾惧此言不足服泥古者之心，适以为其口实，时势固屡变，未尝相袭，而今世之变迁，乃与大地万国相接构，又岂吾国前事琐可比拟？若牵引不与时势合者而附会焉，又安得为达时务也哉？①

三、考试市场

戊戌开始的科考改章在影响考官和考生外，亦影响着围绕科考的种种生意。本来对士子来说"一部四书五经，就可作为读书上进的本钱"②。但改章后"一部四书五经"大概就再也不够用了。王先谦就注意到："以制艺论，贫士家有十千钱书，可以成名。易策论，虽什倍于此而不足供周览，其不便实甚。"③不过对围绕科考的生意而言，这"什倍于此而不足供周览"的市场规模正意味着他们施展拳脚的时候到了。1898年9月，有人风闻科举改章的消息后就告诉学生：

> 为学当以史部诸类为主，古今中外一切事迹掌故，及近时各报，皆史类也。外国各书，朝廷已命人选译，久之当有明文。今当以看报为主，已译各种亦须随意批阅。经学当以注疏为主，旁及诸家；四书仍以朱子为主，兼通古训，皆不可看近时讲章。学文当博览诸家，而以《古文辞类纂》为主。④

上文提示了科举改章后在考试市场上热门的将是史书、"外国书"和古文书，更重要的则是报纸。这一点孙诒让给汪康年的信中就说得非常明白："闻贵馆统计阅报人数以敝里为最多，而敝里阅报之人，弟率稔知其人，盖慨时事之危迫，爱玩钦服者十之一二；而闻有科举变法之说，假此揣摩为场屋怀挟之者十之七八；其真能潜研精讨，以究中西治乱强弱之故者，无一也。"⑤

① 贺葆真：《贺葆真日记》，第83页，1902年8月22日条。
② 蒋梦麟："序"，载沈宗瀚：《克难苦学记》，北京：科学出版社，1990年。
③ 王先谦：《科举论下》，载《葵园四种》，第8页。
④ 贺葆真：《贺葆真日记》，第48页，1898年9月18日条。
⑤ 《孙诒让致汪康年》，载上海图书馆编：《汪康年师友书札》（二），上海：上海古籍出版社，1986年，第1472页。

如果说孙诒让是从浙江瑞安一隅来观察科举对报纸生意的影响的话，那么姚公鹤是从上海这一出版中心的视角来看戊戌时期围绕科考的报纸生意的变化，在他看来，四五月间，废八股朝旨下，士子都预测主试者会以报纸为蓝本命题，因此即使他们人在穷乡僻壤，也会节衣缩食合订一份"沪报"来研究揣摩。坊间也将各报分类摘抄以牟利。①

报纸的畅销当然和科考渐重"时务"有关，那么"时务书"自然也在考试市场中开始受到欢迎。唐才常就发现当时士子"剽袭一二时务门面语，为科名进取之阶"。广学会等出版机构乘机出版各种供"考试揣摩"之书，如《泰西新史揽要提要》中就说"凡熟读是书者，作为时务策论，隶事运典，信而有征"。在唐氏看来这些书以及《西学通考》、《时务通考》等皆为"荒谬射利"，但却借助"风会偶开"已经"满盈天下"。②

到1901年科举顺戊戌时之蓝本继续变化后，前述情形依然相似，而且士子对新书报的需求变得更加紧迫，考试市场变得更加庞大。从"时务书"这一面来说，政务处、礼部在《会奏变通科举事宜折》中就指出："现又改试策论，讲求中国政治、史事及各国政治、艺学，所需书籍尤多。"袁世凯在《奏办山东大学堂折》中也承认"惟中外政治、艺学书籍浩繁，贫士不克多购，中材莫能遍读"。因此"拟取各国史鉴、政治、艺学各书，先就通行者选择精本，用治字铅板多多排印，分发各属，俾士子购取肄习，藉拓见闻"③。由此"书贾牟利之徒莫不人纂一书，肆成一集"④。

面对大好形势，书商一边静待主试者来沪选购，另一边主动出击，直接从上海运书到南京、开封等科场前搭棚贩卖。刘大鹏曾述此种盛况说：

> 京、津、沪、汉之书商，均麇集于斯街，而时务等书，汗牛充栋，不堪枚举其名目，凡应会试者，皆到书肆购买时务诸书，以备场中查对新

---

① 参见姚公鹤：《上海闲话》，上海：上海古籍出版社，1989年，第132、133页。

② 唐才常：《日人实心保华论》，载《唐才常集》，长沙：岳麓书社，2011年，第363页。

③ 璩鑫圭、唐良炎编：《中国近代教育史资料汇编·学制演变》，上海：上海教育出版社，1991年，第35、44页。

④ 顾厚焜：《精选新政应试必读六种》，出版地不详，1901年，"例言"。

法,故书商、书局抬其价,并不贱售。[1]

在这些书商中夏颂莱在其《金陵卖书记》中曾总结销售情况言,"所销之书以历史为最多",共计38种,893部。历史书畅销一个重要原因是"此次科场兼问各国政事,故不得不略求其端绪"。由此作新社的《万国历史》最为热门,《现今世界大势论》、《东亚将来大势论》、《中国现势论》也卖得相当好,"大半为场屋翻检之用"[2]。当然像《策论新选》之类的书,也销至百余部之多。对此夏氏感叹:"若夫有用无用,盖视科场为衡。苟科场所不需,则虽佳亦从缓。能越此范围,殆百不及一。"[3]

另外夏氏还注意到因为考经义的缘故,来问《四书大全》、《五经备旨》的也不少,也有人"惟《通鉴》、《纲鉴》等名最易动其目"。还有不少士子来询问他们听说和其心中认知或以为的"时务书",如《时务通考》、《圣武记》、《海国图志》、《瀛寰志略》,以及各种"时务艺学之大全、大成、汇纂、通考、统宗、渊海"等[4]。士子们对这些书的热衷让来自上海的夏氏不能满意,在他看来这是"内地人士"程度不够的表现。

不过夏氏也承认此次考试的士子"五洲四洋之名,时时流露于谈话,即于外国之事,茫无头绪,而史、汉、纲鉴不得不略加寓目",所以有人戏言要撰写"无师自通外国史"和"西政不求人"等书来供应"内地士子",一定能够获利。[5]

另一位卖书人王维泰在开封遇到的情形也基本无差,多有士子来问《通鉴辑览》、《周礼政要》、《经世文编》、《子史精华》、《四书味根》、《五经备旨》等。在王氏眼里这些人均"未脱八股词章窠臼者,为最下乘"。由此他依据读书人读什么书给他们排了个座次:比如能读《商榷》、《札记》、《掌故汇编》、《九家古注》、《七经精义》的"为旧学中已得门径者,为次下乘"。若能觅购《朔方备乘》、《航海图经》及《泰西新史》、《政治艺学全书》等,"则渐有新旧过渡思想,临文时能解调

---

[1] 刘大鹏:《退想斋日记》,第609页,光绪二十八年三月初六日条。

[2] 公奴(夏颂莱):《金陵卖书记》卷上,载《金陵卖书记及其他》,北京:海豚出版社,2015年,第5-7页。(以下简称《金陵卖书记》。)

[3] 公奴(夏颂莱):《金陵卖书记》卷上,载《金陵卖书记及其他》,第15页。

[4] 公奴(夏颂莱):《金陵卖书记》卷下,载《金陵卖书记及其他》,第20、21页。

[5] 公奴(夏颂莱):《金陵卖书记》卷下,载《金陵卖书记及其他》,第20、21页。

查者,为中下乘"。"至讲求公法、详考路矿、采访学制、搜讨兵政,东西各书籍者,虽不外得第起见,然已预备得第后之进步,是为中乘。若考察理化各科、工商诸业、殖民政策、建国主义者,其胸中已有成竹,特假文场为发挥地,不系心于得失者,是为上乘。至留心民约、社会、立宪、国法,则其思想已臻极点,方针已有定向,行所欲行,止所欲止,是为更上层。"①

尽管王维泰按照自己心目中士子趋新程度的不同给其分了层次,但其眼光实在太过"先进"。② 当时大多数读书人阅读的层次一般就在各种策论与经义的"大全、大成、汇纂、通考、统宗、渊海"上,由此考试市场上"时务书"生意争夺的焦点即在于此。而书商运作这些"时务书"的手法主要有以下几种:一是贬损类似之书,二是宣扬自家,三是名人招徕,四为呼应政策。下面就以《精选新政应试必读六种》一书为例来略说之。

此书例言批评坊间类似之书"究其根柢,考其源流,不遏拉襟成篇,以骇人耳目,否亦东涂西抹,藉此琐屑之蝇头耳";特别是经义一类"大率剽窃宋明旧稿及近时名家专集,滥竽充数"。所以他们"宁披沙以拣金,勿买菜以求益,择其精力而矫其弊"③。同时此书登载禁止翻印告示(实乃变相广告)说:

> 明诏大小考试以策论、经义取士。坊本刊行大都改头换面,贻误士林……不惜重资,敦请大江南北名儒硕士,分题拟作,均系按切时务,归纯正者居多。凡近时石印本所习见者,概未阑入。分类凡六,曰中政、曰史论、曰西政、曰西艺、曰四书义、曰五经义,合成四百篇,名曰新政应试必读。并请元和顾少逸厚焜鉴定,邹太史福保,王太史同愈为之叙,宏开风气,嘉惠艺林,现已属石印局,印成六开大字本,尤便初学,迥非市肆渔利,专便夹带剿袭者。④

同时书中不少地方显示出对张之洞等督抚奏折的呼应。如有"凡报馆谰

① 王维泰:《汴梁卖书记》上卷,载《金陵卖书记及其他》,第36、42页。
② 叶圣陶所在的苏州应该不能算"内地",但他进场时带的书也是《四书味根录》、《五经备旨》等。叶圣陶:
《马铃瓜》,载《叶圣陶集》第2卷,南京:江苏教育出版社,1987年,第94页。
③ 顾厚焜:《精选新政应试必读六种》,"例言"。
④ 顾厚焜:《精选新政应试必读六种》,松江府上海县告示。

语,异域方言,稍有沾染余腥者盖不阑入,人雅君子尚其鉴此苦衷";又有"本江鄂两制军之奏议,以存说经之体裁"等语,以上都可以见一盘"时务书"的生意究竟是如何运作的。[①]

从报纸这一面说,在清末的考试市场这是比时务书可能更大、影响更深的生意。像朱峙三大致在 1901 年左右开始读《申报》。在他眼中,《申报》的最大特点已不再是早期的商贾讯息和文人趣味,而在其"论说系论世界大事及中国应兴革之事"[②]。贺葆真则发现 1902 年是一个阅报的"极盛时代"[③]。在这个"极盛时代"里与科举互动最密切的自当属梁启超主笔的那些报刊。

1901 年科举改章同时,正是梁启超主笔的《清议报》、《新民丛报》等席卷全国之日。黄遵宪曾评论这些报章的文字为"本爱国之心,绞爱国之脑,滴爱国之泪,洒爱国之血,掉爱国之舌"[④]。此言大致非虚,以收藏在韶山纪念馆、毛泽东曾读过的《新民丛报》第四号为例。开篇论说即是《新民说》第六节"论国家思想",第二篇为说专制、说立君、说共和政体的《法理学大家孟德斯鸠之学说》,第三篇题目是《论民族竞争之大势》。三篇论说过后,传记栏是《匈牙利爱国者葛

① 顾厚焜:《精选新政应试必读六种》,"例言"。

② 朱峙三:《朱峙三日记》,第 91 页,光绪二十七年八月二十九日条。按:读报关注"世界大事与中国应兴革之事"是一个被不断"提倡"的过程,戴季陶到 1910 年还在呼吁:"这报上顶要紧的便是电报,看报一定要从这里看起,第二便看外国新闻,只可惜我们中国的报纸,没有世界的性质,把外国新闻看得太轻,所上的仅仅不过一点没关紧要的纪事,所以看的人不高兴看也是有的。但是无论如何,看的总比不看好,天天看一点,久而久之,世界上的大势,总可以明白。第三便看要闻,要闻看了再看论说要件,至于平常纪事,倒可随便看看,不必十分留意的。这样看去,那么一张报的精华通通不会遗漏,而且看过的事,皆极有秩序,不会随便忘去的,这是普通阅报方法上一定不易的次序。"散红:《本报阅者诸公看看》,《中外日报》(1910 年 8 月 13 日),载唐文权、桑兵编:《戴季陶集》,武汉:华中师范大学出版社,1990 年,第 55、56 页。不过关注世界,还是国家或是地方,其中有细微差别。钱穆忆旧友即云:"仲立极留心时事,而无意政治。特注意县邑中事,日读地方报,更留心。手执朱笔,批抹满纸,或施一大杠,或扑一大点,或批岂有此理,或批狗屁不通,间或施圈。每日:贤奸不论,是非不辨,何以为人,何以做事。如此社会,岂不将沦丧以尽。恨不能逐日逐人逐事,一一畅论之。"见钱穆:《八十忆双亲·师友杂忆》,北京:生活·读书·新知三联书店,1998 年,第 86 页。而且总不乏人仅仅将报纸视为消遣品,如民国初年,苏州一典当行小主管晚饭后的消遣就是"抄《申报》一会",不过抄的是小说《新官场现形记》。见谭金土整理:《甲寅年日记》,《苏州杂志》,2009 年第 5 期,第 28 页,正月三十日条。

③ 贺葆真:《贺葆真日记》,第 89 页。

④ 黄公度:《致新民师函丈书》(光绪二十八年十一月),转引自丁文江、赵丰田编:《梁启超年谱长编》,上海:上海人民出版社,1983 年,第 306 页。

世界视域与中西思想

苏士传》,地理栏是谈欧洲诸国何以强,亚洲诸国何以弱的《亚洲地理大势论》,文章作者均署"中国之新民"!

《新民丛报》第五号刊则刊登广智书局的广告,其中有《日本维新三十年史》、《政治学上卷——国家编》、《政治学中卷——宪法编》、《十九世纪末世界之政治》、《再版现今世界大势论》、《再版万国宪法志》、《支那史要》、《中国魂》、《国家学纲领》、《国际公法志》、《中国商务志》、《东亚将来大势论》、《中国文明小史》、《中国财政纪略》、《再版扬子江流域现势论》、《新撰日本历史问答》、《再版埃及近世史》、《东亚各港志》、《明治政党小史》、《外国地理问答》、《国宪泛论》、《英国宪法史》、《群学》、《万国官制志》、《万国选举志》、《万国商务志》、《泰西史教科书》、暗射世界大地图、中国暗射地图、中国十八省地图、中外方舆全图、实测精密东亚新地图、东亚三国地图、径尺地球仪等林林总总与现代国家观念相关的出版物。[①]

这些出版物里既有原先蕞尔小国由弱转强的兴起案例,也有基于新兴学科分类意识的理论探究,又有以"万国"、"公法"、"现势"等为招徕的汇编集成之书,还有"殖民史鉴"和对本国历史的"他者"阐释,更有直观形象、入人脑髓的各类挂图,真成了一个玲琅满目的现代国家观念的展览会。

更值得注意的是上述报刊除了有关"现代国家"的文字多外,还有两个特点,一个是常为清廷所禁,另一个是价格偏高。周作人称《新民丛报》"每年洋五元,书极好而价巨,力不能胜"[②],因此他常常只能借阅梁氏主笔的报刊。[③] 尽管如此,这些报刊特别是《新民丛报》仍然"播被尤广,国人竞喜读之,销售至十万册以上。清廷虽严禁,不能遏也"[④]。为何其能拥有如此多的读者?原因很多,

---

① 《新民丛报》第四号(光绪二十八年二月十五日)、第五号(光绪二十八年三月一日),广告。

② 鲁迅博物馆藏:《周作人日记》(上册),开封:大象出版社,1996年,第331页,壬寅三月三十日条。汪希颜也认为《新民丛报》每月两册,连邮每份五元二角四分,"价目不廉",因此自购一份,再为其弟订购要"负欠典衣,在所不顾"。转引自汪原放:《亚东图书馆与陈独秀》,上海:学林出版社,2006年,第2页。

③ 鲁迅博物馆藏:《周作人日记》(上册),第344、345页,壬寅七月初三、初六日条。

④ 钱基博:《现代中国文学史》,上海:上海书店出版社,2007年,第342页。《新民丛报》的销售量据张朋园估计平均每年约在万册左右。(参见张朋园:《梁启超与清季革命》,长春:吉林出版集团有限责任公司,2007年,第196—200页。)参照梁启超在《清代学术概论》中所说,"每一册出,内地翻刻本辄十数",则钱基博所说的"十万册以上"并非夸张,加上借阅的人数扩展,汇编本和"四五十家报,无一非助公之舌战,拾公之牙慧"(黄遵宪语)的影响力,这个阅读群体的庞大可想而知。

如梁氏文字有他独特的魅力[1]、书报被禁反而会产生热销的效应[2],当时"新人物"也多欲借此种新报刊为身份标示等。[3]

不过无论梁启超文字的魅力如何惊人,禁书诱惑如何巨大,抑或有时人对"新人物"的头衔趋之若鹜,大概都比不上科举改章的力量推动这些报刊的作用。科举改章后,黄遵宪说《新民丛报》等进入了"试官之题目"[4],与之呼应,在朱峙三眼中它们是"科举利器"[5]。梁启超自己也承认广智书局所出版的书报"多为科举应用"[6]。那么是否如此呢? 可从"试官之题目"与"多为科举应用"这两方面观之。

从作为"试官之题目"看,"自国家变法以来,校士皆以策论考试,所最重者外洋之法"[7]。甲辰恩科会试题目特别是二场题就是典型的例证:

世界视域与中西思想

---

[1] 梁氏自评其文字"笔锋常带情感,对于读者,别有一番魔力焉",钱基博则说梁氏文字"纡徐委备,往复百折,而条达疏畅,无所间断;气尽语级,急言竭论,而容与闲易,无艰难劳苦之态;遣言措意,切近的当;能令读者寻绎不绝,如与晓事人语,不惊其言之河汉其无涯"。见钱基博:《现代中国文学史》,第344页。胡先骕说:"至梁启超之文。则纯为报章文字。几不可语夫文学。其'笔锋常带情感',虽为其文有魔力之原因,亦正其文根本之症结。如安诺德之论英国批评家之文。'目的在感动血与官感。而不在感动精神与智慧。'故喜为浮夸空疏豪宕激越之语。以炫人之耳目。以取悦于一般不学无术之'费列斯顿',其一时之风行以此。"见《评胡适五十年来中国之文学》,转引自胡宗刚:《胡先骕年谱长编》,南昌:江西教育出版社,2008年,第198页。

[2] 梁启超曾以《日清战争外交史》一书来说明禁书的效应:"吾略翻之,觉其无异于寻常,未之购也。阅数日,闻日本政府以恐泄外交秘密,下令禁此书,则欲得之之心若渴,使有肯? 我者,吾十倍其值弗吝矣。不宁惟是,寻常之书盈案堆架,终卷者寥寥,若得此书,吾知必穷日夜之力以尽读之,且一字不肯放过矣。何也? 默忖其中之必有秘密不可思议者存也。凡禁书皆然。书愈禁则求之者愈切,读之者愈熟,而感受者愈深。"见《敬告当道者》,载《新民丛报》第十八号,光绪二十八年九月十五日,第11、12页。

[3] 在林獬看来当时的"新人物"只要花大洋五角买一部《中国魂》,花大洋三角零买一本《新民丛报》,再把上海文明、广智、作新各书局的书单讨来一张,书无需真的一一读过,只要知道书名、价格、哪个书局出版,就能摇摇摆摆做起"新党"来了。林獬:《国民意见书》,载张枬、王忍之编:《辛亥革命前十年间时论选集》第一卷下册,北京:生活·读书·新知三联书店,1960年,第904、907页。

[4] 黄公度:《致新民师函丈书》(光绪二十八年十一月),转引自丁文江、赵丰田编:《梁启超年谱长编》,第306页。

[5] 朱峙三:《朱峙三日记》,第337页,光绪二十八年十二月初十日条。

[6] 梁启超:《致美洲各埠帝国宪政会》(1909年),载《梁启超全集》第十册,北京:北京出版社,1999年,第5977页。

[7] 刘大鹏:《退想斋日记》,第126页,二十九年六月十七日条。

一，学堂之设，其旨有三，所以陶铸国民造就人才振兴实业。国民不能自立，必立学以教之，使皆有善良之德，忠爱之心，自养之技能，必需之知识，盖东西各国所同，日本则尤注重尚武之精神，此陶铸国民之教育也。讲求政治、法律、理财、外交诸专门，以备任使，此造就人才之教育也，分设农工商矿诸学，以期富国利民，此振兴实业之教育也。三者孰为最急策。

二，《周礼》言农政最详，诸子有农家之学，近时各国研究农务多以人事转移气候，其要曰土地、曰资本、曰劳力，而能用此三者实资智识。方今修明学制，列为专科，冀存要术之遗，试陈教农之策。

三，泰西外交政策往往藉保存土地之名，而受利益之实，盍缕述近百年来历史以证明其事策。

四，日本变法之初，聘用西人，而国以日强。埃及用外国人至千余员，遂失财政裁判之权，而国以不振，试详言其得失利弊策。

五，美国禁止华工，久成苛例，今届十年期满，亟宜援引公法驳正原约，以期保护侨民策。[1]

要写出上述题目的策论，若不看《新民丛报》等报刊大概还真回答不了。谭延闿在会试卷的第一道策论会写："（要国民）以爱国为本，以自强为归，自治以去私心，合群以谋公益。"第三道策论时开篇即云："西儒有曰：'两平等相遇，公法即权力；两不平等相遇，权力即公法。'"[2]这些与梁启超报章中之言论，特别是多次提及的"两平等者相遇，无所谓权力，道理即权力也；两不平等者相遇，无所谓道理，权力即道理也"几乎一模一样。[3]

从报刊"多为科举应用"看，鸳鸯蝴蝶派中的大将姚鹓雏在其自叙诗中即说：

余幼奇钝，读四书三四行终日不熟。十三四岁悟性忽启，嗜读《新

---

① 据《甲辰恩科会试闱墨》整理，崇实书局光绪乙巳年石印本。

② 谭延闿策论，载《甲辰恩科会试闱墨》，崇实书局光绪乙巳年石印本。

③ 梁启超：《灭国新法论》（1901 年 7 月）、《国家思想变迁异同论》（1901 年 10 月），均载《梁启超选集》，上海：上海人民出版社，1984 年，第 173、191 页。

民丛报》及西洋史，能记大事年分及人名地名，历举不遗，遂能属文，一小时可千言。其年应童试，以二场作西洋史题二篇，篇七八百字，得提覆取？佾生第一，秋间入府中学堂肄业。梁启超氏编《新民丛报》，余所有者装订两巨册，誉余者辄谓能暗诵全书云。①

　　陈布雷读新书则是从前面提到的"科场前最畅销"之《万国历史》及《世界地理》开始，此后"尤喜阅《新民丛报》、《新小说》、《警钟日报》、《浙江潮》"等。他的新学知识储备直接造成了其应童子试过程中的命运跌宕。一方面陈氏读新书渐多而不愿作"制举文字"，因此县考时胡乱应答，成了最后一名。但另一方面他因此而深受刺激，希望一雪前耻，府试竟考到第一。其实他自知"（府考）文实不佳"，但能做到"第二试史论置第一，第三试史论、策问各一置第四，第四试策论、时务置第二"，并在考官亲自面试中因回答"论、策题各一"受到赏识，不但赠陈氏以书，而且派老仆送其回寓。这些科场恩遇无疑与其新学阅读大有关系。②

　　黄炎培在南洋公学时，蔡元培就已有意识地引导他们阅读和模仿《新民丛报》的文字。③ 黄氏参与翻译的《支那四千年开化史》，从其弁言内容和文字风格都能看出他和合作者深受梁氏文字的影响，而且《新民丛报》还刊登过此书的"绍介"。④ 因此许多年后以"老革命"形象示人的黄氏回忆起自己的科举生涯

① 杨纪璋编：《姚鹓雏剩墨》，北京：社会科学文献出版社，1994 年，第 115 页。

② 陈布雷：《陈布雷回忆录》，第 9—12 页。

③ 黄炎培所在特班课题中即有"《新民丛报公民自治篇》举广东人自治之成绩，各依其例以所居本省之事证之"这样的题目。《蔡元培日记》，载中国蔡元培研究会编：《蔡元培全集》第十五卷，第 394 页，1902 年三月三十日条。

④ 《支那四千年开化史》弁言云："恫哉，我国无史！恫哉，我国无史！庞然塞于栋者，非二十四史乎，我谓二十四史姓之家乘而已。兴灭成败之迹骈骈千万言不能尽，乃于文化之进退，民气之闭塞，实业之衰旺概乎弗之道也。我国士夫嗜古若性命，我国无古之可言也。恫哉，我无古之国，衰哉，我嗜古之士夫。"支那少年编译：《支那四千年开化史》，上海支那翻译会社印行，1906 年第 3 版。《新民丛报》第三十二号"绍介新书"栏云："溯世界文明古国，吾国居一焉，开化之早，较之印度、埃及、希腊等国，未遑多让也。徒以群治不进，有其先者而无其继，遂使数千年来史界现象，黑暗昏，一若逆乎公理，不进化而退化焉。本书据日本市村、泷川两氏所著之《支那史》，去其廿四姓家乘之事实，而刺取其关于文明之进步者，编译而成。上自太古，下迄今兹，凡分九章。第一章曰地理，第二章曰人种，第三章曰太古之开化，第四章曰三代之开化，第五章曰秦汉三国之开化，第六章曰两晋南北朝之开化，第七章曰隋唐五代之开化，第八章曰宋元之开化，第九章曰明清之开化。每章复分为制度、学术、宗教、技艺、产业、风俗等类，类别明析，条理井然。吾国今日无佳史，得此亦庶足供浏览，若用以为教科书，亦一善本也。"《新民丛报》第三十二号，第 67—68 页。

却不减当年适逢其会的得意：

> 　　中选的十二人，中间有一个共同的优越条件，这年开始改八股为策论。许多人做惯八股，不会做散文，这一群特班学生，散文的锻炼，经过了一年半，当然没有什么困难。而我还有一点，江南乡试有一个试题：《如何收回治外法权？》。治外法权在《万国公法》上说，"与驻在国所治之地外，得管辖其民之权"，是限于使馆所在地和使馆人员的。自五口通商，各国在我国开辟租界，把领事裁判权，假名着"治外法权"，是完全违反国际公法的。这一些道理，一般人不尽能正确分析，研究过万国公法，当然能信笔直书，我就在这上边得了便宜。[1]

四、结论

　　科举改章后，四书五经渐渐退隐，普及现代国家观念的报刊进入了考试题目，成为了"科举利器"，考官和考生都随时风而积极应变，或不欲变而不得不变。他们中绝大多数人的读书、阅报、看刊的动力仅仅是应付变化的考试。正因为应付考试的需求如此普遍，科举的稍稍变动，哪怕只是在传闻之中，其对读书人带来的影响依然不可小视。戊戌前后科举与新学是在有限的省份以"旧瓶装新酒"的方式相融和，到八股改策论后，则是连"旧瓶"都开始被敲打和修缮，以期其能容纳更多的新学元素，由此带来的现代国家观念的普及也相应扩展到了更大范围。即使连刘大鹏这样对新政极度不满的士子，若细读其日记，也能发现其国家观念在产生大的变化：

> 　　光绪二十六年，俄夷乘乱入东三省，据为己有。二十七年和议成，俄约退出，迄今仍虎踞不退，论者谓俄夷信，将来必退，不知夷狄豺狼性成，断无肉入口而再吐出之势，况此时外洋各国视中国为一块肉，均欲吞而食之。现在法夷蚕食云南、广西，英夷蚕食广东、福建，日本蚕

---

① 黄炎培：《八十年来》，北京：文史资料出版社，1982年，第34页。

食闽浙，德夷蚕食山东，俄夷蚕食新疆、蒙古，其为中国之患者俄夷为最，以其地与中国毗连耳。俄人不但霸占东三省，一二年中必有并吞中外蒙古及新疆之势，中国若仍偷安，不思自胜之策，徒取西法以求自强，恐岌岌乎不可支持也。①

不过这一切并未能治愈科举的旧病，反而添上了新症。

从旧病论，科举改章的建制化力量虽然强大，但短时期内无可避免的是由旧官员办新政，旧士子应对新政，因此换汤不换药的现象必然时有显现。

从新症来说，皮锡瑞曾言：

> 学堂求人才是第二义，实所以靖一国之思想，同一国之风气。能知此旨，即不必以人才之说，争科举、学堂之兴废矣。盖人才不出科举，亦不出学堂，历考史书，乃知其审。前代用科举，亦所以同风气，非以求人才也。今二者并行，风气不一，将来学堂之进士、举人出，争闹必更甚，两项人必不相安，张、袁犹未见及此。②

皮锡瑞的话深刻点出了将科举仅仅定位在"得人才"之上的局限，科举从第一义说是一个连接中国政教，促成中国社会流通，塑造中国读书人一国之风气的大制度，在此意义上，由科举而生的中国"国家观念"虽不"现代"，但却统一，早已让中国读书人形成了一个全国性的"思想市场"。

而科举改章后，这一"思想市场"却被推向崩解，恽毓鼎就发现在二场策论题卷中"往往颂扬东西国为尧舜汤武，鄙夷中国则无一不可，至有称中朝为支那者"③。这种以科举改章为救中国之方法，却为"尊西人若帝天，视西籍如神圣"推波助澜的吊诡状况，正是中国现代国家观念普及之历史中最值得今日思虑之处。张之洞曾经说，吾终身守"启沃君心，恪守臣节，力行新政，不悖旧章"十六字。皮锡瑞就对此发感慨说："不知不悖旧章如何行新政，岂所谓两头扯

---

① 刘大鹏：《退想斋日记》，第125页，光绪二十九年闰五月二十三日条。

② 皮锡瑞：《师伏堂日记》，载吴仰湘编：《皮锡瑞全集》第11册，第1661页，癸卯闰五月初二日条。

③ 恽毓鼎：《恽毓鼎澄斋日记》，第220页，癸卯三月二十四日条。

者欤?"①

　　这种"两头扯"的情况正从一个侧面反映了中国读书人将长期在如何既是"现代"的又是"中国"的这一问题上徘徊与挣扎。

The Change of the System of Imperial Examinations and the Popularization of the Concept of a Modern State

Qu Jun

235

清末的科举之变与现代国家观念普及

Abstract：The popularization of the concept of a modern state in China has been closely related to the change of the system of imperial examinations in the late Qing Dynasty, in which the eightlegged essay test was substituted by the test of discourses on polities. Hence, the original basic texts for the examinations had to be changed as well, resulting in the wandering of both examiners and candidates in a hopeless state. The change of imperial examinations also brought new business opportunities in the examination market, where many book*m*en responded immediately to gain profits. To a great extent, it changed the general mood of the circle of scholars and the common value of the society. These changes led to the abolishment of the thousand-year-old imperial examinations in 1905 on the one hand, and facilitated the spread of the concept of a modern state at the level of the fundamental institution and social basis. This spread, however, is not simple and linear, but complicated and paradoxical.

Keywords：late Qing Dynasty, imperial examinations, concept of a modern state, popularization

---

① 皮锡瑞：《师伏堂日记》，载吴仰湘主编：《皮锡瑞全集》第 11 册，第 1653 页，癸卯五月十八日条。

田口卯吉与明治日本的"自由贸易主义"*

李凯航**

[摘　要]　田口卯吉是明治日本著名的自由主义经济学家,亦被称作"日本的亚当·斯密"。他于1880年代开始大力批判明治政府的经济政策,倡导建立一种零关税的自由贸易经济体制。为此,他冒着巨大的风险亲自前往太平洋中心地区进行了为期大半年的实地考察。他鼓励日本人发展远洋贸易,成为远东地区的"英吉利"。

[关键词]　田口卯吉;明治日本;零关税;自由贸易论

一、序言

1855年,田口卯吉作为旧幕臣樫郎的长子出生于江户木白石徒士屋敷。

* 项目基金:2019年上海市哲学社会科学青年项目"黄祸论与明治日本的民族共同体想象研究"(2019ELS002);教育部人文社科青年项目"近代日本琉球学的成立与展开研究"(19C10255006);东华大学中央高校基金科研业务"儒学与近代词研究基地"(20D111410)、自由探索项目(2232020E-07)、繁荣计划(2018Y006)及第66批中国博士后科学基金面上项目(2019M661394)。

** 李凯航(1990—　),男,湖南长沙人,文学博士,东华大学外语学院讲师,复旦大学历史系博士后,主要研究领域为近代日本思想史。

其曾祖父是江户时代著名的儒学家佐藤一斋(1772—1859),因而家风严苛,自幼熟读经书,田口卯吉自传云:"余十二岁读毕四书五经,于孔庙受试后以御徒见习勤之职见习于西丸御本丸,又习洋枪洋炮。"①由此可知,田口青年时代的生活内容多不离开"四书五经"与"洋枪洋炮"。一般而言,武士与儒者理应作为田口的出路,然而,在他 14 岁时发生的明治维新却彻底地改变了他的人生轨迹。由于其父亲是旧幕臣,田口一家四处受难,最终不得不从东京亡命到横滨。他们一家人也由此陷于贫困状态。但这次经历与其说使田口沦落为"不平士族",不如说使他从僵化与腐朽的旧体制中获得了新生的自由。②

1873 年,田口作为大藏省翻译局的上等生徒归顺明治政府,年仅 23 岁就出版了自由主义经济学的开山之作《自由贸易日本经济论》(1878),由此名扬天下。他因鼓吹自由主义经济而被奉为"日本的亚当·斯密"。他以《经济学人》(Economist)为蓝本创办的《东京经济杂志》也被视为明治日本的三大刊物之一。他不仅仅在理论研究上有突出贡献,而且在经济与政治活动中也大放异彩。他曾当选为东京府议员,继而成为帝国国会众议院议员,创办两毛铁道以及东京股票交易市场,还主编了《大日本名人辞书》、《国史大系》等一些列历史资料。③ 1890 年间,他历时半年之久,前往太平洋中心地区进行实地考察,留下许多珍贵记录,吸引了日本全社会的目光。

从以上经历来看,田口卯吉可谓在整个明治日本留下浓墨重彩的历史人物之一。近来,中国学界对田口的历史思想有所关注,但是对他的经济思想与政策方面的研究阙如④;而在日本,虽然对他的研究也日益深入,但尚未见"田口

① 田口卯吉:《自传》(原题《自述伝》),《鼎轩田口卯吉全集》(以下简称《全集》)第 8 卷,东京:吉川弘文馆,第84 页。
② 伊藤弥彦:《田口卯吉的政治思想(上)》(原题《田口卯吉の政治思想(上)》),《同志社法学》,第 26 卷第 2号。
③ 河野有理:《田口卯吉之梦》(原题《田口卯吉の梦》),东京:庆应义塾大学出版会,2013 年,第 7-8 页。
④ 张昭军:《文明史学在近代中日两国的兴起与变异:以田口卯吉、梁启超为重点》,《北京师范大学学报(社会科学版)》,2012 年第 3 期;黄东兰:《一部缺失"开化"的"开化史":田口卯吉〈支那开化小史〉与近代日本文明史学的困境》,《南京大学学报(哲学·人文科学·社会科学)》,2015 年第 6 期。仅一篇对田口卯吉的贸易论有所涉及。冯玮:《"贸易自由"和"贸易保护"的对垒:田口卯吉和犬养毅论战述评》,《关东学刊》,2016 年第 7 期。

卯吉与自由贸易"的专题讨论。① 本义将从时代背景与田口卯吉思想的形成两方面,对他与明治中后期的自由贸易理论相关的言行做初步探讨。

二、"条约改正"与自由贸易

1890 年代,"条约改正"运动曾在日本引起广泛争议,其核心议题主要有"关税自主"与"废除领事裁判权"。前者毫无争议,日本全社会普遍赞成,因为这毕竟是国家主权所在。作为一个自由主义经济学家,田口卯吉也欢欣鼓舞。然而,他所主张的并非仅仅是"关税自主",而是在"关税自主"实现之后,要求彻底地废除关税。在田口看来,"关税"属于封建制度的遗物,正如在幕府统治下各个藩国都开关设卡、阻碍经济发展一样,现在的关税制度也阻碍着明治日本的发展。"商品在经济世界的流动正如血液在血管中流动一样,若在肠胃心肝的动脉上设置关卡,检查血液,禁止其流通,则有碍于血液循环。关税有碍于商品的流动。"因此,"照我观来,海关税是最坏之税种"。田口鲜明地反对关税,一连撰写十篇社论《非海关税论》,批判明治政府的海关政策。②

238 世界视域与中西思想

田口之所以主张废除关税,是基于他一贯的自由主义经济思想。正如他巧妙地把"商品的流通"比作"血液的流通"一样,他认为经济现象是一种超越个人意志的客观规律。政治上的区分,即"国境与国家",是人为的区分,无法适应于客观的经济世界。③ 田口的经济认识之所以带有普世主义的看法,是由于他早

---

① 限于篇幅,兹仅列举对本稿有参考意义的先行研究,以下不赘述。尾崎文根(尾崎ムゲン):《田口卯吉的"理论"与"学问"》(原题《田口卯吉における"論策"と"学問"》),《史林》,1971 年第 1 期;小岛丽泽:《日本帝国主义与东亚》(原题《日本帝国主義と東アジア》),东京:发展中经济体研究所,1979 年,第 3—47 页;杉原四郎、冈田和喜编:《田口卯吉与东京经济杂志》(原题《田口卯吉と東京経済雑誌》),东京:日本经济评论社,1995 年,第 197—236 页;田中浩:《近代日本的自由主义》(原题《近代日本と自由主義》),东京:岩波书店,1993 年,第 163—190 页;武藤秀太郎:《田口卯吉的日本人种起源论:其变迁及对中国的认识》(原题《田口卯吉の日本人種起源論:その変遷と中国認識》),《日本经济思想史研究》,2003 年 3 月;武藤秀太郎:《田口卯吉的文明史学研究转向与"中国的冲击":对日本东洋学的再思考》(原题《田口卯吉における文明史論の転回と"中国の衝撃":日本のオリエンタリズム再考》),《社会思想史研究》,2004 年第 28 号;李凯航:《田口卯吉的人种理论的发展:从内地杂居论到黄祸论》(原题《田口卯吉における人種論の展開:内地雑居論から黄禍論まで》),《史学研究》,2017 年 9 月。
② 田口卯吉:《非海关税论》(原题《非海関税論》),《全集》第 6 卷,第 177—205 页。
③ 田口卯吉:《日本自由贸易经济论》(原题《自由貿易日本経済論》),《全集》第 3 卷,第 10—13 页。

年学习西洋学问之时,不仅修读经济、历史等人文学科,还学习了医学、药学、化学等自然科学的知识。这样一个系统性的学习过程,使他感到"学问不是向他人劝告","学问乃解释自然之法则,恰似行星围绕太阳旋转一样"。① 学问有其自律性,不受人为因素影响。正是在这一点上,田口认为"经济学酷似生理学"②,因此,也就有了他关于"商品与血液"的比喻。

在田口看来,尽管废除关税会导致国内某部分产业的衰退,但这也绝非不利之事。因为,从国际分工的角度看,"人类的各种需求全部集中于一国一人生产绝非有利之事","只需奖励各人最有利之职业,各地有利之生产,世界之利益可使之平均化"。③ 事实上,假若日本国内产业因为自由贸易而在竞争中失败也无需担心,因为这是国内消费者的意愿所致,"于我消费者有利"④。可以说,在"关税自主"的辩论中,田口素来客观冷静地遵循自由主义规律。而这一思想原则,也贯串了他的一生。

在"条约改正"运动中,另一项重要议题是"废除领事裁判权",而这一点直接导致了西洋列强要求废除"居留地制度"。所谓"居留地制度",是根据安政五国条约(1858)的规定,幕府在通商口岸如长崎、横滨、神户等地划出专属领地,以集中安排外国人居住与营业的制度。⑤ 在居留地内,西洋人享有的"治外法权"严重地危害日本的司法主权。作为"条约改正"运动重要一环的"法权回收",一方面意味着废除居留地;另一方面则意味着给予西洋人和日本人同样的内地居住、生活、旅行、传教、商业等权利,也就是所谓的"内地杂居"。这一点引起了政府与知识阶层普遍的恐慌。⑥ 比如横山源之助(1871—1915)认为,只要

239

---

① 田口卯吉:《就经济学的性质答复泷本先生》(原题《経済学の性質に関して瀧本君に答ふ》),《全集》第3卷,第416页。

② 田口卯吉:《日本自由贸易经济论》,《全集》第3卷,第9页。

③ 田口卯吉:《日本自由贸易经济论》,《全集》第3卷,第30,42页。

④ 田口卯吉:《自由交易论》(原题《自由交易論》),《全集》第3卷,第187—188页。

⑤ 有关居留地制度的起源,参考 W. G. 比斯利:《1894年—1945年:日本帝国主义:居留地制度与东亚》(原题《日本帝国主義 1894—1945:居留地制度と東アジア》),杉山伸也译,东京:岩波书店,1990年,第15—28页。

⑥ 有关"内地杂居"的内容,除以上罗列的先行研究之外,还参考了小熊英二:《单一民族神话的起源:"日本人"的自画像的系谱》(原题《単一民族神話の起源:"日本人"の自画像の系谱》),东京:新曜社,1995年,第33—48页;塩出浩之:《越境者的政治史:亚太地区的日本移民和殖民》(原题《越境者の政治史:アジア太平洋における日本人の移民と植民》),名古屋:名古屋大学出版会,2015年,第66—111页。

施行内地杂居就会导致欧美资本进入日本,且会导致日本民族资本的萧条,而日本劳工则会被欧美机械所压制,原本已经处于悲惨地位的女工则会变得更为可怜,沦为欧美企业的廉价劳动力。[①] 可以说,在反对者们看来,内地杂居论可谓是明治版本的"亡国亡种论"。

在这样的舆论氛围中,田口卯吉鼓吹的内地杂居论"几乎招致了满天下人的反感"[②]。然而,他之所以敢冒天下之大不韪,还是因为他对"自由主义"有充分信心。在田口看来,反对内地杂居者完全是不知"经济的主义与人心的道理"[③]。对于田口而言,自由主义经济论是一种普世性的真理:"伦敦的金融中心罗伯特街原本是意大利商人移民建成的",而"美国的飞速发展也是因为外资"。因此,自由贸易不但不会亡国,"反而经济上利益极多"。[④] 他强调,西洋人来日本居住不仅仅会带来"有形的资本",而且还有"无形的知识与技术"。"殖产兴业"的日本虽有土地与劳力,但缺乏资本与技术。增加税收与发放公债皆会加重人民负担,但是外资不会。因此,内地杂居乃日本之"急务"。[⑤]

然而,1881年纸币整理以来,松方正义(1835—1924)施行紧缩财政,一方面导致日本国内资本不足,无法顺利实施"殖产兴业"计划;另一方面,内地农村人口过剩,非农业劳动力市场狭小,导致许多人只能去海外谋生。[⑥] 田口就曾悲叹道:"(日本)四面环海,内地人口过剩,银贵钱贱,若不移民海外,我日本将陷入人相食的绝境之中。"因此,"把本国难以谋生之人移民海外,使其保全生计,大力繁殖子孙,实乃增添国民,增加属国之事。国力之强盛亦可期待"。[⑦] 那么去哪里寻求机会呢? 当时还尚未开发的太平洋地区进入了田口卯吉的视野。

① 横山源之助:《内地杂居后之日本》(原题《内地雑居後之日本》),东京:劳动新闻社,1899年,第1—27页。

② 田口卯吉:《居留地制度与内地杂居》(原题《居留地制度卜内地雑居》),《全集》第5卷,第60页。

③ 田口卯吉:《内地杂居论》(原题《内地雑居論》),《全集》第5卷,第80—83页。

④ 田口卯吉:《居留地制度与内地杂居》,《全集》第5卷,第62,65页。

⑤ 田口卯吉:《论内地杂居(一)(二)》(原题《内地雑居を論ずる(一)(二)》),《东京经济杂志》第204—205号,1884年3月8日、3月22日。

⑥ 藤村通:《松方正义:日本财政的先驱者》(原题《松方正義:日本財政のパイオニア》),东京:日本经济新闻社,1966年。

⑦ 田口卯吉:《殖民制》,《全集》第4卷,第96—97页。

三、"远洋调查"

1890 年 5 月到 12 月间,田口卯吉不顾生命危险,前往太平洋中心地区进行实地考察。从其具体内容来看,可以从个人的缘由与时代的背景两方面来考虑。

所谓个人的理由,是指田口受东京府知事高崎五六(1863—1896)的委托去处理东京府士族授产金问题。原本士族授产金是明治维新以后,给因为秩禄处分而日益贫困化的士族的经济援助。但是,东京府的士族授产金因为种种原因还有余留,故高崎打算以此开发小笠原群岛的水产事业。因此,他委托田口卯吉前往此地做相关调查。原本对小笠原群岛就抱有浓厚兴趣的田口欣然接受了邀请。

所谓时代的背景,是指明治二十年代后,日本的移民思想从以北海道为中心的"国内移民论"转换成了"海外移民论"。其原因主要在于人口过剩,但也与此时期积极的"海外移民论"的时代精神相关。在这种历史转换期,田口可以说是最具代表性的人物之一。[①]

1881 年,以北海道开拓官私卖产业事件为契机,田口连载了六篇社论《北海道开拓论》,积极呼吁北海道的移民计划,"现今北海道之急务在于繁殖物产与移殖人口"[②]。数年后,由于内地人口过剩,经济不景气,田口又强调海外移民的必要性:"欲扩张海军,须将我邦人口移民南洋、北美及亚细亚大陆。"[③]在这样的背景下,田口亲自前往这些地区进行了实地考察。

1890 年 5 月 15 日,田口乘坐帆船天祐丸,从横滨起航,历经小笠原群岛、瓜岛、帕劳、文莱等岛屿。[④] 在此期间,田口以"通信"形式向国内读者介绍远洋之见闻。比如,他原本幻想小笠原岛的"有利地形"适合耕作,直到登陆后才发现

田口卯吉与明治日本的「自由贸易主义」

---

① 丹野勋:《明治日本的海外移民、移居、殖民政策与南进论:以"南洋"和南亚为中心》(原题《明治日本の海外移民、移住、殖民政策と南進論:南洋,南方アジアを中心として》),《国际商务论坛》,2015 年第 26 期。矢野畅:《"南洋"的系谱:日本的"南洋"史观》,东京:千仓书房,2009 年,第 189—192 页。

② 田口卯吉:《北海道开拓论》(原题《北海道開拓論》),《全集》第 4 卷,第 47 页。

③ 田口卯吉:《殖民制》,《全集》第 4 卷,第 47 页。

④ 田口卯吉:《南洋通信》,《全集》第 8 卷,第 516—532 页。以下引用皆出于此处。

"实乃人错"。当地不仅"土地贫瘠",且"地势陡峭,平地甚少"。因为气候的原因,岛上虽有日本内地稀缺的商品如菠萝、香蕉、椰子树等自然作物,但绝无"经济利益可图"。虽然经济上无望,小笠原岛"在政治上绝非无关紧要之港口"。"美国的渔船年年来此补给","数日前(与土民)还爆发大冲突","我海军省尤须注意"。事实上,对于田口而言,小笠原岛不论在政治上还是在经济上都有重要意义。

此外,田口还对当地岛民的生活作了宝贵的记录。他写到,土民虽然是美国的归化人"加纳加人",但他们"全赤脚走路,甚为可怜"。在海上,他们"出船捕鱼,捕获乌龟",在陆地上"种植手掌大的玉米"以维持生计。"在文明人之末的我们观来甚为可怪。"由这一段文字可以确认的是,刚刚经历过文明开化运动的日本人,带着"文明"的优越感和奇异的目光看待这些岛民。他们的生活习惯、穿着、语言都被视为"未开化"的。对于初次见到岛民的田口而言,一方面可怜他们"赤脚"的生活习惯和依靠"手掌大的玉米"的生计情况,另一方面又以"文明人"自居,确认了自身的优越感。这里很有意思的是,田口把自己设定为"文明人之末"的角色。这是因为岛内还有其他西洋白人,所以田口用"文明人之末"这一限定性的修辞自称。这反映了他对进化论的崇拜。

此后,田口抵达瓜岛之时,因为当地流行病横行,没有"健康证明书"的田口与"文明国"西班牙交涉起来困难重重。"健康证明书"原本需要向横滨的西班牙领事馆申请,但是出发前田口并不知此事。田口把"海员雇佣证书"、"海外护照"、"航海通行证"等全部交验也无济于事。田口一行人被禁止登陆。等数日之后终于有军医来此,经过健康检查以后才放行登陆。对于瓜岛,田口观察到:

> 西班牙得此岛以后以天主教育土人,改其姓名,故土人皆有洋人姓名。姓名既已如此,土木建筑之法,服装饮食等万般事物实乃与西班牙人无所差别,仅贫富有别而已。土人与西班牙人相处甚为融洽。

对田口而言,瓜岛最为惊奇之处或许有二。其一是,土人的土木建筑之法、服装饮食、姓名等皆与西班牙人无所差别,即土人"文明化"程度之高。其二是,土人与西班牙人仅有贫富之差别,但社会关系相当融洽。田口在瓜岛并未逗留许久,接着马不停蹄地前往下一站,即帕劳群岛。

与在西班牙政府有效管理下的瓜岛相比,田口的下一站帕劳群岛还处于酋长的统治之下。田口写到,此岛"土人全赤身裸体","男子仅腰布遮掩",岛内风俗如此。岛民嗜酒如命,"终日饮食"。好舞蹈,"三十五六人坐立不等,手舞足蹈","彻夜不知倦"。田口记录了岛内特有的风俗习惯,给日本国内的读者带来了新鲜的见闻。

此后田口再次扬帆前往文莱岛。但是,此地的西班牙人以"强迫手段"压榨土人,终于使得土人"举起反旗","官吏与士兵被杀害"。土人死亡百余人,西班牙人死 3 人,伤 18 人。在激烈的战斗中,西班牙政府甚至还把"我船上的枪支弹药,甚至日本刀之类的全部收缴,放置于西班牙军舰,不许我船前往其他港口"。田口失去了行动自由,于是他在战乱的惊慌之中,只能"决计早日返航"。

田口后来写道:"自奋投身蛮民之中,以试贸易,其间失望落胆,仰天叹息者不一而足,而欢喜踊跃,拍手呼快者,亦颇多矣。"[1]"失望"与"欢喜"是并存的。自返回日本以后,田口基于此次太平洋调查的经验,开始系统性地论述"太平洋贸易圈"的经济构想。为此,田口建议小笠原岛废除关税,使其成为自由港口。[2] 此外,他又提出建设商业学校、培育商人、振兴商业等具体措施。[3] 他与当时许多主流的经济学家不同,自始至终地提倡一种自由贸易的国际体系。在他看来,日本应该学习英国,大力发展商业,做海上的"马车夫"。

四、"太平洋贸易圈"构想

随着横跨亚欧大陆的西伯利亚铁路的竣工,19 世纪末的东亚形势又悄然发生了新变化。与以山县有朋(1838—1922)为代表的大多数日本人视西伯利亚铁路为日本的军事威胁相反[4],田口却看到了铁路带来的商机,"假若西伯利亚铁道开通,旅客必然随之乘坐,货物必然随之搬运,而后,旅客与商品皆不必

---

① 田口卯吉:《"南岛巡航记"抄》,《全集》第 8 卷,第 532 页。
② 田口卯吉:《小笠原岛的现状》(原题《小笠原岛の现状》),《全集》第 4 卷,第 377—379 页。
③ 田口卯吉:《向殖民协会提交的建议》(原题《殖民协会に提出せる建议》),《全集》第 4 卷,第 428—430 页。
④ 山室信一:《日俄战争的世纪:从连锁的视点看日本与世界》(原题《日露战争の世纪:连锁视点から见る日本と世界》),东京:岩波新书,2005 年,第 40—42 页。

经过上海或香港,反而会来长崎、马关、神户等地。(中略)由此,国家大计可图"。田口强调:"(西伯利亚大铁路在)军事上没有威胁反而在商业上极为有利。"①

在田口看来,新形势对日本有利。除了西伯利亚大铁路的贯通,"加拿大太平洋铁道的开业,冠达轮船公司的通航,巴拿马运河的开凿皆可为我带来巨额商业利益"②。田口很早就指出,"日本相对于中国大陆、朝鲜之地势,恰若英国之于欧洲之地势"③。"英国之所以富强而傲视天下,不在于其国家之物产,唯在于积欧洲大陆之货物贩卖至其他各大洲,而积其他各大洲之货物贩卖至欧洲。"④现今,比日美贸易额多出十三倍的中美贸易全部经由日本港口转运,政府理应做好准备。至于其具体政策,田口提出应向清政府要求内地开放以及免除进出口关税等。⑤ 正如田口羡慕英国的伦敦是欧洲大陆的中心市场一样,田口希望东京能成为亚洲的中心市场:"利我商业,兴我航海,以我东京为东洋之中心市场,以我日本帝国为太平洋女王。"⑥建设日本的"中心市场"成为了田口的首要目标,而日本"中心市场"的成败取决于"新东京港"的建设。

田口感慨道,虽然日本自身具有地理位置的优势,但"我海湾浅且能容巨船之港口尚未改造,空置浪费,实为可惜"⑦。为此,他专门多次组织经济学协会进行实地调查,得出结论:"我日本人民经营海外贸易困难极多,东京尚未开港乃第一困难","东京商人不得不前往横滨","费时费钱","其不便利程度无可名状","我政府应速开东京港口",以免"与国外贸易产生不便"⑧。田口指出,当时日本只有横滨、神户、长崎、新泻、函馆、夷几个通商口岸,根本无法对接太平洋

---

① 田口卯吉:《西伯利亚铁路的开通会带来怎样的结果?》(原题《シベリヤ鉄道開通の結果如何》),《全集》第 4 卷,第 397—398 页。

② 田口卯吉:《太平洋的新竞争》(原题《太平洋の新競争》),《全集》第 4 卷,第 258—260 页。

③ 田口卯吉:《财富》(原题《富の度》),《全集》第 3 卷,第 242 页。

④ 田口卯吉:《开设船坞之议论》(原题《船渠開設の議論》),《全集》第 4 卷,第 1 页。

⑤ 田口卯吉:《财富》(原题《富の度》),242—243 页。

⑥ 田口卯吉:《仍坚持前几日的立论》(原题《先日までの御論は今ま那処にある》),《东京经济杂志》第 557 号,1891 年 1 月 31 日。

⑦ 田口卯吉:《东京论》,《全集》第 5 卷,第 100 页。

⑧ 田口卯吉:《应该将东京作为入境口岸》(原题《東京を以て開港場と為すべし》),《东京经济杂志》第 553 号,1890 年 12 月 27 日。

的中转贸易之实际需求。①

1880 年代，田口卯吉被选为东京都议员，在 1890 年代又成为帝国国会议员，遂大力提倡"东京改造论"。他接连发表六篇社论《东京论》，呼吁集合大阪、横滨的功能，举全国之力建设东京。就海湾建设而言，品川必须填土以便航运，而东京的城区也必须相应改造。如此一来，"三大洲的货物都会流入我国，使得东京成为宝库"②。他的部分计划随后得到内务省的正式批准。这也为实现其"东京中心市场"的梦想迈出了一步。

田口卯吉建设新东京的热情，很大一部分是为了使日本在自由贸易体系中占据有利地位。他谈到，"吾人之希望并非在于版图之扩张，而在于国家之殷富。无需将国土伸张至大陆，仅将贸易集中于我帝国足矣"。现在的日本"与其耗巨资兴建陆军，扩张领土，不如整理财政，诱导商业，繁荣我都市。此政策若施行十年，则我帝国之繁华则指日可待"③。田口所设想的仍然是一种避开战火、施行彻底的自由贸易原则的国际体制。

五、结语

在日本近代史的研究中，田口卯吉向来被视为一个不合时宜的"自由主义"者。他的很多主张与政府和绝大多数知识分子大相径庭，比如在明治初年要求"废除关税"、无国界的"内地杂居"等。这些主张在当时被认为根本就没有现实基础，故显得"天真"和"幼稚"。这或许是因为他出生于幕府即将结束、明治维新开启的新时代。他没有直接生活于西洋列强殖民地的经验，也没有机会前往欧美国家留学，直接了解世界大势。他靠偶然的机会追随传教士学习英语以及西洋知识，特别是医药学和古典经济理论，使得他倾向于以学习自然科学的态度解决社会问题。正如他自己所言，提出这些主张，是因为相信经济学的"论点皆有利于国家"④。在他这些言行的背后，有一种对"自由主义"的世界观的绝对信任：即，通商与贸易才是一个国家富强的真正保障。

---

① 田口卯吉：《开港》，《全集》第 4 卷，第 489—490 页。

② 田口卯吉：《东京论》，《全集》第 5 卷，第 90–101 页。

③ 田口卯吉：《对外国是》，《全集》第 5 卷，第 410，412，414 页。

④ 田口卯吉：《自由贸易并非忽视国家》(原题《自由贸易は国家を无视せず》)，《全集》第 3 卷，第 274 页。

Taguchi Ukichi and Free Trade
Theory in the Meiji Period

Li Kaihang

Abstract: This paper traces the intellectual development and economic exploration of Taguchi Ukichi, who was one of the most representative liberalism economists in Japan's Meiji Period. Since 1880s, Taguchi Ukichi attacked the regulated economic policies of the Meiji government and advocated a free trade system to embrace the world's new situation. He hoped that Japan could be developed into a "Great Braitain" in the Far East area.

Keywords: Taguchi Ukichi, Meiji, Zero Tariff, free trade theory

世界视域与中西思想

电影的文化内涵：上海国际电影节品牌辨析度的提升之道[*]

杨海燕^{**}

[摘　要]　上海国际电影节作为中国首个、至今唯一的国际 A 类电影节，至今已经成功举办了 22 届，其国际影响力、品牌知名度和观众参与度等都实现了质的飞跃。上海国际电影节不仅积极推动了中国、亚洲乃至世界电影事业的蓬勃发展，同时也有力提升了上海国际大都市的核心竞争力和文化软实力，使得上海的"文化品牌"建设迈向了优质化、内涵化的发展之路。本文通过分析上海国际电影节的意义、发展现状和面临的问题，从上海国际电影节的定位"立足亚洲、关注华语、扶持新人"出发，提出具有针对性的对策和建议。

[关键词]　上海国际电影节；意义能指；发展现状；问题与困境；对策建议

---

* 基金项目：2020 年上海高校智库内涵建设计划项目"加快影视文化产业发展，打响上海文化品牌"，华东师范大学预研究项目"改革开放以来中国电影的中西文化融通研究"。

** 杨海燕(1979—)，女，安徽马鞍山人，文学博士，华东师范大学音乐学院副教授，主要从事都市电影研究。

1993 年，上海国际电影节正式宣告问世，1994 年，经国际电影制片人协会认定，成为中国首个、至今唯一的非专门类竞赛型国际 A 类电影节。上海国际电影节自问世以来已成功举办了 22 届，规模从 1993 年第一届的 33 个国家与地区 167 部影片报名参展参赛，到 2019 年第 22 届时有 112 个国家和地区的 3964 部影片报名参展参赛，其国际影响力、品牌知名度和观众参与度等都实现了质的飞跃。

时至今日，中国已经由一个电影大国变成了电影强国，上海这座城市也由中国电影的发祥地成长为世界电影的中心之一。因此，上海国际电影节之于上海，可谓意义非凡。它不仅积极推动了中国、亚洲乃至世界电影事业的蓬勃发展，同时也有力提升了上海国际大都市的核心竞争力和文化软实力，使得上海的"文化品牌"建设迈向了优质化、内涵化的发展之路。

一、上海国际电影节的意义和现状

上海国际电影节创办二十六年来，无论是国际声誉、业界影响力，还是影展规模、市场交易完成量、媒体参与数量、观众人数等各个方面，均取得了显著的进步，与国际上其他 14 个 A 类电影节相比，基本已经稳居前五之列。

1. 立足全球化视野，以开放的姿态推动艺术发展和文化交流

电影节作为传播文化的重要媒介和桥梁，能够不断丰富世界文化的多样性，其最大魅力在于它既是一场国际文化的盛宴，也是一场穿越时空的艺术旅程；既可以实现多国文化和世界文明的平等对话，也是各类电影艺术理念和艺术风格的一次交锋融合；既是展现各国电影文化魅力的平台，也是释放人类想象力的窗口。欧洲三大著名电影节（威尼斯国际电影节、戛纳国际电影节、柏林国际电影节）之所以经久不衰，正是因为它们一直秉持着对跨国文化的兼容并包与和谐共生，同时也坚守着对电影艺术独特内涵的不懈追寻，且始终保持着自己的鲜明特色：威尼斯国际电影一如既往地吸引新锐导演和实验电影，戛纳国际电影节不断推进电影交易市场的深入发展，柏林国际电影节始终坚持将展现新思想、新潮流作为自己的风向标。

上海国际电影节自创办至今，一直秉持着开放的姿态，以"立足亚洲、关注华语、扶持新人"的办节定位，吸引世界各国尤其是亚洲各国的电影人聚集在一起，沟通交流、互取所长，为推进世界电影的发展和艺术文化的交流不懈努力。

历经二十六年,上海国际电影节得以飞速发展,尤其是 2019 年,依托中国市场的日渐扩大,上海电影节的品牌影响力不断提升,吸引了全球各大电影机构的高度关注。为了更好地突显战略定位和发展特色,上海国际电影节在选片过程中加强了"首映机制",以全球首映、国际首映、亚洲首映和中国首映为先。在 500 余部展映作品中,世界首映和国际首映 97 部(其中世界首映 59 部,国际首映 38 部),亚洲首映 113 部,中国首映 97 部,共计首映片 307 部,较往年有较大幅度提升,这充分说明了上海国际电影节的国际影响力正在不断增强,拥有了更广阔的全球视野和行业认可度。

2. 着眼于核心竞争力,以培养电影人才助推电影业的持续创新进步

电影产业是创新产业,电影经济是创意经济,电影业发展的核心竞争力是人才。举办电影节的另一个重要意义是不断挖掘电影人才,为电影事业的长足发展注入新的活力和源源不断的新鲜血液。很多国际知名电影节都会专门设立鼓励新人的奖项或青年电影人的资助计划。如戛纳国际电影节专门为电影新人的处女作提供机会,设立了"一种关注"和"金摄影机奖"单元;柏林国际电影节设立了激励新人创作的"流星奖";威尼斯国际电影节设立了"最佳新人奖"……值得一提的是,鹿特丹国际电影节一直持续关注未成名的电影新人,被称为是"世界新锐导演的最重要舞台",文德斯、法斯宾德、吉姆·贾穆什等一大批知名导演早年都是在鹿特丹国际电影节上扬名而逐步成长起来的,中国第六代导演娄烨、王小帅等也是受益者,都获得过鹿特丹国际电影节"HUBERT BALS FUND"的资金支持。

目前,我国电影产业空前繁荣,就上海而言,2018 年上海全年立项备案电影 283 部,约占全国总数的 8.2%;全年票房为 37 亿元,占全国 609.76 亿元总票房的 6.07%,蝉联年度全国城市票房冠军。然而,缺乏具有专业知识及技能储备的电影人才是目前面临的严峻现实,尤其是电影制作人才。上海国际电影节的主办方也敏锐地捕捉到这一现状,为了给电影新人尤其是亚洲电影创作者搭建更多的资源平台,电影节专门设立了"亚洲电影新人奖",以便更好地挖掘、扶植优秀的青年电影人才,为电影业的创新发展注入新生的力量。2019 年,上海国际电影节新设了短视频探索单元,为广大心怀电影梦想的年轻人铺设踏上电影之路的新台阶,构筑了由短视频、短片、创投训练营、电影项目创投、亚洲新人奖层叠组成的阶梯型新人培育体系。

3. 激发市场活力，以优化交易服务调节电影市场供需

电影节的另一大功能是为电影交易提供市场渠道和平台。它具有强化的市场效能，能够有效调节市场所需，引发产业联动，也能够积极推进电影市场的健康、有序发展。很多知名的国际电影节，都会为电影人和电影机构提供展示自我和推广新作的平台，引发媒体和买家的关注，从而获得更多的合作机会和营销机会。有些电影作品在电影节上广受媒体关注，获得了良好的社会声誉，就会直接拉动影片的全球票房和其他收益，也能够有效提升电影人和机构在行业内的美誉度和影响力。因此，通过电影节聚集人气、获得口碑，是提升影片和电影人知名度的最直接的方法和手段。

此外，电影节还是电影的"大卖场"，片方、发行方等通过电影节实现买卖交互，产生联动的产业链效应。作为中国唯一的 A 类国际电影节，上海国际电影节的交易市场较为活跃，且能够与时俱进、推陈出新，不断探索优化服务的新渠道和新方法。近年来，交易市场面积、展商数量、参与人数、活动场次等各个方面都屡创新高。2018 年，上海国际电影节的电影市场总面积为 16000 平方米，共吸引了 293 家国内外展商。其中，海外展商比例超过 40%，主要来自法国、荷兰、乌克兰、泰国、日本、以色列、奥地利等国家和地区。为期 3 天的电影市场，活动多达 59 场，内容丰富多彩，共吸引来宾 19698 人次，其中包括来自全球 58 个国家和地区的 5376 名专业人士参与。2019 年，在电影节开幕的第二天，电影市场便在上海展览中心拉开了帷幕。此次交易市场进一步完善了整体布局和配套设施，旨在打造全产业链格局，来自海内外的优秀展商覆盖了影视投融资、制作、后期、特效、视效、发行、营销、教育、法务和游戏等领域，同期举办的各类电影市场活动和电影项目创投也使来宾在市场内的体验更加丰富和多元。为期 3 天的活动共吸引了 313 家国内外展商，其中外商展台创下了历史最高纪录。而且，在 2019 年的电影市场中还新增了三大全新板块的展商，一是设立了电影人才培养展商展位，邀请了包括部分全国重点高校、腾讯影业、香蕉影业等在内的人才培养方向的展商参展；二是设立了电影投融资展商展位，邀请银行、基金企业，与电影产业做深度融合；三是设立了电影服务类展商展位，打造了特色"长三角影视拍摄基地"主题馆，为横店、象山等影视基地做专门的宣传。

此外，为推动"一带一路"沿线国家电影产业的交流与合作，上海国际电影节电影市场自 2016 年起设立"一带一路"主题馆，每年吸引 20 多个国家参与展

示,举办各类国别电影文化推介会,为中国电影人了解海外市场搭建平台。同时,为进一步拓展电影市场活动的内容,2017年起电影市场每年举办"拍摄图书!上海"市场活动,通过推介会和交流会搭建从图书到电影的桥梁,吸引中外出版商、制片人共同参与。2019年的"一带一路"电影联盟规模持续扩大,新增了4个国家和7家电影节机构,进一步推动电影产业的项目对接,促进各国电影的共商、共建和共荣。由此可见,上海国际电影节的电影市场不仅是世界各国电影人认识中国电影的一个窗口,同时也能让全国的电影人和观众看到世界电影行业的未来方向。

4. 发挥主场优势,依托城市价值导向,丰富上海"文化品牌"

电影节作为一场艺术和文化的盛会,不仅具有巨大的文化价值和经济价值,同时还可以带来不可估量的社会声誉。以戛纳国际电影节为例,戛纳在19世纪时只是一个面积不到20平方公里、仅拥有4000人的小渔村,坐落于法国阿尔卑斯滨海省。1939年,法国为了与意大利法西斯政权主办的威尼斯电影节形成抗衡之势,决定在南法的戛纳创办另一个国际电影节。自1946年第一届电影节至今,戛纳已经成为世界著名城市和全球电影圣地,也是全世界规模最大的电影集散中心和电影市场所在地。一年一度的戛纳国际电影节为这座海滨小城带来了巨大的经济收益,每年电影节期间,至少要吸引来自全球的6万名电影人和20万游客,大大刺激了当地的购物、旅游、餐饮、住宿等行业,产生了巨大的经济拉动效应,短短两周的电影节活动所创造的直接经济价值高达2亿欧元,间接经济价值高达7亿欧元。每年的电影节开幕数月之前,戛纳所有的宾馆、酒店早已被预订一空,此外,游艇出租、交通运输、商品零售、观光旅游等异常火爆,电影节因此也使得戛纳成为了世界知名的旅游城市。除了可估量的经济效益,更重要的是,电影节带给戛纳这座小城的社会声誉不可估量,它几乎已经成为整个法国的文化标签,大大提升了法国的整体文化形象。同样,柏林电影节之于柏林,威尼斯电影节之于威尼斯,也产生了同样的联动效应,形成了巨大的经济效益和社会效益。

由此可见,成功的电影节对于塑造城市品牌、提升国家形象具有强大的作用。当然,从另一个角度来说,任何一个国际电影节的兴衰,都与举办国家、城市的综合实力和文化底蕴休戚相关,二者之间互为共生、相互促进。近年来,在政府的大力支持和上海整体文化生态的良性发展助推下,上海电影节的发展势头令人瞩目。它不仅推动着中国电影事业的蓬勃发展,满足着人民大众热爱电影的文化需要,同时也丰富了上海的"文化品牌"内涵建设,提升了城市文化软实力,大大提升了上海的国际形象和文化影响力。当然,作为身处上海的国际电影节,一定要背靠强大的国家实力和上海这座国际化大都市的城市价值,将电影节的核心理念和价值定位与国家形象、城市精神紧密结合起来,输出海派文化,彰显中国力量,才能保持旺盛的生命力,吸引更多全球目光,携同文化繁荣互进。

二、上海国际电影节的问题和困境

面对极速发展的中国电影业和纷繁复杂的电影文化生态,日渐成熟的上海国际电影节必须时刻保持警醒的姿态,清楚地看到与其他老牌 A 类国际电影节的实际差距,找准战略定位,突破发展瓶颈,抓住关键因子,为上海文化事业的繁荣贡献应有的力量。从 2014 年开始,上海国际电影节的办节定位为"立足亚洲、关注华语、扶持新人"。如何将这一定位付诸实际,并形成上海国际电影节清晰的识别度,是我们亟待思考和解决的深层次问题。目前,上海国际电影节还存在以下问题与不足:

1. 国际明星参与度、获奖影片的商业价值引领和专业化的运营管理等方面有待加强

依托中国电影市场的日渐扩大,上海国际电影节的品牌影响力已经不断提升,也吸引了众多世界电影机构的关注,但是作为一个全国唯一的国际 A 类电影节,其吸引力和影响力与上海的国际地位尚未匹配。

一是世界知名电影人尤其是电影明星的自愿参与度不高。上海国际电影节除了一头一尾(开幕式和闭幕式)有明星参与,其他时间很少看到有大量明星参与影片首映、宣传等相关活动,而且参加开幕式和闭幕式的明星大多都是国内的电影明星和电影人,国际影星的参与度不高,尤其是自愿、自费来参加电影节活动的明星甚少。这与国际 A 类电影节的地位不符。

二是电影节对获奖影片商业价值的决定性作用不明显。世界知名电影节的获奖作品几乎都是影片票房的风向标,获奖之后一定是票房大卖,充分体现了电影节系统对影片商业价值的决定性作用。最极端的例子是《华氏 911》在2004 年戛纳电影节获奖前后的迥然境遇。这部原定由米拉麦克斯发行的纪录

片刚录制完毕,就立即收到了其母公司迪士尼的禁令,因为其发行策略向来规避具有政治争议性的影片。但是同年《华氏 911》顺利入选当年的戛纳国际电影节竞赛单元,并获得金棕榈奖。米拉麦克斯公司嗅到巨大商机,立即在全美发行,上映第一个周末就以 2300 万美元的票房名列第一,最终以 1.2 亿美元创纪录片票房的世界纪录。以此反观上海国际电影节,跟踪历年获奖影片,几乎很少有影片因为在上海国际电影节获奖而获得巨大的商业价值。更有甚者,有些作品甚至都没有进入商业院线发行渠道,而是像每年涌现出的很多独立艺术电影一样,只能在世界各大电影节"游荡"。

三是电影节赞助商更换频繁,缺乏延续性。国际著名的电影节都有鲜明的品牌,具有较高的商业价值,赞助商看中其间的商机,愿意常年赞助电影节的各项活动。如巴黎欧莱雅连续 20 年不间断赞助戛纳电影节,梅赛德斯奔驰一直是柏林电影节的赞助商等。而上海国际电影节每年的赞助商都在更换,缺乏固定性和连续性。

四是电影节的专业化管理运营能力和交易市场活跃度有待进一步提高。在管理和运营模式上,世界知名国际电影节一般由常设公司进行运作,或者交给专业的会展公司来承办,主办方主要通过与不同性质的专业公司签署合同来处理不同的事务,因而可以腾出更多的时间和精力用于宏观规划和组织协调。如戛纳电影节一直由 Reed Midem 集团承办,柏林电影节由柏林电影节公司承办等。而上海国际电影节一直由政府主导的国际大型活动办公室运营,其专业化、市场化程度不够,运营理念也有待提高。从交易市场的活跃度来看,全球电影市场交易最活跃的是戛纳电影节,每年完成全球 85% 的电影交易量。戛纳电影节每天晚上有两场参赛片展映,不对外卖票,只发请柬,除组委会留 10% 之外,其余 90% 全部留给国际各大电影机构,形成了良好的市场宣传效应。因为其强大的市场号召力,很多电影公司在与电影明星签约时,就明确要求其必须要到戛纳电影节进行电影宣传,因此戛纳电影节明星云集、良性循环。这一方面,恰恰是上海国际电影节亟待解决的难题。

2. 与毗邻国家电影节"错位发展"、两奖有机融合等方面尚有缺憾

如前文所述,我国当前的电影产业空前繁荣,但是缺乏大量具有专业知识及技能储备的电影人才。上海国际电影节虽然已经为电影新人设立了一些资源平台和系列举措,但是实际收效尚不明显,没有形成与中国巨大的电影产业

相适应的人才培养体制机制。

一是没有形成对电影新人的"雪中送炭"式的资源输送。很多国际电影节都采取各种办法有效挖掘年轻有才华的电影新人,如设立青年基金、举办青年电影人训练营和大师班等。戛纳、柏林、圣丹斯等国际电影节还设立了独立电影人的培养基地,邀请有才华的青年导演带着项目参与电影节常设的工作室或训练营,由经验丰富的业界人士对他们的项目进行评估,给出具体指导,并把他们介绍给有投资意向的制片人和发行商……这些举措对于初出茅庐的新人来说,无异于雪中送炭。上海国际电影节的定位之一为"扶持新人",虽然也出台了一些政策,但是并没有拿出真正吸引有才华的新人的"绝招"、"实招"。

二是没有形成与东京、釜山电影节等扶持新人政策方面的"错位发展"战略。在亚洲地区,上海国际电影节、东京国际电影节和釜山国际电影节已经形成了"三足鼎立"的格局。三者之中又以创办时间最短(1996 年创办)的釜山电影节扶植新人特色最明显。虽然它是 B 类电影节,但是一直秉持着"提供一个提拔亚洲电影人才的平台"的宗旨,做出了很多的探索与尝试,如推出了亚洲电影资助计划 PPP、亚洲电影和动画在全球发行交易的电影产业博览会两个特色项目,很快引起各国电影新人的关注,取得了显著成绩。以此反观上海国际电影节,虽然提出了 5 个层面的联动机制,但是很多举措几乎是借鉴釜山电影节,并没有实现与其"错位发展"。

三是没有形成亚洲新人奖与金爵奖有机融合的"金字塔"结构。虽然上海国际电影节提出了金爵短片、创投训练营、青年电影计划、亚洲新人奖、金爵奖的联动机制和全流程产业链支持,并为亚洲新人奖设了 6 大奖项,每个奖项有 5 个提名,但是在实际管理运营过程中,并没有形成有效联动和有机融合,亚洲新人奖、金爵奖各自独立,亚洲新人奖并没有成为金爵奖的"蓄水池",因而也就没有形成助推新人走向创作新高度的"金字塔"结构。

三、对策和建议

随着中国电影市场的不断壮大,中国已经成为世界电影的第二个中心,电影的生产和消费越来越繁荣,电影与其他相关行业的合作也越来越紧密。因此,上海国际电影节作为电影产业的盛会,一定要突出国际化、专业化和品牌化,不断提升其品牌的辨析度。

1. 以优化选片、评奖机制为支撑,增强金爵奖、亚洲新人奖的权威性和影响力

上海国际电影节要立足亚洲,助推华语电影,就必须依托强大的国家实力和上海这座亚洲超级大都市的优势效应,将国际性与民族性、商业性与艺术性有机融合,以更加开放的姿态推动电影节的国际化发展。从具体操作层面来说,要通过不断优化选片、评奖等机制,吸纳更多国家的更好作品前来同台竞技;要吸引更具国际权威的国际电影人来担任评委,对参赛作品做出公正的、富有艺术建树的评鉴和嘉奖;同时也要进一步加快国际性影展的策展规模,推进中国电影人和观众的国际化观念,促进多文化交流,推动多元化发展。

2. 以大师、名导、明星为核心,建立上海国际电影节的声望体系

上海国际电影节要建立具有国际影响力的声望体系,一是可以有意向地向一些特定的导演、电影人倾斜,培养和行成自己的"嫡系部队"。很多导演一旦在某个电影节获奖并成名,其后续的作品一定会以此电影节为首选舞台。二是紧跟国际电影潮流,邀请其他知名国际电影节的新晋获奖导演参与评审团,成为金爵奖、亚洲新人奖的评委。

3. 有效利用电影节密集的媒体曝光率,加强对获奖作品的媒体运作

电影节不仅是影片和影迷的盛会,也是全世界各大电影文化媒体聚首的时刻。事实证明,电影节上媒体对影片的评判会直接影响作品的市场命运。并且,电影节的观影和评论环境会形成一个封闭的小圈子,某个资深记者或影评人对获奖作品的观点往往会左右其他人的观点,从而影响影片在发行人、买家和观众心目中的口碑,对影片的市场形成压力。因此,上海国际电影节要提升对获奖作品商业价值的决定性作用,一是要加大媒体对获奖作品的关注度和曝光率,二是要邀请一批具有"意见领袖"作用的资深记者或影评人为获奖作品进行及时的热评和好评。

4. 以上海知名企业为依托,固定电影节赞助商,不断加强电影节的市场建设

如前文所述,任何一个国际电影节的兴衰,都与举办国家、城市的综合实力休戚相关。作为身处上海的国际电影节,一定要背靠强大的城市实力和上海市政府的政策支撑。因此,电影节的持续健康发展,一是需要上海知名企业作为

上海国际电影节的固定赞助商,为电影节提供长期资金支持;二是由政府提供政策倾斜,并重点扶持部分会展项目。政府为电影节提供政策支持,也是很多知名国际电影节通行的扶持手段。以戛纳、柏林、釜山、威尼斯等国际电影节为例,政府提供了一半以上的运作经费和公共资源的配置、优惠政策的倾斜等。

5. 建立亚洲新人奖、金爵奖的联动机制,为电影新人的成长搭建平台、输送资源

上海国际电影节要将金爵短片、创投训练营、青年电影计划、亚洲新人奖、金爵奖的联动机制和全流程产业链支持落到实处,形成积极效应,一是要以创投训练营为平台,有效挖掘符合上海国际电影节导向的年轻电影人才;二是要以青年电影计划为支撑,让他们的作品从一开始就步入"正轨";三是要将亚洲新人奖、金爵奖有效联动和融合,为他们的成长之路铺设"金字塔"。

Creating a City Brand with a Global Vision: How to Distinguish the Brand of Shanghai International Film Festival

Yang Haiyan

Abstract: Shanghai International Film Festival (SIFF), as the first and only Competitive Feature Film Festival in China, has successfully held 22 sessions so far. It is evident that its international influence, brand awareness and audience participation have reached a qualitative leap. SIFF not only actively promotes the vigorous development of film industry in China, Asia and even the world, but also effectively promotes the core competitiveness and cultural soft power of Shanghai, an international metropolis, making the construction of Shanghai's "cultural brand" a high-quality and connotative development path. Based on the analysis of the significance Signifier, development status and problems of SIFF, this paper puts forward targeted countermeasure and suggestions from the orientation of SIFF, which is "based on Asia, paying attention to Chinese and supporting new people".

Keywords: Shanghai International Film Festival, signifier, development status problems and dilemmas, countermeasure and suggestions

哲学教育

对于美国之中国哲学研究生项目的现状反思

[美]黄百锐 著 王文祺 译*

　　[摘　要]　在美国高等教育尤其是人文类学科不景气的背景下,美国的中国哲学研究生项目也面临着较大压力。当前美国哲学界的主流是分析哲学。而中国哲学许多重要典籍注重探讨人生体验,并且主要采取间接的、隐喻的言说方式。分析哲学家应当注意到中国哲学的重大价值,事实上,两者在道德心理学领域和经验性研究方面的对话与会通已经呈现显著动向。在博士研究生项目的申请者中,既具有必要的分析能力又对中国哲学抱有浓厚兴趣的学生,占比确实还很小,但这个比例正在持续上升。促进哲学研究的多样化,拓宽我们对哲学是什么以及哲学应该是什么的理解,是一项艰巨而具有重大价值的工作。

　　[关键词]　中国哲学;分析哲学;哲学共同体;多样化

---

* 黄百锐(David B. Wong,1949—),美国杜克大学教授,主要从事伦理学与中国哲学研究。

王文祺(1990—),女,上海人,华东师范大学哲学系博士生,主要从事中国哲学研究。

无论在哲学专业的博士项目里,抑或在面向大众的哲学期刊中,中国哲学都是鲜有问津的冷门。最近,布鲁雅(Brian Bruya)和奥伯丁(Amy Olberding)对这一现象的原因作了鞭辟入里的分析。[①] 就我自己的体会来说,哲学的确是一门十分守旧的学科,学科革新较之其他诸多学术领域更为缓慢。加之美国高等教育尤其是人文类学科不景气,哲学二级学科的现行模式又多少有些根基,出于务实的考虑,设有博士点的院系及其院长或系主任势必不会招聘中国哲学方面的研究者。近日刊登在《高等教育纪事》(*Chronicle of Higher Education*)上的一篇讨论风险规避的文章指出,研究人员承受着为自身所在大学吸引资助款项的压力,这使得科学领域也日趋保守。[②] 催生这种压力的一个方面,便是针对资助项目进行同行评审。对于学术团体而言,由同行评审分配研究资金可以降低风险。这似乎可以和布鲁雅所指出的以下一点相印证:《哲学评估报告》(*Philosophical Gourmet Report*)按声誉确定哲学研究生项目排行榜,而项目的声誉究竟如何,则由所挑选的评估专家来确定。

中国哲学要改变现状道阻且长,只能设法在哲学共同体中获得更高的关注度和"信誉"。奥伯丁提出,应当在面向普通大众的哲学期刊上下点功夫、做点工作,这是一个极重要的问题。布鲁雅指出,分析哲学是当前美国学界的主流。习惯了分析哲学研究进路的人,往往很难注意到中国哲学的重大价值。这是因为,中国哲学的诸多重要典籍并不热衷于与相左的观点正面对峙,而主要是以间接的和隐喻的表达来描绘对世界的理解与生活的方式。并且,这些典籍所表达的,乃是睿智的哲人花费毕生心血才获得的切身经验。

但这并不是说分析哲学家就无法领悟中国哲学,尽管对中国哲学的研究很难取得更广范围内的哲学界同行的支持。我相信,分析的进路非常有助于我们对儒释道的文本作出清晰缜密的思考与评价。例如,孟子和荀子以人性为道德之根基,相关隐喻就可以运用分析的方法来讨论其价值;再如,用分析的方法研

① Brian Bruya,"The Tacit Rejection of Multiculturalism in American Philosophy Ph. D. Programs: The Case of Chinese Philosophy," *Dao*, Vol. 14 No. 3(2015):369 - 389; Amy Olberding,"Chinese Philosophy and Wider Philosophical Discourses: Including Chinese Philosophy in General Audience Philosophy Journals," *Newsletter of the APA Committee on Asian and Asian-American Philosophies and Philosophers*, Vol. 15 No. 2(2016):2—10.

② Paul Voosen,"For Researchers, Risk is a Vanishing Luxury,"*Chronicle of Higher Education*, December 3,2015;网络版参见 http://chronicle.com/article/For-Researchers-Risk-Is-a/234437。

究孔墨之辩能够提供一些新颖的视角,帮助我们理解有关公正道德观(如功利主义)的争议。

虽然过去一直接受严格的分析哲学训练,但我却日渐欣赏中国哲学,因为它重新激起了我最初迈进哲学大门时内心的冲动:渴望理解并把控那些铸就我的人生经历。中国哲学如此注重探讨这样的人生体验,这正是它卓尔不群之处。① 中国哲学谈论这些问题时常采取间接、隐喻的言说方式,有时只是展示而非直接论述;而且,即便直接论述的时候,也可能不是对着一般读者说的,而是对着文本中所描写的某一特定人物说的(《论语》等文本中常有这种情形)。当然,要对这样的论说作出明晰精确的解读,其难度不容低估。不过我相信,如果分析哲学对这些论述努力做点澄清工作,而不只是回应那些只有专业的哲学家才能理解或感兴趣的时新话题,那么,它就可以发挥更大的价值。

而且,中国哲学尤其是儒家对修身极为注重,在诸如身心一体、礼乐教化、人伦关系在成己过程中的重要性等理论命题中,总是蕴含着对人之心理的洞察,因而,我们在克莱因(Erin Cline)、弗拉纳根(Owen Flanagan)、萨金逊(Hagop Sarkissian)以及斯林格兰(Ted Slingerland)等哲学家的著作中已经可以看到,分析哲学与中国哲学在道德心理学领域和经验性研究方面的对话与会通是一个显著的动向。②

不妨举几个例子,看看中国哲学如何不断探究那些使我们注目的人生经验。奥伯丁的著作研究《论语》中孔子及若干弟子等典范人物所发挥的作用,将之与普通人思考伦理生活以及向他人学习的方式紧密联系起来。人们不仅择其善者而从之,同时也从负面例子中吸取教训。譬如,子贡尽管怀抱着良好的初衷,却终究在德行上难获进益,因为他害怕坦承自身弱点,而且还试图用技术

---

① Jiang Xinyan, "The Study of Chinese Philosophy in the English Speaking World," *Philosophy Compass*, Vol. 6 No. 3 (2011): 168 – 179.

② 相关的经验性研究参见:Erin M. Cline, *Families of Virtue: Confucian and Western Views on Childhood Development*, New York: Columbia University Press, 2015; Owen Flanagan, *Moral Sprouts and Natural Teleologies: 21st Century Moral Psychology Meets Classical Chinese Philosophy* (Aquinas Lecture), Milwaukee, WI: Marquette University Press, 2014; Hagop Sarkissian, "Minor Tweaks, Major Payoffs: The Problems and Promise of Situationism in Moral Philosophy," *Philosopher's Imprint*, Vol. 10 No. 9 (2010): 1 – 15; Edward Slingerland, "The Situationist Critique and Early Confucian Ethics," *Ethics*, Vol. 121 No. 2 (2011): 390 – 419.

上无可指摘、但却缺乏同情与情感的合乎礼的行为来掩盖这些弱点。① 我一边读奥伯丁的这些文字,一边想,我自己和其他人也都有这样的缺陷(尽管和行礼活动不会有那么多关涉)。信广来在文章中写到了朱熹对于发而中节之"怒"的分析,当我们遭到中伤构陷或其他不公正对待时,就如同旁观某个与自身毫无瓜葛之人的遭遇,理之当怒则怒,是义理之怒而非血气之怒。这不禁使我联想起现实生活中那些能够不过度关心自身的人,他们着实难能可贵。②

最后我想谈一些振奋人心的学界动态。不久前我开始在美国哲学协会理事会任职,令我立马感到震惊的是,理事会成员超过半数是女性。同时令我感动的是,协会成员已在不遗余力地促进哲学专业的多样化发展。此外,近年来,特别是在 Ruth Chang 与 Tao Jiang 等人的推动下,罗格斯大学(Rutgers University)筹办了一系列中国哲学学术会议,哲学系很多教师(他们均非专门研究中国哲学)纷纷就中国哲学相关研究论文作了深入评析。最后,我还发现,在博士研究生项目的申请者中,既具有必要的分析能力又对中国哲学抱有浓厚兴趣的学生所占的比例确实还很小,但这个比例正在持续上升。如前所述,我们希望看到更多这样令人振奋的迹象,因为,促进哲学研究的多样化,包括拓宽我们对哲学是什么以及哲学应该是什么的理解,是极其困难的工作。促进性别、种族、性取向等方面的多样化,将有助于拓展哲学的内容与研究进路,同时,多样化无疑应当作为目的本身来追求。我所要指出的就是这项艰巨工作的重大价值。

Some Reflections on the Status of Chinese Philosophy in U. S. Graduate Programs

David B. Wong

Abstract: With the depressed economic situation of American higher education,

---

① Amy Olberding, *Moral Exemplars in the Analects : The Good Person Is That*, New York: Routledge, 2012.

② Kwong-loi Shun, "On Anger — An Essay in Confucian Moral Psychology," *Rethinking Zhu Xi : Emerging Patterns within the Supreme Polarity*, David Jones and He Jinli (eds.), State University of New York Press, 2015.

especially in the humanities, U. S. Graduate Programs in Chinese Philosophy are under pressure while analytic philosophy departments are dominant in the American community. Great value should be seen in Chinese philosophy, many great texts of which are primarily focused on life experience that often requires indirect and metaphorical articulation. One significant trend in the interaction between analytic and Chinese philosophy lies in the field of moral psychology and the empirically informed work of philosophers. It seems that the pool of applicants to competitive Ph. D. graduate programs is gradually increasing the proportion of students (still admittedly very small) who have the analytic skills necessary to qualify for entrance and who have interest in Chinese philosophy either as a possible specialty or a competence. The kind of diversity that involves broadening conceptions of what philosophy is and should be may be the most difficult but worthwhile to promote.

263

Keywords: Chinese philosophy, analytic philosophy, philosophical community, diversity

对于美国之中国哲学研究生项目的现状反思

哲学作为活动的意义：
从一个哲学思想实验室说起

王惠灵 *

[摘 要] 1957咖啡-哲学思想实验室尝试在哲学课堂教学之外开展哲学活动。在探索符合大学校园生活的内容与形式的过程中，以"分享"为主题，逐步确立了三条主线：思享、读享、影享。无论哪一活动，其中都包含了两种最基本的哲学训练：思维与语言。与此同时，高校哲学咖啡馆在发挥哲学咨询常规功能的基础上，还在打造一种适合新时代青年的哲学生活方式。

[关键词] 高校哲学咖啡馆；哲学活动；语言训练；哲学思维；生活方式

一

近十年里，无论是哲学咨询、哲学实践还是哲学探究，这些想法在中国学

---

* 王惠灵(1984—)，女，吉林长春人，哲学博士，内蒙古大学哲学学院讲师，主要研究领域为认知哲学、语言哲学、哲学翻译理论。

术界引来了越来越多的关注,理论研究与实际操作的尝试都在陆续开展。① 然而,在现有的研究与应用中,哲学咨询在中国尚未出现创新举措。可见,一方面,哲学咨询的理论研究与实际操作之间的联动关系需要不断调整,而且这些理论研究还要完成在中国本土化的实际结合。另一方面,可以发现,虽然在高校可以通过集中教学来实现必要的哲学教育,加深一般学生对哲学知识的理解,提高专业学生对哲学问题的钻研,却仍难保证教学评估与教学效果的一致,而且还会降低"教"与"学"的乐趣。相形之下,通过分享与互动,作为哲学咨询之一种的"哲学咖啡馆"所开展的哲学活动,试图打破"听-懂"之间的阻隔,尝试克服哲学课堂教学的现存困境。

在此背景之下,中国第一家高校哲学咖啡馆"1957 咖啡-哲学思想实验室"应运而生。2017 年,它在内蒙古大学由师生合作创办,并且得到了学校与学院的共同支持。这家哲学咖啡馆之所以能够不断成长,是因为它始终坚持在实际摸索中积累经验,在问题解决中保持活力。它尝试将"哲学"注入咖啡馆,立足提升大学生的哲学的思维能力与语言能力。与此同时,它尝试在共同学习、生活以及工作的空间情景中营造一种积极健康的"哲学生活方式"。本文将以1957 咖啡-哲学思想实验室为样本,分析高校哲学咖啡馆的实践与理论意义。

二

在"西方哲学史"的课堂上,一个又一个的"傻"问题会被不断提出,比如:"什么东西最小? 什么东西不能再分?"对于这样的问题,学生们往往不是不能回答,而是无法"相信"自己的思维产物可以被视为一种"答案"。这种不知"如何作答"的情况是哲学思考不同于其他学科思考的特征之一。"答案是什么"与"可以给出何种答案"存在某种巧妙关系,而学生的注意力往往只集中在"正确答案"上面。事实上,哲学家提出的问题并非一般的"问题"。这种特殊性在答案上与问题上都存有疑难。面对哲学问题,寻找答案的困难与质疑方式的不同寻常,一同导致了"无所适从"的困惑局面,而这也是哲学的卓越所在。换句话

---

① 就作者参加的活动来看,对哲学咨询的推广起到积极作用的中国高校包括:南京大学、北京师范大学、华东师范大学、厦门大学,以及台湾辅仁大学等。

说,哲学思考往往难以开启,因为人们在回答这些难以理解的问题时,还没有理解哲学家为什么要说出这些"让人听不懂的话"。事实上,哲学家是在明确难以理解的前提下,还在坚持提出这些问题,所以,问题的提出与问题的回答应该保持在一个完整的过程中。哲学问题往往难以琢磨;这是因为提出这样的问题要比回答这样的问题经过了更多的深思熟虑。总之,哲学问题有三点特征:

第一,哲学问题不以"答案"为目的。哲学问题的提出是为了引发思考,在找寻答案的过程中,明白自身思考的何去何从,从而,去应对这些想法带来的可能后果。回答问题不仅是对问题的回应,以及对他人的跟随,更是通过问题去为随即而来的种种可能后果做好准备。以往哲学家的思考成果是一个又一个可供参考的典范,并不是问题的答案。因此,对问题的回答,就像从入口到出口,重要的是要找到"出路",不止定位"终点"。回答哲学问题不是要找到正确答案;即便找到了某一回答,它也并非唯一答案。

第二,哲学问题往往"无法"回答。比如:"什么是幸福?""什么东西是美的?"可以发现,对这样的问题,每个人脑中想到的与眼中看到的东西都不一样。因此,在哲学问题的一般回答中,可能存在两种脱节:一种阻隔在心灵与心灵之间,另一种阻隔在心灵与身体之间。虽然世界可以划分为内在与外在,身体也有你的与我的之分,但是用"别人的眼睛"同样能看到"自己的世界",语言可以作为这样一种"比例尺"。语言是一座"有形"的桥梁,在问题的思考与回答中,被实际考验的是学生的思维能力与语言技能,或者说,是能看到优美的眼睛,能感受到崇高的心灵,以及彼此之间的包容与分享关系。因此,从有形到无形,有限到无限,回答哲学问题并不是为了得到答案,而是在思考中分享各种"可能"与"不可能"的情况。

第三,哲学问题没有"终止"。在现场作文的训练中,从学生对演练过程的要求所怀有的迟疑可以明确一点,多数的学生缺乏问题意识,而且对待问题的耐心程度低下,时常误解"问题制造者"。学生可以接受回答"困难"问题,但却缺乏追问的兴趣、求知的动力,以及思考的方向。学生总是害怕"回答问题",害怕"犯错"。即便做出了回应,但多数时候他们却没有思考;学生往往只是为了给教师一个满意的答案,他们自己并没有思考过教师提出的问题,以及发问的意图。因此,从问题到答案,哲学问题的提出不是为了回应上一个提出问题的答案,而是为了引出下一个有待思考的问题。只有思考才能让问题被继续追问下去;追问才是应对哲学问题的手法。

由此,哲学咖啡馆活动之"问题引导"有三个训练目标,其一是"回答问题",其二是"提出问题",其三是"不断追问"。问题引导的主要训练内容是:启发式思考与论文式写作。作为一种典型的哲学思维与语言训练,问题引导——"问题论"(法国高中哲学教育的核心训练目标)[①],可以打破课堂上哲学知识的固化格局,将知识带入多种样式的问题情境,由学生自发地"重新"思考。以问题引导为主题,以"思享"为题名,以连续问答为方式,以下是一次哲学咖啡馆现场讨论活动的思路展开过程。

第一组问题:你是否愿意为知识付费?

第二组问题:知识是什么? 你通过何种方式获取知识?

第三组问题:你会拜谁为师? A. 苏格拉底;B. 智者学派;C. 其他

从学生对问题的回答可以发现,他们的思维活动与语言活动存在脱节,突出表现在两种情况上:一种在理解与推理之间,另一种在可设想与可执行之间。学生易于在困难上纠结,在原地打转,被自己困惑得团团转。他们虽然有思考的动力与潜力,但他们所给出的一些思路与做法却既不合乎常规,也不合乎道理。实际的情况是,他们总是处于迷失自我方向的状态,也不知道该如何对自己负责,还存在殃及他人的隐患。这种状态带来的往往是被动思考,而不是负责任的思考与积极应对;这种表现出来的"无我"状态,让他们看似拥有的"意图",要么是一支木偶的提线,要么是缺乏正当性的计量。无论是远与近,通与阻,思考的迷宫中总是充满"死路",就像是一点又一点"痛楚"。因此,问题引导最重要的部分是"构建迷宫"。这个过程包括如何设计、如何建议、如何引导,以及如何让"迷失者"从困境中"解救自身"。有时,学生的沉默和皱眉是有意义的,这揭示了他们的困难状态。然而,他们还是难以在没有带领的情况下独自思考,自己走出困境,他们身上存在三点缺陷:

缺陷一:淡化语言的能力

———————————

① Robert Blanche, et al. , *Philosophie Terminales L. ES. S.* , Paris: Hachette Education, 2013.

缺陷二：忽视思维的活动

缺陷三：无视生活的意义

导致这种情况的原因可以在三种紧张关系上的失控中被发现：其一，思维与语言；其二，主动与被动；其三，可能与现实。在他们自己的生活世界中，学生往往没有达到自我指导、自力更生以及自给自足的要求。因此，以问题为中心的认知哲学研究，通过语言搭配思维进行训练，以提高交往的语言技能为目标，调整行为方式的态度，以指导"提问"为一项训练内容。用"教人提问"来替代"教人回答"的全新思路是展开思维与语言训练的关键。一方面，它将平衡，甚至突破失衡的教学评价机制，另一方面，在不使问答双方对立的前提下，将机智与应变引入知识的灵活运用当中，焕发哲学智慧的魅力。由此而来的哲学咖啡馆活动从两方面展开，一方面，倡导清晰与真诚的思维与交往，另一方面，在生活方式的营造中，实现生活的意义与自我的价值。考虑到第一代认知科学（表征与计算）和第二代认知科学（身体与行动）等维度，哲学咖啡馆的活动以认知实用主义为视角，以问题为引导，以行动为目的，描绘人类的全面认知图景，通过哲学素养的提高，重新树立学生的学习、生活与工作态度。

在教学过程中可以发现，无论是学生的学习态度，还是行动力度都直接与评价结果有关。学生可能会认真思考，往往是因为后果严重。考前复习是一种最直白的表现；往往是紧张，而并非严肃，成为学习的一种常态。就像"私人产物"的精神状态一样，学生总是受困于内心的焦虑与行动的迟缓，无法在学习中体会到学习本身的乐趣，而只寄托于偶然的考试成绩。学生的这种"功利心"，体现在高校学习、生活甚至是学生工作的方方面面，在学生与学校、学生与教师之间造成一种看似融洽的良好互惠的"合作"关系。然而，事实可能是，一旦离开"象牙塔"，学生将会面对无法衔接的窘况。无论是在言语上，还是在行动上，一旦错过了高校向社会的有效过渡，他们可能会失去将自己的想法"有可能"付诸实施的最佳时机。可以发现，在高校学生中间，存在一种普遍的现象：学生除了自己不喜欢做的事情之外，什么都没有做。他们没有足够的时间学习，更没有时间做自己想做的事。回到哲学咖啡馆的初衷："如果可以，你想做什么？"哲学咖啡馆活动在为年轻想法的实现提供一个可以开始的"地方"，为才华的施展付出辛勤与智慧，焕发年轻生命的力量，这就是"1957咖啡"的口号——思想起源的地方(Keep thinking，back to original)。

通过思考，找到问题的源头。问题引导，从生活现象入手，提出问题，比如："你是否愿意为知识付费?"学生对这一现实生活中越来越常见的问题会有某种倾向性的规避，但从个体情况出发，他们又都会对这个问题做出"不得已"的选择，并给出各种"附加"解释，甚至开始回忆与追悔自己曾经做出过的"错误选择"。接着，追问会让原初困惑转移到另一个问题上："知识是什么?"显然，这个问题难以回答，继而，拓宽问题思路："你通过何种方式获取知识?"之后，再将问题具体化："你会拜谁为师?"为了避免思路过于发散，可以给出具有对比性的备选项，比如，苏格拉底与智者学派的代表人物，同时再留有一个开放思考的"余地"，指向任何可能情况。在一系列的问题设置与现场引导的演练中，"推进式"与"启发式"的问题引导促进"问题转化"，问题思路同时得以具体化与多样化，内容在丰富，视角也在拓宽，态度也愈加端正，对待异己与得失都更加宽容。另外，"带入式"与"导出式"的情景设置，也可以激发与带动每一位在场参与者，一方面，去主导自身，另一方面，去配合他人，从而建立"自反"与"互为"的思维框架。然而，这种开放与变化的问题引导思路会导致一种直接后果：无法得出一个"标准答案"，甚至跑出了"正确答案"的范围。那么，作为标准，或者衡量尺度的又是什么?

在一年多的实际运营中，1957 咖啡每天都在积累切身经验，面临实际挑战，努力使理论在应用中发挥作用，在理想化与现实化的张力之间量力而行。在这个过程中，哲学咨询的团体形式也得到了应用与验证。高校哲学咖啡馆活动以团体哲学咨询的非正式形式为雏形，将哲学的学习与应用从哲学课堂的"听讲"带入哲学咖啡馆的"活动"。然而，它与名为"讨论课"与"合作性学习"等辅助课堂教学的附加形式根本不同。此外，教师与学生之间的关系也不同于咨询师与来访者，咖啡师与顾客。在种种关系当中，起到媒介作用的恰恰就是哲学，确切的说是"哲学活动"的积极作用。一方面，高校哲学咖啡馆成为了哲学教育的新场所，另一方面，也将哲学的元素有机地结合在咖啡馆的活动中。从维特根斯坦的"语言游戏"理念出发，哲学咖啡馆的语言训练试图把握"游戏"与"活动"之间的巧妙关联，让思维作为一种活动，在一定的序列与规则中，在学生身上实现最大自主性的发挥，完成提升自身哲学素质的基本训练。这是一场不以"学习"为目的的学习，但学习可以为人们在游戏中体会更多愉悦做出准备；

这也是一场不以"赢"为目的的游戏,因为"失败"同样值得"欣赏",这大概就是哲学家的生活"不普通"的一面。

三

在大学里,学生在课堂学习与日常生活中不但经常混淆词语与术语,还会割裂学习与生活的关系。这种思维的不一致与不连贯让他们陷入一种没有快乐的学习状态,还会导致他们对近期与长远的学习生活缺乏计划。为了在被动学习之余"好好生活",他们只能在休闲娱乐中得到"满足",忽视了人与人之间的交往。他们看似对一切都不感兴趣,除了能带来直接后果的消费与情感刺激。事实上,这种现状是处在年轻阶段的高校学生自身所无法控制,更无法克服的困境。此外,在不间断的学习进程中,学生的知识虽然表现为"增长",但同时也有诸多消极方面的表现,其中最明显的一点,便是语言能力的退化,以及学习态度的不端,种种现象集中反映出当代高校学生思考能力的薄弱与问题意识的欠缺。

事实上,维特根斯坦在一百多年前就曾将思维与语言的问题视为这个时代的根本哲学问题,在这之前康德也就人类的认知能力作出全面的审视,这些问题一直引导着语言哲学与认知哲学的研究。自 20 世纪初期起,在语言学家与哲学家的推动下,人们开始注重澄清语言层面的问题,将大部分的哲学问题首先置于语言当中进行推敲。同时,哲学家也在尝试突破语言的界限,不断对思维的局限性发起挑战,这甚至可能是人工智能与人类的认知力之间交锋的命运转机,这场运动从 20 世纪 50 年代一直持续到今天,成为了每个人都关心的"话题"。然而,这些语言学家、认知科学家以及哲学家的思考,在一般的语言使用者间还无法得到普遍的认识与广泛的讨论。这也是 1957 咖啡在设计哲学活动时,所要面对的第一点难题。通过高校哲学咖啡馆的思维与语言训练,可以为这一难题寻找初步的解决方案。事实上,"语言问题"不是语言的问题;语言问题并不出在语言身上。这就好比轻举妄动并非行为不端,而是在最初的想法上就埋下的隐患。考虑到人类活动的三个立足点,即思维、语言与行动之间的关联,高校哲学咖啡馆以哲学活动为手段,凸显哲学思维在活动环节中的启发作用。首先,提高语言技能,规范语言使用。与一般咖啡馆相比,高校哲学咖啡馆在语言训练的组织与开展方面具有先天的环境优势。

　　高校的哲学专业课程与哲学通识教育可以为使用"哲学语言"提供基础准备。在维特根斯坦的后期思想中,语言的意义被界定为语言的"使用"①。从语义到语用的这种转变可以看出,在还未触及语言的内容层面之前,外围的问题就足以让语言从整体上与语言的使用者越离越远。事实上,在语言的"日常使用"中往往就能够捕捉到语言的意义,而这一套语言的工具足以为人们的生活服务。可见,在强调哲学学科专业性的同时,哲学普遍的适用性更值得开发。哲学活动试图在具体的生活场景中引入哲学中的真、善、价值与美等主题讨论。与艺术要实现的"让懂的人懂"的目标不同,哲学要达到的是"让懂的人懂"、"让不懂的人也能欣赏",可以说,这就是康德在《判断力批判》中强调的人的鉴赏力,它将情感提升到了情操的维度。②

　　在兼顾哲学的专业性与适用性的要求下,哲学语言可以发挥它的桥梁作用。这套语言当中同时包括了语词与概念。哲学家往往在学术严谨的态度下,在概念一致的前提下,使用精确的语词呈现最丰富的思考,用尽可能完整的图示记录真实的过程,在理想与现实之间,构造可能的"双重世界"。于是,通过哲学语言,去考察哲学问题,可以让每个人同时得到清晰与愉悦的双重体验。换句话说,哲学的思维与语言训练将思维作为"内容"装入语言的"容器"中;哲学的内容便是思维,哲学的容器便是语言。哲学语言是高校哲学咖啡馆的核心主题之一,这里为"做哲学"提供了一处最佳场景,特别是在开展哲学活动、探索"美好生活"的最高理想方面,尝试打造"共同生活"的典范。这些哲学家从古至今就关心的问题,让理想在现实中成为可能,语言为这种可能性提供了尺度标准,保证了思维的实在性。虽然多数哲学家只把自己的思想留在了书本上,但生活中的我们可以将这些思想再次激活,将知识的力量转化为现实的资源,突破个人阅读视角的局限,展开分享与论辩,运用哲学的思维方式,避免将哲学家的思考简单化、碎片化。

---

① Ludwig Wittgenstein, *Philosophical Investigations*, Oxford: Basil Blackwell Ltd., 1953.

② Jean-François Lyotard, *Leçons l'Analytique du sublime*, Kant, *Critique de la faculté de juger*, § 23 - 29, Klincksieck, 2015.

四

　　1957咖啡-哲学思想实验室的早期活动从个人的学术经验,以及教师与导师的角度出发,将语言与认知的哲学思考与研究引入课堂教学,设计基于语言训练的各种咖啡馆活动,活跃学生的思维,督促学生的行为,将学习充分地结合于生活,并为生活服务,将愉悦与痛苦等情感转化为对愉悦与痛苦状态本身的思考,由教师与学生一同思考当下的共同处境,找到走出困境的多种途径。此外,通过"西方哲学史"、"后现代哲学"、"语言哲学"、"专业外语"等专业课程教学经验的积累,以及从既往读书会形式演变而来的"读享"这一建立在哲学咨询团体形式下的教学互动新模式,哲学咖啡馆的思维与语言训练在尝试建立一种"师生配合"关系,提高教-学之间的默契,一边积累可靠的有待利用的知识,一边分享学习过程中的痛苦与愉悦。所有这些都被设计在丰富的高校哲学咖啡馆的活动当中。这些咖啡馆活动将大大激发高校学生对哲学的兴趣,可以说,这也是对知识的最根本需求;学习的目的不应该是知道一些"用不上"的东西,更不是为了知道"什么有用"才去学什么,这种功利的学习态度是中国学生最严重的问题,也是他们在学习进程中面对的最大阻碍。这种局面只能通过"哲学教育"得以扭转。在任何知识获得的过程中,更加了解自己,把握各种可能的关系,让思维发挥无限的力量,这也是康德从物理学与数学引向哲学的"力的综合"。事实上,哲学活动应该从课堂延伸到咖啡馆,并时刻敞开于任何其他的互动平台,去影响生活中的方方面面。1957咖啡的公众平台已经在"思享"、"读享"与"影享"等主线开展了一年多的线上与线下互动,不断引来关注,为哲学咖啡馆带来了广泛的可见度。

　　无论是何种意义上的互动与分享,人们都可以通过平实的语言去探讨生命的意义,能够在对话,甚至是争辩中,由通情达理,到心满意足,也能够看到不一样的外在世界与周围人群,更看到不一样的自己,转而做到求同存异、共同进步。一个人可以在顺境中与伙伴们一起学习与玩耍,也能在困境中与伙伴共同度过与克服。这些教育与管理方面的内容都可以在哲学咖啡馆的活动中得到充分体现,甚至在"哲学戏剧"中隆重上演;这不仅让可能成为可能,也让不可能得以在现实中呈现其"不可能"。通过想象力与创造力的发挥,在经典作品与作品诠释的双重视角下,将哲学家从前的理想再现于校园生活的"舞台"之上。这种古典生活,尤其作为西方哲学传统最初的生活样态,在自然与习俗之间,将哲学家与他们的伙伴以及对手们共同再现。多数的哲学家往往会站在自然一边,但绝不仅仅是对习俗的反对;戏剧,尤其是悲剧,正是对习俗的保留。尼采是这样的一位哲学家,也是这样的一位剧作家。

在1957咖啡-哲学思想实验室活动不断升级的序列中,我们在2019年6月1日傍晚将尼采的作品搬上了咖啡馆的舞台。在《扎拉图斯特拉如是说》的基础上改编而来的剧本《扎拉图斯特拉和"他们"》就此诞生。为时一个学期的"读享"对康德美学的研读,一个月对尼采与戏剧的具体筹划,为时一周的现场准备与剧本排练,迎来满场观众的掌声。当晚的观众包括咖啡馆的日常顾客,以及校园游客,比如,身着校服、背着大书包的中学生,以及校园周边的居民。本着尼采的精神,我们共同度过了一个难忘的"儿童节"。在有限的时间里,尽最大的努力,在这个过程中,不但参与者的活动能力得到了充分的施展,同时也为最广大的受众带来了一场真实的"哲学戏剧"。当晚,1957咖啡-哲学思想实验室迎来了50位预定观众,包括工作人员,现场有近百名见证者。演出结束后,我们在创作者与欣赏者之间就该场话剧进行了现场互动,一方面,与观众分享我们的想法,另一方面,吸纳观众对作品的批判。现场观众当中,还包括了当天的学术讲座嘉宾,来自北京大学古典哲学领域的陈斯一,来自复旦大学语言哲学领域的周靖。除了观众的一般性提问,他们从哲学的角度对作品进行了专业点评。这场话剧将留在每位参与者与见证者的记忆中,也在中国高校哲学咖啡馆的历史上留下一次勇敢的尝试。

五

以上介绍了1957咖啡-哲学思想实验室的由来,其开展过与尚在设想中的哲学活动,尤其是在"思享"主线下的具体案例,也介绍了哲学咖啡馆的思维与语言训练的基本内容,基于问题引导的哲学咨询新方法,以及基于哲学活动所建立的共同"生活"。

1957咖啡早期的开创活动也发展出了各种衍生项目,这为咖啡馆带来了多元的机会,比如,"从学生视角展开的哲学咨询"①。这种多重的视角可以弥补主导教师单一视角的局限性。可以说,无论何种形式的教学,师生之间的合作必然要被放在首位。高校哲学咖啡馆让一个新的共同体成为可能,它包括学习、创作与分享。1957咖啡引导的校园生活,不但可以给高校学生带来新的合作与分享体验,还能为他们的持续发展和未来生活提供基础准备。作为一例典范,1957咖啡的形式可以在其他高校,甚至多元的群体中推广。

无论是哲学的从业者,还是爱好者,多数人都对哲学的"用处"抱有疑惑。事实上,这种追问忽视了提问者自身的合法性,所以才会将问题的责任推给"哲学",这显然无济于事。换一种提法:哲学为什么没有在那些"学习"它的人身上发生作用? 这种显得有些严苛的反问,将问题引向了质疑者本身。当然,这也是一种应对问题的策略,但它无法打开新的局面,只会让困惑的人持续陷入被动状态,关键的问题是: 找到哲学可以发挥作用的途径。哲学咖啡馆活动发挥着"桥梁"的作用,提供语言工具的基本训练,慢慢改变人的想法,让人去主导自身改变。高校哲学咖啡馆从师生群体开始推广哲学活动,正在慢慢提升大学生的哲学素养。

The Significance of Philosophizing in Activities:
A Case Study of an Academic Philosophy Cafe

Wang Huiling

Abstract: 1957 Coffee, which is in the campus of Inner Mongolia University, serves in this paper as an example of Philosophy Cafe. 1957 Coffee has identified three streams of activities, namely: "shared thinking", "shared reading" and "shared pleasure". Each activity involves two of the most basic philosophical studies: thinking and communicating. Focusing on "shared thinking", this paper presents some of the activities that are already carried out and clarify the theoretical grounds on which they are based. While the practical operation of 1957 Coffee is very much in the service of

---

① 由1957咖啡主要成员郭子皓主持、梁燕妮与苏俞澎参与的"从学生视角出发的哲学咨询团体形式新模式"项目,顺利晋级"国创",在国家级大学生创新创业训练计划平台得到专门立项。

philosophical research and inquiry, it also constructs an exemplary platform for philosophical practice as a way of life across the campus.

Keywords: academic philosophy cafe; philosophical activities; language training; philosophical thinking; a way of life

哲学作为活动的意义：从一个哲学思想实验室说起

《道》年度论文

不当之名：中国哲学史中的一个主题[*]

[美]德安博、[德]康 特、[德]梅 勒 著
沈今语 译 李家明 校[**]

[摘 要] 本文旨在阐明一场持续数世纪、众说纷纭的论辩。意识到此种跨文本的共鸣，可为哲学文本的解读增加一层历史性理解。我们意在表明，《老子》明确提出的不可说之"道"，如何开启了一场关于不当之"名"的经久不衰的论说，它与要求"名"与其所指相符的主流范式相悖。因此，我们采取一种迥异于现代神秘解释的进路，追溯不可说之"道"这一观念的发展。我们说明，如何首先在早期中国语境中产生了《庄子》对社会构造之名所隐含的不当的社会政治批判；而后

---

[*] 原文请见 Paul J. D'Ambrosio, Hans-Rudolf Kantor, Hans-Georg Moelle, "Incongruent Names：A Theme in the History of Chinese Philosophy," *Dao*, Vol. 17 No. 3（2018）：305–330, 此文荣膺《道》年度优秀论文奖。

[**] 德安博（Paul J. D'Ambrosio, 1985— ），男，美国人，华东师范大学哲学系暨中国现代思想文化研究所副教授，研究方向为中国哲学、中西哲学比较。康特（Hans-Rudolf Kantor, 1964— ），男，德国人，华梵大学东方人文思想研究所教授，研究方向为中国佛学、跨文化哲学。梅勒（Hans-Georg Moelle, 1964— ），男，德国人，澳门大学哲学及宗教学系教授，研究方向为中国哲学、中西哲学比较。
沈今语（1996— ），男，安徽合肥人，华东师范大学哲学系硕士研究生，研究方向为汉代哲学。李家明（1992— ），女，河北邯郸人，华东师范大学哲学系硕士研究生，研究方向为魏晋思想史。

是玄学对德与名之不当的论说；最终到僧肇主张，人们感知到的名与物之相符并不意味着名实相符。

［关键词］ 不当；名；庄子；玄学；僧肇

一、引言

本文将追溯中国思想史上一个多少有些颠覆性的主题之轨迹：名与其所指并不匹配，而随之而来的"不当"（incongruity）可能是富有哲学意义和成果的。

《庄子》这部早期中国文本挑战了当时的主流观点，即名应当与实或形相符，从而是得当（congruent）的。《老子》认为，最重要的名，即道与"圣人"，并不与一个指涉物相对应。基于这样一种不可说的哲学，《庄子》进一步主张，尊贵的社会等级和角色标识是不当的，因此不应该被采纳。这导向了一个更激进的一般性看法，即一切（社会构造的）名都隐含着基本的不当；它们不可能恰当地标识特定的实或形，或任何特定的指涉物，相反只会助长虚假与伪善。

之后，玄学家对不当之名所造成的伪善深感担忧。他们没有试图以新的名实相符理论来增强名实关系，而是通过道家特别是《庄子》来沟通不当理论与道德。何晏采用《老子》与《庄子》对名与道之间不当的论证来阐明儒家圣王的伟大。王弼比何晏更进一步，认为儒家德性乃至一般的道德不可言说，故而德与名之间存在不当。郭象阐述了《庄子》中关于变化的理论，进而得到更一般的主张：所有的实都是变动不居的，而名仅标识实的所留之迹。

最后，在早期中国佛教哲学中，中观学对二谛的区分意味着，人们感知到的名与物之相当并不意味着名实相符。僧肇诉诸道家语汇，将这一区分指认为"名实无当"。吊诡的是，这种不当却意味着，佛的教法与"解脱"的不可说义是相合的——这正是中国中观学的不二义。

二、得当之名与社会政治规训

古代中国文本往往阐发一种名学，即名或命名的哲学，而非语言哲学。古典时期诸子百家的作品中,存在大量对名的重要性,以及名与其所命名之物(即名的指涉物)的关系的反思。这些反思继续占据了之后的哲学论辩,并对中国思想史产生了深远的影响。在其开创性研究《早期中国思想中的名与实》(*Name and Actuality in Early Chinese Thought*)中,梅约翰(John Makeham)尽管专门着眼于不甚著名的汉末学者徐干,却提纲挈领地展示了早期中国名学的哲学与社会政治维度。梅约翰研究的核心是分析名与名之所指的"实"或"形"之间的关系。①

梅约翰区分了古代中国关于命名的两种观点,他分别称为"关联论"(correlative)与"唯名论"(nominalist)。② 古代中国文本中没有与这对区分相应的术语,而且,根据这对范畴对文本与思想家进行的分疏有时会受到挑战。然而,梅约翰无疑正确地指出,决定名与其所指如何相符对于很多中国哲学家来说都至关重要——无论他们的潜在倾向是关联论还是唯名论。有些哲学家——尤其是梅约翰所讲的"关联论者"——通过坚持名与其所指的自然对应来找到这种相当;而另一些哲学家——尤其是梅约翰所讲的"唯名论者"——致力于以不同方式的"名的恰当应用",或者说"正名"来实现并/或保持合宜的相当性。"正名"出自《论语·子路篇》(13.3),可以说是这一进路最知名的表述了。

梅约翰认为,对徐干来说,名实之间的理想关系是"它们彼此相应,名忠实地反映实,而实赋予名意义"③。在我们看来,这一立场不仅总结了徐干对命名的规范性观点,而且代表了中国古代名学的"主流"立场:受到普遍追求的是**得当之名,即准确符合所指(如实或形)的名,而不当之名则被认为是成问题的。**

---

① 我们同意梅约翰的观点,认为形名是"法家所讲的名实",并且"在很多意义上形名机制反映了名实并与之相类"。参见 John Makeham,*Name and Actuality in Early Chinese Thought*,Albany: State University of New York Press,1994,p. 79. 然而我们要补充的是,形名与名实相类,这一"法家"运用并不限于与法家相关的文本,而是也可以在同时期其他文本中找到。本文将证明,中国思想家对"实""形"关系的论述渐趋复杂。

② 梅约翰认为,命名的关联论主张,"特定的名与特定的实之间有着恰当或正确的关联,它是天之所授或由'自然'所决定"。John Makeham,*Name and Actuality in Early Chinese Thought*,p. xiii. 相反,命名的唯名论主张,"是人任意地或遵从习俗规定了哪个名应用于哪种实;即除了人为规定之外,特定的名与特定的实之间并无恰当或正确的关联"(同上)。

③ John Makeham,*Name and Actuality in Early Chinese Thought*,p. xiii.

不同哲学流派之间的论争通常并不质疑这种相当是理想的,而是在以下方面有分歧:(1)这种相当的基础,或被感知到的不当的基础,以及(2)实施这种相当的最佳方法。换言之,尽管得当之名的理想性被广为认同,对其哲学基础、伦理功能及社会政治影响却有相当大的分歧。

根据中国古代大多数哲学家的观点,有序的社会政治须有得当之名,而名实不当则说明社会政治混乱。所以,尤其在儒家作品中(但在法家文本中同样如此),名通常关联着家庭或国家的社会角色、等级与官职(如"父"或"君",《论语·颜渊》[12.11]提出一个著名的命题,要求君要做得像个君、父要做得像个父)。与之相应,"实"或"形"表示一个承担特定角色、处于特定等级或供职于特定部门的人之真实品质或表现。"名"还可以指称一个人的**名誉**或社会"标签",如"仁人",或与之相对的"盗"。诸多儒家文本,如《论语》或《孟子》,都表述或暗示了一种典型的期待:社会秩序依赖于那些以德著称的人实有其德,以及居有显赫社会等级和官职的人实有其行。于是在社会政治层面,人们希望得当之名能保障和谐的家庭生活与高效的政治管理,从而保障社会的稳定。这造就了一种道德使命,每人都应该"真诚"(诚)地满足其社会角色、等级与名誉的期待,从而创造正当合宜(义)的社会结构。结果,得当之名的学说实际上催生了用来推行这种得当的个人与社会规训机制。

个人德性、社会等级与名誉之间可能存在完全相当的理想状态,这种想法为猜疑、伪善、欺诈,以及可能最成问题的自欺打开了空间。社会现实一再表明,身居高位者并不必然是实际上的贤人。一旦名之得当成了规范性命令,现实中的不当就闯入视野。儒家对治这一困境的办法,则是坚持"冷酷"的道德修养;要求从社会政治和个人内在两方面,进行持续不断的道德省察,以确保每个人做到善如其名(例如,父亲应该一直劳心于尽到父亲的责任)——倘若是坏名誉,则一个人应当着意改变自己的恶行,以便重获社会认可。

从儒家视角看,通过道德培养,实现一个人的社会角色和等级(即他的名)与其真实品格和行为表现(也就是他的名的现实所指)之间完美而真正的相符,这终将(有望)导向一个良善稳定的社会。然而,其他思想流派则在方法论层面有不同见解,认为需要运用道德修养之外其他更"实用"的手段来实现得当之名。例如,法家制定严格的赏罚机制,以确保社会角色之名与角色承担者的行为之间实现可能的最佳匹配。对他们而言,要实现社会政治上的得当之名,最好的办法莫过于严格监管所有角色的行为、严厉规训一切名实不当的情形。

　　针对得当之名的范式所带来的实践上的困境,《庄子》的哲学立场在中国早期哲学中显得与众不同。它并没有费心寻找个人规训或社会治理的最佳方式以实现得当之名。在《庄子》那里,我们惊诧地看到,中国古代得当之名的主流理想往往被另一种**不当之名**的哲学所颠覆、解构和挑战。

三、《庄子》中的三种不当之名

　　本文的第一个假设是,《庄子》中的名学最好被理解为一种关于不当的理论——**至少部分如此**。[①] 我们认为,它是作为对得当之名的理想的反对立场出现的,尤其是以一种批判、讽刺的方式回应了将这种得当加于他人,并最终加于自身的不良社会政治机制。简言之,《庄子》将得当之名的要求视作产生社会政治压迫、欺骗或伪善以及个人压抑、自满或傲慢的根源。

3.1 　"道"与"圣": 不当之名

　　简言之,《庄子》文本中有三种不同却相关的名学进路。首先,通过坚持对道之无名无形从而不可说的否定性理解,进至一种不当之名的终极哲学。这一理解在风格与内容上都让人想起《老子》,并回响着"道常无名"(《老子》第三十二章)与"无名天地之始"(《老子》第一章)这样的名言。《庄子》中"圣人无名"(《庄子·逍遥游》)与"道不可言,言而非也。知形形之不形乎? 道不当名"(《庄子·知北游》)诸说强调,除了可用殊别的名与形以及其相应的社会地位与任务来辨别的万物之世界外,还有作为一切活动非特定的创生中心的道。它在社会中就是圣王。这一无名无形的(力量)中心没有任务或等级,从而有别于一切名/形。这里用哲学架构区分了道和(仍是得当的)形(或实)名之域,前者因其无名无形而构成后者的内在源泉,并为之提供秩序。这一哲学在《老子》及《庄子》相应部分中都有明显的政治内涵。简言之,一方面,它跟主流哲学一样,认

---

① 之所以说**部分如此**,那是因为我们承认它是多维度的文本,可以有不同的阐释。并且更重要的是,它是一个异质性的文本,混合了不同来源的材料,表达了多种哲学或"意识形态"的立场。

为秩序等于名实(或形)相当;另一方面,它则认为,秩序的源头尤名无形(或实),因而并不从属于名实相当。由此而来的道之不可说性,可以说是构成了道及其名之间的不当。**吊诡的是,尽管存在形名相当,但这种相当止于道与圣人。最重要的名,即"道"与"圣人"是不当的。**

3.2 荣耀之名的不当

《庄子》中名学的第二种进路更具特色,而且跟《老子》没有直接关联。它将道的不可说性及相应的"道"与"圣人"之名不当的观点应用于社会政治批判。《庄子》中的许多有名的叙述指出,一位道家圣人不是成为无名无形的君王,而是不为显名高位所动。道家会尽力避免担任官职,尤其要摆脱对社会名誉的欲求。

将无名无形的道家哲学具体运用于对儒家追求社会名誉和认可的社会批判,《庄子》内篇中有一个段落明显体现了这一点。在《庄子·德充符》中,叔山无趾,一个"夫无趾,兀者也"的刑余之人,在与老子的对话中说孔子"彼且蕲以諔诡幻怪之名闻,不知至人之以是为己桎梏邪"。《庄子·山木》有一个类似的故事。孔子未能在道德上教化当时的政治家而处于饥饿边缘。于是与孔子对话的道家解释说,他的祸患是由于追求功绩与名誉,故而不如"去功与名而还与众人"。

强调不可说之道的进路以一种吊诡的方式安置形名相符,《庄子》名学的第二种进路则显然与此不同。它隐含了对得当之名这一理想的质疑,强调通过承担强有力的政治或社会角色来追求美名是徒劳的(或无意义的)。它指出,这种追名逐利与对社会赞誉的渴求会败坏一个人,并最终通过社会诡计与机制的终极消耗来毁灭此人,故而一个人应当尽可能保持"无名"无誉;不仅如此,它还触及了名实(形)之领域本身包含的某种不当。与荣耀之名相应于一个人的现实品格的假设相反,《庄子》中反对追名逐利的叙事指出,社会等级与名誉本就是人为造作的,试图与它们相一致是一种徒劳的、且终将导致毁灭或败坏的努力。

3.3 名与实/形之不当

《庄子》中反对追名逐利的叙述,为第三种最为激进的名学进路铺平了道路:一种明确主张名实(或形)不当的哲学。这一进路明确地颠覆了追求得当之名的主流观念。而且,正如我们试图表明的,它在中国思想史上产生了重要的反响。

一般说来,名实不当——这一观念在《庄子·至乐》中简洁地表达为"名止于实"。杨国荣认为,这句话所反映的名实观与《逍遥游》中的另一句话相联系:"名者,实之宾也。"①虽然不确定这两句是否真的囊括了《庄子》名实(或形)观的全部,但它们以缩略的方式表达了《庄子》在别处以叙事勾勒的洞见:事实上,社会称号既没有描述人或物的"真正"所是,也没有规范其所当是。

关于道家式的名实不当,最有名的故事之一见于《庄子》内篇《大宗师》。在这则想象的故事中,孔子的爱徒颜回问孔子,孟孙才在母亲的葬礼上哭泣无涕、中心不戚,为何在鲁国(孔子的母邦)却被认为"善处丧"。惊讶的颜回想知道何以有"无其实而得其名者"。在这里,颜回讲出了一种标准的儒家式期待,认为一个人实际的"存在状态"("实")应当合乎其社会角色,在这个故事中也就是父母去世之际居丧者的角色。以一种《庄子》特有的反讽,孔子一反儒者的角色期待,极为不当地从道家的角度答复颜回。简言之,他指向一种"物化"的道家宇宙论,主张万物都处在持续不断的生死历程之中。孟孙才领悟到,万物本性的无常构成了生命再生产的核心。于是,就像《庄子》中诸多其他道家式人物一样,他能够沉着冷静地面对死亡。

儒家对父母去世的儿子有着极其严苛的角色期待。父母的丧礼更是"孝"的试金石。因此,从儒家视角看,居丧不哀是最严重的伦理过错,违反了被奉为社会秩序之支撑、共同体之纽结的最基本的规范性基础。孟孙才表现出的不当对儒者而言是**极其离经叛道的**。然而,反讽的是,在故事中孔子赞扬孟孙才,如此离经叛道的不当反而成为某种更高智慧的表现。同时,这揭露了儒家社会规范与角色期待的虚假与伪善。在至关重要且充满道德与情感的丧礼中,有着对

---

① 杨国荣:《庄子的思想世界》,上海:华东师范大学出版社,2009 年,第 137 页。

生命的极度无知;同时,这也给那些努力使自己的人格(或"实")与儒家之"名"相匹配的人施加了不必要的哀伤与沮丧。

孟孙才的故事表明,基于对彻底转化的承认,一切社会角色之名所指示的"形"或"实"——尽管它们是一个人必须面对的社会现实——在本体论和生存论上都是无关紧要的。这样,道家对"物化"的洞见就意味着否定儒家社会之名的"诚",也就是说,否定用社会之名为自我奠基,将社会之名作为自我的本质之形或实。彻底转化(transformation)的观点在本体论上意味着,没有形(form)能够真正与名相配。

在不那么本体论或生存论的层面上,名实(或形)不符被人格化,这在《庄子》中随处可见。《德充符》介绍了数位"残疾"的人物,他们或有身体疾病,形体不正,或像上文提到的叔山无趾一样遭受法律惩罚带来的残疾。然而,《德充篇》中的残疾人和刑余之人大都有引人瞩目的社会成就。他们由此驳斥了社会等级与名誉反映一个人真实的内外之"形"的儒家期待。实际上,借用艾文贺(P. J. Ivanhoe)对篇名"德充符"的刻画,这些人物都可被理解为"对孟子理想人格的有意戏仿"①。作为名实不当的荒诞典型,他们削弱并嘲弄了人们通常的期待:取得社会成功的人都是健康、善良、"正常"的。主要人物之一哀骀它便被描绘为"德不形者"(《庄子·德充符》)。

尽管避免社会等级与名誉并保持"无名"是有益的,也应当意识到名与名誉之"无形"(《庄子·德充符》便如此描述第一位主人公王骀)。儒家的社会政治教义暗示社会权力反映着有德之"形",而诸如《德充符》中的刑余之人与残疾人这样的反讽角色却表明,成功的外表下空无一物。社会成功是"无形"的。认为一个人可以通过使自己的"存在状态"忠于社会构造的角色与名誉,从而真正成为好人,这是一种危险的幻觉。

《庄子·盗跖》中,孔子见盗跖的诙谐故事花了一定笔墨来勾画社会性的名实不当。有论者认为,《盗跖》篇名已见于《史记》(卷六十三)的庄子传,它甚至

---

① Philip J. Ivanhoe, *Ethics in the Confucian Tradition*:*The Thought of Mengzi and WANG Yangming*, Indianapolis:Hackett, 2002, p. 188. 不过,我们无意暗示,《庄子》早期篇章的作者必然知道孟子其人其书。

可能比(某些)《内篇》更古、更可信。[1] 或许,《史记》提及它并认为它带有反儒家的论辩或讽刺意味,这清楚地表明它在历史上被认为是极具代表性的庄子式作品。故事中充满了不当。它将盗跖与孔子相对照。盗跖强壮、健康、聪慧、勇猛、帅气,同时却邪恶、残暴、态度恶劣,换言之,完全不道德;而孔子则是国家权力、社会秩序、规范伦理的代表,但却表现得相当愚蠢、可笑、荒诞、造作,像个马屁精和十足的伪君子,但同时他也被描绘地极其礼貌、谈吐得体、善解人意。对话围绕孔子对盗跖的(显然失败的)提议展开,孔子对盗跖说只要他加入国家权力机关,他将获得爵位、封地,并且再也不被名为"盗"(这在孔子眼里是最重要的)。盗跖无比生动地揭露了孔子的伪善,且愤愤然曰:"盗莫大于子。天下何故不谓子为盗丘而乃谓我为盗跖?"

这个故事可被解读为一种对社会腐败的激烈批判,而社会腐败的根源,正是要在社会角色与个人品质相当的基础之上建立规范这一不可能实现的期待。直白地说,那就是:名导致腐败,绝对忠于名导致绝对的腐败。这一篇的道家立场,显然不是主张放弃儒家为达到名实相当所做的失败尝试,并代之以可能会成功的、道家式的"真正的"名实(或形)相当。[2] 相反,《庄子》不断以反讽的形式颠覆树立代表此种名实相符的典范人物的努力。它的人物是**反模范**的,由此表明按照社会等级与名誉加诸己身的要求来形塑自我的尝试,何以是造作与伪善的根源。因此,《庄子》不是试图达到名实相当;相反,通过诸多叙事,通过诸多名实不当的人物(包括盗跖,《德充符》中的残疾人与刑余之人等),《庄子》主张"名止于实"。故而,重要的不在于奋力达到本就不可能实现的符合社会身份规定(所以不仅仅是要避免身居高位),而在于最终保持"无名"、"无形",从而在社会的"虚荣之火"中保持清醒。

四、玄学中的三种不当

根据汤用彤的说法,对名实之辨的哲学理解是魏晋学术或曰玄学的核

---

① Esther Klein, "Were There 'Inner Chapters' in the Warring States? A New Examination of Evidence about the *Zhuangzi*," *T'oung Pao*, 96 (2010): 299-369.

② 如所周知,《庄子·齐物论》反复地极力主张避免此种努力。

心。① 玄学家发展了上述《庄子》中名实不可能相当的观念②,对后来中国佛教文本的阐释产生了重要影响。其中,最重要的代表人物当数何晏、王弼与郭象。然而,应当注意的是,这一时期的思想发展并不清晰地关联于上述三种不当。或许最切近的直接阐发在于道的不可说性。

何晏与王弼援引《老》、《庄》所讲的"道不可道"来支持孔子在《论语·泰伯篇》中的一个说法:尧是不可名的。何晏主要关注道之不可说,而王弼则比他更进一步,认为儒家的德性与道德在一般意义上也是不可用语言表达的。这一论说的进一步发展见于郭象的作品。郭象基于对《老子》、《庄子》与王弼作品中的"迹"一词之体认,以一种与佛教观点不无相似的方式指出③,名总是固定的,而名之所名(也就是实)是不断变化的;因此,名实不当不可避免。

魏晋哲学对名实之辨的关注基于汉末对广为存在的社会、政治与道德伪善的担忧。④ 如王符与徐干就将名之滥用视为这些问题的根源。根据徐干的说法,《论语·阳货篇》中孔子对伪善"乡愿"的评价就已意识到名之误用的危险。

---

① 汤用彤:《魏晋玄学论稿》,北京:生活·读书·新知三联书店,1957年,第12页。

② 尽管名实之辨在魏晋思想中的重要性被广泛认同,这一话题却并未被彻底深究。大多数学者毋宁关注或许同样重要的言意之辨,参见汤用彤:《魏晋玄学论稿》;Rudolf Wagner, *The Craft of the Chinese Commentator:Wang Bi on the Laozi*, Albany:State University of New York Press, 2000;Rudolf Wagner, *The Language, Ontology and Political Philosophy in China:Wang Bi's Scholarly Exploration of the Dark (Xuanxue)*, Albany:State University of New York Press, 2003;余敦康:《魏晋玄学史》,北京:北京大学出版社,2004年;暴庆刚:《反思与重构:郭象〈庄子注〉研究》,南京:南京大学出版社,2013年;才清华:《言意之辨与语言哲学的基本问题:对魏晋言意之辨的再诠释》,上海:上海人民出版社,2013年。或关注言与理的关系,如,杨立华:《郭象〈庄子注〉研究》,北京:北京大学出版社,2010年;暴庆刚:《反思与重构》;尚建飞:《魏晋玄学道德哲学研究》,北京:人民出版社,2013年。

③ 魏晋研究者激烈地争论,佛教最初何时被引入中国,在不同时期又被接受到何种程度。例如,贾静华认为,郭象紧紧追随《八千颂般若波罗蜜多》汉译本。见 Jia Jinhua, "Redefining the Ideal Character:A Comparative Study Between the Concept of Detachment," *Dao:A Journal of Comparative Philosophy*, Vol. 14 No. 4 (2015):551。任博克(Brook Ziporyn)等其他学者则主张,郭象哲学"根植于中国古代(前佛教)的本土哲学"。见 Brook Ziporyn, *The Penumbra Unbound:The Neo-Taoist Philosophy of GUO Xiang*, Albany:State University of New York Press, 2003, p. 4。

④ 许多研究魏晋哲学的著名学者都注意到,导致汉代社会、政治和道德伪善的名实相符之破裂,对诸多魏晋时期的思想家来说都是关键问题。参见汤用彤:《魏晋玄学论稿》;余敦康:《魏晋玄学史》;汤一介:《郭象与魏晋玄学》;杨立华:《郭象〈庄子注〉研究》)。他们常常使用《庄子》中"有其名而无其实"一语来描述这一问题。具有讽刺意味的是,有名无实对《庄子》来说并不是一个问题。

徐干论曰:"今伪名者之乱德也。"①对王符与徐干来说,解决之道在于靠孔子的教导来重建名实相当。魏晋时期的思想家则在不同程度上怀疑建立此种相当的可能性。在这一问题上老庄的影响格外深远,尽管儒家概念依然是许多理论家的支柱。②

　　魏晋玄学的一大主题就是试图重构《论语》中的主题与《老子》及《庄子》中的主题之间的关系。③ 这种重构和得当与否问题之间存在哲学关联,这一点从名教与自然之辨中可以看出。④ 这对术语往往分别散见于儒家和道家⑤,尽管对名教与自然的讨论可以(也往往应当)把握它们更加微妙的内涵。⑥ 重新设想自然与名教之关联的主要动机在于,将对名教的盲目遵从与一般意义上对名的依赖,替换为一种社会、政治与道德的关键观念之不可说的哲学理论。魏晋思想家试图由此从根本上消除伪善的可能性。这对他们来说,意味着需要论证名实不当。何晏首先对此进行了严肃认真的尝试。

---

① 徐干:《中论》,载孙启治解诂:《中论解诂》,北京:中华书局,2014 年,第 202 页。英译参见 John Makeham, *Name and Actuality in Early Chinese Thought*, pp. 107 – 108。

② 人们普遍认为,何晏、王弼与郭象就其政治、道德与社会信念而言终归是儒家。见 Brook Ziporyn, *The Penumbra Unbound: The Neo-Taoist Philosophy of GUO Xiang*;余敦康:《魏晋玄学史》;李泽厚:《中国古代思想史论》,北京:生活・读书・新知三联书店,1985 年;尚建飞:《魏晋玄学道德哲学研究》。

③ 人们通常认为,玄学家试图"融合"、"整合"儒道两家。参见汤一介:《郭象与魏晋玄学》;余敦康:《魏晋玄学史》。不过,笔者认为,至少玄学家很有可能确实相信他们所指出的儒道之间的相似点。参见 Alan Chan, "Introduction", *Philosophy and Religion in Early Medieval China*, Alan Chan and Lo Yuet-Keung (eds.), Albany: State University of New York Press, 2010; D'Ambrosio, "Wei-Jin Period Xuanxue ' Neo-Daoism ': Reworking the Relationship Between Confucian and Daoist Themes," *Philosophy Compass*, 11(2016): 1 – 11。

④ 汤用彤使这两个术语被推广开来,比如他写道:"孔子贵名教,老庄崇自然。"(汤用彤:《魏晋玄学论稿》,第 107 页。)之后的学者,如杨立华,便将这两个术语的流行归功于汤用彤。(杨立华:《郭象〈庄子注〉研究》,第 36 页。)几乎所有当代研究魏晋哲学的学者都讲"名教"和"自然"。

⑤ 例如陈金梁(Alan Chan)便通过有力的论证将"名教"关联于儒家正统,或至少尝试建立这样的正统。Alan Chan, "Introduction," *Philosophy and Religion in Early Medieval China*, Alan Chan and Lo Yuet-Keung (eds.), pp. 3 – 4。

⑥ 当然,这一联结在哲学上多大程度是适当的,这主要取决于论证的语境。就本文的主旨而言,这一问题可不予深究。

4.1　何晏：名不当于道

何晏现存的两篇主要作品《道论》与《无名论》都解释了道何以不可说。何晏在文中论曰，一切有，包括一切实在，都来自道。这也包括所有的"特性"（也是"有"）。[1] 而创生这一切者，其本身是全，囊括了一切分别或对待的实在，因而是无名的。在《道论》中，何晏明确表达了他的观点：

> 则道之全焉……玄以之黑，素以之白，矩以之方，规以之圆。圆方得形而此无形，白黑得名而此无名也。[2]

世界视域与中西思想

道生成了形及其相应的名，但自身保持在名的领域之外。名与形相当，因为它们指示了形之特性。然而没有什么能使道成为特定之物。它没有特定的形，故而没有名。[3] 何晏推论，这表明了道之全，进而发现道与孔子在《论语》中所描述的至善模范，也就是尧，是相通的。在《无名论》中，何晏说：

> 自然者，道也。道本无名，故老氏曰：强为之名。仲尼称尧荡荡无能名焉，下云巍巍成功，则强为之名，取世所知而称耳，岂有名而更当云无能名焉者邪？夫唯无名，故可德遍以天下之名而名之。[4]

---

[1] 对何晏及许多其他中国哲学家来说，没有"物的特性"或"属性"与所谓"物自体"或"本质"之间的区分。

[2] 英译参见 Alan Chan, "Sage Nature and the Logic of Namelessness: Reconstructing HE Yan's Explication of Dao," *Philosophy and Religion in Early Medieval China*, Alan Chan and Lo Yuet-Keung (eds.), p. 25。

[3] 这不一定是一个本体论论证。说道无"形"并不表示它不存在，也不表示道外在于"存在"或"有"（见前注）。

[4] 英译参见 Alan Chan, "Sage Nature and the Logic of Namelessness: Reconstructing HE Yan's Explication of Dao," *Philosophy and Religion in Early Medieval China*, Alan Chan and Lo Yuet-Keung (eds.), pp. 27 – 28。

对何晏来说,道之"无名"就类似于《论语·泰伯篇》中孔子对尧"荡荡乎"从而不能名的称赞。正如可以取任何一个名来命名尧,也可以取任何一个名来命名道。玄、素、方、圆都是描述道的词,但它们只触及道有限的某部分,因而并不能充分地成为与"道"相当的词。道"无名",因为虽可以"德遍以天下之名而名之",却找不到一个完全得当之名。何晏由此断定尧之无名与道之无名有着连续性:尧是全德的,故而包含了一切可名的德性;道是万物之母,所以囊括了所有的名(及可名之形)。用语言描述尧或道只能触及他们整体性的某些方面;二者都足够完满,不能受限于任何一个名。

4.2　王弼:将不当扩展至名与德之间

　　从哲学意义上看,王弼对《论语·泰伯》中的尧的评论与何晏相似。然而,王弼运用了一套直接触及本文主题的语汇。王弼说,孔子对尧"荡荡乎"且不可名的描述是"无形无名之称也"[1]。借助《老子》的逻辑,王弼推论说,尧作为至善,没有与善相对之"恶",这就意味着他是无法描述的。王弼写道:"善恶相须,而名分形焉。"[2]换言之,尧之善作为至善,不是那种被描述成与恶相对的善。于是,因其完美的德性(即不掺杂任何恶),尧不能以任何名与指称的方式来触及。这里,王弼开始把德本身解读为不可说:

　　　　若夫大爱无私,惠将安在? 至美无偏,名将何生?[3]

王弼由此超越了何晏,将名与尧之德之间的不当扩展为**更一般的名与德本身之间的不当**。在《论语》举的有德的例子中,孔子给出的名与描述并不触及他所谈论的对象之"大"与"至"。像道一样,孔子所讲的德本身处于名与实的领域之外。德之名与德本身不可能相当。

　　由此,王弼指出了名形之不可说的根源和名形本身之间的不当,这也是贯

---

① 王弼:《论语释疑》,载楼宇烈:《王弼集校释》,北京:中华书局,1999 年,第 626 页。

② 王弼:《论语释疑》,载楼宇烈:《王弼集校释》,第 626 页。

③ 王弼:《论语释疑》,载楼宇烈:《王弼集校释》,第 626 页。

穿《老子》和《庄子》的主题。① 德是不可名的,正如道不能用语言充分地描述。给道或德命名,就会把它们化约为片面之物。二者都没有能够被语言充分表达的固定特性。这进而说明,为什么道德因时间而变,或者在不同情境中有不同的表达。

在《老子指略》开头几段文字中,王弼在道德实践(或规范)与道之间建立了联系。在这个意义上,他用孔子之德不可名的论点来解释不断转化的道德表现。这里,王弼把"名"与"象"(借自《易经》的术语)关联起来。王弼以诗意的表达阐述了作为道之显现的道德何以不在形名之域:

> 故象而形者,非大象也……用大音则风俗移也……风俗虽移,移而不能辩也。……圣行五教,不言为化。是以"道可道,非常道;名可名,非常名"也。②

名与象都处在言与形的领域之中。道与道德可能将自己投射到这一领域中,但终归在此领域之外。德可以显现于形之域,但不可能完全敞开自身于形之域。因此,孔子的教诲对道德的阐明是有局限的,正如用"道"或任何其他标签来阐明道是有局限的。事实上,王弼在他的作品中常常只用"无形"、"无名"、"此",而非用"道",从而比《老子》中(大家都接受)的"强字之曰道"(《老子》第二十五章)更进一步。此外,王弼发展出了一套与此相应的对《论语》的理解。在《论语》中,孔子很大程度上通过例子来说明道德。王弼用德名不当的理论来解释为何孔子在回答问题的时候没有给语词下定义。按王弼的观点,孔子在判断道德是否恰当时关注人与情境的特殊性,由此可以发展出德名不当的理论。

在对《老子》的注解中,王弼用术语"迹"发展了这一理论。"迹"在郭象那里至关重要,而且也影响了中国佛学。它出自《老子》第二十七章:"善行无辙

---

① 在道德和政治领域之外,王弼以为"凡名生于形"。但是这一关于名的说法,是为了为批判无形之德与道皆不可名。可进一步参见 Jude Soo-Meng Chua, "Tracing the Dao: WANG Bi's Theory of Names," *Philosophy and Religion in Early Medieval China*, Alan Chan and Lo Yuet-Keung (eds.).

② 王弼:《老子指略》,载楼宇烈:《王弼集校释》,第 195 页。英译参见 Richard John Lynn (trans.), *The Classic of the Way and Virtue: A New Translation of the Tao-te Ching of Laozi as Interpreted by WANG Bi*, New York: Columbia University Press, 1999, pp. 30—31.

迹。"①王弼注："顺自然而行，不造不施，故物得至，而无辙迹也。"②反观他对德性与道德的评论，"迹"的角色就变得清楚了；它是自然的行为所留下的印记。③对王弼来说，善与德的特征在于不留下这样的印记。可命名的那部分"自然"只是已逝之物留下的痕迹。故而德或道德之名指向的形只是痕迹而非"自然"之德或道德本身。名只相应于作为德之痕迹的形。

4.3 郭象：名与一切实之间的不当

郭象比王弼更强调"自然"概念。对郭象来说，一切都已经是自然，无一例外。就不当而言，郭象一方面关注名的固定化问题，另一方面关注一切形与实恒常的模糊短暂。在**郭象看来，一切名实关系都是不当的。**

王弼强调不可说、无形无状的无，郭象则转向《庄子》中另一重要主题：变或化。《庄子·大宗师》郭象注：

> 故不暂停，忽已涉新，则天地万物无时而不移也。世皆新矣，而自以为故……我与今俱往，岂常守故哉！④

我们在下一节将会看到，这段论述与后来的中国佛学有一些共同的术语。⑤ 然而重要的是，这是《庄子》强调"化"的逻辑发展。在郭象注所对应的原文中，《庄子》论说了死生之变化与日夜之更替，并进而考察万物的不断转化。就人而言，"若人之形者，万化而未始有极也"（《庄子·大宗师》）。在郭象的哲学中，万物

---

① 英译参见 Hans-Georg Moeller（trans.），*Dao De Jing*，Chicago：Open Court，2007，p. 67.

② 王弼：《老子道德经注》，载楼宇烈：《王弼集校释》，第 71 页。

③ 任博克认为，"迹"在哲学上最好译作"trace"。参见 Brook Ziporyn, *The Penumbra Unbound：The Neo-Taoist Philosophy of GUO Xiang*。他的这一主张很有影响。汉学家林理彰（Richard John Lynn）则持不同的看法，他更青睐于用"footprint"来直译"迹"。参见 Richard John Lynn（trans.），*The Classic of the Way and Virtue：A New Translation of the Tao-te Ching of Laozi as Interpreted by WANG Bi*。

④ 郭象：《大宗师注》，载郭庆藩：《庄子集释》，北京：中华书局，2012 年，第 249 页。英译参见 Brook Ziporyn, *Zhuangzi：The Essential Writings with Selections from Traditional Commentaries*，Indianapolis：Hackett，2009，p. 195。

⑤ 僧肇《物不迁论》开篇就引用了此注部分文字，但僧肇的结论却与郭象相反。参见下一节。

转瞬即逝的本性构成了一切名与一切实的关系。

如果实永远是不同的，如果它们无时不变，那么任何固定它们的尝试，尤其通过命名来固定它们的尝试，从一开始就注定失败。原初的行动、自我或实留下了迹，但它一出现就消逝了。剩下的只是已经转换成他物的某种东西的印迹。任何已成之事、已存之物都永远消失了。对郭象来说，任何事或任何物都不是存在于真空之中；一切都紧密相联。① 每一物、每一行动都是其环境的一部分——这意味着它是构成这一环境的其他一切物与行动的一部分。故而，一个因素的变动意味着其他一切因素的转化。

这里的困难在于，迹往往不被认作迹；它们被错认为留下迹之物。就命名而言，这一问题就表现为预设名实可以相当。名是固定的，顶多不过能相应于已逝之物的迹——而不是实本身。郭象总结道："名法者，已过之迹耳，非适足也。"②

在道德领域，郭象的名实不当理论或许接近王弼；然而，郭象对名实不当的论证并不基于全或无形的不可说，而是基于承认恒常变化。郭象写道：

> 仁者，兼爱之迹；义者，成物之功。爱之非仁，行迹仁焉；成之非
> 义，义功见焉。存夫仁义，不足以知爱利之由无心，故忘之可也。但忘
> 功迹，故犹未玄达也。③

这里，郭象区分了兼爱之"实"与通常所谓的"仁"，以及成物与通常所谓的"义"。这些名不能触及实的原因，并非像王弼所说的那样，是有德之人处于无形无状的领域，而是所有的实都不断变化。所有的名，如郭象所言，都是"寄名"。④ 它

---

① 这就是郭象所讲的"冥"。在郭象看来，万物相"冥"：一方面，物不再是其所是；另一方面，物都受他物的影响。参见 Brook Ziporyn, *The Penumbra Unbound：The Neo-Taoist Philosophy of GUO Xiang*, pp. 85 – 99。

② 郭象：《则阳注》，载郭庆藩：《庄子集释》，第 879 页。英译参见 Brook Ziporyn, *The Penumbra Unbound：The Neo-Taoist Philosophy of GUO Xiang*, p. 53。

③ 郭象：《大宗师注》，载郭庆藩：《庄子集释》，第 293 页。英译参见 Brook Ziporyn, *Zhuangzi：The Essential Writings with Selections from Traditional Commentaries*, p. 204。

④ 郭象：《大宗师注》，载郭庆藩：《庄子集释》，第 236 页。任博克把"寄名"翻译成"borrowed names"（Brook Ziporyn, *ZhuangZi：The Essential Writings with Selections from Traditional Commentaries*, p. 192），这适用于所引这段话的语境，但是为了避免与同样可以理解为"borrowed names"的佛教术语"假名"相混淆，我们用"adopted names"来翻译"寄名"。

们与变动不居的实不当。① 在下节中,我们将看到,佛学理论如何进一步发展了这一观点,并代表了《庄子》之名实不当论证的另一种转化。

五、中国佛学思想中的不当

5.1 中观二谛观中的不当与不二

魏晋时期,鸠摩罗什的弟子僧肇作了四篇文章,是为《肇论》,并作《维摩诘经》注。他将道家与玄学中关于不当的观点与表达融入对般若与中观思想的阐发。

龙树中观学通过鸠摩罗什的汉译传入中国。它主张缘起故空,强调真、俗二谛之分。俗谛需要诉诸语言,因而无法与真谛的不可说义相当——后者不能被任何语言构造所扭曲。简别不当的俗谛与不可说的真谛,这意味着,人们感知到的名物相当并非名实之间真正的相当。僧肇用道家语言将佛学的二谛分别表述为"名实无当"。

需要注意的是,此种不当却关联着僧肇讲到的另两层相当: (1)"不当"不等于说世俗意义上的名物完全分离或任意相合——相反,为了能够交流,我们的日常言说预设了名与所指(物)的相符,二者在语言建构的世俗领域中须是"相待"的;(2)吊诡的是,此种对不当的洞见,对我们领悟佛经中的教言与"解脱"的不可说义之间的一贯性来说却至关重要。此种一贯相应于中观的"不二",而这也只能借助我们对不当的洞见来认识到。② 为进一步阐明作为二谛分殊(不当)与"不二"的一贯性,中国中观倡导者,如僧肇、三论宗吉藏大师、天台宗智顗大师,诉诸"迹本"——这对中国中观学概念极有可能是从郭象《庄子

① 汤一介:《郭象与魏晋玄学》,第260—262页。

② 一位匿名审读者指出,僧肇对"不二"的理解不容许"不当"。实际上,僧肇用了"不当"二字。而且,与审读者的主张相反,僧肇在他的著作中从未明确讨论"不二",虽然我们认为他的论述(像在所有大乘佛教文本中一样)总是隐秘地涉及"不二"。不过,有一位叫吉藏的中国中观大师,明确处理了"不二"的概念,他对僧肇的作品多有借鉴。他故意用一种悖论的方式论及"不二",曰"二表不二"。在这一语境中,"二"意味着二谛的分殊,故而正是我们所讲的中国中观思想中的"不当"。

注》对"实"与"迹"的解释发展而来。

这表明,大乘佛教一般区分日常言说与佛言。根据这一观点,日常言说的语言构造通常产生物化,它会误导人并有欺骗性,掩盖其之所是,使人们"颠倒",误以不真为真。相反,佛陀的经典教言却创建了一种富有教益的构造,促使我们意识到与一切语言表达紧密交缠在一起的虚假。这种语言通过经典的经和论的形式来传达,并经常用悖论来揭示其与不可说者的一贯性。[①] 所以,对中国佛教大师们来说,语言是矛盾的。他们在注解印度经论时,往往试图阐明原文中富有启发性和典范意义的语言策略,这种语言策略使人们摆脱语言的误用,同时暗示佛陀洞见的不可说义。

大乘佛教的教义包含两个主要方面: (1)它试图探查一种不可感知的欺骗的束缚,这种束缚根植于一切概念化的思想,并产生了内在于诸种语言指称中的物化;(2)它探索如何从这种束缚中解脱出来。洞察和意识到根本的、不可避免的虚假,这能促使人们最终洞见到,意向行动的指涉都是空的(真谛),由此最终从一切内在的欺骗与颠倒中解脱出来。这种意义的空与解脱超越了语言与思想,但并不意味全然非存在,尽管它确实否认事物**固有**存在。任何一物的产生都不分离于、独立于他物,任何一物都不是内在地是它看起来的样子。依中观学,特定一物的同一性完全由外在关系所决定,因而并无真正的基础;它是由缘起构成的。固有存在的空——对独立存在之实体的否定——意味着事物终究是不真实的,但同时也不是非存在。不真实不同于非存在,因为不真实可能对我们的生存产生或具启发性或具欺骗性的影响,故而具有生存论意义上的重要性。

基于这一观察,龙树指出缘起并不超出人们生存的世俗领域,不应与真谛的(不可说的)领域混为一谈。不真渗透于我们世俗存在的方式,并在特定意义上持存、栖居于真正的空:否定独立存在而又不等于非存在的空,最终维持着我们这个虚幻流变世界中诸法的缘起。空意味着真与假不可分割——中观意义上的不二。然而根据《中论》——鸠摩罗什对龙树 *Mūlamadhyamaka-kārikā* 的翻译——真正理解空不能混淆二者,因此必须区分(不当的)俗与(不

---

① 鸠摩罗什等人翻译的《金刚般若波罗蜜经》是这种语言的典范,例如:"所谓佛法者,即非佛法,是名佛法。"
   (T08, no. 236, p. 758, a24)

可说的)真两个领域。① 二谛的此种分别认识到并表达了以下洞见：语言的虚假不可避免，即便我们阐述真正的空的时候也必须依赖此种虚假。

通过揭示不当，此种分别也引发了对佛陀教法的文本传达的自反审察：教法本身不断地将第一义的、不可说的解脱区别于偶然、暂时、不当的形式，通过后者，教法所传达的也只是世俗层面的东西。通过不断地区分，对不当的理解让我们看到第一义只能以一种区别的方式而存在，它同时也揭示了俗与真的不二即不可分割。故而中国中观学家如吉藏指出，不断区分二谛是佛陀教法的特点和语言策略，而不二则是佛陀解脱的特征。最重要的是，除了经由教法中的这些区分的痕迹，别无解脱之方；正如除了佛陀解脱中的不二，别无教法的根源。于是，通过对不当的认识，这种分别旨在将我们的理解从我们或其本身的欺骗性物化中解脱出来；这就相当于将不可说义揭示为不二(也就是空不离缘起、真不离假、俗义不离第一义)。

5.2　僧肇论名实不当

僧肇试图弘扬在鸠摩罗什时代尚不为中国学界所知的中观思想。僧肇认为，《庄子》中对名实相当的否定有助于澄清佛学对语言指称的讨论。然而，与《庄子》不同，僧肇无意于批判，人类生存领域中的实必须符合社会规范与建构。他采纳道家名实不当之说，却无意真正考虑其社会政治意涵。他的论说意在结合道之不可说的概念，以本土思想传统阐明佛教的不思议解脱义。他的格言"实不当名"似乎是仿照"道不当名"(《庄子·知北游》)而作。

在此语境中需要注意，僧肇的格言意味着对汉字"实"作了新的阐释。前文所讲的"实"指实在之物，对应英文"actuality"。除了这个含义之外，"实"在僧肇那里似乎还被用来传达在印度佛经的汉译与解释过程中产生的新义。例如，"实"出现于汉语佛学新术语"实相"中，它通常被英译为"real mark"或"mark of reality"，相应于梵文 bhūtalakṣaṇa, tattva, abhūta, yathābhūta, śūnyatā,

---

① 俗的领域由建构与不真所构成，它不合真谛，后者没有建构故而是不可说的。《中论》指出："诸佛依二谛，为众生说法。一以世俗谛，二第一义谛。若人不能知，分别于二谛，则于深佛法，不知真实义。"(T30, no. 1564, p. 32, c16 - p. 33, a3)

dharmatā 等表达。① 它们都表示中观意义的空。此种空乃终极的真实,却否认被认为与名相符的真实存在或实在之物。依佛教空观,可名之"实"不真而空,而"实相"脱离语言指称,并例证不可说不可思议的真谛。在佛教语境中,"实"意味着一种"reality"(真实),它不能被认为是与任何名相符的"actuality"(实在之物)。

僧肇的第二篇论文《不真空论》阐发了一个复杂的观点,认为名与物的相符并不意味着名与实的相符。表达这一观点的命题来源于一则改编自《庄子》的引文,它主张对现有之物的世界保持漠然与平静。《庄子》中的原文是:"物物而不物于物,则胡可得而累邪。"(《庄子·山木》)僧肇以极其相似的措辞修改了其意涵,并将其跟佛学对语言意义的讨论关联起来:

> 夫以物物于物,则所物而可物;以物物非物,故虽物而非物。是以物不即名而就实,名不即物而履真。然则真谛独静于名教之外,岂曰文言之能辩哉?(T45,no. 1858,p. 152,a24 - 27)

尽管语境的转换十分明显,就内容而言两个段落还是有所交叠,这可由僧肇的话来概括,那就是"即物顺通"(T45,no. 1858,p. 152,b3)。② 然而,二者在本体论进路上几乎是相反的。僧肇强调,为达到自如的境界,看到物之不真是很重要的,此不真又不同于物之非存在。

另一方面,《庄子》则持一种漠然平静的立场,它并不要求检视名所指之物的本体论地位,因为它只是指向一种摆脱任何指向由分殊之物所构成的世界的强制性关联的心灵境界。这一视角要求人的心灵境界与物的自然过程相契。

但是,僧肇似乎认为,道家经典以及后继玄学家发展的哲学可与佛学话语相容。他为名所指之物的不真与空提供了两种论证,并解释了将不真区别于非存在的重要性。与此同时,他并不否认脱离语言指称的"真物"。在阐发那些由中观思想而来的观点时,他不断诉诸道家或玄学的意象、修辞与观点。这尤其体现在他对一切意向行动之所指的不真与空的论述中。

---

① 参见程恭让论鸠摩罗什对"实相"的翻译及天台宗对这一术语之使用。程恭让:《鸠摩罗什〈维摩诘经〉实相译语及天台疏释之研究》,《华梵人文学报》,2013 年第 23 期。

② 这让人想起郭象注"无心以顺有"(郭象:《大宗师注》,载郭庆藩:《庄子集释》,第 268 页)。

他的第一个论证运用了动静的话题,这一话题往往被玄学传统下的学者讨论。它清楚地反映了变与化的观念。如上所述,对郭象而言变与化也极其重要。僧肇观察到,语言所理解的是普遍性,且语言趋向于物化,这就意味着建构与虚假。在对语言的运用中,我们通过忽视和取消特定事物的时间性,而平齐、同化了差等的、殊别的事物。在《肇论》四篇之首论《物不迁论》中,僧肇从"静"的方面描述了特定事物的时间性维度,"静"并不排除变动不居,但又和"空"一样逸出我们概念性的理解。只有从个别的时间点来看,一物才不变地、真正地是此特定之物。从另一个时间点看,就不再有这同一个物了。结果,僧肇主张,一个特定之物尽管不断变化,却常存于个别的时间点上。

此种静否认时间之流的持续性,却不否认"真物"的连续性。它们不能真正地被表现或指涉,因为从另一个时间点看,无论真物还是它的表象都不再是同一物。由于这种意义上的时间性,我们无法谈论真正存在的事物;并且与通常的预设相反,名也是无常的——我们在不同时间所使用的并不真的是同一个名。尽管同样基于对持续不断、不可逆转之变化的论证,僧肇却和郭象不同,他并不将不当视为变动不居的实与静止不动的名(如同遗留下来的迹)之间的差别。① 相反,僧肇的不当基于他对时间性的看法:不仅实(指涉物)具有时间性,而且名(符号)也具有时间性。这一视角揭示出,一切指称关系包含了一种不可避免的隐秘的虚假。结果,他以一种模糊的方式使用"物":与必须依俗、真二义区别阐释的"真"相似,这个字既可指"真物"也可指"不真之物"——可名的物是不真的,真物则逸出了语言指称。

僧肇《物不迁论》的标题中,"物"意味着"真物"。与这一永不移易的真物相反,我们的日常言说必须预设相反的观点,即可名的物可以在时空中移动而没有实质性的变化。在对名的使用中,我们假定可以从不同的时间点指涉一个自我同一的物,这就以名实可以相符的设定构成俗谛的特征。而从标题暗含的真谛的视角来看,这一预设意味着建构与虚假。然而,僧肇的讨论又是遵从中观二谛的不二义。他试图通过"动静"这对不可分割的概念来阐明二谛的悖论式关系,而"动静"则很可能是他从王弼的作品中吸取的。

在我们看来,一物在连续的、不可逆的时间之流中的有限历程叫做"动"。

———————————

① 对郭象而言,名与迹就其不能得当地指称实而言并无差别。

实际上,这不过是不齐之物的不断变化,它们在各自分别的时间点是保持不动的。此种静只在一瞬间具有压倒一切的充盈,这就等于说——也正解释了为何真物不能成为我们指涉的对象。当我们试图指示此种静时,向我们显示的只有动,尽管无物真的在动。换言之,静并不超出表面的动,正如动并不超出真正的静。在这一层面上,动却是静,正如世俗层面的静向我们显现为动。这并不矛盾,因为僧肇所说的动属于(俗谛的)不真之物,而(第一义的)静只关乎真物;就像二谛一样,表面的动与真正的静并不互斥。

再一次,僧肇与郭象观点相左,前者认为不当来自真物的静,后者则强调不当是因为物处在不断的动中。实际上,僧肇颠倒了郭象的观点,尽管是通过同样的观察。他的颠倒是受到佛教二谛概念的启发:第一义谛是真实的,它是空与静;俗谛则代表不真实的、虚幻的、变动的方面,这些都关乎动。在僧肇看来,动静不分正如俗真不二。于是,他用前者来说明后者,同时隐秘地批判了郭象讨论不当时没有意识到不二。僧肇的阐述表明,不意识到不二,对不当的议论仍是不完整的。

僧肇"物"概念的模糊性特点也见于其他从道家与玄学资源中借用的术语。他的第二篇论文将"有"视作既真实又虚幻的存在,"无"则既是空也是非存在。就连此文的标题"不真空论"也是模糊的,因为空的解构意义也适用于这个表达本身。"空"通过否认其所指而揭示其真正的意义;正是以这一悖论的方式,名实不当得以彰显。在第三篇论文《般若无知论》中,他解释与平常的知识(或世俗的知识)相反的中观的般若,但他却用"知"同时指示高妙的智慧和与之相反的平常的、虚假的知识。

就此种模糊性而言,"物"、"有"、"无"、"知"这四个术语可以发挥像"空"这一自我指涉的表达一样的指称功能。为了揭示中观学意义上不与任何名相当的真实,这四者都必须证伪自己。僧肇对道家与玄学术语有意的模糊性使用是悖论式语言的基础,他必须采用这种语言来揭穿我们概念化思想中的欺骗性力量,揭示可思议领域的界限。若没有对自身局限与虚假性的认识,我们就不能理解真正意义的空,即中观学意义上的"真谛"。

我们现在可以看看僧肇否定名所指之物的真实性的第二种论证。在《不真空论》中,他在互相依赖的关系中讨论不真。"相待"包含了由"能所"两个因素构成的指涉关系。在文中,僧肇指出我们对言说和语言的运用将名归于物,以使二者构成一种相互依赖的关系,在此种关系中两种因素都被当作真实存在的实体。似乎没有名能够离开其所指称的真实事物而持存,也无物能够离开代表它的名而出现。二者(名与物)本于相互性与相待,都同样没有真正的基础。但是,我们运用语言之所以能够进行有意义的互动,恰恰又依赖于此种不真。①

僧肇关于一切指涉物都是不真的说法反过来意味着真物不能被指涉。无物可真正被认为是一物,甚至意在指向特定物的符号也缺乏真正的基础。同样的道理也适用于不真,它的本体论地位不可否认,并实际上构成了我们事实上关联并真正存在于这个世界的方式。吊诡的是,甚至"不真"这个名也因此只是个不真实的"假号"。如果一切指涉物都是不真的,可名之物的此种不真就像盲点一样逸出了我们的认知-命题式的指称。在世俗层面的认知中(及在对语言的世俗使用中),我们意识不到这一点。僧肇的讨论所表明的虚假或不真是与世俗的语言使用相伴而生的盲点。

于是,通过不断地意识到不真,我们以解释学循环中进行自我修正的方式,形成了一种通达真实本性的理解。对一方(不真)的进一步洞察会修正和增进对另一方(真实)的体察,因为二者彼此不可分离;就像我们对治疗与疾病的知识相互关联一样。相互修正带来双方的增益:意识到不真意味着领会到真实,反之亦然。修行者从不觉到觉醒的转化,要求意识到并充分认识到这一演进的力量。这种力量是一种进步的或转化的循环,并促进修行者的改变。这是中国中观佛教之修行、觉醒与转化的核心。

在自省的基础上,我们的领会不断更新,并使我们在本体论层面,形成对不可避免却又不断逃逸的不真的洞察,此种不真构成了我们真实关联并生存于这个世界的方式。对名实不当的体认极大地丰富了这种不真义。同时,这一体认也带来了对真俗不二的理解。

基于对不二的理解,僧肇、吉藏、智顗试图彰显不可说的解脱与经论经典形态的佛言之间的一贯性。如前所述,他们的做法是采用郭象与其他受道家思想影响的人那里已有的术语"迹"和"本"。不可说的解脱被认为是构成了经论所传达教义的不可见之"本"。此种教义又包含了佛的种种"迹","迹"又反指并揭

---

① 参见论述名实无当的段落(T45,no.1858,p.152,c18 - p.153,a3)。

示不可说之本。"迹本"首先在僧肇对鸠摩罗什所译《维摩诘经》的注解中成对出现，以解释沉默与言说的相互循环与不二。它也成为吉藏与智顗解经的重要工具。[①]

吉藏特别强调"迹"意味着二谛的分别，它印证了俗名与不可说之真谛不相符的洞见，从而传达了经论的整个教义即佛言。"本"包含于对不二的理解中，蕴含着真不离假。与龙树的二谛义相应，他强调本的不二只有通过迹的分别才能被揭示。换言之，除了通过分别而洞见到不当，不二无从领会。

尽管来源于道家与玄学，"迹"却在佛学语境中得到不同的评价：郭象强调，对固定之迹的执着可能妨碍我们和实在永远变动不居的自然过程保持一致；中国中观学却强调，离开了迹，本无从开显，因为正是本构成了所有的迹。但另一方面，佛家也和郭象一样，认为我们对迹的执着会带来负面效应。因此，中国中观学的不二义就在于，迹是虚幻之物，但离开迹，就无从通达第一义；本是第一义，但离开本，迹就无从构成。最重要的是，正是在这种不二的循环理解中，中国中观学意义上的名实不当揭示了一种超越道家与玄学对不可说之论述的面向，后者本是这种启发的来源。

六、结语

本文意在重构一个哲学主题的历史脉络。这一主题首先在《庄子》中作为一个多少有些颠覆性的社会政治观点而被思及。尽管存在重要差异，"古典"时期诸多哲学家都在伦理上要求，社会角色、政治功能应与这一角色和功能的实际表现相当。比如，孔子宣扬道德意义上的"正名"，法家则提倡"名"严格符合"形"（"实"）以服务于政治目的。如我们所论，《庄子》在这种符合的要求之外提出了另一种有代表性的道家方案，并进而发展出一种"解构"理论，即解构那种要求人献身于实现指定角色的理想。对社会角色期待的满足或许只会导致生

---

① 参见僧肇《注维摩诘经》中常被智顗与吉藏引用的段落："非本无以垂迹，非迹无以显本。本迹虽殊，而不思议一也。"（T38, no. 1775, p. 327, a27-b5）在支谦所译的现存最早的汉译本《维摩诘经》第一品中，"迹"与"本"这两个术语就成对出现了（T14, no. 474, p. 519, b2-3）。然而，此时它们还不具有僧肇、吉藏、智顗后来所赋予的不二意义。鸠摩罗什和玄奘所译的《维摩诘经》（以及现存的梵本）中并不包含这对术语，它们都有支谦用"迹"与"本"别译的那段文字。中国古代佛学从本土的玄学传统中借鉴了这对术语。

存意义或社会意义上的空虚、伪善和/或腐败。《庄子》提出了无形无名的可能性，主张远离社会给自己规定的身份，并时常建议完全拒绝显赫的社会地位。这一社会政治态度和生存态度关联着道家对更一般的不可说之"道"的理解。道没有具体的特性，故而无形无名。在社会政治语境中，它的不可说性反映为并不认同社会给定之名的道家式抵制。

魏晋玄学关注道家与儒家的重要主题之间的关系。至少三位重要思想家，即何晏、王弼与郭象，继续探讨《庄子》中已经出现的名形（实）不当问题。学界普遍认为，名实之辨是玄学文本的中心关切。何晏与王弼试图调和儒家的道德教诲与道家所理解的不当及不可说。在何晏看来，儒家圣王尧之德与道家的不可说之道相似，因为它是完满的、没有具体规定的。因此，他的结论是，道德论说有其语言的界限。不能界定的善是不可命名的。这样，道家的不可说主题被用于伦理之域，而道德术语一般说来都是不当之名——王弼在《论语》注中指出了这一点，解《易经》时又予以更广泛的讨论。最后，郭象探讨了《老子》和《庄子》与王弼作品中的"迹"这一道家概念。这一隐喻代表着万物不可捉摸。既然万物是不断转化的，名只能指认某种（总是）已经进一步转化之物的某个瞬间。因此，名及其所指的关系中有着内在的悖论。名是静止的"迹"，是变动不居的"自然"的遗留物。于是迹的意象象征着固定之名与动态之实的内在不当。

道家的不当主题，以及与之相关的不可说概念，在中国佛学的转化中扮演了重要角色。中观学大师僧肇导夫先路，大量运用道家观点与术语来阐释与发展佛教哲学。与吉藏和智顗等后来其他重要的佛教大师一样，僧肇指出了不二：一方面，佛陀教法的真谛呈现了不可说的"不思议解脱"；另一方面，世俗的语言表达，例如在佛教文本中，因为语言的物化而产生虚假。尽管在世俗意义上，语言对交流与构成人们的经验性存在是必要的，但它同时带来了固有实体的幻相，从而蒙蔽了对万法缘起的解悟。为揭示仅从世俗角度理解真理是片面的，僧肇对"名实无当"作了道家式的批判。然而，不同于道家和玄学前辈，僧肇的批判既不是社会政治的也不是道德的。他运用道家的概念框架及其相关的不当和不可说等术语，旨在阐明一种佛教本体论的复杂性，并提出一种救赎的觉醒经验。

Incongruent Names: A Theme in the History of Chinese Philosophy

Paul J. D'Ambrosio, Hans-Rudolf Kantor, Hans-Georg Moelle

304

世界视域与中西思想

Abstract: This essay is meant to shed light on a discourse that spans centuries and includes different voices. To be aware of such trans-textual resonances can add a level of historical understanding to the reading of philosophical texts. Specifically, we intend to demonstrate how the notion of the ineffable Dao, prominently expressed in the *Daodejing*, informs a long discourse on incongruent names in distinction to a mainstream paradigm that demands congruity between names and what they designate. Thereby, we trace the development of the idea of the ineffable Dao quite differently from modern mystical interpretations. We show how, in an early Chinese context, it first gives rise to a sociopolitical critique of the incongruity underlying socially constructed names in the Zhuangzi, then to a discourse on the incongruity between moral virtues and names in Xuanxue philosophy, and eventually to Sengzhao's claim that a perceived congruence of names with things does not entail actual congruence between names and reality.

Keywords: incongruity, Names, Zhuangzi, Xuanxue, Sengzhao

青年学者论坛

戴维森"理由因果论"的困难与出路[*]

李大山[**]

[摘　要]　在理由与行动的关系上,戴维森主张二者之间是心理-物理因果关系,这会遇到两个困难:第一,"理由倾向论"将行动理解为倾向的例示同样可以解释行动意图,能够解释行动意图不足以说明理由本身具有因果效力。第二,如何理解理由本身的因果效力? 如果在类型层面理解,则"理由因果论"无法区分于"理由倾向论",因为起解释作用的都是因果律则;如果在标记事件层面理解,则"理由因果论"中的"因果"徒有虚名,因为顺着金在权等人的批评会发现标记事件之间的因果关系缺乏实质的语义内容。拯救"理由因果论"可能的出路是将"理由导致行动"视为一条"范导原则",这一方面担保了每个现实具体的行动都可被归因,另一方面引导行动

* 基金项目:国家社科基金重大项目"基于虚拟现实的实验研究对实验哲学的超越"(15ZDB016)。
  本文的核心论点"理由本身没有因果效力"来自导师颜青山教授在"元伦理学"课程上的讲授(2019 年 2 月至 2019 年 6 月),在此基础上花了半年时间阅读材料构造论证,其间与颜老师多次展开讨论,借此机会感谢他的分享与指导。
** 李大山(1992—　　),男,浙江温州人,华东师范大学哲学系博士研究生,主要研究领域为元伦理学、行动哲学。

解释中的其他解释与因果解释相兼容。

[**关键词**]　基本理由;行动;因果关系;标记事件;范导原则

"我们是出于理由而行动(acting for reasons)的理性存在",这是日常生活中一个显著的直觉,但如何用歧义较少的术语将之精确地表述出来,理由与行动之间是什么关系? 所谓的"出于"到底是什么意思? 这些便构成了行动哲学的核心问题。

从理由的角度看,有理由的心理—事实主义之争以及理由的内在—外在主义之争;从行动的角度看,有行动因果论—目的论之争。这些争论,往远了说可以追溯到康德与休谟,往近了说可以追溯到唐纳德·戴维森(Donald Davidson)的行动理论。戴维森认为,如果我们是出于理由而行动,那么理由必须能够解释行动中所展现出的意图(intentions)。心理事件将意图因果地传递到行动似乎是一个不错的回答,这种立场被称为"行动因果论",但由于戴维森将理由视为行动的原因,所以他的理论属于"行动因果论"中的"理由因果论"。

其实,"理由因果论"与其竞争立场多有重合之处,或者说有兼容的可能。例如,"理由的事实主义"强调理由的客观属性,"行动目的论"强调理由的规范属性,这些属性与"理由因果论"所强调的意图都是构成理由的必要条件。就此而言,"理由因果论"遭致的一些批评是不公平的。与以往的研究不同,本文将从"理由因果论"内部突破,尤其是戴维森的论证,揭示其融贯性上的困难,并在此基础上提出"理由因果论"的一条可能的出路。

全文的论证将围绕"理由本身是否具有因果效力(causal efficacy)"与"如果有,则这种因果效力是什么意义上的"两个问题。具体分成五节:第一节评析戴维森对"理由因果论"的论证,有两点结论,一是能够解释行动意图是理由的必要条件,二是该必要条件不足以论证理由本身便具有因果效力。第二节表明,不能从类型上(type)理解理由本身的因果效力,因为这样无法与"理由倾向论"区分。第三节表明,如果从标记事件(token events)上理解理由本身的因果效力,可以回应对"理由因果论"的几个经典批评。第四节表明,顺着金在权(Jaegwon Kim)的批评思路会发现,标记事件意义上的理由缺乏实质的语义内容,这使得理由失去了解释功能。第五节简要地为"理由因果论"设想了一条可能的出路,即将"理由导致行动"视为一条"范导原则(regulative principle)"。

一、戴维森对"理由因果论"的论证

日常生活中,对同一个行动可以有很多解释,但一个什么样的解释才算是满足了解释行动的基本要求呢? 戴维森给出了一个必要条件:"理由要对行动做出合理化解释,必要条件(only if)是理由能使我们看到当事人在其行动中所看到的或认为他所看到的某事——行动的某种特征、结果或方面,它是能动者需要、渴望、赞赏、珍视的东西,并认为对之负有责任、义务、能受益、能接受的东西。"①简言之,一个合格的行动解释必须能够解释行动中所彰显的行动者的特质。例如,小明在 2018 年 12 月 28 日做出了一个行动"参加华东师大研究生招生考试"。一个可能的解释是"考研利于找工作",但该解释只是说出了一个事实,并没有解释小明在"参加华东师大研究生招生考试"这一行动中所展现出的意图(intentions)。如果不加上"小明希望通过提高学历找更好的工作"或"小明认为提高学历能找到更好的工作",则"考研利于找工作"这一事实无法解释他为什么会选择考研而不是直接找工作。通过更具体地分析小明的意图,能解释他为何考华东师大而不是复旦大学。在戴维森看来,意图是行动中最彰显行动者特质的属性,甚至在有的学者看来,意图是区分不同行动(acts)的标准,一个行动解释的最低要求是能够解释行动者的行动意图。

假设戴维森提出的这一必要条件是站得住脚的,但意图仍是个宽泛甚至模糊的概念。戴维森将意图分析为支持性态度(pro-attitude)与辅助信念。支持性态度包括欲望、冲动、情感、价值观等,辅助信念是实现支持性态度的中介。二者构成基本理由(primary reasons)。例如,小明"参加华东师大研究生招生考试"的行动可分析为目标"找工作"与信念"考研利于找工作",由此构成"参加考研"的意图。更具体的心理分析将揭示该意图的更多细节。但是,这足以论证理由与行动之间是因果关系(causal relation),理由是行动的原因,行动解释是因果解释吗? 诚然,为了解释行动中所展现出的意图,思路之一是将行动视

---

① 唐纳德·戴维森:《行动、理由与原因》,储昭华译,牟博校,载唐纳德·戴维森:《真理、意义与方法》,牟博编,北京:商务印书馆,2012 年,第386—387 页。

为结果,意图被因果地传递到行动中。但是,并不是只有将理由视为心理实体一种思路。

来看竞争对手"倾向论"的主张。根据迈克·史密斯(Michael Smith)的说法,欲望与信念等心理状态的本质是倾向(dispositions),可分析为"在条件 c1 下做 a1;在条件 c2 下做 a2……"[①]。例如,小明具有"好学"的倾向,可分析为"如果出现困惑,则进行相应的探索;如果老师回答不了,则自己主动探索"等等。更一般地说,可将倾向视为输入-输出结构,"报考华东师大研究生"便是某种倾向的输出。

注意,尽管倾向的实现离不开实现结构,而倾向的实现结构具有因果效力,但似乎很难将倾向本身视作是有因果效力的。小明具有"好学"的倾向,我们只能说"参加考研"是"好学"的一个输出,其与某个输入共同构成了"好学"的例示(instantiate)。然而,不能说"好学"本身导致了"参加考研",因为二者之间是例示关系,正如不能说加速度定律导致了物体加速一样。这是"理由倾向论"与"理由因果论"之间的根本区别,后者主张理由直接导致了行动,理由本身便具有因果效力。"理由倾向论"能够以一种不同于"理由因果论"的方式解释行动意图吗?

戴维森认为不行,他的理由是倾向描述是外部描述,他举了一个开车转动方向盘的例子:"如果这种关于'发出信号'的描述,通过交待他的理由而解释了其行动的话,那么发出信号就一定是有意图的(intentional);但是,根据上面的阐述,它可能并不是有意图的。"[②]我们知道,在元伦理学与行动哲学中通过输入与输出刻画倾向的思路受到了行为主义对心智的研究的启发,行为主义的基本立场正是通过外部描述来理解意图等心智状态,所以戴维森的这一论证有循环之嫌,已经假定行为主义是不充分的。

以上便是对戴维森有关"理由因果论"论证的评析,有两点结论:第一,能够解释行动意图是理由的必要条件;第二,该必要条件不足以论证理由本身便具有因果效力。接下来的三节将表明,如果理由本身便具有因果效力,会遇到更大的麻烦。

---

① Michael Smith, *The Moral Problem*, 1st edn., New York: Oxford University Press, 1994, p. 114.

② 唐纳德·戴维森:《行动、理由与原因》,载《真理、意义与方法》,第396页。

世界视域与中西思想

二、类型层面的"理由因果论"

让我们假设戴维森的论证是成功的,理由本身便具有因果效力,但这种因果效力是类型层面的还是标记事件层面的?

标记与类型相对,虽然二者在不同学科中的理解各有差异,但都在特殊与个别的意义上使用标记,都在普遍与一般的意义上使用类型。根据某种属性或原则将若干标记归入的集合称作类型,标记未必占据时空坐标,所以不能理解成类型的发生(occurrence)。类型的发生称作标记事件,指占据一定时空坐标的标记。[①] 例如,"参加华东师大研究生招生考试"是类型,"小明**参加** 2018 年华东师大研究生招生考试"是标记,"小明**参加了** 2018 年华东师大研究生招生考试"是标记事件。注意,无论标记还是标记事件都不是戴维森本人使用的术语,他用的是"特殊(particular)"与"个体(individuate)",但语义学与心智哲学前沿似乎多采用标记与类型这对术语,笔者将遵循该惯例。每一个具体的行动可以视作一个标记事件,可称之为"行动标记事件";每一个导致行动标记事件的理由,可称之为"基本理由标记事件";相应的,二者在类型意义上可分别称作"行动类型"与"基本理由类型"。

戴维森反对在类型的意义上理解基本理由,他认为二者之间的关系无法预测,而如果要得出可用于预测的概括,则需要给出一套科学方法:"任何依据理由预见行动的严肃理论都必须找到一种方法,来评估各种愿望和信念在决策孕育过程中的有关效力;任何严肃的理论不能把有望来自于单个愿望的改铸过的形式当作评估的出发点。"[②]再看一段:"然而,如果在用解释与被解释的事件之间明确的定义上的联系(definitional connection)来代替这种可溶性的时候,我们能参照某种其与水中溶解之间联系只能通过实验来认识的属性(比如说一种特殊的水晶结构),那么这种解释将更有意义……所谓可溶性,我们假设是一种纯倾向性属性:它是根据单个检验(single test)而得到定义的。但是愿望则不能按照它们可以合理化地解释的行动来界定,即使愿望与行动之间的关系不完

---

① 有关 token 与 type 的具体辨析,请参见斯坦福哲学百科词条:https://plato.stanford.edu/search/searcher.py? query = token

② 唐纳德·戴维森:《行动、理由与原因》,载《真理、意义与方法》,第 403 页。

全是经验性的。"①不难看出,戴维森所谓的预测是"严格律则(strict laws)"意义上的②,但问题是"严格律则"恰是一个有争议的概念,似乎只有可表达为数学的科学才具有"严格律则"的初步资格,这样一来自然科学内部的一些科学也不是类型意义上的了。

现在笔者将抛开"严格律则"有可能不适用多数科学部门的担忧而提供一个新的论证,来说明为何"理由因果论"不能接受在类型意义上理解基本理由。假设基本理由与行动之间能够概括出某种"类型意义上的关系",那么起解释作用的就不是基本理由标记事件而是"类型意义上的关系"加上基本理由标记事件,由此才可套用科学解释"D-N 模型"。然而,"理由倾向论"所采取的正是这种解释模型。倾向分为两部分,倾向性质本身与倾向性质的实现结构。以"好学"为例,从倾向性质本身来看,在日常观念中,"好学"的语义与其他倾向性质(如"较真")的语义由社会评价体系决定。因此,当以"好学"来解释行动时,起解释作用的是背后的评价体系。从倾向性质的实现结构来看,"好学"的例示需要通过能动者的心理-生理-物理机制来实现,起解释作用的是相关科学因果律则。可见,在类型意义上,"理由因果论"与"理由倾向论"没有区别,其解释模型都是"D-N 模型"。

三、标记事件层面的"理由因果论"

如果不能从类型层面理解理由本身的因果效力,那么只能从标记事件层面理解。戴维森的"非律则一元论(anomalous monism)"提供了一个现成的框架:"因果作用原则(principle of causal interaction)"、"因果关系的律则特性原则(principle of the nomological of causality)"、"心理的非律则原则(the anomalism of the mental)"。③

根据"因果作用原则",基本理由标记事件与行动标记事件之间具有因果作用,该因果作用是本体论而非认识论意义上的,或许一时无法被我们认识进而

---

① 唐纳德·戴维森:《行动、理由与原因》,载《真理、意义与方法》,第 401 页。

② 戴维森有关"严格律则"的论述参见 Donald Davidson, "Thinking Causes," *Mental Causation*, John Heil and Alfred Mele (eds.), Oxford: Clarendon Press, 1993, pp. 8 - 9.

③ 唐纳德·戴维森:《心理事件》,牟博译,载唐纳德·戴维森:《真理、意义与方法》,牟博编,第 435—436 页。

纳入"严格律则",但根据"因果关系的律则特性原则"该因果作用关系**在原则上**可纳入"严格律则"。"心理的非律则原则"的意思是"非严格律则"与"严格律则"使用的是两套不可通约的语言描述系统。从"非律则一元论"来看,戴维森的意思是"理由因果论"与"理由倾向论"不在一个层次,前者属于常识心理学,后者属于"严格科学(对应于'严格律则')","理由倾向论"是"理由因果论"的"严格科学"形态。

在戴维森看来,"理由因果论"可形式化为:"$\exists e1(M1 \wedge \cdots P1 \wedge \cdots) \wedge t1(e1) \wedge A(e1) \cdots Caused \exists e2(M1 \wedge \cdots P1 \wedge \cdots) \wedge t2(e2) \wedge A(e2) \cdots$"。其中,e 是标记事件,M 是非物理谓词,P 是物理谓词,A 是副词,t 是时间。注意,戴维森本人并没有一模一样的表述,这是综合《因果关系》(1967)、《行动语句的逻辑形式》(1967)与《戴维森》(2011)三份文献所得,至于他为何要纳入副词并使用量化形式则不是本文要讨论的。

如果在标记事件的意义上理解理由的因果效力,则不难回应几个对"理由因果论"的著名批评[①]:第一个批评认为理由与行动在逻辑上不是独立的,例如"我想参加考研"与"我参加了考研",后者能从前者中分析出来;但我们知道,原因与结果之间的关系应是综合的而不应是分析的,因此该批评又被称作"逻辑关系不同"。戴维森的回应是:"根据事件的原因描述一个事件,并不等于把事件与其原因混为一谈,通过重新描述而做出的解释也不排斥因果解释。"[②]从上面的形式化结构便很好理解,e1 与 e2 是两个本体论上独立的事件,因而逻辑关系是不同的。第二个批评认为对行动的解释与对自然界的解释虽然都是合理化活动,但后者依赖"严格律则"而前者不依赖。但戴维森的本意就是"非律则",他区分了"因果性(causality)"与"因果陈述(causal statements)",在《因果关系》一文中他将之表述为"单称因果陈述未必例示律则"[③]。第三个批评认为"理由因果论"与自由意志无法兼容。戴维森在《行动、理由与原因》一文中只有简短的回应。从"非律则一元论"来看,根据"物理世界因果闭合原则",标记事件之间只有因果关系,没有自由意志的余地。但是,"理由因果论"可以说标记

---

① 这三个质疑的直接靶子是亨普尔(C. G. Hempel)写于 1962 年与 1965 年的两篇文章。

② 唐纳德·戴维森:《行动、理由与原因》,载《真理、意义与方法》,第 400 页。

③ Donald Davidson, "Causal Relations," *Essays on Actions and Events*, Donald Davidson (ed.), New York: Clarendon Press, Oxford University Press, 2001, pp. 161 - 162.

事件与自由意志是不同范畴的存在,因而不存在兼容的问题;况且,由于基本理由标记事件与行动标记事件之间是因果关系,这反倒说明行动并不脱离行动者的控制。

需要说明的是,这里没有讨论"认知途径不同"与"异常因果链条(deviant causal chains)"两个批评,因为这两个批评与"理由因果论"无关,前者讨论的是自我知识,后者讨论的是意图能否还原成基本理由。

四、从金在权等人的批评看标记事件

上一节表明,如果从标记事件的角度理解理由的因果效力,则"理由因果论"能够与"理由倾向论"相区分并且能够较融贯地回应几个批评。然而,"非律则一元论"的三条原则至少在字面上是矛盾的。换句话说,即便"理由因果论"能在"非律则一元论"那里得到更有力的阐释,但"非律则一元论"本身稳固吗?

从心身视角来看,基本理由标记事件具有心理属性(命题态度),因而属于心理事件;行动标记事件兼具心理与物理属性,因而属于心理-物理事件。现在问题来了,是什么导致了心理-物理事件(或者说是什么导致了物理事件)?"理由因果论"会说是基本理由标记事件(即心理事件),但如果基本理由标记事件之间无法概括出"严格律则",有什么理由说基本理由标记事件具有因果效力呢?

金在权指出:"注意,根据非律则一元论,仅当事件例示物理律则(physical laws)的时候才能成为原因或结果,这意味着事件的心理属性无法带来因果上的不同(make no causal difference)。"[1]反过来说,根据"物理世界因果闭合原则",每一个物理事件都由另一个物理事件导致,心理事件便成了多余。"承认心理事件 m(在 t 时出现)是物理事件 p 的原因同时又否认 p 在 t 时有物理原因,这明显违背物理世界因果闭合原则,将会陷入笛卡尔的交互二元论,即一个单一因果链中的物理事件和非物理事件的混合。但是承认 p 在 t 时也有物理原因 p* 会引出一个问题,留给 m 所归属的因果工作是什么呢?"[2]以上批评可

---

[1] Jaegwon Kim, "The Myth of Nonreductive Materialism," *Supervenience and Mind*, Jaegwon Kim (ed.), Cambridge: Cambridge University Press, 1993, pp. 269-270.

[2] 金在权:《物理世界中的心灵》,刘明海译,北京:商务印书馆,2015 年,第 48 页。

重构为如下两个论证：

正面论证

(A1)事件成为原因,仅当其例示了因果律则

(A2)心理事件不能例示因果律则

(A3)心理事件不能成为原因

反面论证

(B1)物理事件无法被非物理事件导致

(B2)心理事件是非物理事件

(B3)心理事件无法导致物理事件

这两个论证的基础是金在权的"功能还原模型(the functional model of reduction)"：

$$(C1) M \leftrightarrow Pi \leftrightarrow (P1 \lor P2 \lor \cdots \lor Pn), 其中 P1 \leftrightarrow (R1 \land \cdots Rn), \cdots, Pn \leftrightarrow (Rn \land \cdots Rn+1)$$

$$(C2) M \rightarrow P$$

$$(C3) (P1 \lor P2 \lor \cdots \lor Pn) \rightarrow P$$

不难看出,基本理由标记事件所承担的解释功能被还原为某类型的(或所有类型的析取的)实现结构,这些实现结构可使用清晰的公共语言进行描述,这使得"理由因果论"又变得无法与"理由倾向论"相区分。

戴维森如何回应这种批评？ 他不承认正面论证的(A1),他说:"金在权让我们'注意'的是,'根据非律则一元论,仅当例示规律事件才能成为原因'。这完全不是我所主张的。我没有这样主张,由于我所给出的事件概念与因果概念,说一个事件'作为'什么便成为原因是没有意义的。AM+P+S的预设是:事件是非抽象的个别对象,因果关系是这些事件之间的外延关系。"[1]在戴维森看来,反面论证(B1)里的物理事件是标记事件意义上的,而(B2)里的心理事件

---

[1] Donald Davidson,"Thinking Causes," *Mental Causation*, John Heil and Alfred Mele (eds.), p. 6.

与(B3)里的物理事件都是类型意义上的。不难看出,金在权与戴维森二者分歧的根源在于对"标记事件"与"因果效力"的理解。前者认为非内涵性地谈论标记事件的因果效力是没有意义的,后者认为是有意义的。就此而言,二者的争论似乎不在一个层面。

然而,不能说戴维森躲过了批评,因为金在权在内涵性层面谈论因果效力有着更深层次的考虑,即因果关系应具有实质的(intelligibly and informatively)语义内容。[①] 据此,陈晓平进一步指出戴维森的因果关系是不可说的。[②]

让我们回到"理由因果论"的形式化表述。所谓的"caused"仅仅是"真值函项联结词",只有逻辑功能而没有语义内容。但是,为什么说金在权对因果关系的表述有语义内容而戴维森的没有语义内容? 从二者的形式化表述上很容易看出区别:戴维森的形式化表述可简化为"$\exists e1(\cdots)$ caused $\exists e2(\cdots)$",仅指标记事件之间的因果关系,无所谓事件被如何描述,即便描述是假的,甚至没有任何描述,都不妨碍标记事件之间因果关系的存在,这种因果关系是有因果效力的(只是我们不知道是什么意义上的)。反观金在权对因果关系的形式化表述"$P1 \leftrightarrow (R1 \wedge \cdots Rn)$",显然这是对属性的描述,描述依赖于某个描述系统(例如物理系统),而描述系统一定蕴含实质的语义内容。如果改变"$(R1 \wedge \cdots Rn)$"中的任意一项,则 P1 便不是对 M 的物理还原,因而 Pi 也不是对 M 的功能还原,这使得 Pi 无法取代 M,因而 Pi 与 P 之间的因果关系也就无从谈起了。概言之,戴维森的因果关系更像是一种本体论承诺,至于该本体被如何描述那是认识论的事情,描述的真假不影响因果关系的存在与否;金在权的因果关系更像是一种认识产物,描述的真假决定了因果关系的成立与否。至于戴维森为何要在这样的意义上理解因果关系,这涉及形而上学方面的问题,本文不予以讨论。

即便戴维森这样理解因果关系在形而上学上是有道理的,甚至在心身问题上也是深刻的,但作为一种解释,这样理解因果关系是远远不够的。如果基本理由标记事件与行动标记事件之间的"因果关系"没有实质的语义内容,那么基本理由标记事件还有资格被称作解释项吗? 要知道,理由的基本功能是**解释**,

---

① Jaegwon Kim, "Can Supervenience and 'Non-Strict Laws' Save Anomalous Monism?", *Mental Causation*, John Heil and Alfred Mele (eds.), pp. 21 - 22.

② 参见陈晓平:《心灵、语言与实在——对笛卡尔心身问题的思考》,北京:人民出版社,2015 年,第 91 页。

没有语义内容的解释还是解释吗?

总的来说,顺着金在权等人的批评会发现,如果理由本身具有因果效力,那么会陷入一个"如何理解理由的因果效力"的两难,要么从类型意义上理解,要么从标记事件理解。前者失去了核心主张"理由本身具有因果效力",从而无法与"理由倾向论"区分;后者虽然保住了核心主张却没有内容,从而失去了理由的解释功能。如果以上论证是正确的,那么"理由因果论"还有意义吗? 出路在哪里?

五、"理由因果论"的一条可能的出路

站在"理由因果论"立场,回应上节两难困境的第一种思路是仍然在类型意义上理解理由的因果效力,然后以各种版本的非还原论为参考,一方面研究连接基本理由类型与行动类型之间的"严格律则",另一方面说明基本理由类型在解释行动类型上为何是不可替代的。虽然,该思路被戴维森否定,但注意,他并没有说心身关系在原则上无法概括出"严格律则"。笔者更倾向这样的解释,由于上世纪六十年代基于"深度学习"与"大数据"的算法尚未出现,所以难以想象理由与行动之间的律则关系,但"非律则一元论"承诺了行动解释在原则上可以纳入"严格律则"。该思路最大的问题倒不是方法上的或技术上的,而是如何在坚持因果律则的同时,避免基本理由沦为"副现象(epiphenomena)"甚至被取消。

笔者想讨论的是另一种思路,这需要从澄清一个误解开始。我们误以为"行动 a 是因为理由 r"、"行动 a 是出于理由 r"这类表述中的"因为"与"出于"是认识论意义上的,即需要提供实质的语义内容或认识论内容。但如果将之视为一条优先于语义学与认识论的"范导原则(regulative principle)"则不会遇到两难困境,甚至能令"理由因果论"与"理由倾向论"各得其所。

戴维森对因果关系的形式化表达恰好构成了"范导原则"的逻辑基础。现在的问题是,"范导原则"的范导性如何体现呢? 换句话说,对标记事件的描述为什么一定要以因果解释为目标? 例如"小明参加了 2018 年华东师大考研",既可以从常识心理学解释,也可以从社会规范与道德原则解释,还可以从脑科学与神经运动学解释。这些分属不同描述系统的解释凭什么都奠基于"因果

性"呢？这要求一个极强的形而上学层面的说明,尚待专门的讨论,戴维森的这条形式化表述只是逻辑形式,并没有说明为什么。笔者认为这正是"理由因果论"今后的工作,以下仅谈三点作为"范导原则"的"理由因果论"的意义:

首先,在解释行动的层面,"范导原则"要求对行动的常识心理学解释必须以因果关系为前提。但请注意,这不意味着所有的解释都以因果关系为前提,仅指对行动的解释,一些解释(如数学解释与文学解释)不是。每一个行动标记事件都不是固有的而是激发的,因而是标记事件与标记事件之间的关系。

其次,在认识论层面,"范导原则"为具有丰富内容的科学解释预留了空间。"范导原则"并不否认基本理由类型与行动类型之间在原则上可以概括出因果律则。① 这要求我们对行动的解释不能与科学解释相冲突。如果有一天神经科学表明"欲望"与"信念"这些心理状态其实是共外延的或根本没有对应的实体,那么我们的日常用法应有相应的调整。当然,这会带来一个问题,既然对标记事件的各个描述系统都奠基于"因果性",那么各个描述系统中的因果律则应处于连续统中,如此一来还有"严格律则"的说法吗？

最后,在实践层面,"范导原则"预设了每个行动标记事件都是被导致的,尽管不清楚它们是如何被导致的。例如,小明与小张都参加了华东师大考研,尽管不清楚他们分别出于什么理由参加,但清楚的是这两个行动标记事件一定分别由两个基本理由标记事件导致。这为追究行动(道德)责任奠定了基础。

The Difficulty and Outlet of Davidson's Causal Theory of Reason

Li Dashan

Abstract: Davidson argues that there is a psychophysical causal relationship between reason and action. There are two difficulties: first, the intentions of action can also be explained by the dispositional theory of reason. So being able to explain the intentions of action is not enough. Second, how to understand the causal efficacy of the reason itself?

① Donald Davidson, "Thinking Causes," *Mental Causation*, John Heil and Alfred Mele (eds.), pp. 9,11.

If understanding in the sense of type, then the causal theory of reasons cannot be distinguished from the dispositional theory of reasons. Because the law of causation plays an interpretive role in this interpretation models. If understanding in the sense of token events, then causes and effects have no semantic contents. The possible way to save the causal theory of reasons maybe is regarding "reason caused act" as a regulative principle. On one hand, it guarantees that every specific act can be attributed. On the other hand, it guides other explanations in action explanation to be compatible with causal explanation.

Keywords：primary reasons, actions, causal relation, token event, regulative principle

【导师推荐意见】

　　理由是命题性的,命题内容不属于物理世界故没有因果效力,这是我们的日常直觉,这篇文章的贡献正是运用语言、逻辑分析的方法清楚地阐明了该日常直觉。作者严谨地区分了戴维森的论证与戴维森式的立场,戴维森论证上的不融贯不代表"理由因果论"没有价值,甚至有助于"行动因果论"重整旗鼓。在整体构思与文献取材上也不乏亮点,横跨了元伦理学、心智哲学与行动哲学,体现了作者试图打通这些领域的尝试。相较这篇文章预期能带给读者的启发,我更期待作者的后续研究能够提供对理由与行动关系更正面、更集中、更纯粹的阐释。

(颜青山,华东师范大学哲学系教授)

论科恩的共同体思想

李毅琳 *

[摘　要]　G. A.科恩是分析马克思主义的代表人物,但在政治哲学上,他的观点往往被混同于自由平等主义。实际上,科恩与罗尔斯等平等主义思想家有重要差别,这就是他力图在自由主义的平等原则与社会主义的共同体原则之间维持平衡。正是立足于共同体原则,他批评罗尔斯的差别原则,认为激励论证、帕累托论证均过于偏爱有才能者,对不平等作了过多的妥协;正是立足于共同体,他重构了其社会主义理想,在坚持机会平等原则的同时,引入共同体原则,在坚持分配平等的同时,引入关系平等,对社会主义社会理想做了独特的证明。

[关键词]　G. A.科恩;平等;正义;共同体

纵观国内外学界,尽管科恩(G. A. Cohen)的作为平等的正义理论已受到广泛关注,但对其共同体精神、仁爱思想的探讨却并不充分。科恩的学生弗利

* 李毅琳(1994—　),女,广东省广州市人,复旦大学哲学学院国外马克思主义哲学博士研究生,研究方向为政治哲学。

萨里斯(Nicholas Vrousalis)在对科恩的政治哲学研究中专门论述了科恩的共同体思想,并指出科恩对共同体以及友爱的论述,是其重要但被忽略的人道主义思想。[①] 本文通过重构科恩对罗尔斯正义理论的批评和其社会主义理想的建构,指出共同体思想始终贯穿于科恩对自由、平等等价值的讨论之中,并构成科恩平等思想的出发点。在科恩那里,分配平等与关系平等,平等原则与共同体原则共同构成社会主义理想的前提与基础。对这一问题的考察,不仅有助于我们把握科恩对罗尔斯差异原则进行批判的特殊视角,也有助于我们理解个体与社会之间的关系。

一　罗尔斯正义理论的批评的"隐秘线索"

罗尔斯称其平等理念为"民主的平等",并把它与自然的自由体系和自由的平等相区别。在自然的自由体系中,只要满足某些背景制度的约束,任何由此产生的有效率的分配都被承认是正义的。[②] 自然的自由体系的最初分配仅向有才能者开放,并不调节任何社会偶然因素。而自由主义的平等,则是在此基础上加上机会的公平平等原则进行限定,因而自由的平等不仅指形式上的地位平等,而且也包含所有人有机会达到地位的平等。[③] 这意味着,对于具有同等能力和志向的人,其对生活的期望不应当受到其社会出身的影响。相比于自然的自由体系,自由的平等排除了社会偶然因素,但是,自由的平等仍然具有局限性,它允许人的能力和天赋的差异对财富与收入分配产生影响,因而并未完全消除道德任意性因素的影响。基于对自然的自由体系、自由的平等体系的局限性的分析,罗尔斯提出自己的理想,这就是民主平等体制。罗尔斯与自由主义的平等理论的区别体现在差别原则上。通过差别原则,基本结构的社会和经济不平等将得到消除,较不幸运者的利益得到保障。[④] 因而差别原则体现了一种更强的、更激进的平均主义的观念。此外,罗尔斯还强调,差别原则体现了

---

① 参见 Nicholas Vrousalis, *The Political Philosophy of G. A. Cohen：Back to Socialist Basics*, Bloomsbury Academic, 2015, p. 99。

② 参见约翰·罗尔斯:《正义论》,何怀宏、何包钢、廖申白译,北京:中国社会科学出版社,1988年,第72页。

③ 参见约翰·罗尔斯:《正义论》,第73页。

④ 参见约翰·罗尔斯:《正义论》,第76页。

"自由、平等、博爱"的传统观念中的"博爱"。与自由、平等相比，虽然博爱观念在民主社会中似乎地位较次要，但博爱使我们看到了民主权利所表现的价值，也被认为是体现了某种社会评价方面的平等。博爱原则表达了这样一种道德意识：如果不是有助于状况较差者的利益，任何人就不欲占有较大的利益。[1]

在罗尔斯看来，博爱是一种善，并强调公平的正义与博爱之间的关系是相容的。他认为，人类之爱，或者仁爱，包含强烈的行使正义的欲望，但除了正义的义务，仁爱还促使人们准备履行所有的自然义务，甚至超出这些义务的要求。[2] 基于此，罗尔斯说："虽然作为公平的正义一开始就把原初状态中的人们看作个人，或更准确地说是看作连续的线段，但这对解释那些使人们联为一个共同体的较高层次的道德情感来说并不构成障碍。"[3]换言之，尽管博爱不是罗尔斯正义理论的出发点，但是他认为自己的差别原则除了体现正义的要求，也包含着超出正义的博爱精神。

问题是，罗尔斯的"博爱"观念既没有包含在他的理论前提之中，也没有体现在他对差异原则的具体解释之中。罗尔斯认为，在原初状态中，各方是互相冷淡而非相互同情的，在这样的设定下，如果不平等能提供刺激从而引出更有成效的努力，处在原初状态中的各方就可能将这些不平等视作鼓励有效表现的必要手段。他还认为，如果不承认这些不平等的正义性，那么各方就是目光短浅的。[4] 科恩对罗尔斯的批判针对正是这一点。他认为罗尔斯的正义原则不能一贯地支持其博爱观念，而是有违共同体精神的。

柯恩首先对罗尔斯的激励论证进行了批判。科恩区分了对差别原则的两种不同解读。在对差别原则严格的解读中，只有当不平等严格说来是必要的时候，即与人们的选择意图无关的时候，差别原则才把不平等当作必要的。在对差别原则的宽泛解读中，差别原则也支持与意图有关的必要性[5]，例如这种不平等需要满足有才能的生产者的自私自利的欲望他们才愿意工作。这两种解

---

① 参见约翰·罗尔斯：《正义论》，第 106 页。

② 参见约翰·罗尔斯：《正义论》，第 190 页。

③ 约翰·罗尔斯：《正义论》，第 190 页。

④ 参见约翰·罗尔斯：《正义论》，第 150 页。

⑤ 参见 G. A. Cohen, *Rescuing Justice and Equality*, Cambridge：Harvard University Press, 2008, p. 69。

读在罗尔斯的作品中都能找到支撑材料。一方面,罗尔斯信奉对差别原则的严格解读,此时这种激励是应当被谴责的,因为如果一个社会的成员明确地信奉差别原则,那么这个社会就没有必要使用特殊的激励来激发有才能的生产者。[1] 另一方面,宽泛解读中的差别原则要求激励性政策。当激励论证仅由有才能者提出来的时候,是无法通过人际检验[2]的。换言之,激励论证只是由于有才能者提出才是正当的,但无法将提出该政策的主体换作其他群体,这就表明了激励论证是缺乏共同体精神的。概言之,宽泛解读的差别原则或者是常见表述的差别原则与罗尔斯的尊严、博爱和完全实现人的道德本性这些理想相悖。

除了激励论证,罗尔斯认为其差别原则也支持作为效率原则的帕累托更优原则带来的不平等,而这种效率原则意味着,如果不存在改善至少一个人的状况而同时不损害另一个人的再分配方法,那么现有分配方法是有效的。[3] 但科恩对此发起了挑战。科恩表示,如果帕累托论证支持不平等,那么有才能者运用具有道德任意性的天赋才能进行剥削是正义的,也就是道德上的任意性被认为是契合于平等的。他把具有社会基本善方面的平等和才能的善方面的不平等的状态称为 D1,把有才能的人不仅享有其初始优势,而且享有更大的社会基本善集束中的深层优势的状态称为 D2。D2 对于 D1 是帕累托更优状态。假定 D1 的工资的平等水平是每小时的工资率,即 W,在 D2 的情况下,才能突出者和才能欠缺者的工资率高于 W,如前者为 Wt,后者为 Wu,那么 Wt 应该大于 Wu。在罗尔斯的帕累托论证中,Wt 和 W 二者的差别是产生 W 和 Wu 的差别所必须的,也就是说才能突出者的高收入是提升才能欠缺者收入所必须的。然而,科恩认为有一种逻辑上可能的分配情况 D3。科恩认为,D3 中生产的数量等于 D2,但 D3 的工资是相同的,有才能者和无才能者的工资率都是 We,而

---

[1] 参见 G. A. Cohen, *Rescuing Justice and Equality*, p. 69。

[2] 人际检验:如果一种论证由于谁在说和/或谁在听而无法证明一政策是正当的,那么不管它在其他的对话条件下是否同样成立,它都无法(简单地)全面地证明该政策是正当的。科恩的共同体指"辩护性共同体",仅当一项政策论证通过了人际检验,相关的人们为该政策提供的论证才满足辩护性共同体的要求。而如果对该政策的所有论证都没有通过那种检验,那么无论还可以说什么来支持该项政策,它都表明辩护性共同体的缺乏。参见 G. A. 科恩:《激励、不平等与共同体》,载吕增奎编:《马克思与诺奇克之间》,南京:江苏人民出版社,2008 年,第 273—275 页。

[3] 参见约翰·罗尔斯:《正义论》,第 67 页。

Wt>We>Wu>W。在 D3 状态下，有才能者的工资少于 D2 状态下的工资 Wt，但高于 D1 状态下的 W；但对无才能者来说，D3 状态下的工资 We 且大于 D1 状态下的工资 W。这意味着 D3 比 D1 帕累托更优，但比起 D2，D3 维持了平等。科恩认为，如果 D3 可行，并且在其中才能突出者在收入为 We 时愿意像在 Wt 时那样工作，我们就不能反对 D3。他得出，帕累托论证并不要求不平等，或者说，把有才能者的行为当作前提条件，所要求的不平等是不公正的。

科恩认为，差别原则的道德任意性立场与差别原则的内容有一种根本的张力。道德任意性主张把偶然造成的不平等视为不公正，差别原则所主张的平均主义观念正是要克服这种任意性。但罗尔斯又用帕累托法则容许了那种不平等。于是，道德上的任意性主张就与差别原则的内容相矛盾。具体而言，激发罗尔斯式平等出发点的理念，即正义反对人与人之间由于道德任意性的原因而在财富上的差异，因为它们是不公平的，就预设或者蕴含了正义已经（至少部分地）涉及不同的人们所得之间的关系。但是，差别原则在相关的和基本的意义上对人与人之间的比较视而不见，并因此容许了那种不公平。

最后，科恩对罗尔斯主张正义原则只适用于社会基本结构的观点提出批评。首先，从纯粹的结构解释中，差别原则并不反对市场利益最大化者的利己动机。第二，如果正义只是与结构有关，那么处境较有利者则倾向反对平等，处境最不利者的地位低下就是因为处境较有利者对私利的追逐而成为必然。第三，罗尔斯认为在公正的社会中人们依照正义感而行动，并试图在自己的选择中运用这些原则，但如果人们随心所欲的选择已经能满足正义，那么他们不得不按照正义原则而行动就显得不具有说服力了。[1] 最后，科恩区分了两种对基本结构的理解：第一种理解是指一种粗略的强制性纲领，如法律；而第二种理解则是指较多依赖于惯例、习俗和期望但较少依赖于法律的基本结构，如家庭。对于后者，个人选择是否正义会起到较大的影响。罗尔斯的理论矛盾体现在："他关于正义评判对象的标准和他把与结构相符合的个人选择的影响排除在正义评判范围之外的渴望之间的不一致之处。"[2]换言之，如果罗尔斯的

---

① 参见 G. A. Cohen, *Rescuing Justice and Equality*, pp. 130 - 131.

② G. A. Cohen, *Rescuing Justice and Equality*, p. 132.

正义原则只适用于强制性结构,那么他关于正义判断的标准就会出现任意性,而如果正义原则适用于社会惯例,那么将正义限制于社会强制结构这一点就不能成立。基于此,科恩认为,我们必须改变对强制性基本结构的过度关注,倡导一种影响人们的个人选择的正义风尚。这种风尚促进一种比正义原则所能够保证的更加公正的分配,并且更好地体现人们之间的互相关爱的精神。

由此可见,科恩从平等的角度切入,对罗尔斯的差别原则进行批判,激励论证与帕累托论证均会因为支持天赋差异而造成重大不平等,而这违背了罗尔斯正义理论的博爱精神,更有损共同体观念。事实上,科恩拯救平等的根本出发点是人类的共同体,在这种共同体观念下,道德偶然性造成的结果不平等是不被允许的。

二 从自由主义平等到社会主义平等

从上文的论述中可以看到,罗尔斯的理论有一种社会偶然性和自然运气不应得的立场倾向,但在科恩看来,罗尔斯的帕累托论证又容许了这种不应得的存在,因而罗尔斯的平等主义是不充分的。罗尔斯的立场被德沃金所阐发,从而为运气均等主义奠定了理论基础。其后,运气均等主义者主要致力于对两个问题的考察,谢弗勒总结为:"第一个问题是平等主义者希望追求什么东西的平等。这个问题经常被表达为一个关于平等的正确'度量'问题。人们已经讨论的平等化目标包括福利、资源、福利的机会和可及优势等。第二个问题是何种形式的不平等应该以平等的名义获得补偿。这里人们讨论的是生理残障、医疗需要、有限的禀赋、不利的社会地位、不成功的赌博、昂贵嗜好、昂贵的宗教信仰以及不受欢迎的性情,等等。"[1]这两个问题密切相关。运气均等主义的理论尽管有不同变体,但核心理念是相同的,如谢弗勒所指出的那样:"即人们拥有的利益的不平等如果源于人们自愿做出的选择,那么这种不平等是可以接受的;但是,如果这些不平等源于未经人们选择的环境因素,那么这些不平等就是非

---

[1] Samuel Scheffler, "What is Egalitarianism," *Philosophy & Public Affairs*, 1(2003): 13.

正义的。"①运气均等主义通过对选择与环境做出区分,消除纯粹的运气对人们生活的影响,从而实现其平等的理念。

科恩对运气均等主义持有同情的态度,并认为运气均等主义比罗尔斯更好地体现了平等。然而,他对资源平等以及能力平等两种进路的论证并不满意,并主张用"可及优势平等"去取代资源平等以及能力平等,以更好地实现平等主义的理念。他把"福利"当作一种典型的平等物,并且涵盖了享乐式福利以及偏好满足两个层面。他认同罗尔斯对昂贵嗜好的批评驳倒了福利平等主义,但他认为罗尔斯的理由也使其对平等主义的维护陷入了自相矛盾,即对昂贵嗜好的反驳诉诸个人责任,但个人的努力却只负有部分责任,因为不受个人控制的天赋起到了重要的作用。罗尔斯的矛盾正在于,对公民是否负有"责任"的划界并不明晰。虽然科恩承认福利平等主义有种种缺陷,但不认为应该走向德沃金的资源平等主义。主要原因是科恩并不认同德沃金式的资源与选择或社会环境与个人责任之间的划分。在他看来,第一,德沃金只要求对资源不足进行补偿,但没有对不幸本身进行补偿,比如对疼痛的补偿;第二,德沃金没有把责任的缺失作为正当补偿的必要条件放在最重要的位置上。② 科恩认为,一个不用负责任地需要(或无可指责地选择发展)昂贵嗜好的人与一个不用负责任地失去(或无可指责地选择消费)宝贵资源的人,从平等主义者的角度看来在道德上没有任何差别。③ 他认为,人们应该给予补偿的是一个人无法控制的不利,因而不应该把不幸的资源天赋和不幸的效用功能区分开。④ 他试图用"可及优势平等"来取代德沃金的资源平等,从而更好地坚持运气均等主义的初衷:没有人应该因为坏的、纯粹的运气而受苦。他的"可及优势平等"可视作对"福利平等"的一种修正和延伸。"优势"包括福利,但比它更广泛。"可及"则比"机会"更为广泛,它关注个人能力的不足,个人能力不足"即使没有减少获得有价值之物的

---

① Samuel Scheffler,"What is Egalitarianism,"*Philosophy & Public Affairs*,1(2003):5.

② 参见 G. A. Cohen,*On the Currency of Egalitarian Justice, and Other Essays in Political Philosophy*,N. J.:Princeton University Press,2011,p. 19.

③ 参见 G. A. Cohen,*On the Currency of Egalitarian Justice, and Other Essays in Political Philosophy*,p. 20。

④ 参见 G. A. Cohen,*On the Currency of Egalitarian Justice, and Other Essays in Political Philosophy*,p. 20。

机会,它们还是减少了对有价值之物的可及性"①。科恩承认,他并没有用一种很系统的方式概括"优势"的定义,但他尝试通过"可及优势"来避免资源平等主义以及福利平等主义的不足,从而实现平等的激进化。他认为,对一个平等主义者来说,最重要的工作是消除剥削和纯粹的运气对分配的影响,因而根本的区分是在影响人们命运的选择和运气之间。② 而按照可及优势平等,当不平等(或平等)反映出可及优势不平等时,人们的优势就是不正当的不平等(或不正当的平等)的。③ 简言之,不反映出主体选择的不利需要被纠正。

　　科恩的平等观念里最为突出的是对可受控制的个人选择以及不受控制的纯粹的运气的区分,并把消除纯粹的运气带来的影响作为其激进平等观念的目标。科恩区分了三种形式的机会平等原则和三种相应的对机会的障碍。第一种机会平等原则可以被称为"资产阶级的机会平等"。资产阶级的机会平等消除了由社会造成的地位对生活机会的限制,这种限制既包括正规的地位限制,也包括非正规的地位限制。第二种原则是"左翼自由主义的机会平等"。这种机会平等原则超出了资产阶级的机会平等。左翼自由主义的机会平等是对社会的不利条件的纠正,而不是对天赋的或生来的不利条件的纠正。而科恩所推崇的是第三种原则,即社会主义的机会平等。它纠正的不平等是由作为非正义的更深层根源的天赋差异所引起的,它超出了由非选择的社会背景强加的不平等,因为天赋的差异亦是非选择的。一旦社会主义的机会平等实现,结果的差异就只是反映在爱好和选择的差异上,而非自然和社会的能力与权力的差异。由此可见,资产阶级的机会平等相应于罗尔斯所说的"自由主义的平等",而左翼自由主义的机会平等则主要相应于罗尔斯的"民主的平等"。科恩的"社会主义机会平等"则是一种相较于罗尔斯的"民主的平等"更为激进的机会平等原则。

　　但科恩也意识到,他的社会主义机会平等原则如同运气均等主义的平等

---

① 参见 G. A. Cohen, *On the Currency of Egalitarian Justice, and Other Essays in Political Philosophy*, p. 20。

② 参见 G. A. Cohen, *On the Currency of Egalitarian Justice, and Other Essays in Political Philosophy*, p. 4.

③ 参见 G. A. Cohen, *On the Currency of Egalitarian Justice, and Other Essays in Political Philosophy*, p. 18。

观,仍是不彻底的。之所以"不彻底",是因为它与三种形式的不平等相容。第一种不平等是由于生活方式选择的偏好多样化造成的,这可以获得可比较的外观,但不是真正的"不平等"。第二类不平等包含总的益处上的不平等。它包含了两种类型的不平等:因使人悔恨的选择(因选择者的疏忽或不在意)而产生的不平等,和因选择上运气的差别而产生的不平等。这种不平等完全符合社会主义平等原则,但它使得当事人产生抱怨,损害了共同体原则。在这三种与社会主义平等原则相容的不平等当中,除第一个之外,其余两个虽然并不为正义所谴责,但当它们在足够大的范围得以流行,会使社会主义者反感,并将共同体原则置于严重考验之下。

在这个意义上,科恩认同一些对运气均等主义的批评。对于运气均等主义,谢弗勒认为,在选择和环境(或者运气)之间作区分,在哲学上是困难的,在道德上是行不通的。从哲学上看,"就对人们至关重要的同一性(identity)而言,实际上未经选择的人格特征和个人出生时所面临的社会环境也是自我同一性的重要组成部分。就通常意义上的'自愿'而言,人们的自愿选择通常深受不可选择的人格特征、性情和自身所处社会环境的影响"①。科恩承认,区分出什么代表真正的选择是格外困难的,他的划分会受制于那些或许不可能得到答案的形而上学问题。但他认为,"真正选择"的区分是一个程度问题,通过选择者所拥有的相关信息的数量可以对这种程度进行评估。因而这种"真正选择"的区分并非不可能的②,即便可能因现实的复杂性而缺乏可行性。谢弗勒又进一步指出,这种选择与环境的区分在道德上缺乏说服力。运气均等主义将以一种强烈的"内部审视"作为判断责任归属的基础。也就是说,一个人因为某种不利情况,要求以平等的名义获得补偿,这有赖于对这个人的不利来源进行甄别,即考察其不幸是来自于她自身的选择还是环境造成的结果。因而,要知道她是否有资格获得补偿,就要理清她的意志以及未经选择的才能和环境各自产生的结果,而与此同时,理清她处于不利状况的过程。因为这个原因,运气均等主义者鼓励这个不幸的人决定她是否对其他人有一个合法的补偿主张,换言之,鼓励人们去详细地省视自身的不同层面的不利状况,并判断人们对自身

---

① Samuel Scheffler, "What Is Egalitarianism," *Philosophy & Public Affairs*, 1(2003): 18.

② 参见 G. A. Cohen, *On the Currency of Egalitarian Justice, and Other Essays in Political Philosophy*, p. 32。

的不幸状况承担责任的程度。[①] 在关系平等主义者看来,这种做法违背了平等主义者的初衷。追求平等原本反对的是压迫、等级、特权,追求的是人与人之间的一种平等关系。但是,一种鼓励他人去揭示自身不幸情况的做法,使不幸者面临家长式[②]的威胁,未能得到足够的尊重。针对这些平等原则会带来的问题,科恩认为应当用共同体原则来调节,因为共同体的核心是人们之间的互相关心。

弗利萨里斯认为,科恩的共同体思想破坏了罗尔斯的平等主义,因为罗尔斯的平等主义容许破坏共同体精神的不平等,那么照此可以推导出,科恩的共同体思想也破坏了运气均等主义的立场,包括科恩自己的平等观念,因而是自我矛盾的。[③] 弗利萨里斯其实误解了科恩的立场,事实上,这种"破坏"是科恩自我扬弃的尝试。诚然,科恩的共同体思想会"破坏"其平等主义,但平等主义并非科恩的最终目标。科恩的"可及优势平等"是在与自由主义的平等主义对话的语境下提出的,立足于个体,属于分配平等的范畴。但在科恩的理论体系中,为社会主义辩护才是最终目标,共同体是社会主义区别于资本主义的重要特征,而平等主义是实现其共同体精神的基础与前提。

三 社会主义:平等原则与共同体原则

科恩对共同体更为详细的论述体现在他对其社会主义理想的辩护中。他描述了两种不同的野营旅行模式。在一种野营模式中,人们接受平等和互惠的规范,并认为这些规范是理所当然的。差异尽管大量存在,但人们相互理解,这种精神保证了不存在任何人可以在原则上反对不平等。而在另一种野营模式中,人们遵循市场交换和对所需用具的严格私有的原则。科恩认为,大多数人会被第一种野营模式吸引,也就是被一种社会主义理想所吸引。之所以第一种野营模式是吸引人的,是因为有两个原则在野营中得以实现,一是平等主义原

---

① 参见 Samuel Scheffler, "What Is Egalitarianism," *Philosophy & Public Affairs*, 1(2003): 21。

② 家长式行为:如果一种行为是为了别人的利益但却违背他的意愿而做出的,并且该行为从意图上来说实际上确实有利于他,那么这种行为就是家长式行为。参见 G. A. 科恩:《自我所有权、世界所有权与平等:上篇》,载吕增奎编:《马克思与诺奇克之间》,第130页。

③ 参见 Nicholas Vrousalis, *The Political Philosophy of G. A. Cohen: Back to Socialist Basics*, p. 110。

则,二是共同体原则。

如果说科恩的平等原则只是对左翼自由主义的平等原则作了推进,那么共同体原则的补充则是与后者更为重要的区分。共同体的核心要求是人们互相关心,必要且可能的情况下照顾彼此,也在乎他们是否互相关心。[①] 根据这一定义,科恩讨论了两种共同关心模式,第一种共同关心模式是抑制那些社会主义机会平等原则所导致的某些不平等的模式;第二种模式是倡导一种互惠的纯粹道德风尚。共同体互惠性是非市场的原则,不是工具性的,需要一定的奉献精神,按照这种原则:"我之所以为你服务,并不是因为我能够得到的回报,而只因为你需要我的服务,而且你因为同样的原因来为我服务。"[②]在这种共同互惠的精神中,人们相互之间视对方为人类同胞,这不同于市场动机中所期望的互惠互利。

在此基础上,科恩探讨了社会主义理想的可行性和可欲求性。对于社会主义的可行性,科恩认为最重要的问题是如何设计出能够使其运行的机制。人有自私和慷慨两个倾向,应该利用人的慷慨倾向使这种机制得以运行。现实的困难是,人们知道如何充分利用自私,但不知道如何利用慷慨来推动经济发展。对于社会主义的可欲求性,科恩从共同体的视角来区分社会主义和资本主义。共同体的第一种关心模式用于抑制社会主义机会平等带来的不平等;而第二种共同体关心模式则是指一种互惠风尚。这种互惠风尚要求人际间的关系是一种同胞的责任关系,它与资本主义社会下的人际关系有着根本的差别。在资本主义社会中,人们的互惠关系出于贪婪和恐惧的结合,贪婪是因为他人被视为致富的源泉,而恐惧是因为他人被视为威胁。换言之,资本主义社会中,人作为孤立的、原子式的个体而存在,他者仅仅被视作作为主体的个体实现目的的手段,人与人之间的关系只剩下精确的利益算计,而并不存在真正的相互关心与共同发展。由此出发,科恩向市场社会主义者发难。市场社会主义虽然克服了资本和劳动的划分,工人获得对公司的所有权,不存在资本家与工人的对立。但是,市场社会主义并不符合传统意义上的社会主义,因为市场社会主义仍旧保留了市场的竞争方式。在竞争中,工人所有的公司彼此相互竞争,并导致了

---

① 参见 G. A. Cohen, *Why not Socialism?*, N. J. : Princeton University Press, 2009, pp. 34 - 35。

② G. A. Cohen, *Why not Socialism?*, p. 39.

赢家和输家之间的不平等。这种不平等减少甚至取消了传统社会主义对经济平等的重视,也损害了共同体的价值。无论是市场社会主义的交换还是资本主义的交换,本质上都是一样的,即作为市场交易核心的关乎利益的互惠性。尽管科恩承认市场社会主义是一种次优选择,甚至在大概不远的未来是合理的乃至最好的选择,但科恩并不认为市场社会主义完全满足社会主义的分配正义的标准。在他看来,按照社会主义的标准,在一种对那些偶然拥有异常天赋并组成高级生产合作社的人报以高额报酬的制度中存在着一种非正义,而且市场社会主义的市场交换与共同体价值相冲突。

如上所述,科恩的社会主义理想涵盖了平等主义原则和共同体原则,是分配平等理念和关系平等理念的有机结合。平等主义原则主要体现的是分配平等的理念。马克思对这种平等理念有所讨论。在马克思看来,就平等权利的内容而言,"它像一切权利一样是一种不平等权利。"[1]平等权利只是一种形式,它以平等的个人为基础,以某种关系或因素为尺度。而人的本质是由社会关系决定的,社会关系的多样性使得现实存在的个人总是不同等也不平等的。因而法权关系所奠基的是抽象的平等个人而非现实中具有多样性的人。但同时,马克思也指出:"但是这些弊病,在共产主义社会第一阶段,在它经过长久的阵痛刚刚从资本主义社会里产生出来的形态中,是不可避免的。权利永远不能超出社会的经济结构以及由经济结构所制约的社会的文化发展。"[2]换言之,马克思并没有否认分配平等在社会主义社会中的重要性。科恩的平等主义原则就是这样一种以"可及优势"为尺度的分配平等理念。与马克思不同的是,科恩不再确信地球的资源允许出现马克思所相信的极大规模的生产力,经历了苏东剧变后,更认为无产阶级队伍难以承担革命的使命。[3] 因而科恩的社会主义理想讨论的其实正是这样一种需要分配维度的共产主义社会第一阶段。在这一阶段中,必然要关注分配平等,并且这种平等是不彻底的。但与马克思不同的是,科恩关注到权利平等带来的不平等,并通过平等原则去纠正这些包括天赋在内的自然与社会偶然性带来的不平等。就科恩的平等原则而言,他汲取了自由主义平等主义者的思想资源,同时也尝试去维护其马克思主义

---

① 马克思、恩格斯:《马克思恩格斯选集》第 3 卷,北京:人民出版社,2012 年,第 364 页。

② 马克思、恩格斯:《马克思恩格斯选集》第 3 卷,第 364 页。

③ 参见 G. A. 柯亨:《自我所有、自由和平等》,李朝晖译,北京:东方出版社,2008 年,第 8 页。

立场。

但作为一个正义的外在论者,科恩又清楚地意识到作为正义的平等具有不彻底性。这与科恩的马克思主义立场相关,也是他和自由主义平等主义者的根本不同之处。马克思对平等的批评是对资本主义制度下作为道德理念、法权理念的平等的批判。马克思认为,资本主义社会中,存在着阶级的压迫以及人的异化现象,人丧失了自主性。只有追求人最高本质的实现才是平等的真正实现。在拒绝马克思对未来所持有的乐观态度的前提下,科恩更看重的是通过道德实现人与人之间的关系平等,从而实现人的解放。在其晚年未完成的文章中,柯亨提到他对平等的看法:"并非拥有任何特征的任何存在者就可进入这种关系:有一些特征、能力甚至动机是进入关系的条件,但他们都不是最重要的,最重要的是关系本身。……你平等地对待他们,因为你认为他们是平等的。"[1]也就是说,人们是平等的并非指人们描述的价值是平等的,而是即便描述的价值并不平等,人们也应该得到同等的尊重。人们把对方看作是平等的,是因为人们寻找、重视关系的本质。对关系本质的重视,也意味着关系本身是具有内在价值的。他在另一篇文章中指出他支持一种黑格尔式的保守主义:即接受被给定的东西,重视有价值的东西,重视宝贵的东西,在这三种情况中,主体与客体和平共处;他致力于探索"在他者中发现自身"的模式,在这种模式中,自由也得以实现。[2] 共同体中最重要的是人与人之间的关系,共同体本身的内在价值是值得追求的。更重要的是,在这种人们和谐共处的共同体中,人们的自由与平等都得以实现。

由此可见,科恩从共同体思想的视角为社会主义提供了独特的辩护。尽管科恩的共同体思想还未形成一个非常完善的体系,但仍为我们进一步发展马克思主义的正义理论提供了借鉴与反思。一方面,我们承认对分配正义和平等权利的需要,因而需要借鉴当代政治哲学理论去发展切合社会现实的正义理论;另一方面,我们也应当坚持对社会主义价值的追求,从抽象的平等个人回归到共同体中的现实个人,把人的本质与人的关系的本质放在正义理论的根本位置。

① 参见 G. A. Cohen, *Finding Oneself in the Other*, M. Otsuka (ed.), N. J.: Princeton University Press, 2013, p. 194。

② 参见 G. A. Cohen, *Finding Oneself in the Other*, p. 143。

On Cohen's Community Thought

Li Yilin

Abstract: G. A. Cohen is a representative for analytical Marxism, but in political philosophy, his view is often confused with liberal egalitarianism. In fact, Cohen has an important difference with Rawls and other egalitarian thinkers, for he tries to maintain a balance between the liberal principle of equality and the socialist principle of community. Based on the principle of community, he criticizes Rawls' difference principle, holding that preference for talented in the incentive argument and the Pareto make too many compromises to inequality. And based on the concept of community, he reconstructs his socialist ideal, in which the principle of equal opportunity is insisted while the principle of community is introduced, and the distribution equality is insisted while the relational equality is introduced. Thus, he makes a unique proof for the ideal socialist society.

Keywords: G. A. Cohen, Equality, Justice, Community.

333

论科恩的共同体思想

【导师推荐意见】

科恩以分析的马克思主义者和平等主义理论家著称于世。然而,以往国内外学者对他的研究很少关注其理论中的共同体思想维度的重要性和价值。李毅琳的文章提出了这一问题,并阐述了共同体价值和原则在其对罗尔斯差别原则的批判、对可及优势平等原则的证明以及社会主义社会理想的重述中所起的作用,在一定程度上改变了科恩的思想形象,深化了对科恩理论的理解。同时,自由平等与互惠团结是人类的共同价值,科恩试图把平等原则与共同体原则结合起来重新理解社会主义理想,对我们也有重要的现实意义。

(汪行福,复旦大学哲学学院教授)

冯契研究

论冯契的"智慧说"与哲学史书写[*]

李妮娜[**]

[摘　要]　冯契的"智慧说"哲学体系力图沟通知识与智慧,而智慧就表现为自由的德性,由此"智慧说"亦涉及对知识与德性概念及其关系的考察。知识与德性的关系在"智慧说"中经由道或智慧而表现为凝道成德、显性弘道的互动过程,认识的辩证运动伴随着主体德性的生成。作为哲学家与哲学史家,冯契"智慧说"的哲学创作以其对哲学史上知识与德性问题的梳理与总结为基础,"智慧说"中的知识与德性互动统一的观念亦影响并反映了他的哲学史书写。这两方面的研究工作为我们提供了知识与德性关系的双重诠释,亦展现了他贯通哲学创作与哲学史书写的辩证法,即"哲学是哲学史的总结,哲学史是哲学的展开"这一治学之方。

[关键词]　冯契;智慧说;知识;德性;哲学史

知识与德性的关系问题在中国思想史上主要表现为两种主流趋势。其一,

* 基金项目:国家社科基金重大项目"冯契哲学文献整理及思想研究"(15ZDB012);教育部人文社会科学基地重大项目"通过-超过:古今中西之争视域下的冯契哲学研究"(16JJD720005)。

** 李妮娜(1985—),女,甘肃张掖人,哲学博士,烟台大学马克思主义学院讲师,研究方向为中国哲学。

在传统的伦理社会,知识作为道德实践的必要条件尚未获得独立的价值。与此相对应的是,关于道德、伦理的德性之知成为知识概念的主导内涵。① 其二,知识随着近代以来的科学发展而获得独立地位,德性亦由统一的对道德品性的追求而分化为对个性及知、情、意等人的本质力量全面发展的要求。这就使德性概念不再限于道德或伦理的范围,而与获取知识相关的理智能力亦成为德性的一种。就后一种趋势而言,由于近代科学对生活世界的巨大影响,及其滥用在消极层面对道德秩序所造成的危机,知识与道德的关系曾陷入了何者优先或谁决定谁的争论。知识与德性(包括知识与道德)之间究竟是何种关联,二者的统一何以可能? 这一问题在科技与人文并重的当代社会仍显得颇为突出。

作为马克思主义哲学家,冯契的"智慧说"哲学体系将马克思主义理论与中国哲学相结合,力图沟通知识与智慧,而智慧就表现为自由的德性,由此"智慧说"亦涉及对知识与德性概念及其关系的考察。学界对于前者(知识与智慧)有诸多研究,但后者(知识与德性)尚未获得足够的讨论。事实上,对于知识与德性的统一何以可能这一问题,"智慧说"贡献了比之现代新儒家抽象的构造方式更为合理的哲学解答。而作为哲学史家,在"智慧说"创作之前,冯契已在其中国哲学史研究中贯穿了对此问题的考察,"智慧说"则对它进行了进一步的深化与总结。由此,"智慧说"中的知识与德性问题以及这一问题如何由其哲学史书写提炼为概念化的哲学理论,这些理论又如何体现在其哲学史的具体写作之中,构成本文所要讨论的主要问题。在这些问题的展开中我们将发现,冯契不仅提供了对知识与德性概念的现代界定及对其关系的现代诠释,而且展示出贯通哲学创作与哲学史研究的独特范式。

一、"智慧说": 知识、智慧与德性的统一

冯契创立"智慧说"主要处理知识与智慧的关系问题,对这一问题的解决同时关涉知识与德性的问题。因为作为"智慧说"主干的"广义认识论"不仅将智慧同时亦将德性纳入了认识论的范畴,智慧的获得最终是以成就自由的德性为

---

① 古代传统哲学中对客观知识之独立性的肯定及其与德性之关系的相关研究,可参见李承贵:《中国传统哲学中的德智关系论》,《齐鲁学刊》,2001 年第 2 期。

目的,而知识则成为智慧与德性的必要前提——"转识成智"、"化理论为德性"所表达的正是知识、智慧与德性之间的转化关系。我们要理解他对知识与德性关系的探讨,需以对其知识、智慧与德性关系的认识为基础。

"智慧说"或"广义认识论"的提出是以知识、智慧与德性的统一为取向的。就知识与智慧而言,冯契当时所面临的是时代性的难题,即知识与智慧的分裂问题。与前现代的知识主要指向"德性之知"(道德与伦理之知)有所不同,近代以来的知识主要是指实证科学知识(包括自然科学与社会科学知识),其特点在于能够表达与实证,金岳霖先生将之划分为由单纯的理智作用所把握的"名言世界",而由此构成的知识论就仅仅要求"理智的了解"。持这种狭义知识论观念的主要代表是实证论者,他们仅仅承认客观的或普遍必然的知识,将认识论视为研究实证科学知识之所以可能的哲学理论。这种观点的极端表现是科学主义,即以科学实证作为衡量一切知识的唯一标准,从而将人生问题、道德与情感等现象视为客观的研究对象。这与追求形而上的智慧并强调人的道德存在的人文主义的观念争锋相对,从而造成了科学与人文、知识与智慧的分裂。

为解决这一矛盾,冯契提出应该是用 Epistemology 来代替 Theory of knowledge。他说:"广义的认识论不应限于知识的理论,而且应该研究智慧的学说,要讨论'元学如何可能'、'理想人格如何培养'的问题。"① 元学即本体论,是关于性与天道的认识,这正是智慧所要把握的内容。智慧与知识密不可分,认识的辩证运动体现为由无知到知、由知识到智慧的飞跃。理想人格的培养问题则涉及价值论的领域,同时亦以认识论为前提,是认识的辩证运动贯彻于价值论领域,要求在化理想为现实的活动中将智慧转化为德性。由此,"广义认识论"不仅要论证科学知识的普遍有效性,而且将智慧与德性纳入了认识论的研究领域。这一认识论所要回答的四个主要问题——"感觉能否给予客观实在?理论思维能否把握普遍有效的规律性知识? 逻辑思维能否把握具体真理(首先是世界统一原理和发展原理)? 理想人格或自由人格如何培养?"② ——亦依次展示出知识、智慧与德性的递进关系。

冯契将知识、智慧与德性的获得视为相互关联、相互促进的统一过程,这源

论冯契的「智慧说」与哲学史书写

---

① 冯契:《〈智慧说三篇〉导论》,载《认识世界和认识自己》(《冯契文集(增订版)》第一卷),上海:华东师范大学出版社,2016 年,第 6 页。

② 冯契:《〈智慧说三篇〉导论》,载《认识世界和认识自己》(《冯契文集(增订版)》第一卷),第 37 页。

于他对人的整全性与自由本性的深刻洞察。在他看来,首先,建立知识的理智并非"干燥的光",理智不是独立起作用的。"科学家、工程师们要结合实际进行理论思维,把客观规律所提供的可能性和人类的要求结合起来,并且要运用想象力,把这种有利于人的可能性构思出来,制成蓝图、规划、设计,这些蓝图、规划、设计或多或少是形象化的。"①换言之,科学研究不可能是超然的、纯粹客观的,它离不开人的感性需要、想象力等非理性因素作为目的、动力、启发能力或表达形式等的参与。② 因此认识论也不能离开"整个的人",人的情感、意志等非理性的内容同样是人的本质力量的体现,并参与人的认识过程,且在理性的照耀下取得越来越理智化的形态。其次,冯契认为,人有要求自由的本性,人的认识是为了获得智慧,而智慧体现为"化理论为德性"、成就自由的人格。知识与智慧、理性与非理性的统一,以及由知识扩展到自由德性的培养,构成"广义认识论"视域中认识的完整过程。

由此,"广义认识论"以"整个的人"与人的本质要求(自由)为出发点,以知识、智慧与德性,认识论、本体论与价值论的统一为目标,来探讨如何"转识成智",如何成就自由德性的问题。沟通知识与智慧无疑构成"智慧说"的主要内容,而知识与德性的关系问题亦包含于其中,并以知识与智慧的关系理论为基础而获得展开。另外,冯契"智慧说"哲学体系的建立与其对哲学史的研究是相互贯通、互相诠释的。以下对知识与德性关系问题的考察,我们将从其哲学理论与哲学史研究两个方面展开讨论。

二、认识的辩证运动与主体德性的生成

"智慧说"试图沟通知识与智慧,并以成就德性作为获得智慧之最终指向。

---

① 冯契:《智慧的探索》,载《冯契文集(增订版)》第八卷,上海:华东师范大学出版社,2016年,第65页。
② 波兰尼的个体知识论亦否定了这种客观主义的知识观,认为科学家个体性的介入(personal participation)是科学研究不可或缺的组成部分。郁振华教授指出:"波兰尼的个体知识论表明,中国现代哲学家所预设的客观、冷静、超然的科学观是对现实的科学研究的一种不真实的抽象。"而"中国现代哲学在科玄论战前后重视形上智慧,这是对实证主义拒斥形而上学主张的回应。然而这种克服实证主义的思路却分有了实证主义的科学观和知识观,导致其将科学和形上智慧截然两分的思路"。参见郁振华:《中国现代形上学之批判》,《学术月刊》,2002年第9期。在此,冯契对科学研究的特征及理性与非理性关系的揭示,正超越与弥合了科学与玄学、知识与智慧之间的紧张。

我们所要讨论的知识与德性的关系首先呈现为这样一个问题，即：由知识转化为智慧以成就德性，这一过程是如何可能的？为避免陷入知识与智慧、知识与德性的分裂，冯契以认识的辩证运动同时伴随主体德性的生成这一认识与实践的交互作用过程来阐释知识、智慧与德性的统一。

"智慧说"在实践唯物主义的基础上阐述认识世界和认识自己的辩证法，亦即从无知到知、从知识到智慧的辩证运动。这一过程在冯契看来亦为德性"由自在而自为"的发展过程，他说，认识的辩证运动"从对象说，是自在之物不断化为为我之物，进入为人所知的领域；从主体说，是精神由自在而自为，使得自然赋予的天性逐渐发展成为自由的德性"①。这表明认识的过程是基于实践的天与人的互动，而主体的德性亦在认识与实践的相互作用中生成以至达到自由。冯契进而用"四界说"阐发了这一认识与成德的互动统一过程。具体而言，从认识的程序来说，在没有能所、主客的对立时，自然界是未曾剖析的混沌，被称之为自在之物或本然界。人类以得自经验者还治经验，化自在之物为为我之物，本然界就转化为事实界。事实界是自然界进入经验、被人理解的领域，是认识由无知到知的飞跃。与此相应，知识经验的主体以其"统觉"统率这一知识经验领域，就具有了自我意识，并意识到了人之所以为人的类本质，这是主体自我认识的展开与理性精神的发展过程。再进一步，主体以一定的观点为视角、依据事实材料、运用逻辑思维来把握事实界的多种可能性即可能界。主体将现实的可能性与自身的需要相结合形成目的与理想（包括个人理想与社会理想），并创造条件而使之化为现实，便创造了价值。价值界是人化的自然，是人的本质力量的对象化，它转过来又促进主体德性的发展。"四界说"即本然界、事实界、可能界到价值界的转化，完整展现了人们在认识世界的同时认识自己、在改变自然中造就人本身的过程，它表明人的认识的不断深化与其德性的生成，是在实践的基础上共同进行且相互促进的。较之仅限于"理智的了解"的狭义认识论，基于实践的广义认识论由此将静态的认知主体扩展为了动态的德性主体。

不难看出，冯契如上所论之德性并非仅仅指狭义上的道德品性，而是对人的各种精神力量的总称。它包括形成知识的理论理性和道德评判上的价值理性，以及主体在与现实存在打交道的过程中形成的种种具有一贯性的精神品

---

① 冯契：《〈智慧说三篇〉导论》，载《认识世界和认识自己》（《冯契文集（增订版）》第一卷），第38页。

质。正是在此意义上,冯契强调其德性概念具有区别于古代传统德性论的独特内涵。他说:

> 古人讲"立德",主要指体现在道德行为和伦理关系中的品德,是从伦理学说的。我这里讲德性,取"德者,道之舍"之义,是从本体论说的。人的德性的培养,包括立德、立功、立言等途径,都是以自然赋予的素材(天性)作根基,以趋向自由为其目标。"①

冯契从本体论上界定德性,其所理解的德性首先是一个广义的概念,以与人的多样化的存在相对应,意在跳出传统的道德本质论对人之具体存在的狭隘限定。② 其次,本体论意义上的德性具有两方面的特点。其一,德性本身并非先验的本体,而是由自然天性发展而来的,表现为由自在而自为的过程。这在强调德性的培养以自然禀赋为根据的同时,其实亦突出了人的精神力量的能动作用——如理性、意志等主观作用的发挥,从而表现出人道原则与自然原则的统一。其二,德性主体作为价值创造的主体而具有本体论意义。德性由自在而自为,离不开化自在之物为为我之物的客观实践过程,而在此意义上的德性也就是自由的个性。冯契说:"在价值界……精神为体、价值为用。所以我们说自由的个性具有本体论的意义。艺术作品是艺术个性的表现;德行的主体是一个一个的自由的个性;理论创造如果真正是自由的,那总是个性的自由的表现。"③真、善、美的价值创造过程,既是人的知情意等本质力量的对象化,又是个性自由的表现。本体论意义上的德性实际上体现了对人之主体性与个体性的双重凸显。

冯契的德性概念取"德者,道之舍"之义,这意味着德性作为非现成的、非

---

① 冯契:《认识世界和认识自己》(《冯契文集(增订版)》第一卷),第357—358页。

② 就对德性概念的广义界定而言,冯契与亚里士多德的观念颇为接近,后者在《尼各马可伦理学》中将道德领域的伦理德性之外的理智亦纳入了德性的范畴——理智德性并不限于理智,而是包括技艺、科学、明智、智慧和理智这五种思维上成真的品质。其德性概念甚至超出了人的精神领域,指向一切事物使其自身具有优秀功能的特性。而冯契则仅限于就人的精神品质言德性,它不仅包括善与真,亦涵盖了审美领域。

③ 冯契:《人的自由和真善美》(《冯契文集(增订版)》第三卷),上海:华东师范大学出版社,2016年,第255页。

抽象化的本体始终是在与"道"(自然之道与社会领域的当然之则)的交互作用中生成的。亦即,德性的获得是对"道"的体认与转化,使之凝结成有血有肉的人格,并在"凝道而成德、显性以弘道"——从为我之物中吸取营养、成就德性,并将自身的德性对象化——的反复过程中造就自由的德性。"广义认识论"在此体现出本体论与认识论的统一,即德性的形成须有认识(不仅是道德认识)的参与,而认识亦须在与实践的交互作用中转化为德性。这一过程显示出知识对于成德的必要性与积极作用,同时也提出了"转识成智"和"化理论为德性"的要求。因为若要获得德性及其自由,仅仅具有一般性的知识是不够的——"道"不仅包括分开来说的道理,更指向对宇宙人生的整体性把握,自由的德性仍需通过知识到智慧的飞跃以及"化理论为德性"的实践来实现。

这首先涉及知识与智慧的区别及"转识成智"的可能性问题。与德性概念一样,知识概念在冯契这里亦具有广义的内涵,它包括科学知识与一般常识。在此知识经验的领域,思维用抽象概念来把握事和理,把对象区分为一件件的事实,一条条的条理。所以知识所把握的不是宇宙的究竟、大全或整体,不是最高的境界。命题的真也总是有条件的、有限的、相对的。智慧即关于性与天道的理论,是对宇宙人生的真理性认识,并与自由内在相关联。虽然它与知识一样是以理论思维的方式来把握世界,但并不用逻辑论证、实践检验来区分其真假是非,而是"求穷通"。所以智慧要把握的是无条件的、绝对的、无限的东西,是无不通也、无不由也的道,及会通天人的德性。冯契指出,要求达到智慧之境,不仅是哲学家的任务,亦出于人的天性与思维的本性。基于知识与智慧的区别与联系,转识成智既是必要的又是可能的。他认为,智慧以知识为必要的基础,是由分别的知识经验之积累而达到的豁然贯通,所以转识成智是凭理性的直觉达到的。理性的直觉并不神秘,并表现在各个领域。如:

> 艺术家运用想象力把形象结合成有机整体,以创造意境,往往出于"妙悟";科学研究中不乏灵感不期而至、豁然贯通而有所发现的事例,都是理性的直觉的表现。道德实践、宗教经验中也存在着这类体验。但哲学的理性直觉的根本特点,就在于是具体生动地领悟到无限

的、绝对的东西,这样的领悟是理论思维和德性培养的飞跃。①

冯契认为,转识成智是哲学家的任务,但各个领域的不同主体在其实践与认识的积累中亦能凭理性的直觉达到哲理的境界。历史上有许多大思想家都是从不同途径(教育、科学、文学、艺术、事功等)进入哲理境界而具有智慧和自由德性的。

哲理境界可以由不同的主体通过不同途径而到达,但"化理论为德性",则是德性培养的共同要求。所谓"化理论为德性",就是"世界观、人生观的理论通过理想、信念而成为德性的过程"②。也即是说,理论向德性转化、哲理境界由抽象到具体的飞跃,需通过理想、信念的环节来实现。具体来说,首先,对现实世界和自我的理性认识与人出于本性的需要相结合而形成理想。其次,意志对理想做出自愿的选择,并以其专一的意志力克服种种困难而一贯地坚持理想即为信念。信念使人乐于从事,形成习惯,久之则成为自然,从而感到天道与性是统一的,天道仿佛就是我的理性所固有的,这才真正形成自己的德性。在此过程中,情感与想象力亦以其感性形象充实理想、使人乐于坚持理想。因此,这两个环节的转化是理性、意志与情感共同作用的结果。这样培养出的德性也就是知情意统一的自由人格。

冯契强调,培养自由人格的基本途径,归结到最核心的一点,就是"化理论为德性"。③ 他虽然将理论限定为哲学理论、关于性与天道的智慧或"科学的世界观理论",但化理想为现实的过程,并非仅仅是哲学家的成德途径,而是普遍的成德之路。冯契提倡平民化的即多数人可以达到的自由人格,其现实性亦基于此,每个人都会在其认识与实践及受教育的过程中形成一定的世界观与人生观,在正确的(科学的或正当的)——不必皆达到纯粹理论化的程度——世界观与人生观的指导下,各个领域的主体皆可以通过化理想为现实的实践活动实现其德性的自由。

冯契认为,"有了自由的德性,就意识到我与天道为一,意识到我具有一种'足乎己无待于外'的真诚的充实感,我就在相对、有限之中体认到了绝对、无限

---

① 冯契:《认识世界和认识自己》(《冯契文集(增订版)》第一卷),第34页。
② 冯契:《人的自由和真善美》(《冯契文集(增订版)》第三卷),第258页。
③ 冯契:《人的自由和真善美》(《冯契文集(增订版)》第三卷),第252页。

的东西。"①这就是"德性的自证"。无论是从事理论工作抑或道德实践,只要从真诚出发,皆可在其心口如一、言行一致的活动中体认自己的德性。而随着文明的进步和社会分工的发展,对于更广泛的分别从事不同专业的人们来说,在其种种具有个性特色的创造性活动中,其德性的自证则表现为"以天合天"或"以德合道"的形式。对此,冯契将《庄子》中的"庖丁解牛"、"轮扁斫轮"、"梓庆削鐻"、"疴偻丈人承蜩"等寓言,诠释为现代化语境中种种富于个性特色的创造性劳动。他认为这些寓言说明:

> 劳动者经过持久的锻炼,熟能生巧,终于达到由技进于道的地步,技能成为德性,劳动成了艺术。在这种劳动中,主体"用志不分,乃凝于神"(《庄子·达生》),"以神遇而不以目视","得之于手而应于心"(《庄子·养生主》)。也即是说,精神自具专一的意志、明觉的理性和满怀自得之情,于是能"以天合天"(以我之天合物之天,即以德合道),作品便成了主体精神的创造,自我性情的表现,创作者的才能便具有了自在而自为的品格,也就是说他的德性(才能或某种本质力量)在其个性化的创造性活动中达到自由的境界,他因"以天合天"而感到踌躇满志,当下体验到了绝对、永恒(不朽)的东西,这就是"自证"。②

我们知道,《庄子》中以"技进于道"或"以天合天"为寓意的寓言,最终皆指向对自然之"道"的领悟与遵循。冯契在其对中国古代哲学史的研究中,仅将此视为与道德上的自由相对的审美领域的自由③,而随着对德性概念与自由人格理想的理论自觉,他在"智慧说"哲学体系中又将这些寓言与现代化分工背景下不同职业的平民化自由人格的培养相联系,将之解读为符合自身天性并合乎自然之道的自觉的创造性劳动。这就不仅肯定了现代科学知识与技术对于德性培养的建构作用,更提出了新时代条件下使"技能成为德性",即将现代多样化的创造性活动转化为德性的要求。可以说,"智慧说"虽特意探讨了哲学领域的"转

---

① 冯契:《认识世界和认识自己》(《冯契文集(增订版)》第一卷),第36页。

② 冯契:《认识世界和认识自己》(《冯契文集(增订版)》第一卷),第359—360页。

③ 冯契:《中国古代哲学的逻辑发展(上册)》(《冯契文集(增订版)》第四卷),上海:华东师范大学出版社,2016年,第195—196页。

识成智"、"化理论为德性",但其中的德性论与智慧理论实际上仍是一种关于平民化的(具有多样性与个性特征的)自由德性如何可能的普遍性原理。[①]

总之,在冯契的"智慧说"哲学体系中,德性作为一种广义的概念,涵括了人的诸种精神品质,具有在认识与实践的相互作用中不断完善、趋向自由、能够自证的特征。而建构知识的德性(理智德性),作为德性的一种亦涵括于其中。它具有与其他的德性相对的独立价值,但又必然参与它们的培养过程。知识与德性这一相互建构的关系,既强调人的完整性(理性与非理性的统一)又突出了人的创造性、主体性与自由的个性。

三、"智慧说"与中国哲学史的研究范式

冯契将马克思主义的实践认识论与中国传统智慧学说——即探讨性与天道自由人格的学说——相融合,使知识与智慧、知识与德性,在"广义认识论"的哲学框内架获得了沟通与统一。实际上,在"智慧说"的创作完成之前,冯契已将实践唯物主义辩证法作为研究方法,运用于中国哲学史的书写中。虽然"智慧说"的完成在后,并对中国哲学史中的重要问题进行了哲学总结,但其哲学史研究其实亦蕴含和渗透着"智慧说"中的哲学观念与方法。"智慧说"集中体现了冯契对于如何认识性与天道和成就自由人格的看法,这一问题同样贯串于他的哲学史书写。我们以知识与德性的关系问题为切入点,可以透过"智慧说"对此问题的提炼与解决,反观其哲学史的书写方法与其哲学理念或哲学创作之间的关联,并从中了解其思想的一贯性与推进过程。

据前文所述,知识与德性的关系在"智慧说"中经由道或智慧而表现为凝道成德、显性弘道的互动过程,认识的辩证运动伴随着主体德性的生成。我们可以将此知识与德性相互生成与转化的过程总结为三个方面或三个环节,即:认识论上的在"认识世界的同时认识自己"——强调天道与德性皆为认识的对象并展现出二者的互动;本体论上的"化天性为德性"——揭示德性培养的内在依据与精神的能动性;与价值论上的"化理论为德性"——以价值创造的主体表现

---

① 有论者认为,冯契"化理论为德性"理论的缺失就在于它仅仅是对从事哲学的人来说的。见陈来:《冯契德性思想简论》,《华东师范大学学报(哲学社会科学版)》,2006年第3期。

出知识与德性的统一及德性的多样性。这三个环节作为"智慧说"的理论成果，皆是基于现代认识论(实践唯物主义辩证法)对传统哲学观念做出的批判性总结与概念化表达。这些环节亦作为哲学思想的"前见"贯串于冯契对中国哲学史的书写。

对于第一个方面，以对哲学史的梳理为基础，冯契在"智慧说"中指出，相对于西方哲学重在考察人与自然、我和世界的对立，"中国传统哲学的特点就在于天与人的交互作用、认识世界和认识自己的统一"①。而在写《中国古代哲学的逻辑发展》时，冯契已经认识到"中国传统哲学从人和自然的交互作用来探讨人的德性的形成过程"这一富有民族特色的合理见解。② 他曾将哲学的根本问题即思维与存在的关系问题在中国传统哲学中的表现概括为四个方面的哲学争论，即：天人之辩、名实之辩、心物(知行)之辩、理气(道器)之辩。③ 他将天人之辩与德性培养的问题连结起来，以"逻辑与历史统一"的认识论研究方法，揭示出不同哲学家在认识世界与认识自己的关系问题上所表现出的偏至之论与相对正确的总结。这亦表明"智慧说"基于实践辩证法提出的"天人的交互作用""在认识世界的同时认识自己"的观念，实际上作为这一认识论问题的结论渗透于他对中国哲学史的书写与评判之中。

譬如，冯契在哲学史中指出，传统儒家不离开人与人之间的伦理关系讲"天人之际"体现了注重人道原则与理性原则的统一，并将荀子、王夫之等"唯物论者"对天人交互作用、人与自然动态统一的思想看作是对古代哲学天人关系的总结，这些皆是他基于现代认识论(唯物辩证法)对传统价值体系所做出的正面肯定；而他对正统派儒学的天命论、宿命论、形而上学的天人合一论以及忽视意志自由等问题的揭示，所体现的亦是基于现代历史观(唯物历史观)及现代性"自我"观念的觉醒而进行的对传统哲学负面思想的批判。④ 进而，中国近代哲学家针对这些传统思想之弊病所作出的"哲学革命"，诸如倡导进步的历史观、

---

① 冯契：《认识世界和认识自己》(《冯契文集(增订版)》第一卷)，第71页。

② 冯契：《中国古代哲学的逻辑发展(上册)》(《冯契文集(增订版)》第四卷)，第45页。

③ 冯契：《中国古代哲学的逻辑发展(上册)》(《冯契文集(增订版)》第四卷)，第7—8页。陈卫平教授指出，这是冯契第一次正式表达了他的"广义认识论"。见陈卫平：《智慧说和中国传统哲学的智慧——论冯契的中国哲学史研究》，《学术月刊》，1996年第3期。

④ 关于冯契的"自我"观念，可参见拙作：《冯契论"自我"》，《华东师范大学学报(哲学社会科学版)》，2017年第6期。

唯意志论、解放个性的"道德革命"、"新人"理想等,便合乎逻辑地成为冯契《中国近代哲学的革命进程》一书的主要书写内容,并作为哲学发展的高级阶段成为其回顾古代哲学史的理论参照。而他对近代哲学革命成果的肯定及其教训的总结,亦是站在"智慧说"的理论高度而给予的。就此而言,"哲学史两种"的书写皆体现了冯契自觉地"站在发展的高级阶段回顾历史"的方法论理念。①

冯契"化天性为德性"观念的提出,由对古代哲学史中的人性论或成人学说的提炼与转化而来。他否定抽象的人性论,根据辩证唯物主义将人性理解为在认识与实践的相互作用中自在而自为的发展过程。故而在对传统人性论的考察中,他否定了理性主义者以心为性和经验主义者"生之为性"的观点,同时亦批评了复性说与成性说。他赞成王安石讲的人的本质"始于天而成于人",以及王夫之"性日生而日成"的观点,前者表明人的本性在天性中有其根据,后者虽缺乏实践的观念,但正确地将性理解为天与人、主观与客观相互作用的发展过程。同时,冯契高度认可道家崇尚自然之性的态度,认为德性的培养不应违背人的天性。② 但在如何回复自然本性的问题上,他批评了道家所采取的"破"的、"无为"的认识论径途,并将之转化为积极进取的"化自在之物为为我之物"的价值创造过程,使主体德性的培养既符合自然天性又能够在具体的实践活动中获得现实的自由。可以看出,在人性论问题上,冯契对古代哲学史的研究与其"智慧说"创建在马克思主义哲学视域下呈现出相互交融与统一的趋向。

冯契提出"化理论为德性"一开始只是为了强调在现实生活中要注意理论联系实际,而在"智慧说"中,他将之作为智慧的具体表现,以及造就平民化自由人格的核心途径,并在价值论中探讨了化理想为现实、理论转化为德性的具体环节,将知识、智慧与德性统一起来。冯契指出,将智慧即具有真理性的世界观与人生观通过实践转化为德性的问题,在中国传统哲学中以由"知道"进而"有德"的要求获得表达。并且,在科学尚未分化的条件下,中国古代哲学着重考察

---

① 冯契:《中国古代哲学的逻辑发展(上册)》(《冯契文集(增订版)》第四卷),第22页。

② 冯契与道家在尊重人之自然本性上表现出相通性,在此意义上,贡华南教授将冯契称之为"新道家"。参见贡华南:《论"良知坎陷"与"转识成智"——兼论20世纪的新儒家与新道家》,《上海大学学报(社会科学版)》,2005年第1期。

了智慧的问题,其特点就在于认为本体论(关于性与天道的理论)与智慧学说是统一的,要求在认识世界和认识自己的交互作用中"转识成智"和培养自由人格。我们从"智慧说"的理论视域,检视古代哲学由"道"而"德"的理论,虽然它体现出沟通"道"与"德"的努力,但依然有两方面的偏失。首先是缺乏辩证法与实践观念而造成的对天与人、知识与德性关系各有偏至的认识。对于这一点,冯契亦作出了总结,他说:

> 不论儒家、道家,还是后来的玄学、佛学、理学、心学,各家都认为性与天道的学说(本体学说)和智慧学说是统一的……不过,哲学家事实上总是有所偏。玄学重认识天道;禅宗重"明心见性";宋明时期朱熹偏于"道问学",强调"格物穷理";王阳明偏于"尊德性",以"致良知"为学问头脑。王夫之比较全面,他说:"色声味之授我也以道,吾之受之也以性。吾授色声味也以性,色声味之受我也各以其道。"(《尚书引义·顾命》)就是说天和人、性和天道是通过感性活动这个桥梁来互相授受的,王夫之在这里把主客观的统一了解为不断交互作用的过程,这确是充满辩证法光辉的理论。不过,他讲的通过色声味授受的活动还不是实践,他的辩证法还缺乏实验科学的基础。历史上不同形态的辩证法往往各有所偏至,各有其历史局限性。[1]

一方面,智慧即关于性与天道的认识,在古代哲学史中未能一以贯之地贯彻自然与人、认识与实践的交互作用原理而转化为德性。另一方面,即使部分哲学家相对把握了"道"与"德"的辩证发展过程,并强调从真诚出发,在言行一致的道德实践中培养自由的德性,这种德性的自由亦仅限于冯契所指出的"伦理关系上的自由",而忽视了知识与才能、人的理论思维与审美等能力的发展。从智慧转化为德性须经由理想与信念的具体环节来看,这种德性的自由亦因过度强调理性自觉而忽视了自愿原则(意志的自由选择),未能达到知情意的统一。

事实上,德性概念在古代哲学中主要属于伦理学的范畴,知识与德性的关

---

[1] 冯契:《认识世界和认识自己》(《冯契文集(增订版)》第一卷),第235—236页。

系,由此成为知识与道德的关系。① 对于这一问题,冯契亦给予了相当程度的关注,并且,在知识与德性的关系问题上,冯契所总结出的在"认识世界的同时认识自己"、"化天性为德性"、"化理论为德性"的理论,亦内在蕴含着对知识与道德的关系——即科学知识与狭义的德性即道德的关系——问题的回答。在"智慧说"中,德性的建构以知识为基础,并在认识与实践的反复作用中趋向于完善。而善或道德品性作为德性的一种,其培养一方面自然要以自身的天性为基础,并在后天的道德实践中获得锻炼;另一方面亦须以科学知识为前提,并进而获得对性与天道的认识或形成科学的世界观与人生观,才能在理性自觉与意志自愿的道德实践中获得道德与伦理上的自由。

这一认识结果亦反映于冯契对哲学史上知识与道德关系的考察中。在此问题上,道家因对儒家伦理人的异化持"绝圣弃智"即仁智双谴的态度,故并不特别讨论。孔子开创了"仁且知"的人格理想的格局,知识与道德、认识论与伦理学的统一成为传统哲学的主要特征。冯契在其哲学史书写中肯定这一理想在道德领域的积极意义,认为它表达了人道原则与理性原则的统一,以及道德知识对自觉的仁德之养成与具体的伦理实践所具有的重要作用。② 冯契亦意识到传统儒家建立在"知者"之"知人"与"利仁"基础上的"仁智统一"学说,其知是从属于仁的,"德性之知"亦优先于"见闻之知"。也即是说,这种学说并没有给予科学知识独立的价值,更没有认识到理智或知性是完整的人格所不可或缺的德性。他对古代哲学史中强调"事功"的异端思想家的赞扬,便反映出他对"道问学"即科学知识及其现实应用的注重。而在近代哲学史书写中,冯契又明

---

① 知识与道德可以表现为五种关系,以下是一些论者的总结:(1)知识与道德统一论。这种观点认为,知识就是道德,道德就是知识,相反,无知或迷信则是与道德无缘的。古希腊哲人苏格拉底提出的"美德即知识"以及《中庸》提出的"尊德性而道问学"是这一观点的典型代表。(2)知识与道德排斥论。这种观点认为,知识与道德的进步是互相排斥的,两者互不相容,背向发展。如传统道家学派就持这种观点。(3)知识与善恶并进论。这种观点认为知识既促进道德进步,又导致道德败坏。(4)知识与道德无关论。科学知识和道德属于两个不同的领域,它们各有自己的研究对象与社会作用。因此,有的数学家认为知识、科学是"中立"的,与价值无关。(5)知识决定论与道德决定论。知识决定论认为,知识是道德发展的唯一基础,只有知识才能保证人们具有崇高的品德。所以,拥有知识的科学家是人中之杰,是人类道德的最高典范。道德决定论与此相反,知识对道德不可能产生任何重大影响,反而为道德所决定,所以科学是多余的。见陈万求、刘志军:《"尊德性而道问学":传统儒学知识伦理论》,《湖南师范大学社会科学学报》,2008年第2期。

② 冯契:《中国古代哲学的逻辑发展(上册)》(《冯契文集(增订版)》第四卷),第75—76页。

确提出,科学发展与政治变革是推动近代哲学变革的现实力量。事实上,知识与德性概念在近代科学与民主的旗帜下皆发生了内涵与价值地位上的转变。知识概念由"德性之知"转向现代科学实证知识,并在科学主义的时代思潮中表现出能够解释并决定一切道德心理与行为的统摄性;而德性的内涵亦在近代哲学"道德革命"的口号中,随着圣人理想的衰落与平民化的自由人格理想的树立,而由狭义的道德品质扩展为以个性自由为中心的多样化的人格表现。以对不同时代精神的准确把握为前提,冯契在其"哲学史两种"的书写中既注重提炼古代思想的独特智慧,又着力描写近代哲学的价值变革。知识与道德的关系问题虽分散于其"哲学史两种"的书写中,但又因"智慧说"而得以前后贯通,而他的哲学史书写亦呈现为其自身哲学理念(虽尚未取得体系化的理论形态,但思想雏形显然已经形成)的具体展开。

"智慧说"哲学体系的建构,在融汇古今中西思想的基础上自觉地重建了实践基础上"仁"与"智"、"尊德性"与"道问学"、知识与德性的现代统一:它不仅将道德品质与伦理实践理解为有知识(不限于德性之知)参与的过程,亦将德性概念扩展为包含道德与理智在内的各种精神力量的统一。这种重建显然不同于现代新儒家的道德本体论或道德形上学建构。后者虽亦将科学知识理解为现代知识的主要内涵,并致力于建构知性主体以发展科学,但其将"仁"作为先验的道德本体,而将知性与科学知识视为本体流行之用,则依然旨在凸显道德对科学知识、价值理性对工具理性的优先性与决定性。由此所建构出的知识与道德的统一虽然异于传统儒家将认识论直接涵摄于伦理学之中所导致的对科学知识的消解,但它实际上不仅难以摆脱抽象构造之讥,亦使科学知识依附于道德能力而丧失了其独立性,更因缺乏实践的视域而不可能将知识与道德真正沟通起来。

综上,对哲学史的考察与对智慧问题的关注相结合,很自然地使冯契自觉地寻求知识与智慧、知识与德性在新的历史条件下的统一。"广义认识论"沟通了知识与智慧,而这一认识论上的延伸,亦是对知识与德性概念之内涵的双重扩展——一方面扩展了古代的德性之知与近代以来的实证知识概念,使对人及其德性培养的认识纳入知识范畴;另一方面扩展了以道德为主导内容的传统德性观念,使之溢出了伦理学的范围,成为价值创造与德性培养相互促进,知情意、真善美全面发展的自由人格或自由个性。作为哲学家与哲学史家,冯契"智慧说"的哲学创作以其对哲学史上知识与德性问题的梳理与总结为基础,"智慧说"中的知识与德性互动统一的观念亦影响并反映了他的哲学史书写。这两方面的研究工作为我们提供了知识与德性关系的双重诠释,亦展现了他贯通哲学创作与哲学史书写的辩证法,即"哲学是哲学史的总结,哲学史是哲学的展开"①这一治学之方。

On Feng Qi's "Doctrine of Wisdom" and Writings on History of Philosophy

Li Nina

Abstract: Feng Qi's "doctrine of wisdom" tries to communicate knowledge and wisdom, and wisdom represents free virtue, so the "doctrine of wisdom" also involves the study of the concept and relationship between knowledge and virtue. The relationship between knowledge and virtue is manifested as the interactive process of "realizing virtues (*de*) by personalizing the Way (*Dao*) and developing the Way by displaying the human nature (*xing*)" in the "doctrine of wisdom". The dialectical movement of cognition is accompanied by the generation of subject virtue. As a philosopher and historian of philosophy, Feng Qi's philosophical creation of the "doctrine of wisdom" is based on his combing and summing up the problems of knowledge and virtue in the history of philosophy. The concept of the interaction and unity of knowledge and virtue in "doctrine of wisdom" also influences and reflects his writing of the history of philosophy. These two aspects of research work provide us with a double interpretation of the relationship between knowledge and virtue, and show his dialectics of connecting philosophical creation and writing of the history of philosophy, that is, "philosophy is the summary of the history of philosophy, and the history of philosophy is the development of philosophy".

Keywords: Feng Qi, doctrine of wisdom, knowledge, virtue, history of Philosophy

---

① 冯契:《中国古代哲学的逻辑发展(下册)》(《冯契文集(增订版)》第六卷),上海:华东师范大学出版社,2016年,第371页。

冯契人学自由观研究[*]
——臧宏教授访谈录

韩 旭 臧 宏[**]

[摘 要] 哲学之缘促使冯契与臧宏两位哲学家走到了一起。他们对中国哲学、中国哲学史以及儒道佛原典都有过深入的研究,并成了名副其实的"忘年交"和"亦师亦友"的人生知己。正因为如此,本次访谈主要是以臧宏教授对冯契先生思想的研究为契合点,紧紧围绕冯契人学自由观的形成、其认识论前提、其与智慧的关系以及平民化的自由人格理论发展了马克思主义的自由学说为逻辑脉络,进行阐发,以多维度探寻冯先生的人学自由观中的智慧之光。

[关键词] 臧宏;访谈;冯契;人的自由发展

* 基金项目:安徽省高校人文社会科学研究重点项目"习近平人权观研究"(SK2020A0329);安徽省高校思想政治工作能力提升项目"高校思政课教育亲和力的提升进路"(sztsjh-2020-3-25);安徽省级质量工程思想政治理论课教研项目"新时代青年主流价值观培养路径的探索与实践"(2020szjyxm104)的阶段性成果。

** 韩旭(1980—),男,安徽阜阳人,安徽师范大学马克思主义学院博士生,阜阳师范大学马克思主义学院讲师,研究方向为马克思主义人的发展理论;臧宏(1933—),男,江苏宿迁人,安徽师范大学马克思主义学院教授,研究方向为中国哲学和儒道释原典。

一、冯契人的自由观的形成

韩旭(以下简称韩):臧教授您好!很高兴您能接受这次访谈。

臧宏(以下简称臧):很高兴认识你!

韩:我从网上看到,由华东师大哲学系主编的题为《智慧的回望——纪念冯契先生百年诞辰访谈录》一书,把对您的访谈放在了全书的第二篇,占据着显要的位置。这就表明您与冯契先生的关系不一般,而且在对您的访谈中,您也承认您们俩有着深厚的哲学之缘,是"忘年交"和"亦师亦友"的人生知己。同时,您对冯契思想也作了比较深入系统的研究,在专业期刊上发表了数篇相关文章,如《对中国人的逻辑思维特点的有益探索》、《中国美学传统的智慧》、《论冯契的世界哲学思想》等。其中,您于2004年在《哲学研究》上发表了一篇名为《谈冯契对中国传统哲学价值的认识》的文章,指出,冯先生通过"批判、会通、创新"的方法对中国传统哲学价值进行了考察,从真善美的视域提出了人学自由观。[①] 即是说,冯契思想中包含人学自由观的思想,请问臧教授,您能谈谈他的人学自由观具体是如何形成的?

臧:我与冯契先生是"亦师亦友"的关系,对其学说作过比较多的研究,也发表过几篇文章,所以,我很愿意与你一起,对冯先生的哲学思想特别是他的人学自由观作进一步的探讨。

冯先生人学自由观的形成,它是按照时间的顺序逐步展开的,这是符合一切事物发展普遍规律的。早在上世纪40年代,同其他哲学家一样,冯契也把自由同政治自由解放相提并论,而且这个时候的自由与智慧是分开的。他用阶级分析的方法对自由作了论述,认为自由既不属于上层社会,也不属于下层社会,而是归属于中间层。后来,在他的研究生毕业论文《智慧》中,冯先生开始用辩证思维的方法沟通了智慧与自由。在谈到"是非之彰也,道之所以亏也"时(《庄子·齐物论》),冯先生指出,在是非之间、知识与智慧之间,具有无不通也和无不由也之道,它们虽然存在楚汉界限之隔,但这种界限是可以通过元学理论加

---

① 参见臧宏:《谈冯契对中国传统哲学价值的认识》,《哲学研究》,2004年第8期。

以攻破,以致"超越是非之域而抵于无是非之境"①。尤其是,他在开篇就开宗明义讲,全部元学的智慧就在于"否定而又肯定,肯定而又否定。……从建设中破坏,从死灰中产生凤凰"②,直至达成自由之境。

直到解放后,冯先生才从实践唯物主义视域对自由进行了马克思主义的探讨。如在《智慧说三篇》的第二篇中,他就指出,人的自由是合目的性和合规律性的统一,"人们以合理的目的作为行动的根据,通过手段作中介,达到主观和客观的一致,那就叫作获得了自由"③。尤其是,通过他对恩格斯关于自由与必然的关系以及意志自由等相关自由理论的诠释,可以看出,他俨然成为了一名真正自由观上的马克思主义者。而且,这时候的冯契,已经把自由与人的修养问题联系了起来。他从中国传统哲学出发,阐明了人的修养的提升在实现自由上的意义,试图打通中西文化在科学与人文、理智与意志之间的对峙和矛盾。这些努力直到 20 世纪 80 年代,在《智慧说三篇》中,他才从认识论、价值论以及美学等多维度对自由进行阐发,详细而系统地论述了人的自由问题,对自由相关概念如自由与人格、自在与自为、自由与必然及其关系做了深入探讨,并对"自由就是人的理想得到实现"、"自由是从自在达到自为"等重要命题进行了阐述,从而最终建立了富有哲学个性的自由理论体系。

韩: 从您的回答中,可以发现,冯契人学自由观的形成是对"中西马"的融会贯通。在《迟交的答卷》一文中,您曾指出,将在思维方式上"中西马"融通存在的差别,说成是中国古代人喜欢"非主客二分",而西方人(含马克思)则倡导"主客二分",说它们是绝然对立、不可调和的,您认为这种观点是站不住脚的,也是被实践已经证明了的。您能说说冯契人的自由观是如何把"中西马"融通的么?

臧: 学界一致认为,冯契的"智慧学",是他的哲学体系乃至一切哲学学说的核心。这是因为,它正是在"广义认识论"问题上、知识和智慧关系问题上,在"转识成智"问题上,在逻辑思维和辩证思维的结合问题上,在人的自由问题上,在理想人格问题上,在真善美关系问题上,完成了对中外哲学史以及马克思主义哲学的一次超越。冯契将哲学研究提升到一个新的发展阶段,成为后人研究

---

① 冯契:《冯契文集(增订版)》第九卷,上海:华东师范大学出版社,2016 年,第 46 页。
② 冯契:《冯契文集(增订版)》第九卷,第 2 页。
③ 冯契:《冯契文集(增订版)》第二卷,第 308 页。

哲学的一个不可或缺的环节。还要指出,"智慧学"是中、西、马哲学会通的新成果。我认为,作为"智慧学"的主干,《认识世界和认识自己》在讲实践认识辩证法的时候,特别突出了如何通过"转识成智"的飞跃,获得关于性与天道的认识。为了解决这个问题,冯先生就把目光投向了中国传统哲学,他认为,"中国传统哲学的特点就在于天与人的交互作用、认识世界和认识自己的统一"。这就把对宇宙人生的真理性认识同理想人格、自由人格的培养相贯通。对这个问题给予全面解决的是王夫之,他用辩证的方法解读了"色、声、味",但也存在缺乏实践科学基础的不足。而中国近代哲学,给予冯契影响至深的,除了毛泽东的"能动的革命的反映论"之外,他的老师金岳霖的"以得自经验之道还治经验之身"的认识论原理也不容忽视。但把智慧说纳入认识论范畴,只有冯先生注意到了。这是中国哲学对冯契的影响。同时,作为坚定的马克思主义者,冯契还运用马克思主义理论继承发展了传统西方哲学和近代西方哲学中的合理有价值的东西,如吸取了黑格尔的辩证思想、康德的理性批判思想等,他对近代的实证主义和非理性主义也作了会通和融合。[①] 正是对这种"中、西、马"融通,造就了具有中国气派和中国风格的冯契智慧之学。这一点是学界普遍认可的。对他的人学自由观论述最值得一提的是《人的自由和真善美》,文章的核心就是要说明:化理论为德性,亦即,认识的辩证法如何贯彻到价值论领域,通过理想的实现来创造真善美,培养人的德性。在这里,冯先生在注重发扬民族传统特色中,会通了古今中西,概括了他的人学自由观的价值基础和准则。[②] 在他看来,中国哲学是根,西方哲学是干,马克思主义哲学是魂,而他的"智慧学",则是这三者嫁接改造后的全新"创作",是世纪之交乃至 21 世纪,推动"中、西、马"哲学合流的一个新视角、新形态、新境界,它代表着中国哲学界的最高水平,也是未来中国哲学发展的方向,并在建立统一的世界哲学中占有一席之地。

二、冯契人的自由观的认识论前提

韩:臧教授,按您所说,您与冯契先生结识之缘,不就是"哲学"二字吗?但

---

① 参见冯契:《冯契文集(增订版)》第一卷,第 71 页。
② 参见臧宏:《论冯契的世界哲学思想》,《学术界》,2006 年第 6 期。

学界一直以为,中国是无哲学的,那么,您与冯先生的哲学之缘又是怎么谈起呢?

臧： 完全可以作这样的概括。马克思主义哲学、中国哲学和西方哲学,还有中国哲学史和西方哲学史,都可一言以蔽之曰为"哲学"。在冯契先生那里,"哲学"和"哲学史"是不分家的,是一而二、二而一的关系。诚如他所说的,"哲学",是哲学史的总结;而"哲学史",则是哲学的展开。西方哲学是哲学,这是没有异议的,马克思主义哲学原本来自西方,而且是西方哲学发展的顶峰,它是哲学,更是没有异议的。问题出在对中国哲学的看法上。黑格尔依其哲学观和狭隘民族主义,认为东方无哲学,中国无哲学,这是大家熟知的,我们国内由于受西方人的影响,迄今尚有不少人对中国哲学存在的合法性,提出质疑,这也是大家都知道的。这个问题,不知伤透了多少人的脑筋,至今还有不少人不时地提出呢。其实,这个问题早被冯契先生解决了,只是我们没有注意罢了。

韩： 臧教授,这个问题是在哪儿解决的? 是怎样解决的? "广义认识论"是冯先生独创性的理论贡献。他从中国传统"成人之道"的视域,提出了认识是一个从无知到有知,又从知识到智慧的发展过程。这种提法超越了西方仅把认识论限定在求知范围内的狭隘局限,创造性地提出了"广义认识论"。您在《论冯契的世界哲学思想》一文中也明确指出,冯契的《认识世界和认识自己》作为"智慧说"的主干部分,已经把传统狭隘的认识论进行了扩充,提出了"广义认识论"的新概念。臧教授,冯先生这个"广义认识论"是如何扩充狭隘认识论的,这种扩充涵摄有什么样的人学自由思想? 能给我们详细地讲一讲吗?

臧： 当然可以。说实在的,我对这个问题,在一个很长的时间内,也是懵懵懂懂,说不太清楚的。只是到了今年一月,收到并阅读了冯契先生的一位得意门生送我的一部极好的书——《当代著名哲学家冯契评传》后,才恍然大悟：原来冯先生早在他提出的"广义认识论"中就有所明示了! 他说："'广义认识论'为中国哲学争得了地位。冯契非常精炼地概括出：西方哲学中的认识论,马克思主义认识论,以及中国历来的马克思主义哲学教科书上的认识论,主要涉及的是两大问题：'感觉能否给予客观实在?''理论思维能否达到科学法则,或者说,普遍有效的规律性知识何以可能?'冯契尖锐地指出,这是西方哲学界源远流长的一种经典而又狭义的认识论。以此观之,就会很容易地得出'中国哲学根本就不是哲学',甚至'中国就没有哲学'(黑格尔就如此说)的片面结论。冯契凭借着对中西方哲学史的深入研究和对马克思主义哲学的精髓——实践唯物主义辩证法的透彻理解,以及深厚的哲学功底,提出了'广义认识论'这一全新的理念。他认为,认识论除了研究以上两大问题外,进而应包括:'逻辑思维能否把握具体真理?''自由人格或理想人格如何培养?'这两大追问。冯契旗帜鲜明地亮出了自己的观点:如果说西方哲学对认识论的前两个问题作了比较深入系统的考察的话,那么,中国哲学则恰恰是对后两个问题作了更多的考察。中西方哲学的两种不同的进路和各有侧重,都是哲学认识论问题中应有之义,反映了中西方不同文明的特质,都应该加以重视。这显然是用'广义认识论',颠覆了西方哲学长期以来占据主导地位的'狭义认识论',从而为中国哲学'正名',在世界哲学中为中国哲学赢得了应有的地位! 可以说,这是一个极具颠覆性的哲学观点!"①

韩:如此说来,"广义认识论"在冯契的"智慧说"体系中的地位,除了为我们解决了中国哲学在世界哲学中的存在合法性,它一定还有其他方面的重要意义。我最关心的是,它对解决人的自由、解决人的理想人格或自由人格的培养等方面有何指引? 不知臧教授在这些方面愿不愿意谈谈自己的高见?

臧:"广义认识论"确实很重要,可谓是冯契先生构建自己"智慧学"或"智慧说"的基石,没有这块基石,也就不可能有这座冯契"智慧学"的大厦! 正如冯先生的学生在前面所说的那样,"广义认识论"包括四个问题,西方哲学主要考察的是前两个问题,属于经验知识,而中国哲学主要考察的是后两个问题,属于性与天道的认识,即"智慧"的学说。两者虽各有侧重,但都是哲学认识论问题中应有之义,都应该加以重视。否则,忽视经验知识或性与天道的智慧,特别是忽视后者,构建智慧说体系,只能是一句空话。

说到哲学,说到"广义认识论"与人学、与人的自由、与理想人格或自由人格的培养等问题的关系,你最好去看冯先生本人说的话。他有两段话值得我们注意。一段是:"哲学当然也是人学,也就是我经常说的,哲学就是'由于人'和'为了人',我写《人的自由和真善美》,就是按照马克思的实践唯物主义要求,写'人的哲学'。"这是明确地肯定"哲学就是人学"。这段话,是由著名文艺理论家、文学评论家、华东师范大学中文系钱谷融教授的话引起的。钱教授曾对冯先生的

---

① 李志林:《当代著名哲学家冯契评传》,上海:上海人民出版社,2019年,第393—394页。

这位学生说:"我和冯先生可谓是心心相通,所见略同的。我说文学是人学,那冯先生研究的哲学,就更加是人学了。"当冯先生从他的学生的口中得知钱教授的这番话时,便说了上面的"哲学当然也是人学"那段话。"当然也是"四个字,用得好!它表明冯钱二老在学术心灵上是息息相通的。其实,不只是如此。应当说,他们在社会心灵上也是息息相通的。据这位学生介绍,在"哲学当然也是人学"这句话的前面,冯先生还说了这样一些十分感人的话:"钱先生很了不起,为了这一句话,吃了几十年的苦头,但他就是不认错,现在证明他是对的。"这些话,充分表明,冯对钱因说"文学就是人学"而被划成"右派",是深表同情的。

冯契先生的另一段话是:"广义的认识论不应限于知识的理论,而应该研究智慧的学说,要讨论'元学(注:形而上学、智慧)如何可能''理想人格如何培养'的问题。"[1]如果说,前一段话的主旨,是公开宣布"哲学就是人学",那么,这段话的主旨,则是进一步从理论上加以论证,强调"理智不是干燥的光,认识论不能离开整个的人"。这是一个非常深刻的观点。冯先生认为,当人们把认识、知识转化为智慧,在改造世界的过程中不断成就自我、实现自我,就呈现了一种相辅相成的关系:既认识了天道,又在反观自身中,自觉到其明澈的理性,提高人自身,拥有坚定的意志;还因情感的升华而培养了自得的情操,达到了真善美的统一。冯先生还认为,如果把知识和认识上升为智慧,那就可以找到一个既"可信"又"可爱"的价值王国,通过创造性的实践实现真善美的理想和自由的人格。正是基于此,著名的复旦大学哲学系教授张汝伦,便把冯契先生建立在"广义认识论"基础上的"智慧学",称为"有温度(情感)的智慧学",这是非常形象生动的!而且,在他看来,中国现代哲学家中,只有冯先生的哲学才真正把人的德性的完善和提高作为极端重要的问题来讨论。[2]

三、智慧说与人学自由观

韩:说到这里,我便想起,2017年7月5日,浙江的《诸暨日报》对您进行了采访,说您对冯契先生的"智慧说"(亦称"智慧学")有很深入的研究。冯先生的

---

① 参见冯契:《冯契文集(增订版)》第一卷,第6页。
② 参见张汝伦:《冯契和现代中国哲学》,《华东师范大学学报(哲学社会科学版)》,2016年第3期。

"广义认识论",您讲了不少,能不能对他的"智慧学"的研究情况,给我们作一简要的介绍?

臧: 好的。可以说,冯契先生为创立"智慧学",整整探索了六十年。早在20世纪40年代,他在西南联大文科研究所读研究生时,"智慧"问题,就进入了他的视野。他的研究生论文的题目就叫《智慧》,并发表在1947年的《哲学评论》杂志上。随后,他的一切治学的活动,诸如20世纪50年代撰写的《怎样认识世界》,60年代参加主编的两本哲学教材,1957年到1966年期间的默默创作,特别是1980年到1992年期间,他撰著和主编的三部哲学史著作,相继完成的《逻辑思维的辩证法》(1981年)、《人的自由和真善美》(1988年)、《认识世界和认识自己》,都是围绕着"智慧"这一大课题而展开的,都为构建"智慧学"的体系,积累了资料,作好了理论准备。他于1994年发表的《智慧说三篇》导论,就是最好的证明,特别是他亲自给这三著排列了顺序,《认识世界和认识自己》作为"智慧说"的主干,《逻辑思维的辩证法》和《人的自由和真善美》,作为"智慧说"的左右两翼,这更标志着他的"智慧说"体系已经建立。

韩: 冯契先生一生始于智慧又终于智慧,成功地构建了独具特色的智慧说体系。而什么是智慧? 在冯契的研究生毕业论文《智慧》中,他提出:"且把智慧称为认识,让它与知识和意见鼎立。意见是'以我观之',知识是'以物观之',智慧是'以道观之'。此三者虽同为认识,却互有区别,而且层次不齐。"如此说来,冯先生的"智慧说",不就是他的哲学思想的核心了吗? 那么,冯先生"智慧学"的核心思想是什么? 或曰最有价值的理论成果是什么? 它和"广义认识论",和人学、人的自由、人的理想人格的培养,又是一种什么样的关系?

臧: 完全可以这么说。冯先生一生研究哲学的心路历程,就是始于智慧,又终于智慧的。他一生对哲学的探索,可谓是真正的不忘初心。其思之所及,言之所至,行之所向,无不关乎"智慧学"。

上面谈到的冯契的这个弟子,对你提的这些问题,有一个很好的回答,他说:"我认为,主要是四个方面:一是,从中国近代'中西、古今'之争和时代中心问题'中国向何处去'的高度,以推进中国近代哲学革命和发展马克思主义哲学的使命感,打通了知识论与形而上学的藩篱,创立了'智慧学'为核心的哲学体系。二是,沿着实践唯物主义辩证法的路子前进,把人本身也作为哲学研究的对象,提倡'始终保持心灵的自由思考'、'化理论为方法,化理论为德性',力推辩证思维和辩证逻辑的方法论,提出了理想人格如何来培养的问题。这样,哲学就不只是纯粹理论活动,而且也是实践方式和生活方式,并具体化为有智慧的、有血有肉的人格。三是,用比较哲学的观点,认识了中国传统哲学的特点,揭示中国近代中西哲学的冲撞、会通和近代哲学革命的不足,考察了中西哲学在方法论和价值观上的差异。四是,融会了'中西马',提出了'广义认识论'(Epistemology),在认识世界和认识自己的过程中,把知识拓展为智慧,实现转识成智的飞跃;克服人的异化,弘扬德性之智;通过德性自证,达到知、情、意本质力量的全面发展,实现真、善、美的统一,以真正获得人的自由。"[1]

把这四个方面弄明白了,"冯契智慧学"的真谛与意义,以及它与"冯契哲学体系"、"广义认识论"、"人的自由"等观念的关系,也就清楚地呈现在我们的面前了。从第一方面,我们可以清楚地看到,冯契的"智慧学",不是脱离时代、脱离现实、脱离感受、言之无物、无病呻吟的东西,而是紧扣时代脉搏,抓住时代矛盾,是对时代精神思考的结晶,具有强烈的现实意义。我们这样说的根据是,他的"智慧学"是"可爱"的,因为它可以转化为人的德性、实现人的自由,并揭示人的德性和自由是怎么培养的;又是"可信"的,因为它可以转化为人认识世界、改造世界的方法。

四、平民化的自由人格理论

韩: 杨国荣教授在《理性与价值》一书中也明确指出,冯先生把毕生都献给了对智慧的探索。在长达半个多世纪的思想跋涉中,他始终以智慧为主题,在贯通"中、西、马"的基础上,对人类的真善美和知情意作了长期沉思,以《智慧说三篇》作为终结,系统而全面地阐述了自由人格理论。[2] 这种自由人格理论说到底,是为了培养"平民化的自由人格"。臧教授,按照您的理解,这种"平民化的自由人格"与中国古代传统哲学所讲的君子、圣人、真人以及佛的人格有何不同?

臧: 中国古代传统哲学所讲的成人之道、理想人格,是与封建等级制度、专

---

① 李志林:《当代著名哲学家冯契评传》,第392页。
② 杨国荣:《理性与价值》,上海:上海三联书店,1998年,第445页。

制制度相匹配的人格观和价值观，这种人格观和价值观不是一般人能够达到的。在这里，我仅从儒道两家简要论之。儒家的理想人格，是要造就完美无缺、穷神知化的圣人。如在《论语·宪问》中，孔子就指出，完美人格，既需要有智慧、廉洁、勇敢和才艺，也需要用礼乐加以修饰，才能造就真善美相统一的人格。孟子讲"人皆可以为尧舜"（《孟子·告子下》），还提出了"王道"、"仁政"的理想，其中还包括与"井田制"那一套构想（当然是虚构的）相一致的理想人格——"富贵不能淫，贫贱不能移，威武不能屈"（《孟子·滕文公下》）；荀子也讲"涂之人可以为禹"（《荀子·性恶》）。不过，儒家的这些人格和价值观常与"学"、"道"、"天命"相勾连，有一种宿命论的倾向。

与儒家这种通过"人道原则"来建构自由人格的旨趣不同，道家则从自然原则出发来追求所谓的"真人"。老子说，"为学日益，为道日损，损之又损，以至于无为。无为而不为"（《老子·四十八章》），这就是说，理想人格是"天地与我并生，万物与我为一"的，并通过"绝圣弃智"、"绝仁弃义"、"绝巧弃利"的途径来实现，如同"婴儿之未孩"（《老子·二十章》）。庄子说的更加具体而微，他通过"心斋"和"坐忘"的功夫，来忘彼此之对立，忘主客能所的差别，忘仁义礼乐，以此达到"离行去知，同于大通"（《庄子·大宗师》），方能"乘天地之正，而御六气之辩，以游无穷"（《庄子·逍遥游》）。这种"至德之世"不存在君子、小人的区别，实质上是对结绳记事的原始社会的理想化，是一种妄念。

冯契认为，中国传统哲学虽然提到理想人格，但它们都深深烙上了剥削阶级的印迹，不是真正的自由人格。当然，这并不妨碍我们倡导人的真正自由人格，而且过去的那种人格也有它存在的意义，对人的德性的培养提出了合理的见解，包括提出了"言志"说和意境理论等。他总结到，中国古代哲学以"乐天安命"为自由人格、以"浑然与无同体"为最高境界，是传统文化中的糟粕，是必须剔除的。[①] 同时，在接着中国近代"新民"、"新人"、"群众"的自由观基础上，冯契提出了"平民化的自由人格"。"冯契所谓的'平民'，并非一定是指处在社会底层的人民，也可以是各行各业的劳动者中的优秀分子。他所谓的'平民化'，并非只指平民就只能做平民的事，而是认为，平民也可以有'英雄'情结，也可以有

---

① 参见冯契：《冯契文集（增订版）》第四卷，第45页。

自己的自由(理想)人格,也可以成为'英雄',即'人皆可以为尧舜'。"①

韩：这就是说,冯先生的"平民化的自由人格"是对近代培养新人观的发展,这与古代所要求的培养圣贤、成为英雄不同,这种自由人格不是高不可攀的,而是一般人通过自己的努力就可以实现的。当然,他也指出,这种"平民化的自由人格",不具有终极意义的觉悟和绝对意义的自由。因为人毕竟是人,而不是神,有其内在的不足和缺陷,但对自由的向往则是人的本质要求,这种本质,要求人最终趋向真善美的统一②,成为一个如金岳霖所讲的"至真、至善、至美、至如"的自由人格。臧教授,您认为,从价值论领域,冯先生的"平民化的自由人格"是如何贯彻真善美相统一的?

臧：冯契的《智慧说三篇》,说到底,就是为了培养自由人格的问题。尤其是在第三篇即《人的自由和真善美》中,主旨是为了"化理论为德性"。如何获得这种德性,学界普遍持一致的看法。陈来教授曾指出,这种"德性",不仅要有主观的体验,也有客观的表现,是通过德性实践而获得的"德性之智",从而达到了知情意和真善美的统一。③付长珍教授也指出,冯先生所言的德性理论,既是一个极富有洞见的道德探究范式,也是一个在实践中不断确证和完善的伦理学方案。④由此看来,冯先生从价值论、自由观和自由人格的培养上来讨论人的自由和真善美,解决了中国近代哲学始终未能解决的重要课题。如同他说:"中国近代哲学同西方哲学一样,开始把认识论、伦理学、美学分别开来加以研究,并作出了成绩,这是一个进步。但如何把哲学的各个领域联系起来考察真、善、美及其相互关系,以便更全面而深入地阐明人的自由和价值的问题,以利于提高民族的精神素质,这却是近代哲学所没有达到的。"⑤他以实践唯物主义为逻辑起点,对这一问题进行了深入探讨。在化自在之物为为我之物的过程中,人类不仅获得了真理性的认识,还能够通过这种认识对社会实践活动给予指导,实现人的目的,这就具有了真和善的价值。同时,为我之物打上了人的印迹,彰显了人的本质力量和人的德性,能够从为我之物中直观人自身,这就具有了形

---

① 李志林:《当代著名哲学家冯契评传》,第403页。
② 冯契:《冯契文集(增订版)》第三卷,第245页。
③ 参见陈来:《冯契德性思想简论》,《华东师范大学学报(哲学社会科学版)》,2006年第2期。
④ 参见付长珍:《论德性自证:问题与进路》,《华东师范大学学报(哲学社会科学版)》,2016年第3期。
⑤ 冯契:《冯契文集(增订版)》第七卷,第25页。

象化和对象化的意义,即具有了美的价值。质言之,"为我之物可说是真、善、美三者的统一"①。这是就对象而言。而从主体上来说,真善美相统一的自由人格只有在人化的自然物和达到为我之物的理想境界中方能实现,是在"培养理想与现实统一,天与人、性与道统一的自由人格"②。这就用中国传统哲学融通了真善美,实现了对象与主体的完美统一,这样,也就"达到真、善、美统一的理想的社会和理想的人格,这是最大的自由,也是最高的价值"③。

五、冯契人的自由观丰富发展了马克思主义的自由学说

韩:通过臧教授的讲解,我明白了,冯先生所追求的"平民化的自由人格",是要在真善美相互统一下,因其性情所近来进行培养。每个人都有自己独特的地方,在培养方式和模式中,也要因材施教,充分发挥每一个人的潜能和优势。那么,这种自由人格理论对新时代我国人才的培养提供了什么样的借鉴与启发呢?

臧:冯先生对自由人格主体的这种全新转化,非但使近代自由人格取得了新形态,同时也具有强烈的现实意义。像他的学生所说的那样,这样的自由人格,既表现为如孙中山、李大钊那样的具有爱国情怀、以身相许、精忠报国者,也有如杨靖宇、董存瑞、邱少云等具有英雄气概、不畏强暴的为正义而不惜献身的将士,还有像张思德、雷锋、焦裕禄、白求恩似的有时代担当、心中有责、无私奉献者等。正是这些具有"平民化的自由人格"的群体,才能在自我平凡的工作岗位中显现出其不平凡的功绩。

而这对新时代我国人才的培养同样也具有重要指引与借鉴意义。每个人由于先天的或后天的、内在的或外在的不同,即因个人禀赋和资质的差异就会显现出不同于他人的地方。这就要因其性情之所尽而培养之。所以,我们要尊重每一个人,尊重他的一切、容忍他的一切,包括他的与大众格格不入的"坏的习性"。或许,正是这种"坏的习性",也会成就不同的自我。所以,在人才培养方式和模式上,我们不能因循守旧、故步自封,采取一刀切的模式,而应尊重每

---

① 冯契:《冯契文集(增订版)》第八卷,第89页。

② 方克立:《追求真、善、美的统一——从两位中国现代哲学家说起》,《哲学研究》,1995年第11期。

③ 臧宏:《中国哲学智慧问题研究》,合肥:安徽人民出版社,2006年,第293页。

一个人。"每个人都有个性,要'各因其性情之近'地来培养,……培养的方式、途径不可能划一"①。2019 年 5 月 16 日,习近平主席向国家人工智能与教育大会发来贺信时也强调,人才培养要具有多样性、多元性。在积极推动人工智能与教育深度融合的过程中,他指出,要加速教育的创新机制和体制,教育伴随每个人的一生,要平等面向每个人和适合每个人。这深刻体现了"平民化的自由人格"在新时代的再现,彰显了对人的尊重,对人的个性的满足,也必将为实现"自由人的联合体"的社会向前推进一大步。

韩:对自由人格的不断追问及其实现,是冯契先生的终极关怀。那么,冯契人学自由观是否丰富发展了马克思主义的自由学说,首先就要确证智慧说是否具有哲学的性质。虽然有些人持疑议,但学界普遍对此是作了肯定的回答。王向清教授在《冯契"智慧"说的探析》一文中就强调,冯契的"智慧"说,是马克思主义在中国传播、阐发和创造的一个阶段,它所阐发的广义认识论从构建体系层面实现了马克思主义哲学中国化。② 我想问下臧教授,既然冯契人学自由观属于哲学的性质,同时又融通了"中西马",那么,这种人学自由观毕竟有其独特的中国气派和中国风格,有不同于马克思主义自由学说的地方,能否说,这种自由观丰富发展了马克思主义的自由学说呢? 如果有,您能说说您的理解么?

臧:可以这么概括。马克思主义人生价值指向的就是实现人的自由。这种自由不是一般人能都洞察和领悟的,而只有那些具有深刻智慧,"把心灵自由与保持独立人格相统一"的哲学家③,才能真正理解马克思主义的自由学说。而冯契就是这样的哲学家,他会通了"中西马",进行了理论创新,终成一家之言,创立了具有中国气派和中国风格的马克思主义自由学说体系。这种体系源于马克思主义自由学说,但又不同于这种学说,它是"接着讲"而非"照着讲",并结合中国国情和时代特征,丰富和发展了马克思主义自由学说。

这里再次借用冯先生学生的观点对此进行解答。他说,冯契所言的自由不是政治概念,而是从哲学上来讲的。《人的自由和真善美》是目前国内第一部研究人的自由的专门著作。它从社会性和个性、理与欲、天道与人道,以及自觉和

---

① 冯契:《冯契文集(增订版)》第三卷,第 246 页。

② 王向清、李伏清:《冯契"智慧"说的探析》,北京:人民出版社,2012 年,第 219—220 页。

③ 陈卫平:《心灵自由:冯契哲学创作的源泉》,《华东师范大学学报(哲学社会科学版)》,2015 年第 5 期。

自愿的关系阐述了自由(理想)人格的科学内涵,开创了从哲学意义上来理解人的自由的先河。而且这种自由还和价值论中的真善美相关联,这是学界对此不断称赞的地方。这种关联有助于加强国民对真善美理想的追逐,增强整个社会的道德凝聚力和向心力,对增强我国的"四个自信"和实现"两个一百年"也起到重要作用。换句话说,当且仅当社会中的大多数人都为真善美理想而不懈奋进时,整个社会便蔚然形成积极健康的良好氛围,"平民化的自由人格"方可彰显其理性的光芒。

冯先生始终紧紧围绕"中国向何处去"这一近代之问不断求索。他的自由之问就是源于对现实和时代问题的积极探索。它解决了近代哲学家、思想家和文学家所不能解决的问题,用王国维先生的话说,就是"可爱"与"可信"的问题。"可爱者不可信"和"可信者不可爱",实质上是代表了科学主义与人文主义、实证论与非理性主义及唯意志论的对峙。这一问题延续到后来就变成了中西文化论战、科学与玄学论战。在马克思主义自由学说的指导下,冯契既不同于西方近代哲学中的唯意志论、人文主义传统,也有别于实证论、科学主义传统,而是用实践唯物主义,会通了中西马,构建了"智慧学",以此解决了知识和智慧关系的问题。也正是对这个问题的解答,回应了那种认为"智慧说"根本不属于哲学研究范围的论断,进而在"'广义认识论'问题上、知识和智慧关系问题上,在人的自由问题上,完成了对中外哲学史,以及对马克思主义哲学的一次超越"[1]。

韩: 谢谢您臧教授,您全面而系统地阐发了这次访谈的主要内容,这不仅是冯契人学自由观的题中之义,并且创造性地对这一主题进行了适当的发挥,这对中国化马克思主义人学乃至整个世界马克思主义人学事业的发展都具有重要意义。同时也使我对冯先生人学自由观的了解更加深入,这必将对我今后所从事的马克思主义人学研究提供更多的借鉴与指导。在这里,再次感谢您接受我的访谈!

臧: 谢谢!

---

[1] 参见李志林:《当代著名哲学家冯契评传》,第413页。

On Feng Qi's Concept of Freedom in His Study of Human Beings

Han Xu, Zang Hong

Abstract: The philosophical relationship precipitated Feng Qi and Zang Hong to come together. They had a deep study of Chinese philosophy, the history of Chinese philosophy, as well as Confucianism, Daoism and Buddhism, and was worthy of the name of "friends despite difference in age" and "being a teacher as well as a friend". Because of this, this interview is mainly based on Professor Zang Hong's research on Feng Qi's thought, closely around the formation of Feng Qi's view of freedom of humanity, the premise of epistemology, the relationship with wisdom, and the theory of free personality of civilians have developed Marx's theory of freedom as the logical thread, falls under, so that as many as possible find the light of wisdom in Mr. Feng's view of freedom of humanity.

Keywords: Zang Hong, interview, Feng Qi, free development of man

冯契人学自由观研究